VARIÉTÉS SINOLOGIQUES N° 8.

ALLUSIONS LITTÉRAIRES

PREMIÈRE SÉRIE

PAR

LE P. CORENTIN PÉTILLON, S. J.

PREMIER FASCICULE

CLASSIFIQUES 1 A 100

CHANG-HAI.

IMPRIMERIE DE LA MISSION CATHOLIQUE

A L'ORPHELINAT DE T'OU-SE-WE.

1895.

PRÉFACE.

Riche est l'héritage qu'une longue série de siècles a légué au lettré chinois de nos jours, et l'emploi, l'abus même qu'il fait de l'allusion, prouve jusqu'à quel point il a le culte des ancêtres littéraires. S'agit-il de briller dans les concours ou de mériter les applaudissements d'un cercle intime de connaisseurs, sa phrase n'aura garde d'oublier des citations dont l'archaïsme même constituera le principal ornement. Plus serré en sera le tissu, et plus harmonieux l'agencement, plus aussi il aura droit à la réputation de pinceau créateur 筆參造化 (李白). *Parfois même, ses admirateurs, par une réminiscence de l'antiquité, laisseront tomber de leurs lèvres l'éloge, que décernèrent à* Wang Pou 王勃 *les convives du Pavillon de* T'eng-wang 滕王閣; *car, à l'exemple de ce* Céleste génie, *il aura réussi à faire de sa composition une galerie d'hommes et de choses d'un autre âge. Ces vagues insinuations à un fait historique ou légendaire, à un passage classique, auront une saveur très goûtée des initiés. Sur les autres ils produiront l'effet de facettes, qui éblouissent l'œil, et l'empêchent de distinguer ce que l'idée renferme de banal et de creux.*

Un instinct pour ainsi dire inné, développé par l'étude des modèles, porte le lettré à placer dans ce genre de style le dernier mot de l'art. Demandez à un bachelier de tracer quelques caractères sur votre éventail, le plus souvent il vous copiera de mémoire un de ces morceaux, dont chaque mot réclame une glose. Mettez-lui sous les yeux une de ces descriptions rythmées, dont le commentaire n'est possible qu'à l'auteur, vous devinerez au dandinement de sa tête, la satisfaction de son âme de lettré. Peut-être, les exclamations louangeuses qu'arrachera le chef-d'œuvre à votre dilettante, feront-elles naître en vous le désir de comprendre ces allégories pour partager son admiration. Ne vous hâtez pas trop cependant de lui poser des questions. Si vous n'avez affaire qu'à un habile tourneur de périodes, et non à un vrai érudit, vous l'exposerez bien vite à ânonner devant ces allusions. Le fréquent usage qu'en font les autres et qu'il en fait lui-même, ne lui en a pas rendu le sens plus familier. Au fond du cœur il vous traitera de curieux d'Occident, tandis qu'il abritera son ignorance derrière cette boutade de T'ao Yuen-ming 陶淵明 : « J'aime l'étude, sans trop aller au fond. » 好讀書不求甚解. Ou encore, cette pièce, objet de vos insidieuses questions, est, dira-t-il, comme un nuage aux contours indécis et à la vaporeuse légèreté. Enfin vous avez, je suppose, découvert le maître capable de diriger vos pas dans ce labyrinthe, et d'en dévoiler à vos yeux les beautés ignorées de la foule. Celui-là a droit au titre de savant : gloire conquise par un labeur de toute la vie.

Science des mots, au service d'un esprit délié mais superficiel, voilà donc où aboutit l'instruction au Céleste Empire. Enrichissez votre mémoire de lambeaux de phrases, émaillez-en votre style, et ce qui sous d'autres cieux vous mériterait l'épithète de pédant, vous vaut ici la qualification de littérateur admirable. Mosaïste ou jongleur d'allusions, qu'on l'appelle du nom qu'on voudra, il n'en reste pas moins acquis que le lettré chinois, par son goût excessif pour cette figure de rhétorique, cause le désespoir de l'étudiant européen.

Mais ce ne sont pas seulement les amplifications académiques, qui chargent leur trame des dépouilles des Livres canoniques, Annales ou autres ouvrages, les enseignes de la rue ne dédaignent pas elles-mêmes *de s'en inspirer. Voyez plutôt à la porte de ce médecin l'inscription : Puits de l'oranger et Forêt des abricotiers :*

橘 杏
井 林

Inutile de songer à compulser nos meilleurs dictionnaires, ils ne sauraient vous dire pourquoi ces quatre caractères insinuent l'habileté professionnelle du maître de céans. Seul un ouvrage comme celui-ci vous fournira les explications suivantes. Sou Tan 蘇耽, *avant de quitter la terre pour aller prendre rang parmi les immortels, parla ainsi à sa mère : « L'année prochaine une épidémie désolera le pays; mais ceux qui mangeront une feuille de l'oranger placé devant notre maison, et boiront de l'eau du puits creusé dans notre cour, recouvreront aussitôt la santé. » A ces mots il disparut dans les airs, enlevé sur un nuage. La prédiction de* Sou *se réalisa de point en point, et les milliers de personnes arrachées à la mort par sa merveilleuse recette, nommèrent le puits* Kiué-tsing (仙 醫). Hing-lin *rappelle le magicien guérisseur* Tong Fong 董 奉. *Il ne voulait d'autres honoraires pour les cures opérées par son art infaillible, que des plants d'abricotiers. Pour un cas grave on lui en devait cinq, et un pour une légère indisposition. Les singulières exigences de* Tong *lui eurent bientôt procuré un immense verger dont il confia la garde à des tigres. (Cf. p.* 169 *牵 虎, etc.).*

Le barbier aimera aussi à jeter un vernis de littérature allégorique sur le vil métier, qui lui interdit de prétendre au bouton en cuivre du gradué. Sur son échoppe on a pu lire cette inscription spirituelle :

到來盡是彈冠客
此去應無搔首人

« Ceux qui entrent ici sont tous à la veille d'être promus, et ceux qui en sortent n'ont plus de raison d'être inquiets. » Le jeu de mots fourni par Tan-koan, *épous-*

seter, ôter son chapeau (Cf. p. 19 彈冠), et Sao-cheou, se gratter la tête (Cf. 詩邶風) est facile à saisir.

On pourrait multiplier à l'infini ces exemples. Ma contribution à la sinologie n'a pas la prétention de résoudre toutes les difficultés de ce genre; mais encouragé par mon maître le R. P. Ange Zottoli, auteur lui-même d'un travail analogue, je me suis décidé à publier mon manuscrit. L'utilité que j'en ai retirée me permet d'espérer un égal profit pour les autres. J'ai mis à contribution les citations du 幼學求源 que j'ai classées sous un caractère saillant, avec leurs explications les plus authentiques et les indications des sources. Un vocabulaire placé à la fin du second fascicule, permettra de retrouver les nombreuses expressions éparses dans le texte. L'auteur de cette collection semi-classique est Tch'eng Yun-cheng 程允升, de Si-tch'ang 西昌 (Se-tch'oan), écrivain de la présente dynastie. Mr Stewart-Lockhart, dans la préface de son Manual of quotations, loué à juste titre par la presse, attribue le 成語考, qui n'est autre que le Yeou-hio, à Kieou Siun (nom posthume Wen-tchoang) 邱濬文莊. Les recherches auxquelles je me suis livré à ce sujet ne me permettent pas de le croire l'œuvre de ce grand lettré. La notice que lui consacre le Recueil biographique des personnages marquants de la dynastie Ming 歷代(明)名臣言行錄, n'y fait du reste aucune allusion. D'autre part les éditions 求源, 故事瓊林 et 須知句解, dont j'ai eu plusieurs exemplaires entre les mains, portent toutes en tête la mention 程允升先生原本 ou une autre équivalente. A l'ouvrage primitif, j'ai ajouté un Supplément assigné unanimement à Tcheou Cheng-mé 鄒聖脈. Mr E. H. Parker frappé lui aussi de l'avantage que l'on peut tirer des notions variées du Yeou-hio, pour l'étude du chinois littéraire, en a fait l'objet d'une série d'articles parus dans le China Review 1877-1880 (Children's Primer). Cet essai montre déjà les qualités de ce distingué sinologue.

V

En terminant je remercie les Pères, et spécialement le P. Simon Tsu 朱銘德, *dont le bienveillant concours dans la révision des épreuves, a contribué à diminuer le nombre des fautes échappées à mon inexpérience.*

Zi-ka-wei *près* Chang-hai

En ce 3e *Centenaire de la fondation de la Mission de* Nan-king *par le P. Matthieu Ricci.*

ALLUSIONS

LITTÉRAIRES.

CLASSIF. 1. 一.

一 致 †. La Parfaite Unité, doctrine mystérieuse du Confuciisme. Elle est la loi du monde physique et moral, ainsi que la raison dernière de sa perfection. Par elle, les deux grands principes *Yn* et *Yang*, féconds dans leur union seulement, produisent toute chose. L'homme et la femme, de même que tous les êtres vivants, n'engendrent qu'en vertu de cette unité, manifestée par l'union sexuelle. Enfin. l'amitié ne se contracte et ne subsiste, qu'à la condition de bannir ce qui la contrarierait. Le texte suivant, tiré du Livre des Mutations, est interprété dans ce sens : 三人行則損一人. 一人行則得其友, 言致一也 «Si trois personnes marchent ensemble, on en rejettera une; mais s'il n'y en a qu'une seule à marcher, elle trouvera un compagnon. Cela indique l'*unité parfaite.*» (易繫辭).

眞 †. La Vraie Unité : ces deux caractères désignent le mysticisme sublime du Taoïsme 奧義之無窮. Le cinabre rend, sans doute, le corps immortel; mais la *vraie unité* produit des effets encore plus merveilleux: aussi les anciens l'estimaient-ils plus que la recette de longue vie. (抱朴子).

六 | 居士. Le lettré retiré avec «six *Un*», surnom que se donnait 歐陽修 *Ngeou-yang Sieou*. *Une* collection de mille ouvrages antiques, *une* bibliothèque de dix mille volumes, *une* lyre, *un* jeu d'échecs, *un* pot de vin et *une* grue, voilà ce qui suffisait à son bonheur, disait-il. 集古一千卷, 藏書一萬卷, 琴一張, 棋一局, 酒一壺, 鶴一隻.

丁 拔去一 †. Arracher un *Ting* : débarrasser d'une personne détestée. La vingtième année du règne de 宋眞宗 (en 1017), 丁謂 *Ting Wei* avait réussi, par des insinuations calomnieuses, à faire éloigner de la Cour son collègue 寇

準平仲 *K'eou Tchoen P'ing-tchong,* qui fut envoyé en exil à 雷州 *(au Koang-tong),* tandis que lui restait seul à la tête des affaires. Mais bientôt il s'aliéna tellement les esprits par son administration, que le dicton suivant, fondé sur un jeu de mots, avait cours à la Capitale : Si l'on veut la paix dans l'Empire, il faut enlever ce *clou* de devant nos yeux, et si l'on veut le bien universel, le seul moyen est le rappel du Ministre *K'eou.* 欲得天下寧須拔眼前釘，欲得天下好莫如召寇老. *Ting* ne tarda pas à encourir la disgrâce impériale et à partir pour le poste lointain de 崖州 (au *Koang-tong*), alors que sa victime, rentrée en faveur, voyait dans la suite ses services récompensés par le titre nobiliaire de 萊公, sous le règne de 仁宗. (宋史).

不識一†. Ignorer jusqu'au caractère *Ting :* être tout à fait illettré. Le Général 張弘靖 *Tchang Hong-tsing,* sous les *T'ang,* disait à ses soldats : Maintenant qu'il n'y a pas de guerre, il vous est plus profitable d'apprendre le seul caractère *Ting,* que de bander l'arc de 240 livres (1). 天下無事，爾輩挽兩石弓，不如識一丁字. (唐書張弘靖傳). Un commentateur remarque que 丁 pourrait bien être une lecture fautive de 个, auquel il ressemblait beaucoup dans la vieille écriture.

往來無白†. = 交接皆賢. Parmi ses relations, ne pas compter une personne du commun *(pé,* sans titre ni charge) : n'avoir pour hôtes ou amis que des gens distingués (劉禹錫).

†憂, †艱. En proie à la tristesse, sous le coup du malheur : être en deuil de ses parents. 丁 — 當. (北史李彪傳).

丈 † 夫. Terme par lequel la femme désigne son mari. 人長八尺故曰丈夫. «L'homme a huit pieds de haut (près d'un *tchang*), de là cette appellation.» (周制).

函†. = 師席. L'espace d'un *tchang :* la table du professeur. 若非飲食之客，則布席，席間函丈. «Si ce n'est pas un simple convive, mais un maître, on étendra, pour lui et les élèves, deux nattes, entre lesquelles on laissera un espace vide de dix pieds, pour la facilité des démonstrations.» (禮曲禮).

世. 儒曰† = 俗緣之未脫. Les lettrés emploient le mot *Che* Monde, pour signifier «n'être pas encore sorti de la condition du vulgaire.»

(1) C'est à-dire qu'il faut pour le tendre, la force requise pour soulever un poids de deux *tan.*

三十爲相. Trois générations de Ministres dans la même famille.

1. Sous les *T'ang,* l'Impératrice 武后. émerveillée de la grande distinction de manières 儀止修偉 de 張嘉貞 *Tchang Kia-tcheng* et de sa franchise dans les rapports ou les réponses sur les affaires du gouvernement 奏對侃侃. le promut à la charge de Censeur 監察御史, d'où il s'éleva à celle de 中書令 (auj. 內閣大學士 un des quatre grands Ministres d'Etat). Son fils 延賞 *Yen-chang,* occupa le poste de 左僕射 (même titre que le précédent) et son petit-fils 弘靖 *Hong-tsing,* celui de 節度使 (總兵官 Généralissime). puis celui de Ministre.

2. Sous les *Song,* 呂蒙正聖功 *Liu Mong-tcheng Cheng-kong,* entré dans la carrière des honneurs par les examens. fut trois fois Ministre et obtint la dignité de 太師 Grand Précepteur impérial. Le titre nobiliaire de 許公 lui fut décerné et, après sa mort. il reçut le qualificatif élogieux de 文穆. Son fils 夷簡坦夫 *I-kien T'an-fou,* créé 司空 (內閣大學士) par l'Empereur 仁宗, se signala plus de dix ans par une excellente administration, qui lui valut comme à son père. le duché de *Hiu* 許公. Son nom posthume est 文靖. Le fils de ce dernier. appelé 公著晦叔 *Kong-tcho Hoei-chou.* s'appliqua tellement à l'étude dans son enfance. que l'on put prévoir dès lors sa haute fortune. Sous le règne de 哲宗. il partagea avec 司馬光 *Se-ma Koang* la direction des affaires. et tous deux méritèrent. par leur habileté, l'épithète de 賢相 Ministres sages. A sa mort, il reçut le titre de 申公. avec le nom de 正獻.

四十爲相. Quatre générations de Ministres dans les deux familles 楊 *Yang* et 袁 *Yuen* sous les *Han.*

1. Cette gloire fut dans la première, la récompense d'un petit acte d'humanité. *Yang Pao* 楊寶. de 弘農. trouva un oiseau jaune blessé. qu'il soigna et remit en liberté après sa guérison, et peu de temps ensuite, il vit venir chez lui. un jeune homme avec des habits de la même couleur que cet oiseau. qui lui fit cadeau de deux anneaux de jade. lui promettant qu'ils seraient pour sa postérité le gage des honneurs. Son fils 楊震伯起 *Yang Tcheng Pé-k'i* reçut une nouvelle confirmation de cette prédiction. Un jour, en effet. une cigogne vint. avec trois anguilles dans le bec. se reposer au dessus de la salle où il donnait ses leçons, ce qui fut regardé par tous comme l'annonce de son élévation prochaine à la charge de Ministre. 鸛雀銜三鱣魚飛集講堂爲臺輔之兆. (Cette légende a donné lieu à l'expression 鱣堂 pour signifier : école. classe). *Tcheng* ne tarda pas à obtenir le poste de 太尉 (內閣大學士). Dans la suite. son fils 秉叔節 *Ping Chou-tsié,* son petit-fils 賜伯獻 *Se Pé-hien* et son arrière-petit-fils 彪文先 *Pieou Wen-sien* occupèrent également ce poste.

2. A l'époque où la maison des *Han* traversait une crise qui menaçait son existence 漢室中微 (1), le Ministre 袁安邵公 *Yuen Ngan Chao-kong* rétablissait l'ordre par son habileté. Son fils 敞 *Tch'ang*, son petit-fils 湯 *T'ang* et son arrière-petit-fils 逢 *Fong*, furent successivement élevés à la même haute dignité.

丘 九† = 九州之志. Les neuf collines (左傳), c.-à-d. les chroniques des neuf anciennes divisions de l'Empire.

CLASSIF. 3. 丶.

丸 和†教子. Excellente éducation maternelle. Sous les *T'ang*, l'épouse de 柳公權 *Lieou Kong-k'iuen*, née *Han* 韓, faisait mâcher à son fils 仲郢諭蒙 *Tchong-yn Yu-mong* des pilules de fiel d'ours 熊胆丸 préparées par elle. Leur effet était de tenir l'enfant éveillé pour lui permettre d'étudier jusque bien avant dans la nuit. (唐書柳郢仲傳).

韓嫣一出兒童覓緑野之金†. Chaque fois que *Han Yen* sortait, les enfants cherchaient dans la verte campagne les billes en or, qu'il lançait avec son arbalète, en guise de projectiles. Cette folle prodigalité avait donné lieu au proverbe suivant à *Tch'ang-ngan* : 苦飢寒逐金丸. «Souffrez-vous de la faim ou du froid, courez après les billes en or.» (西京雜記).

丹 †青 = 繪畫. Rouge et bleu : peindre. Sous les *Tsin*, 顧愷之長康 *Kou K'ai-tche Tch'ang-k'ang* s'était fait un tel nom dans cet art, que depuis qu'il existait des hommes 有蒼生以來, disait-on, son pareil ne s'était point encore rencontré. (晉書顧愷之傳).

†成九轉. Le cinabre est parfait à la neuvième transformation. Les alchimistes du Taoisme prétendent préparer par le feu 煉丹, un élixir d'immortalité appelé 仙丹. L'observation du phénomène suivant les a amenés à attacher au sulfure rouge de mercure 丹砂 la vertu de débarrasser le corps de ses principes de corruption. A la différence des végétaux, que le feu réduit en cendres, ce composé chimique, soumis à l'action de la chaleur, reprend son état primitif de vif-argent, qu'il abandonne bientôt pour redevenir cinabre. Sans se détruire, il subit ainsi ces transformations successives; il possède donc une qualité conservatrice de soi-même et des autres qui, communiquée à

(1) Une ère de prospérité pour une dynastie se dit au contraire 中興.

l'homme, en fera nécessairement un immortel (抱朴子). Ce n'est pourtant là, que la méthode alchimique ou du *Cinabre externe* 外丹. On en préconise une autre, que j'appellerais physiologique, et qui porte le nom de *Cinabre interne* 內丹. L'air vicié au contact des poumons, est expulsé par la bouche 吐故, tandis qu'on en aspire un plus frais et plus pur par les narines 納新.

†竈烟浮. Sur le foyer où s'affine le cinabre, flotte la fumée : une médecine merveilleuse se prépare. (江淹別賦).

秦襄公顏若渥†. Le visage de *Siang*, duc de *Ts'in*, avait la rougeur et l'éclat d'une couche épaisse *(yo)* de vermillon. (詩秦風序).

主 †臣=惶恐. Souverain et sujet : crainte, frayeur. Ce sens vient sans doute de ce qu'un tel sentiment est la base de cette relation. Le passage suivant des Annales des *Han*, met l'expression sur les lèvres du Ministre 陳平 *Tch'en P'ing*. L'Empereur 文帝 lui demande des renseignements sur les causes jugées et les impôts prélevés. *P'ing* s'excuse de son ignorance, ces deux points, dit-il, relevant de mandarins spéciaux. «Mais alors, quel est ton office, reprend *Wen ti?*» — «Celui de trembler près de vous, car, terrible est ma responsabilité ; en effet, le Ministre aide son Prince à régler le *Yn* et le *Yang*, à tempérer les quatre saisons. A l'extérieur, il doit contenir les Barbares dans le devoir, et à l'intérieur, entourer le peuple de son affection.» 平謝曰主臣. 宰相上佐天子理陰陽. 順四時, 外鎮撫四夷, 內親附百姓. (陳平傳).

CLASSIF. 5. 乙.

九 重†登高效桓景之避災. Le double neuf, (le 9 de la 9e Lune), on va sur les hauteurs à l'exemple de *Hoan King*, de 汝南, fuyant le malheur. Son maître, le magicien 費長房 *Fei Tch'ang-fang*, lui avait recommandé de se sauver, ce jour-là, sur une montagne avec toute sa famille. Chacun devait prendre un sac rouge plein de xantoxylum 絳囊盛茱萸 et boire d'une liqueur faite avec des fleurs de chrysanthème 菊花酒 ; ainsi, tout danger serait écarté. *Hoan* suivit ce conseil et bien lui en prit, car rentré le soir chez lui, il constata que tous les animaux de sa basse-cour avaient péri de malemort. Ils avaient payé pour lui. Aujourd'hui encore, on en voit qui imitent *Hoan*, dès qu'arrive cette époque de l'année. (吳均續齊諧說).

乳 口尚†臭. Sa bouche conserve encore l'odeur du lait: jeune homme sans expérience. Le roi de *Han* avait envoyé 韓信 *Han Sin* châtier le pays de 魏, qui venait de se révolter, et quand il sut que 王豹栢直 *Wang Pao Pé-tche* commandait les troupes rebelles, il s'écria : « Comment cet enfant, qui sent encore le lait de sa mère. pourra-t il résister à mon Général?» (漢書高帝紀).

乾 男秉†體之剛. L'homme a reçu en partage la fermeté de la nature du ciel, tandis que la faiblesse, symbolisée par la terre. est le lot de la femme. 乾道成男. (易繫辭).

†坤之瑞氣結爲奇珍. Les pures exhalaisons du ciel et de la terre s'unissent pour former les plus belles pierres précieuses.

旋†轉坤. Faire tourner le ciel et rouler la terre: être un incomparable Ministre d'Etat.

CLASSIF. 6. 亅.

事 一†無成 = †皆拂意. Aucune affaire ne me réussit : tout va à l'encontre de mes desseins. Proverbe : 一事無成,兩鬓絲. « Jusqu'ici je n'ai abouti en rien, et cependant les cheveux de mes tempes sont blancs (comme des fils de soie). »

執†. Vous. Dans l'antiquité, la politesse défendait d'interpeller directement une personne de distinction, mais en sa présence, on adressait la parole à son majordome.

CLASSIF. 7. 二.

于 †歸. Se rendant chez son époux : jeune fille qui se marie. (詩經).

井 坐†觀天. Assis au fond d'un puits, regarder le ciel : vue, connaissance bornée. (韓文).

亞 †夫貴且餓. *Ya-fou*, du nom de famille 周 *Tcheou*, mourut de faim malgré ses dignités. Dans sa jeunesse, ce Général et Ministre de la dynastie *Han,* consulta un physiognomoniste, appelé 許負 *Hiu Fou,* qui lui prédit la plus brillante carrière se terminant toutefois de cette façon lamentable. Il en avait lu l'indice dans un trait de son visage déviant vers la bouche 從理入口. L'événement justifia la prévision de *Hiu;* car, cité à comparaître à cause des vols de son fils, *Tcheou* en conçut un tel chagrin, qu'il refusa toute nourriture et succomba. (史記周勃世家).

CLASSIF. 8. 亠.

京 † 師. La capitale, m. à m. vaste et populeuse.

CLASSIF. 9. 人.

人 對影三 †. Tourné vers mon ombre, en tout trois personnes; figure poétique imaginée par *Li Pé* pour tromper sa solitude. 花間一壺酒, 獨酌無相親, 舉杯邀明月, 對影成三人. «Avec un pot de vin, sous les bosquets fleuris, seul je me verse à boire en l'absence de tout compagnon. La coupe levée, j'invite la lune brillante, et je m'aperçois que cet astre, moi, et mon ombre nous faisons trois.» (李白).

上 †. L'homme supérieur : le bonze, que ses vertus placent au-dessus des autres mortels. (圓覺要覽)

仙 † 掖紫禁宣麻. Les Censeurs, m. à m. les Immortels qui soutiennent le Prince sous les aisselles, écrivent les décrets sur du papier fait avec du chanvre, dans l'enceinte réservée de couleur pourpre (le Palais Impérial). 翰林清要謂之仙掖. Les Censeurs académiciens s'appellent *Sien-i* (東軒筆錄). *Ts'ing-yao,* autre dénomination de ces dignitaires.

孫鐘孝而致三 †. Par sa piété filiale, *Suen Tchong* attira trois Immortels. *Tchong* est un ancêtre de cette famille *Suen,* qui se distingua à l'époque des Trois Royaumes et dont un membre 孫權, *Suen K'iuen,* prit le titre d'Empereur sous le nom de 吳大帝. Ses descendants durent cette gloire à l'attachement qu'il montra pour sa mère, et à l'accueil charitable qu'il fit à trois Esprits descendus chez lui sous les traits de trois jeunes gens. Ceux-ci l'en récompensèrent, à leur départ, en lui indiquant un lieu très bon pour sa sépulture, à cause de la merveilleuse vertu qu'y possédait le sol, et lui promirent que s'il avait soin de s'y faire enterrer, sa postérité monterait sur le trône. (宋書符瑞傳).

伊 聘†尹於莘野除暴救民. On alla à *Sin* chercher *I Yn* qui détróna le tyran et sauva le peuple. *I Yn* devint Ministre de l'Empereur 商 成 湯 (1766-1755). Il fallut une triple invitation 三 聘 pour l'arracher à ses occupations champêtres dans le pays de 有 莘. Sur l'ordre de *Tch'eng-t'ang,* il essaya d'amener à résipiscence 夏 桀 *Kié* des *Hia* entraîné aux plus extravagantes orgies par sa concubine 妺 喜 *Mei-hi.* et durant quatre ans, il usa de tous les moyens de persuasion; mais. voyant ses efforts inutiles, il alla rejoindre *T'ang,* qui venait de sortir de la prison. où l'avait jeté *Kié* son suzerain, puis lui prêta son concours dans la lutte qui aboutit au renversement de la dynastie *Hia.* Un fils de *I Yn,* nommé 陟 *Tche,* remplit aussi la charge de Ministre à la Cour de 太 戊 (1637-1562).

† 洛 竭. Les deux rivières *I* et *Lo* se desséchèrent sous le règne de 夏 桀. indice manifeste du courroux céleste excité par la conduite sans frein de ce prince. et présage de la ruine de sa dynastie. Un phénomène analogue se renouvela, quand la dynastie 商 toucha à son déclin. (國 語).

† 蒲 饌 可 以 齋 僧. Les mets que mangent les fidèles bouddhistes conviennent pour l'abstinence des bonzes. puisque comme ces derniers. ils font toujours maigre. 以 助 伊 蒲 塞 桑 門 之 盛 饌 Cadeaux pour subvenir abondamment à la nourriture des *I-pou-ché* et des bonzes (後 漢 書 楚 英 傳). Le mot *I-pou-ché,* équivalant à 優 婆 塞 *Yeou-pouo-ché,* est la figuration chinoise du terme sanscrit *Upasaka,* traduit par Dévots laïques ou Sectateurs du Bouddhisme qui, sans quitter le monde. observent les plus rigoureuses prescriptions de leur religion. Les commentateurs rendent *I-pou-ché* par 近 住 «se tenir près de», sans doute. parce qu'une pareille conduite de leur part. les assimile presque aux bonzes 桑 門 leurs coreligionnaires, ou leur permet de les approcher. (章 懷 太 子 注).

伏 三 †. Les trois décades de la 6e Lune, dénomination dont l'origine remonte, dit-on. à 德 duc de 秦 (677-676).

初 † 是 夏 至 第 三 庚. La première de ces décades, est le troisième *Keng,* ou tombe vingt-sept jours après le solstice d'été. Le premier jour *Keng* est le septième après cette époque, puisque *Keng* occupe le septième rang parmi les caractères cycliques; dix-sept jours se sont écoulés, quand il se représente une seconde fois. et vingt-sept à sa troisième apparition. Cela reporte le commencement de cette décade initiale au 19 juillet. La décade intermédiaire 中伏 est le quatrième *Keng*, et la dernière décade 後伏 ou 末伏, coïncide avec le premier *Keng* à partir du 立秋, 7 Août. L'emploi de 伏 s'explique comme il suit, d'après la cosmogonie chinoise : 伏者金氣伏藏之日. L'élément 金 *Métal*, symbole de l'Automne, cède par crainte devant l'élément 火 *Feu*, qui représente l'Eté, car le feu a la vertu de le fondre. (徐堅初學記). Un commentateur dit que la Canicule s'appelle *Fou*, simplement parce qu'elle *retient* les habitants dans leurs demeures.

† 羲造琴瑟, 教嫁娶. *Fou-hi* inventa les lyres *horizontales kin* et *ché*, la première à vingt-sept cordes et la seconde à trente-six. L'effet du *kin* est de réprimer les bas instincts et celui du *ché* d'étouffer les mouvements de colère, aussi *Fou-hi*, en les faisant, attendait-il d'eux ces merveilleux résultats sur son peuple. 琴禁也, 瑟閉也. Ce monarque fabuleux abolit la promiscuité qui régnait avant lui, et enseigna les vraies règles du mariage, statuant que les époux seraient dans leur union comme «deux peaux» 儷皮 jointes ensemble. *Fou-hi*, écrit aussi 宓犧, porte encore les noms suivants : 風 *Fong*, 太昊 *T'ai-hao* et 庖羲氏 *Pao-hi-che*, ce dernier parce qu'il élevait des animaux destinés aux sacrifices et à sa table. On lui prête un règne de 115 ans à 宛丘 au *Ho-nan*.

†羲畫八卦以開文教, 作六書以代結繩, 甲歷姓氏. *Fou-hi* dessina les huit figures symboliques pour commencer l'instruction littéraire (civilisatrice), inventa six genres d'écriture pour remplacer les cordes nouées et catalogua les noms de familles pour régler les mariages.

伉 榮諧†儷. Vous avez la gloire de vous unir à une compagne : formule de compliment au nouveau marié. (左傳成公). D'après un commentateur, *k'ang* équivaut à 敵 *s'adaptant* et *li* à 耦 *couple*.

伐 作†. Jouer le rôle de celui qui coupe, c.-à-d. du bûcheron : entremetteur de mariage.

† 柯. Couper un manche pour la cognée : entremetteur. 伐柯如何, 匪斧不克, 娶妻如何. 匪媒不得. Sans hache, impossible de couper un manche, de même sans entremetteur impossible de prendre femme. (詩豳風).

作 † 人. Stimuler les hommes de valeur : le choix des personnes capables se fait par les examens littéraires.

周王壽考，遐不作人. «Dans sa vieillesse, le roi *Wen-wang* des *Tcheou* n'encourage-t-il pas les hommes?» (詩大雅).

† 述俱賢. Père et fils distingués. 父作之，子述之. Le père entreprend et le fils continue. (中庸).

† 俑. Faire des figures humaines en bois : introduire une mauvaise coutume, donner un exemple pernicieux. L'expression signifie encore : 憑 (al. 平) 空起事 sans raison susciter une affaire. Confucius disait : «Celui qui a commencé à faire de ces statuettes n'aura-t-il pas d'imitateur?» 仲尼曰，始作俑者其無後乎 (孟子). Le Philosophe s'éleva contre l'usage de porter de ces images aux funérailles, parce que la pratique barbare des sacrifices humains offerts sur la tombe, avait pour origine ces exhibitions. L'emploi du caractère *Yong* prouve que ces mannequins recevaient un système de ressort qui les transformait en automates sauteurs.

佛 中國有†始於漢明帝. L'introduction (officielle) du Bouddhisme en Chine date de *Han Ming-ti* (58-76). Les Annales de cette dynastie relatent ainsi le fait : «Au pays de 天竺 *Tien-tchou* ou 身毒 *Chen-tou* (Sindhu) existe une secte qui observe les règles établies par 浮圖 *Feou-t'ou*, Bouddha. Or, d'après une tradition, *Ming-ti* vit en songe une statue dorée de plus de dix pieds de haut, dont la tête brillait d'une vive clarté. A son réveil, il en demanda l'explication à ses Ministres et 傅毅 *Fou I* lui apprit que dans les contrées de l'Ouest on adorait, sous ces traits, un dieu appelé *Fou*. L'Empereur envoya aussitôt 蔡愔 *Ts'ai Yn* aux Indes, prendre des informations sur cette divinité, et étudier sa doctrine. Telle est l'origine des images et des statues de *Fou* dans l'Empire du Milieu.» (後漢書西域傳).

萬家生†. Le Bouddha vivant de dix mille familles, surnom que mérita par ses bienfaits. 司馬光君實溫公 *Se-ma Koang Kiun-che*, duc de *Wen* et Ministre sous la dynastie *Song*. A sa mort, en 1086, le peuple lui érigea des tablettes devant lesquelles il lui sacrifiait, 爲主以祀.

使 龍圖酷而夢二†. *Li* 李 le *Long-t'ou*, des *T'ang*, était un mandarin cruel, et 楊公 *Yang-kong* pensant à lui céder un terrain excellent pour les sépultures, en fut dissuadé par deux messagers célestes, qui lui apparurent en songe. Ce sol avait la vertu de donner plusieurs générations de Ministres à la famille qui y enterrerait ses membres 數代宰執之地. mais la méchanceté de *Li* le rendait indigne d'une pareille faveur. (筆談). *Long-t'ou* signifie Ministre, car 龍圖閣 équivaut à 內閣.

伶 †倫造律呂. *Ling Luen* Ministre de 黃帝, inventa la gamme composée de six tons parfaits 律 ou 陽 et six tons imparfaits 呂 ou 陰. Il alla couper des bambous dans la vallée de 嶰谿, au sud de 阮隃, et appela 黃鍾 le tube qui lui donna la note fondamentale nommée 宮. Puis il prêta l'oreille à la voix de deux phénix, l'un mâle et l'autre femelle, ce qui lui permit de fixer une double série de demi-tons (呂氏春秋). Les notes 律 sont : 黃鍾 Fa, 太簇 Sol, 姑洗 La, 甤賓 Si, 夷則 Do, *dièse*, 無射 Ré *d*, et les notes 呂 : 大呂 Fa *d*, 夾鍾 Sol *d*, 仲呂 La *d*, 林鍾 Do, 南呂 Ré, 應鍾 Mi.

佐 四†. Les quatre Ministres donnés par la légende à 燧人 *Soei-jen*, l'inventeur du feu. On les appelle 明由 *Ming-yeou*, 必育 *Pi-yu*, 成博 *Tch'eng-pou* et 隕邱 *Yuen-k'ieou*.

佞 不†. L'inhabile : moi (樂毅書). 佞　才.

低 †徊＝俯首沉吟. *Ti-hoei*, hésitant : la tête baissée, *murmurer profondément*, se livrer à ses rêveries. 太史公曰余低回留之. Le Grand Annaliste *(Se-ma Ts'ien)* dit : «A la vue des souvenirs laissés par Confucius, je restai là, absorbé dans mes pensées.» (史記).

侏 †儒. De petite taille (左傳). Les Annales des *Han* placent un Royaume des Nains 侏儒國 à l'Est de la Chine (後漢書東夷傳).

侯 †霸垂訓. *Heou Pa* Ministre de l'Empereur 漢光武帝 (25-58), dont le surnom est 君房 *Kiun-fang*, laissa pour instruction à ses petits-fils d'appeler, par respect, leur grand-père 家公 le seigneur de la famille (顏氏家訓).

壽光†. Le Marquis de l'éternel éclat : le miroir.

容成†. Le Marquis de la toilette : le miroir.

卽墨†, 離石卿†, 石卿†. Diverses appellations de l'encrier.

好時†, Le papier. 管城†. Le pinceau.

便 便†. D'une parole abondante (論語). *Pien pien* 一辯 Discourir.

倥 †傯. *K'ong-ts'ong* : Affairé.

倫 五†. Les cinq relations : 君臣, 父子, 夫婦, 昆弟, 朋友.

亂† ou 奸†. Désordre dans les relations : inceste, adultère. Comme exemples classiques de cette conduite, on cite le Duc 襄 *Siang* de 齊 et 亘夫人 *Siuen* de 魯, mais surtout le Duc 宣 *Siuen* de 衛, qui prit une concubine de son père et la femme de son fils 上烝父妾. 下納子妻. Le premier cas de *Siuen* est flétri par le caractère *Tchen* 烝, tandis que 報 devrait s'employer pour désigner le second. Si l'homme et la femme adultères sont de même rang, on se sert de 通 *commerce criminel.*

假 告† = 借事寬役. Demander un congé : profiter d'une raison pour quitter temporairement sa charge.

偶 佳†自天成. Un heureux mariage est d'avance arrêté par le Ciel.

偲 盡切†之誠. Avoir de l'attachement l'un pour l'autre et s'avertir, et cela en toute sincérité : telle est la loi de la vraie amitié. 朋友切切偲偲(論語). *Se :* Conseiller et reprendre.

偕 †老. Vieillir ensemble : entre époux, union jusqu'à la mort. 執子之手與子偕老. (詩邶風)

倚 †頓. *I Toen,* pauvre lettré du royaume de 魯 qui, entendant parler des immenses richesses de 陶朱公 *T'ao Tchou-kong,* alla lui demander le moyen de faire fortune. Celui-ci lui conseilla de se livrer à l'élevage des bestiaux 畜五牸 *(tse)*, et *I* fidèle à cette recommandation put, dans la suite, lutter de faste avec les princes (Ve siècle av. J.-C). On écrit aussi 猗 *I,* parce que le pays de 猗氏 au 西河 fut le théâtre de sa prospérité (裴駰集解).

傅 就†. S'attacher à un maître : fréquenter l'école, ce qui doit se faire dès l'âge de dix ans, dit le Mémorial des Rites.

求†說於巖阿中. On alla chercher *Fou-yué* au pays montagneux de *Yen.* L'Empereur 商武丁 (1324-1265) vit en rêve un personnage que le Ciel lui indiquait comme très capable d'occuper la charge de Ministre. *Ou-ting* envoya dans toutes les directions à la recherche de l'élu, et il se trouva que seul *Fou-yué* répondait au signalement donné par le monarque. Mis à la tête des affaires, on vit la dynastie refleurir sous son administration. (書說命)

†說死其精神託於箕尾. Quand *Fou-yué* mou-

rut, son pur esprit (principe matériel d'après le Confuciisme) prit place entre les constellations *Ki* le Sagittaire, et *Wei* le Scorpion, où il devint l'étoile qui porte son nom 傅說星.

†家父子宰山陰. Dans la famille *Fou*, le père et le fils administrèrent le pays de *Chan-yn*, à l'époque des Cinq petites dynasties (907-959). Tous deux, le premier appelé 傅僧祐 *Fou Seng-yeou* et le second 傅琰季珪 *Fou Yen Ki-koei*, se montrèrent si habiles dans ce poste difficile, que gouverner une sous-préfecture était chez eux, disait-on, un secret de famille. 治縣有譜. Le fils se nomme encore 傅聖. (南齊書良政傳).

傀 陳平作†傀儡解漢高白登之圍. *Tch'eng P'ing* fabriqua un mannequin *(k'oei-lei)* pour faire lever le blocus de la forteresse de *Pé-teng* située près de 平城 (à l'Est de 大同府 au *Chan-si*). Le Prince tartare 冒頓 *Mao-toen* (pron. *Mé-té*) investissait avec son armée cette place défendue par *Han Kao-tsou*. *Tch'en* ayant su que l'épouse du 單于 *Chan-yu (Khan)*, ou la 閼氏 *Yen-tche*, était très jalouse, imagina le stratagème suivant pour délivrer *Kao-tsou*. Il fit danser sur les murailles de la ville une grande poupée de son invention, représentant une belle femme. Trompée, la Princesse tartare craignit que cette prétendue bayadère, une fois la place prise, ne vînt lui ravir l'affection de son mari, aussi contraignit-elle ce dernier à lever au plus vite le siège. (段安節樂府雜錄). Telle serait, dit-on, l'origine des marionnettes chinoises; cependant quelques-uns en reculent l'invention jusqu'au règne de 穆王 de la dynastie *Tcheou*. *Yen-tche*, titre commun des Reines des 匈奴.

僑 †肸推邦家之選. *K'iao* et *Hi* sont considérés comme les Ministres de choix de la famille régnante. Le premier 公孫僑子產 *Kong-suen K'iao Tse-tchan*, du royaume de 鄭, se distingua surtout par son extrême bonté, tandis que l'on vantait la grande droiture de 羊舌肸叔向 *Yang-ché Hi Chou-hiang*, du royaume de 晉. 子產有遺愛, 叔向有遺直.

儋 家無†石. N'avoir pas chez soi de quoi remplir une mesure de la capacité de vingt livres : être très pauvre. Tel était le dénûment de 揚雄子雲 *Yang Yong Tse-yun*, qui cependant vivait heureux dans cet état. (漢書揚雄傳). Un commentateur traduit 儋石 par 二斗, tandis qu'un autre lui donne la capacité de 二斛 ou dix fois plus. Enfin, d'après un troisième, 儋 équivaudrait à 擔, et signifierait la charge d'un homme.

僧 *Seng*, syllabe initiale du terme sanscrit 僧伽 *Sanga* qui signifie «Unis par un lien commun». Appellation du bonze. Le premier *Sanga* venu en Chine est 攝摩騰 *Ché*

Mo-t'eng, Indien qui accompagna l'ambassade de *Han Ming-ti* à son retour. Le Marquis de 陽城, nommé 劉峻 *Lieou Siun*, est le premier sujet chinois qui, avec l'assentiment du même Empereur, embrassa ce genre de vie. On distribue les *Seng* en quatre catégories : les Parfaits, déjà devenus Bouddhas ou en voie de le devenir et affranchis de toute loi, du fait même de leur perfection; les Ordinaires, astreints encore à l'observation des prescriptions de la secte et se rasant la barbe et les cheveux; les Grossiers, incapables de saisir la culpabilité qu'il y a à enfreindre l'un ou l'autre des principes fondamentaux du Bouddhisme; enfin les Éhontés, que la crainte des tourments réservés dans l'autre vie aux méchants, ne contient pas dans la pratique de la règle.

儀 渾 † ou 渾 天 †. La figure des révolutions célestes, globe construit par 錢樂 *Ts'ien Yo* qui, en 437 ap. J.-C., reçut l'ordre de l'Empereur 宋文帝, de se livrer à ce travail. La surface de ce globe représentait la voûte céleste, qu'un système hydraulique mettait en mouvement, et tout y était si bien combiné, que l'occultation et l'apparition des étoiles qu'on y avait représentées, correspondaient parfaitement au même phénomène dans le firmament. Les Annales de la petite dynastie *Song* lui donnent 6 pieds et 0,8 de pouce de diamètre. La première idée de cet instrument remonte à la sphère armillaire de l'Empereur 虞 *Yu (Choen)* mentionnée dans le Livre des Annales; il parait même que 羲 *Hi* et 和 *Ho*, astronomes de 堯 *Yao* se servaient d'un globe tout à fait analogue. La dynastie 秦 semble avoir été aussi fatale à ces instruments qu'aux livres; car à l'avènement des *Han* il n'en existait plus, et 張衡 *Tchang Heng* fut désigné pour couler en cuivre une sphère céleste. Cette dernière disparut également au milieu des troubles politiques et ne fut remplacée que sous le règne de *Wen-ti*. (宋書天文志). Dès lors, dit le 幼學, les astronomes eurent une méthode 歷家始有所宗.

† 賓, 艷稱戚里之榮. L'hôte magnifiquement traité : le gendre impérial. Cette expression élégante désigne la gloire qui rejaillit sur la parenté et le voisinage de ce personnage. L'appellation date du temps où 唐中宗 combla de faveurs son gendre 楊愼 *Yang Chen*, et lui accorda des lettres par lesquelles des honneurs étaient concédés à ceux qui lui tenaient de près ou de loin. Cf. (國) 賓.

儲 大 † 封. Avoir un fils de grande espérance, capable plus tard de gagner des titres même à son père.

優 † 波塞. *Yeou-pouo-ché Upasaka*, mot sanscrit signifiant les bouddhistes fervents qui, sans quitter le monde, pratiquent les observances de la secte, spécialement celle du maigre perpétuel. Les dévotes correspondantes s'appellent 優婆夷 *Yeou-pouo-i*. (隋書經籍志)

CLASSIF. 10. 儿.

兀 †† 窮年. *Ou-ou*. Etudier avec ardeur toute l'année. Alors que 韓愈退之 *Han Yu T'oei-tche* n'était encore, malgré son labeur incessant, parvenu qu'à la dignité de 國子先生 Professur du Collège impérial, ses disciples se permirent de lui dire en plaisantant : 先生口不絕吟於六藝之文. 手不停披百家之編. 頭童齒豁竟死何裨. 不知慮此反教人為. «Maitre, vos lèvres ne cessent de murmurer les phrases des six ouvrages, 禮樂書詩易春秋 : le Mémorial des Rites, le Traité sur la Musique, les Livres des Annales, des Odes et des Changements, les Chroniques du Printemps et de l'Automne. Vos mains ne se lassent pas de compulser les écrits des divers auteurs. A cette étude ininterrompue, vous avez perdu vos cheveux et vos dents (m. à m. tête d'enfant et dents séparées comme par de profondes vallées), et votre mort arrivera sans que tout cela vous ait servi de rien. Nous ne savons si vous y pensez, et pourtant vous prétendez nous enseigner à être des hommes.»

元 八 †. Les huit *Honnêtes*, huit frères de la famille 高辛 *Kao-sing* que 舜 *Choen* appela aux premières charges, avec huit autres frères de la famille 高陽 *Kao-yang* surnommés les huit *Aimables* 八愷. Ensemble ils constituent la pléiade des *seize parents* 十六族 dont parle le *Tso-tch'oan*.

† 旦. Le 1er de la 1ère Lune appelée 元月.

† 夕. † 宵. 上 †. La fête des Lanternes, le 15 de la 1ère Lune.

中 †. Le 15 de la 7e L.; 下元, le 15 de la 10e Lune; 元眞, le 12 de la 12e Lune.

丹 †. Le principe du cœur : l'esprit vital.

† 白. Les deux poètes *Yuen Tchen* 稹, et *Pé Kiu-i* 居易, de la dynastie *T'ang*.

† 白. 詩之工者壓倒 ††. Un habile versificateur est dit jeter à terre *Yuen* et *Pé*. Sous le règne de 敬宗 (825-826).

ces deux poètes assistèrent à un festin en compagnie d'un Vice-président de Ministère nommé 楊汝士 *Yang Jou-che.* Pendant le repas on se livra à une joute littéraire où *Jou-che,* quoique le dernier à finir sa poésie, fut cependant proclamé vainqueur de ses deux célèbres concurrents. Pendant que ceux-ci dévoraient leur honte en silence, *Yang* s'en retournait ivre chez lui, répétant partout : 今日壓倒元白, «Aujourd'hui j'ai fait crouler *Yuen* et *Pé.*» (王保定唐摭言).

†白夢魂銜杯花下. L'esprit de *Yuen* et *Pé* rêva qu'ils buvaient ensemble (mordaient la coupe) sous les bosquets fleuris. Ces deux amis, l'un Ministre et l'autre Président de Ministère. allaient parfois se promener dans les jardins de la bonzerie 慈恩寺. Or, un jour *Pé Kiu-i* 居易, saisi subitement de la pensée de *Yuen Tchen* 稹 qui venait de partir pour 梁州, composa des vers sur ces entretiens intimes. A cet instant aussi une inspiration analogue s'emparait de *Pé* et lui dictait le même souvenir poétique. Ce fait prouve que malgré les distances, les cœurs des amis sont toujours à l'unisson. (孟棨本事詩).

†之俘. Le prisonnier des Tartares Mongols qui fondèrent la dynastie *Yuen* : l'Empereur 恭帝 des *Song* Méridionaux. Ces barbares pénétrèrent dans la ville de 臨安 *(Hang-tcheou)* en 1276, se saisirent de sa personne, et l'envoyèrent mourir dans les plaines de 沙漠 Gobi.

兄 †弟濟美. Frères contribuant à leur gloire réciproque, c.-à-d. obtenant ensemble les honneurs littéraires, les dignités, etc.

兒 郝玭怖小†之啼. Telle était la terreur causée par *Ho Pien,* préposé à la défense de 原州, que les mères se servaient de son nom comme d'un épouvantail pour faire taire leurs enfants, m. à m. effrayer leurs cris

爲造化小†所苦. Etre tourmenté par le petit enfant de la (mauvaise) fortune : être malade, effet attribué à l'action du génie malfaisant *Tsao-houa-siao-eul.*

CLASSIF. 12. 八.

公 三†. Les trois Ministres sous les *Tcheou* étaient, d'après le Livre des Annales, le 太師 Grand Précepteur, le 太傅 Grand Tuteur, et le 太保 Grand Gardien. La dynastie des *Han* antérieurs comprenait sous cette dénomination le 大司馬,

le 大司徒 et le 大司空 que l'on identifie avec les 內閣大學士 Ministres d'État actuels.

八†化童子. Les huit vieillards se transformèrent en jeunes gens. *Ngan* 安, Roi de 淮南, renommé pour sa déférence à l'égard des lettrés 折節下士 et livré à l'étude des sciences occultes 玄法, reçut un jour la visite de huit immortels d'un aspect vénérable qui, à l'entrée du palais, prirent subitement les traits de l'adolescence. Le portier effrayé en avertit le Roi 白王, qui se hâta d'accourir au devant de ses hôtes dont il obtint en présent un livre de recettes d'immortalité. (神仙傳).

†種生†. Semence de Ministre engendre un Ministre : ces dignitaires le sont de père en fils.

†門有†. Le Ministre nait dans une famille dont un membre occupe ou a déjà occupé cette charge, disait 王沈 *Wang Chen,* sous les 晉.

†才†望. Qualités de Ministre et espoir fondé de le devenir. Encore enfant, 王暕 *Wang Kien* méritait déjà cet éloge et faisait augurer qu'il succèderait à son père 王儉文憲 *Wang Kien Wen-hien,* élevé aux plus hautes dignités de l'Empire sous la dynastie 齊 (479-501). (梁書王暕傳).

†孫弘季. *Kong-suen Hong Ki,* Ministre de 漢武帝 (140-87). Porcher dans sa jeunesse, il ne se mit que fort tard à étudier, et à plus de 60 ans il se voyait promu au poste de 丞相 où ses services lui méritèrent le titre nobiliaire de 平津侯. Au milieu des honneurs il conserva des habitudes de simplicité.

†權過子建. *Kong-k'iuen,* de la famille 柳 *Lieou,* l'emportait sur *Tse-kien,* car tandis que ce dernier mit à composer sa poésie l'espace de temps requis pour faire sept pas, la durée de trois suffit au premier pour improviser la sienne. L'Empereur 唐文宗 (927-841) qu'il accompagnait dans une visite au palais *Wei-yang-kong* 從幸未央宮 l'avait prié de faire des vers séance tenante et la rapidité de sa composition émerveilla le monarque qui s'écria : 子建七步, 爾乃三步焉. (唐書柳公權傳). Dès l'âge de douze ans ce personnage s'était distingué dans la littérature. *Tse-kien* était fils de 曹操 *Ts'ao Ts'ao.*

†主. Princesse impériale, ainsi appelée parce que son auguste père ne règle pas lui-même la question de son mariage (ce serait déroger à sa dignité), mais la remet entre les mains des princes 公侯主婚. Obtenir sa main : 尙公主. Cf. (國) 賓.

共 不†. Inimitié irréconciliable 不共戴天, m. à m. ne point porter ensemble le ciel (禮曲禮). Cf. 天.

典 五†. Les cinq Règles (左傳) des cinq Empereurs 少昊, 顓頊, 高辛, 唐. 虞 *Chao-hao, Tchoan-hiu, Kao-sing, T'ang (Yao)* et *Yu (Choen)*. Ces lois sont, dit-on, les suivantes : 父子親, 君臣義, 夫婦別, 長幼序, 朋友信. «Affection entre le père et le fils, équité entre le prince et le sujet, distance entre l'époux et l'épouse, subordination entre l'aîné et le cadet, confiance entre les amis.»

† 史. Mandarin subalterne, chargé dans une sous-préfecture de la saisie des délinquants.

† 午竊當塗之緒. *Tien-ou* usurpa la succession garantie par le *Tang-t'ou* ou oracle du royaume de *Wei* 魏國之讖. *Tien-ou* est le nom de la famille 司馬 *Se-ma* qui fonda la dynastie des 西晉 *Tsin* occidentaux en 265 ap. J.-C. *Se-ma I* 懿, puis ses deux fils 師 *Che* et 昭 *Tchao* occupèrent des charges à la Cour de *Wei*, dont la maison royale fournit quatre monarques pendant la période historique des Trois Royaumes. Les services rendus par *Tchao* à ces princes lui valurent le titre de Roi de 晉, qui à sa mort échut à son fils 炎 *Yen*. Celui-ci renversa son suzerain et se substitua à sa place sur le trône 禪位 sous le nom de 晉武帝 (265-290).

冀 †缺夫婦相待如賓. Chez 郤 *K'i K'iué* de *K'i*, l'époux et l'épouse se traitaient comme des hôtes avec le plus profond respect. Un ambassadeur du Duc 文 *Wen* de 晉, appelé 臼季 *K'ieou Ki*, passait par le pays de *K'i K'iué* lorsqu'il aperçut sa femme allant lui porter à dîner au champ où il labourait. Quand ils furent en présence l'un de l'autre tous deux se donnèrent réciproquement de si grandes marques d'estime. que *K'ieou* à son retour ne put s'empêcher de raconter le fait à son maître. Celui-ci fit aussitôt appeler le vertueux *K'i*, et lui confia un poste. (左傳僖). Ces époux sont le modèle d'un bon ménage.

CLASSIF. 14. 冖.

冠 初†三加. La triple imposition de la première coiffure. La première coiffure était un bonnet en toile noire 緇布 sans pendeloque, la seconde un chapeau en peau de cerf 皮弁; la troisième s'appelait 爵弁 chapeau des dignités ou 雀弁 chapeau d'oiseau. La cérémonie achevée, le jeune homme recevait un prénom. (禮 記).

†玉. Chapeau orné de jade : beau visage. *Tcheou Pou,* Marquis de *Kiang* 周 勃 絳 侯 accordait, devant *Han Kao-tsou,* la beauté physique à 陳 平 *Tch'en P'ing* tout en se permettant de douter que sa capacité répondît à son extérieur. (史 記 陳 丞 相 世 家). 玉 而 冠 者 Coiffé de jade : belle prestance. (唐 書)

以†苴履. Mettre son chapeau à la place de ses chaussures : confondre ce qui est distingué avec ce qui est méprisable. 冠 履 倒 置 Intervertir coiffure et souliers. (韓 非 子). Le caractère *Tsiu* signifie suppléer 補.

挂神武之†. Suspendre son chapeau à la porte *Chen-ou-men* 神 武 門. Sous la dynastie 南 齊, en 493 ap. J.-C., 陶 宏 景 *T'ao Hong-king,* épris des charmes de la vie privée, résigna sa charge et déposa ses habits de cérémonie à cette porte de l'ancien *Nan-king.* (南 史 隱 逸 傳).

†德履仁. L'Empereur se coiffe de la vertu, se chausse de l'humanité, s'habille des six arts libéraux et ceint la splendeur des rites. 被 六 藝,佩 禮 文. (王 褒 四 子 講 德 論). L'urbanité. la musique, le tir à l'arc, conduire un char, l'écriture et l'arithmétique 禮 樂 射 御 書 數 constituent les six arts libéraux. On comprend encore sous cette dénomination les six Canoniques 六 經 c.-à-d. 禮 樂 詩 書 易 春 秋.

南州†冕. La couronne de *Nan tcheou,* surnom donné sous les *Han,* par 司 馬 徽 德 操 *Se-ma Hoei Té-ts'ao* au célèbre lettré 龐 統 士 元 *P'ong T'ong Che-yuen.* (蜀 志).

彈†以待薦. Epousseter son chapeau dans l'espoir d'être recommandé : s'attendre à monter en charge ou à recevoir une faveur à bref délai. Sous les *Han* vivaient deux amis intimes, l'un appelé 王 吉 子 陽 *Wang Ki Tse-yang* de 漢 陰, et l'autre 貢 禹 少 翁 *Kong Yu Chao-wong* de 瑯 琊 *Lang-yé. Kong* apprit un jour que *Wang* venait d'être promu à la préfecture de 益 州; aussitôt il secoua la poussière de son chapeau, comme pour montrer, que lui aussi aurait bientôt à se mettre en route pour un poste. Il avait deviné juste, car sur la proposition de *Wang,* il se vit appeler à une dignité. D'où le proverbe : 王 陽 在 位. 貢 禹 彈 冠 pour signifier que leur entrée en charge coïncida 取 舍 同. (漢 書 王 吉 傳).

冢 大†宰. Le Président du Tribunal des mandarins civils 吏部. Le Vice-Président a le titre de 少 冢 宰.

冕 *Mien,* coiffure de cérémonie sous les *Tcheou,* dont l'invention est attribuée à *Hoang-ti.* Relevée par derrière et rabattue par devant, elle symbolisait le respect. Le costume complet de Cour pour les Ducs 公 à cette époque s'appelait 袞 冕 *Koen-mien* et comportait neuf ornements 九 章 représentant en broderie des dragons. des tigres, des faisans, etc Celui des 候 伯 Marquis et Comtes, des 子 男 Vicomtes et Barons, des 孤 Assesseurs des Ministres, et des 卿 大 夫 Grands officiers, avaient respectivement les noms de 鷩 冕 *Pi-mien,* 毳 冕 *Tch'oei-mien,* 絺 冕 *Tch'e-mien* et 玄 冕 *Hiuen-mien,* brodés le premier de sept ornements, le second de cinq, le troisième de trois et le quatrième d'un seul. La robe 袞 衣 avait de particulier un dragon dessiné avec la tête repliée *Koen,* l'autre 鷩 衣 un faisan rouge *Pi.* Pour plus de détails cf. Zott. IIv. Nota 11ª, Vestitus.

CLASSIF. 15. 冫.

冬 如 † 日 之 可 愛. Aimable comme le soleil en hiver: éloge de 趙衰 *Tchao Ts'oei* Ministre du royaume de 晉, dont le gouvernement avait le cachet de la douceur (左 傳 文).

冰 吏 立 † 上, 訟 盧 奐 折 獄 之 淸. Mandarin debout sur la glace; cette expression célèbre l'incorruptibilité de *Lou Hoan,* contemporain des *T'ang,* dans le jugement des procès. Dès son entrée en charge, on vit les officiers subalternes jusque là sans conscience se tenir sur la réserve 墨 吏 斂 手, et tant qu'il occupa ce poste, personne n'osa tenter de le gagner par des présents offerts en cachette 不 敢 干 以 私. (舊 注).

† 人 = 傳 言 之 人. L'homme de la glace : celui qui communique les propositions de mariage, l'entremetteur. Sous les *Tsin, Ling Hou-tch'é* 令 狐 策 rêva une nuit que, debout sur la glace, il entretenait conversation avec un inconnu placé au-dessous de lui. Il demanda l'explication de ce songe au devin 索 紞 叔 徹 *Souo Tan Chou-tch'é,* qui l'interpréta ainsi : «冰 上 爲 陽 冰 下 爲 陰. Sur la glace c'était le principe mâle, tandis que le principe femelle se trouvait au-dessous; tu auras donc bientôt pour mission de les unir ensemble, et par ton intermédiaire, un mariage se conclura à l'époque du dégel 冰 泮 而 婚 成.» L'événement donna raison à cette prédiction, car peu de temps après, le Préfet 田 豹 *T'ien Pao* recourait aux bons offices de *Ling,* qui réussissait à obtenir pour le fils du mandarin, la main de la fille de 張 公 徵 *Tchang Kong-tcheng.* (晉 書 藝 術 傳).

勢易盡者如†山. L'autorité qui s'écroule facilement, se compare à une montagne de glace. *Yang Kouo-tchong* 楊國忠, frère de 楊貴妃 concubine favorite de 唐玄宗, était si en faveur à la Cour que tous recherchaient ses bonnes grâces. On pria 張彖 *Tchang T'oan* de lui faire aussi une visite, mais ce docteur magnanime se moqua de ces plats courtisans, qui croyaient s'appuyer sur la montagne *T'ai* 泰山 en recourant à *Kouo-tchong*, tandis qu'il n'était qu'une montagne de glace prête à fondre aux premiers rayons du soleil (王仁裕. 開元天寶遺事).

†生於水而寒於水＝後進過於先生. La glace naît dans l'eau et pourtant est plus froide qu'elle : élève qui l'emporte sur son maître (荀子).

†炭＝爾我相仇 Glace et tison ne peuvent s'accorder : nous sommes un ennemi l'un pour l'autre (韓非子). 果能如水以全交, 須融冰炭. Pour réussir effectivement à établir entre amis une entente parfaite, qui ait la pureté et la simplicité de l'eau, il faut unir la glace et le tison, c.-à-d. bannir tout ce qui s'opposerait à cette union (韓文).

胸中†炭, 言人事之參差. Glace et tison dans son sein, signifie le désordre de ses affaires. *Tch'en-ts'e*, inégalité. Proverbe : 不作風波于世上, 自無冰炭到胸中. «Si vous n'excitez ni tempête ni vague en ce monde, la glace et le tison n'entreront point dans votre cœur (il aura la paix).»

†清玉潤＝丈人女壻同榮. Pur comme glace et moelleux comme jade : beau-père et beau-fils tous deux distingués. Eloge de 樂廣 *Yo Koang* et de son gendre 衛玠 *Wei Kia*, illustres personnages des *Tsin* (晉書衛玠傳).

†肌玉骨乃梅蕚之清奇. Chair de glace et nervures de jade, signifient la pureté et l'excellence de la fleur de prunier (蘇軾梅花傳). Cette comparaison sert encore à désigner une personne de manières simples.

†夷. *Ping-i* : Génie des ondes, appelé aussi 馮夷 *P'ing-i*, personnage qui, pour s'être noyé au passage d'un fleuve, mérita de se voir donner le titre de dieu par l'Empereur (抱朴子).

敲†煮茗＝冬月邀賓. Briser la glace pour chauffer le thé : inviter des amis en hiver. Sous les *T'ang*, 王休 *Wang Hieou*, retiré au pied du mont 太白山, servait ainsi à ses hôtes du thé de 建溪 préparé avec de la glace qu'il allait lui-même chercher (開元天寶遺事).

opposé par lui à sa fille, la Princesse *Koan-t'ao* 館陶公主, qui lui demandait ce poste pour son fils. (後漢書). On donne encore pour céleste symbole à ces mandarins quinze étoiles particulières. 南宮朱鳥後聚一十五星徽然曰郎立. «Derrière le soleil, dans sa position *(kong)* au sud sur l'écliptique, il y a un groupe de quinze astres magnifiquement nommés : *les Sièges des Assesseurs.*» (史記天官書). *Kong,* maison du soleil (en astrol.)

刑 五†. Les cinq espèces de supplices qui, dans l'antiquité, étaient : la marque sur le front 墨, la mutilation du nez 劓, l'amputation des pieds 剕 *Fei,* la castration 宮, et la peine capitale 大辟 (書呂刑). Les châtiments aujourd'hui en usage sont, d'après le Code des *Ts'ing :* 笞 les verges (5 degrés), 杖 la bastonnade (5 degrés), 徒 la déportation temporaire (5 degrés de distances), 流 l'exil pour la vie (5 degrés d'éloignement), et 死 la mort par strangulation 絞, par décapitation 斬.

†期無†. Les peines s'infligent dans l'espoir de les extirper dans leurs causes. (書大禹謨).

†者不可復屬. Au mutilé on ne peut plus confier de charge, on le prive, par conséquent, d'une occasion de racheter par une vie de dévouement, la faute qui lui a attiré son châtiment. Les Juges doivent donc, avant de porter une sentence, écouter les sentiments d'humanité innés au fond de tout cœur 原情定罪. Par ces mots, 緹縈 *T'i-yong* s'efforçait d'attendrir l'Empereur 漢文帝 (179-156) en faveur de son père 淳于公 *Choen-yu Kong* condamné à un honteux supplice. *Wen-ti* se laissa toucher. (史記文帝本紀).

†而王. *Yng Pou-kien* 英布黔, après sa condamnation, reçut le titre de Roi. Un physiognomoniste prédit à ce personnage de la dynastie des *Han,* qu'au sortir du cachot où il serait d'abord jeté, l'Empereur l'élèverait aux premières dignités. En effet, *Han Kao-tsou* récompensa ses services en le créant plus tard 九江王. (史記)

刼 Le monde, époque. *Kié* ou 刧波 *Kié-pouo* (en sanscrit *Kalpa*) signifie d'après la cosmogonie bouddhique, la période de temps incommensurable qui va de la naissance d'un univers à sa destruction. Le Kalpa où nous vivons serait celui des Sages 賢刧 et compterait 226 millions d'années, dont 151 millions sont déjà écoulées. Au début de cette période, la vie humaine était de 84.000 ans, tandis qu'actuellement sa durée n'est que de 100 ; mais lorsqu'elle sera descendue à 10, les mortels faisant arme de tout, même des troncs d'arbres, s'entredétruiront, puis le Kalpa prendra fin et cédera la place à un autre. Ce Kalpa des Sages aura vu se succéder sur la terre mille incarnations de Bouddha, toutes pour le bien de l'humanité.

別 †駕 ou 半刺. Assesseur du Préfet.

刺 訊三†以簡孚. On juge les trois causes capitales *(ts'e)* d'après l'évidence des témoignages. Lorsque l'on défère au tribunal un cas passible de mort, il y a trois divers genres de procédure *(siun)*, suivant que le coupable est un haut dignitaire, un mandarin inférieur ou un homme du peuple. (周禮秋官).

†史. Le Préfet. 太守, 知府, 二千石. Cette dernière dénomination fait allusion à la quantité de grain que ce fonctionnaire recevait comme salaire sous la dynastie *Han.*

投†. Remettre sa carte de visite. *Ts'e* piquer, graver, rappelle l'époque où faute de papier, on traçait son nom au poinçon sur du bois, et spécialement du bambou. 書姓名於奏白, 曰刺. «Ecrire ses nom et prénom sur une supplique à l'Empereur, se dit *Ts'e.*» La même origine se retrouve dans l'expression 竿牘 *Kan-tou* qui signifie billet ou livre.

到 †漑得盡傳貽厥. *Tao Kai* possédait un petit-fils très remarquable nommé *Tsin*, digne de recevoir ses instructions. 貽厥孫謀 «Donner ses conseils à ses petits-fils.» (詩經). L'Empereur 梁武帝 (502-550), lors d'une visite à 京口 *(Tchen-kiang)*, fit venir le jeune *Tsin* dont on vantait le génie précoce, et le pria de lui donner un spécimen de ses connaissances littéraires. *Ou-ti* en fut si émerveillé, qu'il le renvoya comblé de présents. Dans la suite, chaque fois que *Kai* versifiait sur le même sujet que le monarque 稱御詩, celui-ci le plaisantait sur ce que sa poésie était peut-être de la composition de l'enfant prodige. (南史到漑傳).

制 守†=居喪. Observer les prescriptions relatives au deuil : être en deuil de ses parents.

刹 梵† *Fan-tch'a* : temple bouddhique. *Fan* est la première syllabe de 梵覽摩 *Fan-lan-mo* figuration chinoise de Brahma, le Pur, l'Exempt de désirs. *Tch'a,* contraction du mot sanscrit *Tchaïtya,* désigne la partie d'un monastère bouddhique où se trouvent les objets exposés à l'adoration des sectateurs. Les commentateurs indigènes rendent *Tch'a* par «mât érigé devant le sanctuaire.» 列刹 Pagode avec sa tour.

則 內 † 無 忝 Irréprochable par rapport aux règles domestiques : épouse excellente. Le chapitre du Mémorial des Rites où l'on traite des devoirs de la femme mariée porte le titre de *Nei-tsé*.

剡 † 藤. Papier. On en fabriquait jadis avec du rotin de 剡溪 *Yen-k'i*. (張 華 博 物 志).

劉 † 孺 孝 推 *Lieou Jou Hiao-t'oei*, type du neveu remarquable, appelé la perle brillante 明 珠 de la famille, par son oncle 瑱 *Tchen*, Préfet de 義 興. On donne ces deux détails sur son enfance : à sept ans il composait déjà en littérature, et à quatorze, il témoignait une si vive douleur de la mort de son père qu'il en perdait la santé. (梁 書 劉 孺 傳).

† 毅 希 樂 *Lieou I Hi-yo*, dont le nom est devenu synonyme de joueur, à cause de sa passion pour le jeu et de l'argent qu'il y perdait. D'abord rallié au parti de 劉 裕 *Lieou Yu*, fondateur de la petite dynastie 宋 en 420 ap. J.-C., une antipathie de caractère lui fit tourner ses armes contre son chef, et vaincu par 王 鎮 惡 *Wang Tchen-ngo*, il se donna la mort.

† 孝 勝 之 綬 方 青. Sous les 梁, *Lieou Hiao-cheng* venait d'être nommé Préfet (m. à m. son cordon était bleu depuis peu), quand il composa cette strophe où il déplore l'éloignement de ses frères, que lui impose sa nouvelle charge : 四 鳥 怨 離 羣, 三 荆 悅 同 處, 如 今 腰 艾 綬, 東 西 各 殊 舉. «Les quatre oiseaux s'affligent de se quitter, et le gainier fendu en trois est heureux de rapprocher l'une de l'autre ses parties divisées (cf. 荆). Maintenant qu'à ma ceinture pend le cordon couleur d'armoise, je pars et nous vivrons bien séparés.» (劉 孝 勝 家 園 別 陽 羨 始 興 詩). Le cordon auquel le Préfet suspendait le sceau en argent marque de sa dignité, était bleu 青, 綠 ou 艾.

† 氏 弟 兄 守 南 郡, 無 人 斥 名. Les deux frères 之 遴 *Tche-lin* et 之 亨 *Tche-heng* furent Gouverneurs de *Nan-kiun* au pays de 荆 *(Se-tch'oan)*, et montrèrent de telles qualités dans leur administration, qu'on ne les appelait plus par leur nom, mais que l'aîné était désigné par le qualificatif de 大 南 郡 et le cadet par celui de 小 南 郡. (梁 書 劉 之 亨 傳).

† 正 長 可 比 關 張, 陷 陣 摧 鋒. Le brave *Lieou Hia* 遐 *Tcheng-tch'ang* était comparable aux deux héros légendaires de l'époque historique des Trois Royaumes, *Koan Yu* 羽 et *Tchang Fei* 飛, car dans les combats il abattait les rangs ennemis et brisait les lignes d'attaque. (晉 書 劉 遐 傳).

劍 賣†買牛. Amener les brigands à vendre leurs épées pour acheter des bœufs, résultat merveilleux obtenu en un an par 龔遂少卿 *Kong Soei Chao-k'ing,* dans sa préfecture de 渤海 *Po-hai* (au *Chan-tong*). L'Empereur 漢宣帝 (73-48) lui confia ce district, dans l'espoir que son énergie y rétablirait l'ordre troublé par la famine. Il le fit même venir au palais avant son départ, mais à la vue de la petite taille et de l'âge avancé du nouveau Préfet, il n'augura rien de bon de sa mission. Cependant, parvenu à son poste, *Soei* commença par congédier les satellites chargés de la saisie des coupables, et ces derniers, touchés d'une façon d'agir si insolite, se rendirent à discrétion. Le mandarin leur donna alors le conseil d'échanger leurs armes contre des animaux utiles à l'agriculture, leur disant: « 何爲帶牛佩犢 A quoi vous sert de porter suspendus à la ceinture des bœufs et des veaux? c.-à-d. des épées et des poignards qui en ont la valeur.» (漢書循吏傳).

詔求故†, 宣帝無易后之心. L'ordre donné par *Siuen-ti* des *Han,* d'aller chercher sa vieille épée, manifestait sa volonté de ne pas changer l'Impératrice. Avant son avénement, ce monarque avait contracté alliance avec la fille de 許廣漢 *Hiu Koang-han,* mais lorsqu'il eut ceint la couronne, ses Ministres lui firent entendre qu'il convenait d'associer à sa nouvelle dignité une femme de condition supérieure à celle de la première. «Qu'on m'apporte ma vieille épée du temps où j'étais encore obscur 微時», se contenta de répondre l'Empereur. La Cour comprit sa pensée et *Hiu* la maitresse du harem 許倢伃 *Tsié-yu,* fut déclarée officiellement Impératrice. (漢書外戚傳). Vieille épée : épouse.

看舞†而工書法. La vue d'une danse à l'épée rendit la célèbre *Wei* 衛夫人 des 晉, habile dans l'art de la calligraphie. Elle imita si bien avec son pinceau les divers mouvements exécutés sous ses yeux, en cette occasion, qu'elle mérita, dit-on, d'avoir 王羲之 *Wang Hi-tche* pour élève. (書法苑).

明月空遭按†. Échouer aux examens, m. à m. la perle scintillante aux rayons de la lune, voit en vain porter la main à l'épée. Sous les *Han,* 鄒陽 *Tcheou Yang* écrivait à l'Empereur, que l'homme de talent laissé de côté, ressemblait à une perle jetée la nuit sur le chemin. Effrayés à son éclat insolite au milieu des ténèbres, les voyageurs ne manqueraient pas de dégainer, en se regardant. (史記鄒陽傳).

CLASSIF. 19. 力.

功 大十小十. Le deuil de neuf mois et le deuil de six mois. (儀禮喪服). «Le travail requis pour fabriquer la toile des habits portés dans le premier cas, est un travail grossier, d'où l'appellation de *ta-kong*.» 大功布者其鍛治之功鹿沽之. Dans ce tissu, il ne doit entrer, en effet, que neuf *cheng* 九升 (quatre-vingts fils font un *cheng*), tandis que l'étoffe dont on confectionne les vêtements pour le petit deuil de six mois, en comporte jusqu'à onze. Par conséquent, ce dernier tissu, étant à mailles plus serrées et plus fines, demande un travail plus délicat (*siao-kong*). Aujourd'hui, les habits 大功服 sont réservés au deuil des frères et des sœurs; les autres se mettent à la mort des oncles et des tantes. 麤沽 *Tsou* grossier, *kou* à vil prix.

助 內十. L'épouse. 不惟外輔. 亦有內助. Les Empereurs outre leurs aides de l'extérieur (leurs Ministres), avaient aussi ceux de l'intérieur (leurs femmes). (魏志后妃傳).

動 十靜方圓. Allusion aux échecs, car sur l'échiquier *carré*, les pièces *rondes* se *meuvent*, tant que l'adversaire ne les a pas prises, mais restent au *repos*, dans le cas contraire. *Tchang Chouo* 張說 expliquait ainsi ces quatre caractères appliqués au jeu en question, et demandait au petit 李泌 *Li Pi*, que l'Empereur 唐明皇 avait fait appeler, pour mettre à l'épreuve son intelligence précoce, de leur trouver une autre interprétation. L'enfant, nullement embarrassé, leur attacha avec tant d'à-propos un sens tiré de l'ordre moral, que tous en furent dans l'admiration. Voici sa pensée : les actions *(tong-tsing)* doivent comporter une certaine rondeur *(fang)*, mais adoucie de formes *(yuen)*. (唐書李泌傳).

CLASSIF. 20. 勹.

匍 十匐 = 往弔. *Fou-fou* ou *P'ouo-p'ou*. Faire une visite de condoléances, m. à m. avancer en rampant. 凡民有喪, 匍匐救之. «Si quelqu'un est en deuil, que l'on coure à son aide.» (詩經). L'expression écrite encore 扶服, dans lequel cas ces deux caractères ont la double prononciation susdite, signifie l'empressement à porter ses consolations à la famille du défunt.

CLASSIF. 21. 匕.

匕 †**首**. Poignard dont la tête était en forme de cuiller. arme que les meurtriers 刺客 célèbres de l'antiquité ont rendue historique.

†**首一見驚秦王**. Dès que le poignard parut, il effraya le Roi de *Ts'in*. Le Prince héritier de 燕, nommé 丹 *Tan*, envoya 荆軻 *King Ko*, avec la mission d'assassiner ce Roi, et lui remit à son départ, cette arme qu'il tenait d'un certain *(sic)* 徐夫人 *Siu Fou-jen*, du pays de 趙. *King*, admis à l'audience, feignit d'offrir à sa victime une carte géographique, sous laquelle il avait dissimulé le poignard, mais le Roi l'aperçut à travers une déchirure de cette enveloppe et prit aussitôt la fuite. (戰國策燕策). Un autre, le régicide 專諸 *Tchoan Tchou*, cacha le poignard dans un poisson qu'il servait à 王僚 *Wang-liao* Roi de 吳, et réussit ainsi à le tuer. (史記吳大伯世家).

北 †**平**. Nom de *Pé-king* sous les *Ming*.

†**京原屬幽燕**. *Pé-king* dépendait primitivement de *Yeou* et *Yen*. Le territoire où est située cette Capitale, compris d'abord dans le district de 冀州, une des neuf grandes divisions établies par 禹 *Yu*, fut ensuite appelé 幽州. Sous les 秦, il embrassa les trois départements de 上谷, 漁陽, et 右北平: sous les 漢 et les 晋, ceux de 幽州 et 冀州. La dynastie *T'ang* le rattacha à la division administrative connue sous le nom de 河北道, et la dynastie *Song* à celle de 河北東路. Enfin la première année de son règne, l'Empereur 明成祖 (1403-1425) donna le nom de *Péking* à cette ville, qu'il choisit ensuite pour Capitale en 1421. Dès lors, il décréta que la Province où elle se trouvait relèverait immédiatement de la couronne 直隷, et ne serait plus une simple Trésorerie 布政司 comme par le passé. Elle devenait ainsi l'égale de la Province de *Nan-king*, qui portait aussi le titre de 直隷. Les treize autres Provinces ds l'Empire constituaient autant de 布政司 Trésoreries. (明史藁地理志). Le nord-est de la Chine s'appela 幽州 sous les 周, et une partie de cette région, érigée en royaume sous le nom de 燕國, fut donnée par 武王 en apanage au Duc *Chao* 召公.

化 **化外頑民 = 强梗**. Gens grossiers, échappant à l'influence civilisatrice : obstinés, insolents. (書經).

CLASSIF. 24. 十.

升 日給三†. Sous les *T'ang*, on donnait trois litres de vin par jour. à 王績無功 *Wang Tsi Ou-kong*, alors qu'il avait le titre de 待詔 Réviseur à l'Académie. Le 侍中 Ministre d'État 陳叔達 *Tch'en Chou-ta*, instruit de son goût extraordinaire pour la boisson, alla même jusqu'à ordonner qu'on portât à dix litres (斗) sa ration quotidienne, faveur qui lui valut le surnom de 斗酒學士 l'Académicien au *teou* de vin. Ce lettré, type classique du buveur, se faisait appeler 東皐子 *Tong-kao-tse*, nom sous lequel a été publié le Recueil de ses Œuvres en trois *Kiuen*.

午 題† = 譏誚之隱詞. Écrire le caractère *Ou* : se moquer de quelqu'un en termes voilés. *Li Ngan-i* 李安義 se présenta un jour chez un riche personnage nommé *Tcheng* 鄭生, qui refusa de le recevoir. *Li* se vengea de cette impolitesse, en traçant un grand *Ou* sur la porte, ce qui voulait dire que le bœuf 牛 n'avait pas daigné montrer la tête. *Ou* c'est *Nieou* sans son prolongement supérieur. (陳正敏遯齋閑覽).

卓 †文君夤夜奔邸舍. *Tcho Wen-kiun* profita de la nuit pour s'enfuir à l'hôtellerie, où était descendu *Siang-jou*. Le célèbre 司馬相如長卿 *Se-ma Siang-jouTch'ang-k'in* contemporain des *Han*, en visite chez son ami 王吉 *Wang Ki*, Préfet de 臨邛, fut invité avec celui-ci à la table du riche 卓王孫 *Tcho Wang-suen*, dont la fille *Wen-kiun* venait de perdre son mari. On pria *Se-ma* de jouer de la lyre, instrument sur lequel il excellait, et l'artiste s'y prêta d'autant plus volontiers qu'il avait appris le goût de la jeune femme pour la musique. Il exécuta le morceau intitulé : le Phénix femelle en quête d'un mâle, et ses accords harmonieux ravirent tellement le cœur de *Wen-kiun*, que ce soir-là même, elle quittait furtivement la maison paternelle et accompagnait *Se-ma* à 成都 au *Se-tch'oan*, sa patrie. (史記司馬相如列傳).

卒 †. Mourir. Ce caractère indique spécialement la mort d'un 大夫 Grand dignitaire.

南 指†車肕自姬周. La boussole date de *Tcheou-kong* de la famille *Ki*. Une première légende en attribue l'origine à 黃帝. Cet Empereur livrait bataille au rebelle 蚩尤 *Tche-yeou*, dans les plaines de 涿鹿 *Tchouo-lou (Tché-li)*, lorsque l'ennemi fit naître par des incantations un épais brouillard, qui eut pour effet de jeter le désordre dans l'armée impériale.

Mais aussitôt *Hoang-ti* donna à ses hommes des chars «*indiquant le sud*» qui leur assurèrent la victoire, en dirigeant leurs pas au milieu des ténèbres. Une seconde tradition aussi peu authentique, fait honneur de cette invention au Duc *Tcheou*. Des interprètes 重譯 du pays des 越裳氏 Tribus indigènes de l'Annam, venus en Chine avec des *faisans blancs* qu'ils apportaient en tribut à l'Empereur 周成王 (1115-1078), ne savaient plus quel chemin prendre pour s'en retourner dans leur patrie. Le Duc les tira d'embarras en leur offrant cinq chars légers 軿車 appelés 司南車, qui les conduisirent directement chez eux, en un an. Ces merveilleux véhicules ou leurs similaires, disparurent au milieu des troubles qui signalèrent la fin des *Han* occidentaux. Cependant 馬鈞琢 *Ma Kiun-tchouo* en retrouva le secret, sous le règne de 明帝 (56-76) des *Han* orientaux, et l'on dit même que le système actuel de boussoles remonte jusqu'à lui. (崔豹古今注). Les Annales des *Song* (宋書禮志) relatent au contraire, que leur invention, dans leur forme moderne, doit se reporter à l'an 416 ap. J.-C., et ajoutent ce détail sur les phaétons de *Tcheou-kong* : «Ils ressemblaient au *char du tambour* 鼓車 et portaient une statuette en bois, dont le doigt indiquait invariablement le sud.» Le *char du tambour*, placé à côté du *char indicateur du sud* 司南車 recevait un tambour dont les sons dirigeaient le cortège ou la caravane dans sa marche. — *Tche-nan* implique souvent une idée de conseil, d'instruction; et *Nan-tché* sert parfois à désigner l'Annam. 刱 ou 創 *Tch'oang*.

十京原是建業. *Nan-king* était primitivement (sous les *Tsin*) *Kien-yé*. La région où est située cette ville, faisait partie de la division territoriale 揚州 établie par le Grand *Yu*. A l'époque historique 春秋, elle releva du royaume de 吳, et sous les *Han* fut répartie en deux districts appelés 徐 et 揚. L'Empereur 明太祖 fixa le siège du gouvernement à *Nan-king*, mais lorsque son successeur 成祖 l'eut transféré à *Pé-king*, cette ville continua à garder le rang de Capitale. Son nom actuel de *Nan-king*, remonte à la sixième année de la période de règne 正統 (1441).

十浦之歌. Le chant de *Nan-p'ou* : allusion au départ d'un ami pour un voyage. 春草碧色·春水綠波，送君南浦，傷如之何. «Voici le printemps avec sa végétation verdoyante et ses ondes aux flots bleus. Mais je t'accompagne jusqu'à *Nan-p'ou*, aussi quelle n'est pas ma douleur?» (江淹別賦).

道已十. 二人沾教澤. Ma doctrine est partie pour le sud, disait sous les *Song*, 程顥明道 *Tch'eng Hao*, surnommé le *Ming-tao Sien-cheng* (parce qu'on grava ce titre sur sa pierre tombale), quand il vit son disciple 楊時中立 *Yang Che Tchong-li* regagner son pays. *Yang* avait refusé un poste mandarinal pour être libre de suivre les leçons de ce Maître célèbre, et fut, en effet, comme «un homme inondé des bienfaits de l'instruction.» (宋史楊時傳).

CLASSIF. 25. 卜.

卜†所以決疑. La divination est pour résoudre les doutes, disait 闞廉 *Tcho Lien* à 屈瑕 *K'iué Ya* (左傳桓). Le Roi de *Ts'in* 秦王 (titre porté par 唐太宗 avant son avénement au trône). envoya consulter le devin 張公謹 *Tchang Kong-kin,* sur l'opportunité de mettre à mort ses frères rebelles. *Tchang* qui savait sa volonté bien arrêtée, jeta à terre la tortue divinatrice qu'il tenait à la main et s'écria : 卜以定猶豫, 決嫌疑. «On ne recourt aux sorts que pour mettre un terme à ses hésitations ou fixer ses incertitudes.» (唐書張公謹傳).

卞†粹玄仁. *Pien Soei Hiuen-jen,* avec ses cinq frères. dont on cite encore spécialement 卞純 *Pien Choen,* parvint aux premières charges de l'Empire, sous la dynastie 晉. *Soei* fut Ministre de l'Empereur 惠帝 (290-307). Tant de gloire sous le même toit, donna lieu au dicton suivant : 卞氏六龍玄仁無雙. «La famille *Pien* compte six dragons, parmi lesquels *Hiuen-jen* est hors pair.»

卦八†. Les huit figures symboliques formées de lignes continues ou brisées, combinées ensemble. On les appelle *koua* parce que *Fou-hi,* leur inventeur, les *suspendait,* dit-on, pour l'instruction de son peuple. Les taches observées sur le dos d'un animal fabuleux donnèrent à l'Empereur la première idée de ces trigrammes. Plus tard *Wen-wang,* dans sa prison de 羑里 *Yeou-li (Ho-nan)* où l'avait jeté le tyran 紂 *Tcheou,* en fit une première interprétation 彖 *T'oan,* que compléta et développa son fils *Tcheou-kong,* sous le titre de 爻 *Hiao.* Confucius y mit enfin la dernière main, par ses explications 傳 *Tchoan.* Telle est la genèse du 易經 ou Canon des Mutations.

CLASSIF. 26. 卩.

卵以二†棄干城之將. Pour la bagatelle de deux œufs *(loan)* refuser un Général, le bouclier et le rempart de son souverain. *Tse-se* 子思 proposait 荀變 *Siun Pien* au Prince de 衛, et le disait très capable de conduire une armée.

Celui-ci lui objecta qu'il lui répugnait de confier ses troupes à un homme brave, il est vrai, mais accusé d'avoir jadis volé deux œufs, quand il était 吏賦 Percepteur de tribut. *Tse-se* répondit, que le menuisier ne rejetait pas une pièce de bois d'une brassée d'épaisseur, parce qu'elle avait un pouce de pourri 毋以寸朽棄連抱之才. (孔叢子).

被刑者巢無完卵. L'homme condamné au supplice est la perte de sa famille. *K'ong Wen-kiu* 孔文舉 ou *K'ong Yong* 融, saisi par ordre de *Ts'ao Ts'ao* 曹操, qui allait bientôt le faire périr, demandait que l'on épargnât au moins ses deux fils en bas âge. Mais ces enfants, témoins des supplications de leur père, lui dirent : «Seigneur, sous le nid renversé trouve-t-on encore les œufs intacts?» 大人豈見覆巢之下復有完卵乎. (世說新語). Leur petite sœur, âgée de sept ans seulement et jetée en prison comme eux, les exhortait ainsi à mourir : «Si morts nous connaissons, voir nos parents n'est-ce pas notre plus grand désir?» 若死而知得見父母豈非至願.

巹 合巹=交杯 (al. 盃). Le mariage, dont les deux cérémonies *Ho-kin* et *Kiao-pei* sont le rit symbolique. La première se pratiquait dans l'antiquité. «Le jeune couple mangeait de la même victime, et buvait *(yn)* dans des coupes faites de la même courge.» 共牢而食合巹而酳. (禮昏義). La seconde, usitée aujourd'hui, consiste à mélanger en le transvasant d'une tasse dans l'autre, le vin destiné aux jeunes mariés. Parfois on se contente d'échanger *(kiao)* simplement les coupes nuptiales, et pendant que l'époux porte la sienne à ses lèvres, une personne de l'assistance présente à l'épouse celle qu'on a remplie en son honneur, mais à laquelle elle ne touche même point. 巹 *kin*, moitié de courge.

卷 黃卷. Livres, ainsi appelés parce que jadis le papier se trempait dans une solution de jaune végétal, qui avait la vertu d'en écarter les vers. 聖賢備在黃卷中, 捨之何求. «Les Saints et les Sages se retrouvent tout entiers dans les livres, hors de là que chercherais-je donc?» Mot du jeune 褚陶季雅 *Tch'ou T'ao Ki-ya* à ceux qui s'étonnaient de le voir se tenir éloigné des amusements de son âge, et ne goûter de plaisir qu'à l'étude. (晉書文苑傳).

開卷有益. Lire a son utilité, disait l'Empereur 宋太宗 à 宋琪 *Song Ki*, qui lui conseillait de modérer son ardeur au travail. *T'ai-tsong* venait de recevoir (en 983) le manuscrit de la Collection intitulée d'abord 太平編類, puis 太平御覽, et composée sur ses ordres par 李昉 *Li Fang* et d'autres lettrés. Il s'était imposé la tâche de lire en un an les mille *Kiuen* de cet ouvrage, et tous les jours, il restait absorbé dans sa lecture, au détriment de sa santé. (續綱目).

卿 天 †. Le Président du Ministère des Mandarins civils 天部. Le ciel pénétrant toute chose de son influence vivifiante est bien le symbole de ce haut fonctionnaire, dont l'action s'étend à toute la hiérarchie administrative. — 地卿. Le Président du Ministère du Fisc 地部, dont la terre est l'image par sa fécondité sans bornes. — 春卿. Le Président du Ministère des Rites 春部. Le printemps orne la nature, ainsi ce dignitaire veille aux lois du décorum qui sont l'ornement de l'homme. — 夏卿. Le Président du Ministère de la Guerre 夏部. L'ardeur guerrière, avec l'épouvante qu'elle sème, a son image dans la chaleur de l'été, qui justifie cette appellation. — 秋卿. Le Président du Ministère de la Justice, 秋部. L'automne est meurtrier pour la végétation, il symbolise donc celui dont relèvent les causes capitales. — 冬卿. Le Président du Ministère des Travaux publics 冬部. En hiver la nature semble se recueillir et se cacher, comme l'homme dans sa demeure, mais le rôle de ce mandarin devant être de construire des abris pour le peuple, on voit qu'il imite cette saison. Ces dénominations se trouvent dans le 周禮序官. D'après *Ma Toan-lin* 馬端臨, dans son grand ouvrage intitulé 文獻通考, la division actuelle en six Ministères date de la dynastie 隋 (590-620). La dynastie 秦 n'en comptait que quatre, ainsi que la dynastie *Han*, jusqu'à 成帝 (32-6), mais ce dernier en ajouta un cinquième.

飽 †. Le Ministre de la satiété, titre décerné au Président du 光祿寺 Bureau chargé de fournir la table impériale. — 煖卿. Le Ministre de la chaleur ou 衛尉 Chef des Équipages impériaux. — 睡卿. Le Ministre du sommeil ou 鴻臚 Dignitaire chargé de transmettre les communications à l'Empereur. — 走卿. Le Ministre de la marche ou 司農 Président de l'Agriculture. — 冷卿. Le Ministre du froid ou 宗正 Assesseur du conseil de famille 宗人府 à la Cour. (蘇長公詩注).

CLASSIF. 28. 厶.

參 †差 *Tch'en-ts'e,* flûte. 剪燭屢呼金鑿落, 倚牕閒品玉參差. «Souvent je mouche la chandelle et demande la coupe *(tso-lo)* en or, puis tranquillement appuyé à la fenêtre, je tire de la flûte en jade des accords harmonieux.» (姜夔詩).

† 商. Amis brouillés ensemble. Les deux constellations *Chen* (Orion) et *Chang* (le Scorpion) n'étant jamais visibles en même

temps sur l'horizon, figurent bien la désunion entre vieilles connaissances. On donne encore la fable suivante pour origine à cette expression. L'Empereur 高辛氏 *Kao-sing-che,* dit 子產 *Tse-tch'an,* avait deux fils habitant 曠林, l'un appelé 閼伯 *K'iué-pé,* et l'autre 實沈 *Che-chen,* que divisait une haine mortelle. Les armes à la main, ils se préparaient à une lutte fratricide, mais que leur auguste père conjura de la façon suivante. L'aîné *K'iué,* fut exilé au pays de 商邱 *(Ho-nan),* avec la charge de présider à la constellation 辰 (le Scorpion), autrement dite 商星 du nom de la contrée; le cadet, au contraire, fut banni à 大夏 *(Chan-si),* où il eut dans ses attributions de régler la constellation 參, appelée encore 晉星. *Tsin* est une région du *Chan-si.* (左傳昭).

†戎. †將. Lieutenant-colonel.

CLASSIF. 29. 又.

友 益者三†. Les amis utiles sont de trois sortes. ceux qui ont de la droiture, de la sincérité et beaucoup de science. 友直, 友諒, 友多聞, 益矣. (論語).

叔 道韞雅稱†父. *Tao-yun* appelait gentiment son oncle 謝安 *Sié Ngan,* quand elle lui donnait le nom de 阿大中郎 *le plus jeune des aînés.* Cette femme célèbre, récemment mariée à 王凝之 *Wang Yng-tche,* fis du calligraphe 羲之 *Hi-tche,* revenait en visite dans sa propre famille 謝 *Sié,* quand on lui demanda la raison de l'air de tristesse répandu sur ses traits. Aurait-elle été déçue à la vue de l'infériorité de son jeune époux? *Tao-yun* n'attendait que cette question pour faire l'éloge de *Yng-tche* qu'elle mettait en parallèle avec ses oncles, tous lettrés distingués. Elle répondit donc : «La famille te compte, toi surtout *Ngo-ta-tchong-lang,* avec mes nombreux cousins, ainsi que mes autres oncles *Fong, Hou, Kié* et *Wei;* cependant mon cher *Wang* ne vous cède en rien.» 有阿大中郎, 羣從兄弟, 復有封胡揭末, 不意天壤之中, 乃有王郎. (晉書列女傳).

†視猶父, 羨仲郢之居官. On célèbre 柳 *Lieou Tchong-yn Yu-mong* 論蒙, qui mandarin, traitait son oncle comme son père. A la mort de celui-ci, appelé 柳公綽 *Lieou Kong-tcho,* et haut fontionnaire sous les *T'ang,* son fils élevé lui-même aux charges, ne manquait pas une occasion de témoigner de son estime pour 柳公權 *Lieou Kong-k'iuen,* son oncle. Le rencontrait-il dans les rues de la Capitale, il descendait aussitôt de cheval, et une tablette dans les mains, attendait respectueusement qu'il fût passé. Alors seulement, il se remettait en selle. *Kong-k'iuen* avait beau

le reprendre de cette politesse exagérée, il n'en continuait pas moins, en public et en particulier, à se montrer le modèle des neveux. (朱子小學).

†孫通制立朝儀. *Chou Suen-t'ong* établit l'étiquette de Cour. L'Empereur 高帝 *(Han Kao-tsou)*, désolé de la grossièreté de son entourage de soudards qui l'avaient aidé à fonder sa dynastie, confia à *Chou* la mission de leur apprendre les bonnes manières. Celui-ci appela donc trente lettrés du pays de 魯, avec ses disciples, et leur donna, un mois durant, des leçons de politesse auxquelles l'Empereur fit assister ses courtisans. Les exercices avaient lieu en rase campagne, dans un espace entouré de cordes *(mien)* attachées à des poteaux *(tsouo)* 綿蕞. Bientôt l'occasion se présenta d'inaugurer le palais 長樂宮, et *Kao-tsou* à la vue de l'ordre et de la dignité, dont firent preuve ses anciens compagnons d'armes à cette réception, ne put s'empêcher de s'écrier : «Enfin je suis Empereur!» (史記叔孫通列傳).

諱言†痴. Ne plus dire que l'oncle est un imbécile. *Wang Tsi* 王濟, des 晋, voyant son oncle 湛 *Tchan*, renfermé dans un mutisme continuel, avait fini par conclure à son manque d'intelligence. Un jour cependant, il dut reconnaître qu'il s'était trompé dans son jugement Il s'agissait d'interpréter un passage du Livre des Mutations et *Tchan* s'en tira avec une telle facilité de parole jointe à une telle clarté de pensée, que ses auditeurs en furent dans l'admiration.

CLASSIF. 30. 口.

口 可† Mangeable. 其猶柤梨橘柚，其味相反而皆可於口. Les institutions des anciens Rois et Empereurs sont comme les azeroles *(tcha)*, les poires *(li)*, les oranges *(k'iu)*, et les pamplemousses *(yeou)*, qui diffèrent de goût et cependant plaisent au palais. (莊子).

†有蜜而腹有劍，李林甫之爲人. Le miel sur les lèvres et dans le sein une épée; ainsi caractérise-t-on la manière d'agir de *Li Lin-fou* Ministre des *T'ang*. La jalousie le portait à nuire à tous ceux qui lui étaient supérieurs en influence ou en connaissances littéraires. (朱子綱目).

†中雌黃. Avoir de l'orpiment dans la bouche : relever les fautes. Sous les 晋, le nommé 王衍夷甫 *Wang Yen I-fou* s'adonnait à l'étude des doctrines mystérieuses 玄理. Ses auteurs favoris étaient surtout 黃老 *Hoang-ti* et *Lao-tse*, dont il saisissait

les sens les plus cachés, et qu'il aimait à expliquer aux autres, le chasse-mouche au manche de jade à la main 玉柄麈尾. Toutefois, si dans le courant de la leçon, il se présentait un passage qui ne le satisfit pas, il le rectifiait à l'instant même, méritant ainsi le surnom de *K'eou-tchong-tse-hoang*. (晉書王衍傳). *Tse-hoang* désigne une poudre jaune, dont se servaient les anciens pour raturer et corriger les distractions échappées au copiste, qui écrivait lui-même sur du papier de cette couleur.

餬†. De quoi vivre. 餬其口于四方. «Aller chercher sa nourriture dans tous les pays.» (左傳). *Hou*, riz liquide.

讒†囂囂. La langue des calomniateurs produit un bruit étourdissant. (詩小雅).

†厭膏粱. Bouche dégoûtée de la graisse et du sorgho : même les mets les plus exquis n'ont plus de saveur pour le palais du riche. (國語晉語).

†澤如存. A la mort de la mère, le fils pieux est sous l'étreinte de la douleur, quand il boit dans l'écuelle 飲桮棬而抱痛 dont elle se servait de son vivant; car «l'haleine humide de la défunte est comme restée» sur les bords de l'écuelle. (禮玉藻). Le texte original dit même, qu'en temps de deuil, il n'ose porter à ses lèvres la coupe maternelle. *Pei-k'iuen* s'écrit encore 杯圈.

司 †李. Mandarin préposé aux causes criminelles, appelé encore 司理, 豸史 et 推官. 臯陶作李 «*Kao Yao* établit les lois pénales.» (管子法篇). Ce dignitaire porte en outre les titres de 廌史, 士師 et 司刑大夫. — 司成. Préposé au Collège Impérial 成均 ou 國子監. Ce mandarin a aussi nom 國雍, 祭酒, 國師, 大司氏 et 大掌教. — 司徒. Président du Ministère du Fisc, s'il possède le qualificatif 大, et Vice-Président 侍郎 si le mot est précédé de 少. Même remarque pour les trois titres suivants. Le Président de ce Tribunal s'appelle encore 地官 et 農師. — 司馬. Président ou Vice-Président du Ministère de la Guerre. Le Président se dit de plus 夏卿, 司戎大常伯. — 司寇. Président ou Vice-Président du Ministère de la Justice. Le premier porte aussi les titres de 秋卿 et 士師. — 司空. Président ou Vice-Président du Ministère des Travaux publics. La dénomination de 冬卿 est encore donnée au Président.

†馬季主 *Se-ma Ki-tchou*, célèbre devin de 長安 sous les *Han*, originaire du pays de 楚. Un jour 宋忠 *Song Tchong* et 賈誼 *Kia I*, surpris par la pluie dans les rues de la Capitale, profitèrent de ce contre-temps pour lui faire visite. Comme ils s'étonnaient de le voir, lui si intelligent, se contenter d'une telle condition, il leur répondit qu'il n'était pas à plaindre comme eux, puisqu'il gardait son indépendance. (史記日者傳).

†馬秉軸,遼人戒生事. Quand *Se-ma Koang* fut au timon des affaires, les Barbares du *Liao-tong* se gardèrent bien de susciter des troubles aux frontières. Ils avaient appris à le craindre à l'époque où, exilé de la Cour à cause de la franchise de sa parole, il avait été envoyé dans un pays limitrophe du leur. Aussi quand ils surent que 宋哲宗 (1066-1101) le rappelait près de lui, avec le titre de 左僕射 Ministre d'État, s'exhortèrent-ils à ne point faire d'incursion sur le territoire chinois.

古 †人. Personne défunte. 作古, 作古人. Être décédé. (東坡志林記游).

台 三†. Six étoiles situées au-dessous de la Grande Ourse 魁 et rangées deux par deux. Elles symbolisent les trois Ministres 三公. On écrit encore 三能, mais prononcé *San-t'ai.* (史記天官書). Les neuf dignitaires immédiatement inférieurs 九卿 ont la Grande Ourse pour image dans le ciel, et sur la terre les fleuves et les mers; tandis que les cinq montagnes 五嶽 représentent ici-bas les trois Ministres.

†座. Les Ministres, dont la haute position est symbolisée par les trois *T'ai.*

中†爲鼎鼐之司. Le Ministre d'État (m. à m. le dignitaire chargé des *Ting-nai* ou Marmites à trois pieds, emblèmes du pouvoir impérial) a pour symbole dans le ciel, les deux étoiles du milieu de la constellation *San-t'ai.* On attribue encore la paire supérieure de cette constellation au 太尉 Ministre de la Guerre, la paire intermédiaire au 司徒 Ministre de l'Instruction publique, et la paire inférieure au 司空 Ministre des Travaux publics. En outre, l'astrologie chinoise rattache à la première série stellaire le choix des mandarins par l'Empereur; à la seconde, la diffusion d'une bonne éducation parmi le peuple; à la troisième enfin, les salaires officiels. 上台司命, 中台司中 (ce dernier caractère se rend par 教之中), 下台司祿. (賈公彥疏). La première série ou 上台 porte aussi le nom de 天柱 Colonne du ciel. Quant à l'expression *Ting-nai,* il faut se rappeler que 鼎輔 *l'aide des marmites,* et nombre d'autres mots de ce genre désignent le Ministre.

召 †信臣翁卿. *Chao Sin-tch'en Wong-k'in* Gouverneur du 南陽 puis du 河南 sous les *Han,* est un des types consacrés du mandarin excellent. Durant son passage aux affaires, il mérita par sa bonté de ne s'entendre plus appeler que 召父.

史 †居左經居右, Ayez toujours à votre gauche les Annales et à votre droite les Livres canoniques. Conseil donné par 橫渠 *Hong-kiu* à ses nombreux disciples. Il ajoutait que leur formation serait complète «si le matin ils jouaient de la lyre et chantaient le soir.» 朝絃暮誦. (舊注). *Hong-kiu* est le nom de plume du fameux 張載子厚 *Tchang Tsai Tse-heou,* contemporain de 宋神宗 (1068-1086) et l'un des précurseurs du matérialiste 朱熹 *Tchou Hi.* Assis sur une peau de tigre il expliquait à un auditoire d'élite le Livre des Mutations 坐虎皮講易; détail historique qui a fait appliquer à la chaise du plus humble magister, qui commente cet ouvrage, l'épithète de «peau de tigre.»

后 †稷藝五穀,粒食攸賴. *Heou-tsi* cultiva les cinq espèces de céréales, dont le grain est la base de la nourriture. 后稷教民稼穡,樹藝五穀. «*Heou-tsi* enseigna aux hommes à semer et à récolter, à planter et à cultiver les cinq céréales (孟子).» L'Empereur *Choen* est supposé lui avoir donné cet ordre : «*Ki,* le peuple aux cheveux noirs est réduit par la famine, toi donc, *Heou-tsi,* sème ces diverses espèces de céréales.» 棄黎民阻飢,汝后稷播時百穀. (書舜典). *Ki* ou *Heou-tsi,* préposé à l'agriculture, était fils de l'Empereur 帝嚳 *Ti-k'ou* et de 姜嫄 *Kiang-yuen. Choen* lui conféra en fief la Principauté de 邰 *T'ai* au *Chen-si* actuel. Le roi 文王 *Wen-wang* descendait de ce personnage.

牝 †亂之於中. Il y eut deux Impératrices infâmes, et le milieu de la dynastie *T'ang* en fut troublé. *P'in,* femelle de quadrupède.

La première des femmes ainsi qualifiées, est la célèbre 武后 *Ou-heou,* admise d'abord dans le harem de 太宗 (627-650) avec le titre de 才人 concubine de rang inférieur. La mort de cet Empereur la condamna à se renfermer dans un couvent de bonzesses, d'où 高宗 (650-684) fasciné par ses charmes la rappela bientôt, pour la faire asseoir à ses côtés sur le trône. Désormais elle prit une part active au gouvernement, assistant derrière des rideaux aux audiences et aux délibérations du Conseil. Restée seule maîtresse du pouvoir, à la mort de son auguste époux, elle changea son prénom de 三思 *San-se* en celui de 則天 *Tsé-t'ien,* et comme pour affirmer davantage sa volonté de fonder une nouvelle dynastie, décida d'abolir le nom de 唐 pour lui substituer celui de 周. Elle avait débuté par bannir à 房州 l'héritier légitime 中宗, à qui elle ne laissa que le titre de Roi de *Lou-ling* 廬陵王. Son règne, qui ne fut pas des moins glorieux de la monarchie chinoise, dura vingt ans (684-705). Mais enfin l'exilé de *Fang-tcheou,* réussit avec le concours de 狄仁傑 *Ti Jen-kié* et de 張柬之 *Tchang Kien-tche* à détrôner l'usurpatrice, qu'il éloigna de la Cour.

L'Impératrice 韋后 *Wei-heou*, la seconde personne visée par l'allusion, était l'épouse de *Tchong-tsong* (705-710). *Ou Tsé-t'ien*, liée avec elle, réussit grâce à son intervention à faire oublier son passé et à rentrer en faveur. Libre de nouveau d'approcher du trône, elle conseilla à *Wei-heou* d'empoisonner l'Empereur et le complot eut sa pleine réalisation; mais ce devait être la fin de la fortune de *San-se*, car l'empoisonneuse fut mise à mort et sa conseillère contrainte de quitter le palais.

吐 † 哺. Rejeter la nourriture qu'on a dans la bouche : faire un accueil empressé à un visiteur de marque, ou un ami. Le Duc *Tcheou* 周公 interrompit par trois fois son repas 一飯三吐 pour accourir au devant des sages, comme il le raconta lui-même à son fils 伯禽 *Pé-k'in*, que l'Empereur 成王 venait de créer Roi de 魯. Il lui citait son propre exemple, afin de lui apprendre à se montrer toujours plein de déférence pour les lettrés, malgré son nouveau titre. (韓詩外傳).

名 † 下無虛. Rien de faux dans sa renommée : un vrai lettré. On raconte que 閻立本 *Yen Li-pen*, qui vivait sous le règne de 唐太宗 (627-650), entreprit le voyage de 荊州, rien que pour contempler les chefs-d'œuvre laissés par le calligraphe 鍾繇元常 *Tchong Yeou Yuen-tchang* contemporain des Trois Royaumes, au 3e siècle après J.-C. D'abord désappointé à leur vue, il s'écria : 虛得名耳 « Sa réputation a été surfaite »: puis le lendemain, après un second examen, il admit que c'était une des belles mains de ces derniers temps 近代佳手. Mais le troisième jour son enthousiasme à son comble se traduisit par cette exclamation : 名下定無虛士. « C'est vraiment un lettré qui mérite son renom », et six jours durant, il resta en admiration devant ces 舊跡 œuvres de *Tchong*. D'après un autre auteur, il s'agirait ici, non de *Tchong Yeou*, mais de l'artiste peintre 張僧繇 *Tchang Seng-yeou*, qui dessina sur un mur un dragon si bien réussi, que lorsque les yeux lui eurent été faits, il s'envola dans les nues. *Tchang* vivait également sous les *T'ang*.

Le poète 薛道衡 *Sié Tao-heng*, des 陳 (557-583), méritait aussi l'éloge, décerné plus tard par *Yen Li-pen* Il improvisait une strophe sur le 人日 (7e jour de la 1ère Lune), et débutait par ces vers : 立春纔七日，離家已二年 «Voici donc sept jours depuis le *Commencement du printemps* (une des 24 divisions de l'année chinoise) et deux ans que j'ai quitté ma famille.» Ces mots très ordinaires 底話 n'excitèrent que des moqueries, mais qui se changèrent en compliments, quand on entendit la fin du quatrain. 人歸落雁後，思發在花前 «L'homme retourne après la migration de l'oie sauvage, et l'inspiration vient en présence des fleurs.

吉 † 甫方叔並爲元老. *Ki-fou et Fang-chou* étaient tous deux Ministres, m. à m. avancés en âge. Le premier, du nom de famille 尹 *Yn*, est chanté dans l'ode intitulée 六月 du 詩小雅, qui célèbre sa victoire sur les Barbares septentrionaux 玁狁 *Hien-yun*, sous le règne de 周宣王 (827-781). Le second, envoyé par le même Empereur contre les 蠻荊 *Man-king* Tribus méridionales, et revenu vainqueur, vit ses exploits pris pour thème de l'ode 采芑, insérée dans la même partie du Livre des Vers.

向 † 長子平. *Hiang Tch'ang Tse-p'ing*, type classique du père dont l'unique ambition est l'établissement de ses enfants. *Hiang* (son nom s'écrit quelquefois 尙 *Chang*) se tenait à l'écart des dignités, livré uniquement à l'étude. Un jour qu'il lisait le Livre des Mutations, parvenu aux trigrammes 損 et 益, dont le premier apprend au lettré à réprimer ses désirs, le second à pratiquer le bien, il s'écria : «Je le sais maintenant, mieux valent pauvreté et condition humble que richesses et honneurs, mais j'ignore encore si la mort est préférable à la vie.» Après avoir marié ses fils et ses filles dans la période de règne 建武 (25-56) de l'Empereur 光武帝, il se mit à voyager, ne voulant plus s'occuper de la direction de ses affaires domestiques, et mourut loin des siens au cours de ses excursions. (後漢書逸民傳).

呂 † 尙子牙. *Liu Chang Tse-ya*, Ministre fameux connu encore sous les noms suivants : 尙父 *Chang-fou*, 太公望 *T'ai-kong-wang* ou 姜太公 *Kiang T'ai-kong*. Il fit d'abord le commerce à 孟津, puis ouvrit une boucherie à 朝歌, d'où il s'enfuit à 磻溪 *P'an-k'i (Chen-si)* pour se soustraire au gouvernement tyrannique de l'Empereur 商紂 (1154-1122). C'est dans cette retraite que 文王 le rencontra, et telle fut l'estime que ce Roi en conçut dès le premier abord, qu'il le fit monter sur son char, et le prit à son service. Le Roi 武王, qui avait épousé sa fille 邑姜 *I-kiang*, le mit à la tête de ses troupes, et il joua un rôle prépondérant dans la lutte dont l'issue fut l'écrasement du féroce *Tcheou*. Les habitants de ces pays placent la paix de leurs foyers sous la protection de ce héros de l'antiquité, comme l'atteste l'inscription suivante affichée au-dessus de la porte d'entrée : 姜太公在此.百無禁忌. «Nous n'avons aucune crainte, car *Kiang T'ai-kong* est ici.»

吳 † 皐 *Ou-kao*, nom du *Kiang-si*, sous les cinq petites dynasties (907-960).

† 漢臨終於焉政囑. Oh! (ou) la recommandation administrative faite par *Ou Han* sur son lit de mort. L'Empereur lui faisait visite 駕親臨 (c'était 光武帝, 25-28) et lui demandait ses derniers conseils. «Jamais de pardon pour les coupables», répondit le moribond. (後漢書吳漢傳).

† 漢八戰八克. Le même *Ou Han* livra huit fois bataille au rebelle 公孫述 *Kong-suen Chou,* et huit fois le vainquit. *(Cf. ibid.).*

† 猛畫江成路. Le taoiste *Ou Mong* traça un signe sur le *Yang-tse-kiang* et s'y ouvrit un chemin. Il retournait au pays de 豫章 *(Kiang-si),* mais arrivé sur le bord du Fleuve et voyant que la violence du courant l'empêchait de le traverser, il se contenta de faire un signe avec son éventail en plumes blanches, et aussitôt les eaux se séparèrent, pour lui permettre de passer à pied sec (搜神記). Ce personnage, contemporain des 晉 croit-on, a pris rang parmi les vingt-quatre modèles de piété filiale 二十四孝, car il poussait si loin le respect pour ses parents, qu'il n'osait chasser les moustiques qui lui suçaient le sang, de peur de les voir se jeter sur son père ou sa mère.

† 起將略. Les combinaisons stratégiques de *Ou K'i.* Ce Général, célèbre surtout par ses écrits sur l'art de la guerre, était originaire du royaume de 衛. Engagé au service du royaume de 魯, le Prince de ce dernier pays hésitait à lui confier le commandement d'une armée, dans l'expédition qu'il méditait contre 齊, parce que son épouse était de ce royaume. Mais *Ou* lui enleva tout prétexte de soupçonner sa fidélité, en égorgeant la malheureuse, et obtint ainsi de marcher à l'ennemi qu'il défit complètement. Cependant accusé de cruauté, le Général victorieux dut s'enfuir sur les terres de 魏文侯 (423-386 av. J.-C.), à qui il développa ses vues sur la stratégie et qui le mit à la tête de ses troupes. Il dut passer ensuite à la Cour de 楚悼王 (401-380) dont il devint le Ministre, dignité où il s'attira tellement de haine par ses façons d'agir, qu'à la mort de son protecteur, il périt victime d'un complot tramé par ses nombreux ennemis. Sa réputation de sévérité excessive n'a pas empêché de le représenter comme se faisant aimer de ses soldats, dont il allait jusqu'à lécher les plaies 親爲吮 *(tsiuen, choen)* 之. (史紀吳起列傳). Sous le nom de 吳子 *Ou-tse* on publie les six Traités suivants : 圖國 Organiser le royaume en vue de la guerre; 料敵 Connaître l'ennemi; 治兵 De la direction des troupes; 論將 Du Général d'armée; 應變 Adapter sa tactique sur le champ de bataille au changement de circonstances; et enfin, 勵士 De la manière de stimuler les soldats.

君 暴†. Les cruels monarques 夏桀 (1818-1766 av. J.-C.) et 商紂 (1134-1122 av. J.-C). Le premier, nommé aussi 履癸 *Li-koei*, se vit ravir le trône par 成湯 *Tch'eng-t'ang* contraint par le peuple de prendre les armes contre le tyran. *Kié* vaincu se sauva à 南巢 où il mourut trois ans après. Le second, *Tcheou* ou 受辛 *Cheou-sing*, fut renversé par le Roi *Ou-wang*, fondateur des *Tcheou*, et périt au milieu des flammes qui dévorèrent la tour où il s'était réfugié.

†山湖內翠. La montagne des Princesses émerge verdoyante du lac 洞庭 (au *Hou-koang*). (劉禹錫). Les Princesses de la rivière *Siang* 湘君 ou 湘夫人, semblent être les deux filles de l'Empereur *Yao*, 娥皇 *Ngo-hoang* et 女英 *Niu-yn*, données par leur père comme épouses à son collègue et successeur *Choen*. Elles aimaient à se promener en ce lieu pittoresque cité fréquemment en poésie. (水經注).

歸遺細†. Rentrer chez soi avec un cadeau pour sa femme. L'Empereur 漢武帝 (140-86) avait invité tous les grands mandarins de sa Cour à prendre leur part des viandes offertes par lui en sacrifice. *Tong-fang Chouo Man-ts'ien* 東方朔曼倩 fut exact au rendez-vous, mais lassé d'attendre ses collègues, qui tardaient trop à venir, il saisit son épée et se coupa une tranche de viande qu'il cacha sous ses habits, puis rentra chez lui. On dénonça le fait à *Ou-ti*, qui manda le coupable et exigea qu'il lui présentât ses excuses. *Chouo*, dont les réparties sont célèbres, de lui dire alors : «Mais quelle impolitesse y a-t-il à profiter de la faveur accordée, sans en attendre l'ordre? D'autre part, découper un morceau de viande avec son épée, quelle vigueur! N'en avoir pris que fort peu, quelle modération! L'avoir apporté à la «petite princesse», quelle bonté!» 受賜不待詔, 何無禮也, 拔劍割肉, 何壯也, 割之不多, 何廉也, 歸遺細君, 何仁也. Ces éloges que se décernait *Tong-fang* au lieu des excuses qu'on lui demandait, déridèrent le Fils du Ciel, qui lui donna dix *tan* de vin et cent livres de viande pour sa «petite princesse». (漢書東方朔傳). D'après un commentateur, *Si-kiun* serait le nom même de l'épouse de *Man-ts'ien*.

嚴† Le père. 家人有嚴君. Les membres de la famille ont à leur tête celui qu'ils doivent révérer comme les sujets un prince en qui réside la sévérité. (易家人).

事若嚴† Le célèbre professeur 常爽仕明 *Tch'ang Choang Che-ming* faisait régner une discipline si stricte parmi ses 700 élèves «qu'ils lui obéissaient comme au prince le plus sévère.» Ce personnage, contemporain des *Wei* (220-264), portait le surnom de 儒林先生 maître de la forêt des lettrés. (魏書儒林傳).

· † 平. Devin de 成都 (au *Se-tch'oan*) sous les *Han*, dont le nom de famille était 嚴 *Yen*. Tous les jours il y avait affluence chez lui, mais lorsqu'il eut ramassé à ce métier de quoi mener une existence indépendante, il se livra exclusivement à l'étude du 道德經.

獨立使 †. Le magistrat qui se tient seul, surnom de 裴俠嵩和 *P'ei Hiê Song-ho*, Gouverneur du 河北, sous les 西魏. Il montra dans sa charge, un tel souci des intérêts publics, qu'un jour dans une réunion de mandarins, l'Empereur 文帝 (535-552) après l'avoir fait sortir du groupe de ses collègues et avoir fait devant eux son éloge, leur dit : «Et maintenant que celui d'entre vous qui se croit comparable à *P'ei*, aille se place à côté de lui.» Personne ne bougea, et le vertueux magistrat garda de cette scène, l'épithète de «celui qui se tient seul». (北史裴俠傳).

† 之信者. L'aide du Prince : l'héritier présomptif. (晉書王頴傳).

中書 †. Le membre du Secrétariat impérial : le pinceau. (韓文).

† 子. Le bambou s'appelle le Sage, dit 陽明子 *Yang Ming-tse* des *Song*, parce qu'il met en pratique les quatre points 四道 qui constituent la perfection. Le texte suivant du Livre des Vers, donne l'origine de cette expression. 瞻彼淇澳, 綠竹猗猗, 有匪君子. «Vois cet enfoncement au bord de la rivière *K'i*, comme flexibles y poussent les bambous verts. Ainsi notre Prince *Ou-wang* orné de qualités, etc.» (詩衛風). Le poète *Pé Kiu-i* énumère les quatre propriétés du bambou, qui lui ont valu l'épithète de Sage et en ont fait l'image de l'homme vertueux. Fortement enraciné 木固, il enseigne la fermeté dans le bien ; droit de sa nature 性直, il prêche la rectitude ; creux 心空, il exhorte à l'humilité ; et par ses nœuds solides 節貞, il donne une leçon de pureté. Pour ces motifs le Sage en plante son jardinet, afin d'avoir toujours sous les yeux cet éloquent prédicateur. (白居易養竹記).

含 † 容. Envelopper de sa protection. 加緒含容, 冀可彌縫. «Avec un fil de votre protection, je compte recoudre la déchirure de mon habit,» c.-à-d. vos moindres faveurs me seront d'un grand secours. (文選).

† 哺鼓腹. «La bouche pleine se frapper le ventre», indique une époque de prospérité, comme sous le règne de 赫胥氏 *Hé-siu-che*. (莊子). *Hé-siu* serait l'Empereur fabuleux 炎帝

Yen-ti ou *Chen-nong* qui en enseignant l'agriculture à son peuple lui assura l'abondance.

吹 †噓. Souffler doucement : se déclarer le protecteur de quelqu'un. 願借吹噓送上天. «Je voudrais que vous me prêtiez votre souffle pour m'aider à monter au ciel.» (杜詩). *Tch'oei-hiu* signifie encore une parole douée de la vertu de purifier celui qui l'entend et de redonner la vie. (類書).

周 †公召公夾輔王朝. Le Duc *Tcheou* et le Duc *Chao*, chacun de son côté, soutenaient la Cour, car le premier gouvernait le territoire situé à l'est du pays de 陝 (au *Chen-si*) où régnait 周成王 (1113-1078), et le second celui qui s'étendait à l'ouest du même pays. *Tcheou-kong* fils de *Wen-wang* et de *T'ai-se* 太姒, plaisait tellement au Ciel par sa vertu, qu'il mérita d'en obtenir pour son frère *Ou-wang*, alors gravement malade, une prolongation de vie. Il avait offert la sienne pour que les jours de l'Empereur fussent épargnés. Nommé tuteur de 成王 à son accession au trône, il remit entre les mains de son fils 伯禽 *Pé-k'in*, son fief du *Chan-tong* et vint s'établir près du jeune Empereur pour veiller à son éducation. Plus tard, en butte à la jalousie de ses frères, il quitta la Cour et se retira sur la montagne 東山, où il occupa ses loisirs à compléter les définitions des huit Trigrammes. Cependant *Tch'eng-wang*, compulsant un jour les archives de sa famille, dans l'intention d'y étudier les moyens employés par ses prédécesseurs sur le trône, pour conjurer les calamités publiques, y découvrit l'acte écrit, par lequel *Tcheou-kong* suppliait le Ciel de prendre sa vie à la place de celle de son frère. Touché de ce dévouement héroïque, *Tch'eng* le rappela près de lui : justice tardive dont l'effet fut de mettre fin au mauvais temps qui menaçait les récoltes.

On raconte de *Chao-kong*, appelé encore 奭 *Che*, que lorsqu'il était Président de l'Agriculture, sous le règne de 康王 (1078-1052), il permit à tous les prisonniers de retourner chez eux, pour cueillir la moisson, mais en leur faisant jurer de venir reprendre leurs chaînes, dès qu'elle serait terminée. Tous tinrent parole, dit-on. Le pays de 燕 échut en fief à ce grand Ministre d'État.

†易乃羲文姬孔之精微. Le Livre des Mutations est l'étude profonde des choses subtiles par *Fou-hi*, *Wen-wang*, *Ki (Tcheou-kong)* et Confucius. La contribution du Philosophe à cet ouvrage vient sous la dénomination numérique de 十翼 Dix ailes, qui forment autant de chapitres explicatifs. Ce classique, encore dans un état embryonnaire, s'appela 連山易 sous la dynastie 夏, 歸藏易 sous la dynastie 殷, et enfin 乾坤易 ou 周易, en mémoire des travaux de *Wen-wang* et de *Tcheou-*

kong dont le nom patronymique était 姬 *Ki.* (隋書經籍志). Par 三易 on entend ces trois dénominations successives. A en croire les auteurs chinois, les représentations symboliques de la nature auraient, depuis la plus haute antiquité, servi à leur race de principes d'éthique et de règles pour la divination. C'est ainsi que le Roi du ciel *Fou-hi-che* 天皇伏羲氏 est supposé imaginer le système *orographique* ou de la classification des montagnes 連山易 d'après leurs formes particulières, figurées par des lignes entières ou brisées, combinées ensemble. En voici les principaux traits. Élevée, la montagne représente le Prince 崇山君; écrasée, le Ministre 伏山臣; disposée sur une ligne, le peuple 列山民; composée de sommets d'inégale hauteur, les cinq éléments et l'universalité des choses qui en résulte 兼山物; profondément déprimée, le principe imparfait 潛山陰; formant chaine, le principe parfait 連山陽; fortement enfoncée en terre, la guerre et ce qui s'y rapporte 藏山兵; enfin, faite de rochers amoncelés, elle symbolise le soleil, la lune, les étoiles, les nuages, l'air, la nuit et le jour 疊山象. La méthode attribuée au Roi des hommes *Chen-nong-che* 人皇神農氏 porte le nom de 歸藏易 *Tendre vers un but* et *Recueillir dans son sein.* L'influence du ciel, selon cette méthode, est spécifiée par le caractère qui signifie *Retourner* 天氣歸, et celle de la terre, par celui dont le sens est *Cacher en soi* 地氣藏. Ce mélange d'activité et de passivité se retrouve dans les modes particuliers, suivant lesquels se manifeste la vertu du bois, du vent, du feu, de l'eau, de la montagne et du métal. Le premier produit 木氣生, le second meut 風氣動, le troisième développe 火氣長, la quatrième entretient et nourrit 水氣育, la cinquième arrête et détermine 山氣止, le sixième enfin, tue 金氣殺. Reste un troisième système qu'on dit inventé par le Roi de la terre *Hien-yuen-che* 地皇軒轅氏. Ici l'action céleste a pour symbole le ciel lui-même, et l'influence terrestre, la terre 乾形天, 坤形地. Le soleil représente le principe parfait, tandis que l'imparfait est figuré par la lune 陽形日, 陰形月. La montagne, le fleuve, le nuage et l'air servent de symboles, la première au sol, le second à l'eau, le troisième à la pluie et le quatrième au vent 土形山, 水形川, 雨形雲, 風形氣. Ces notions, aussi obscures que l'antiquité qui nous les a léguées, ont servi de thème à des développements qui n'y ont guère jeté de lumière. Cependant, j'ai cru bon de les consigner ici brièvement, afin de faire comprendre l'expression 三墳 *(fen)* les Trois monticules ou les Trois documents, que l'on suppose avoir été composés par les premiers représentants de la monarchie chinoise, et qui constituent ces trois systèmes cryptographiques. Le premier a nom 山墳 document des montagnes, le second 氣墳 document des influences, et le troisième 形墳 document des images, terminologie dont l'exposition susdite donne l'explication. (古三墳 par 阮咸 des 晉. Cf. 廿子全書). Voir encore les questions posées aux candidats à la Licence, dans l'ouvrage du R. P. Zi, *Pratique des examens littéraires,* p. 144.

†末無寒歲. A la fin de la Dynastie *Tcheou* on ne constata pas une seule année froide, ce qui fut regardé comme le résultat de la faiblesse de gouvernement de 東周君, le dernier représentant de la race. (255-249).

†公獨制禮樂. Le Duc *Tcheou* régla seul les cérémonies et la musique, quand à la mort de son frère 武王 il prit la régence et gouverna six ans au nom de 成王 encore dans sa minorité. Il présidait aux réunions des Régulos dans la salle 明堂. (禮明堂).

驚†公. Effrayer le Duc *Tcheou* : réveiller quelqu'un, qui est alors supposé interrompre un rêve, où il était en tête à tête avec ce Sage de l'antiquité. «Mes forces ont décliné, disait Confucius sur la fin de ses jours, car depuis longtemps je ne vois plus *Tcheou-kong* dans mes rêves.» 久矣吾不復夢見周公. (論語).

†瑜公瑾. *Tcheou Yu Kong-kin* (mort en l'an 210 ap. J.-C.), l'un des partisans les plus célèbres de la maison de 吳, à l'époque historique des Trois Royaumes. Aussi distingué en littérature qu'en stratégie, et déjà Général à vingt-quatre ans, il défit avec 30.000 h. seulement, les 800.000 à la tête desquels 曹操 *Ts'ao Ts'ao* de 魏 venait de passer le Fleuve Bleu. Ce combat où la valeur écrasa le nombre (兵在精不在多) eut lieu à 赤壁, près de 九江 au *Kiang-si.*

†顗徒增王導悲. Ce fut en vain que *Tcheou K'ai* causa une si grande douleur à *Wang Tao* : reconnaître trop tard les services d'un ami. Le Ministre *Tao,* à la nouvelle que son cousin, le Général 王敦 *Wang Toen,* venait de prendre les armes contre son souverain, craignit le courroux impérial pour sa propre personne et pria son collègue le Marquis *Tcheou* 周侯, c.-à-d. *K'ai,* d'intervenir en sa faveur près du trône. *K'ai* le quitta sans avoir rien promis, cependant il se décida plus tard à tenter la démarche réclamée de son amitié. Sur ces entrefaites, le rebelle entrait en vainqueur à 石頭 *(Nan-king),* Capitale de la dynastie 東晉, et demandait à son cousin *Tao,* si l'on pouvait confier un poste à *K'ai,* dans la nouvelle administration. Silence complet de la part de *Tao.* «Alors, repartit *Toen,* il ne reste qu'à le mettre à mort.» Cette fois encore *Tao* ne prononça point un mot de défense, et l'ancien Ministre fut exécuté. Mais dans la suite *Tao,* compulsant les archives, y découvrit la supplique adressée par *K'ai* au trône pour le disculper de toute participation à la rébellion. A

cette vue il s'écria tout en pleurs : «吾雖不殺伯仁, 伯仁由我而死 Quoique je n'aie pas tué *Pé-jen* (周侯), *Pé-jen* cependant est mort par ma faute. Jusque dans la tombe j'aurai dans le cœur cet excellent ami 幽冥中負此良友». (晉史). Ces deux dernières phrases se présentent parfois en littérature avec le sens indiqué en tête de cette allusion.

呼 † 烏. Crier *Ou;* joie bruyante du laboureur. 田家歲時伏臘, 烹羊炰羔, 斗酒自勞, 酒後耳熱, 仰天拊缶而呼烏烏. Le paysan. à la sixième et à la douzième Lune. se cuit une brebis, se rôtit un agneau, et se repose en buvant dix litres de vin; puis les oreilles brûlantes, il regarde le ciel et frappe sur un vase en terre, chantant : *Ou! Ou!* Voici ce que dit sa chanson : «J'ai labouré cette montagne du sud qui. faute de culture, était envahie par les broussailles, et j'y ai semé cent arpents de fèves qui, tombées en terre, ont poussé leurs tiges. L'homme est ici bas pour s'amuser. à quoi donc sert de s'enrichir et de s'élever aux dignités.» 田彼南山, 蕪穢不治, 種一頃豆, 落而爲萁, 人生行樂耳. 雖富貴何爲. (楊惲與孫會宗書).

和 † 尙拜禮曰和南. Le salut que font les bonzes en joignant les mains. s'appelle *Ho-nan*. *Ho-chang* est la traduction en langue de 于闐 *Yu-tien* (Khoten actuel dans le Turkestan chinois) du terme sanscrit 鄔波遮迦 *Ou-po-tcho-kia (Upasaka)* qui signifie : les fidèles observateurs des prescriptions du Bouddhisme dans le monde, ou bouddhistes laics. Les auteurs chinois après lui avoir attribué cette origine étrangère et avoir rendu *Ou-po-tcho-kia* par son équivalent 近住 Se tenir près de (Cf. (伊) 蒲塞), se livrent à des explications fantaisistes à son sujet. Les uns le traduisent par 力生 les Disciples forts. On sait que les bonzes de même que tous les vrais sectateurs de Bouddha, sont supposés porter comme sur les épaules, la doctrine et les lois de leur fondateur, ce qui les a fait comparer à l'éléphant et au dragon, le premier. le plus fort des animaux terrestres, le second, des êtres qui peuplent les ondes. (Cf. (龍) 象). Les autres lui donnent le sens de 知有罪知無罪 Savoir où il y a faute, et où il n'y en a pas. (淵鑑類函). Un commentateur va jusqu'à proposer cette curieuse interprétation : 和 équivaut à 千里相聚 Réunis de mille *li*, et 尙 à 父母反拜 Le père et la mère, contrairement à ce qui se pratique d'ordinaire, saluent profondément leur fils bonze.

† 弓, 武庫之良材. Arcs fabriqués par *Ho*, célèbre armurier dont parle le Livre des Annales : l'excellent matériel d'un arsenal. Les lances de *Toei* 兌戈 citées dans le même ouvrage, sont également fameuses.

命 † 婦七階. Les sept degrés des femmes (mères ou épouses de mandarins) qui ont reçu des titres de l'Empereur. Le 1er et le 2d degré comportent l'appellation de 夫人, le 3e de 淑人, le 4e de 恭人, le 5e de 宜人, le 6e de 安人. et le 7e de 孺人. Ces degrés correspondent aux sept premiers des neuf ordres 九品 mandarinaux; mais si c'est une veuve, à qui ses fils ou petits-fils ont valu une quelconque de ces dénominations officielles, on fera toujours précéder la dénomination du qualificatif 太, par ex. 太夫人, 太宜人, etc... Sous les *Song*, il y avait encore les titres féminins de 國夫人 (1er degré), 郡夫人 (2d degré), 淑人 (3e degré), 碩人 (4e degré) et 令人 (5e degré), etc. Dans l'expression *fou-jen*, on rend *fou* par 扶 l'aide.

品 九 † 秩官. Les neuf ordres (*tche*) des mandarins. Cette classification hiérarchique date de 陳羣 *Tch'en K'iun*, Président de Ministère qui, sous le règne de 魏文帝 (220-227) à l'époque des Trois Royaumes, établit les neuf ordres et neuf degrés 九命九秩. (魏志陳羣傳). Cependant les Annales de la dynastie *Song*, en font remonter l'idée à 曹操 *Ts'ao Ts'ao*, autrement dit 魏武帝, père de cet Empereur. (宋書恩倖傳). On répartissait, sous les *Ming*, les mandarins militaires en six ordres 六品.

咳 † 唾成篇. Faire un livre comme en crachant (*k'ai-t'ouo*) des perles : composer vite et bien.

咽 † 喉. = 要害之區. Gorge (戰國策) : position stratégique importante, m. à m. nécessaire au pays et nuisible à l'ennemi. (漢書西南夷傳).

咿 † 唔呫嗶. *I-ou tchan-pi* : le murmure d'une lecture assidue. *Chan-kou* 山谷, c.-à-d. *Hoang T'ing-kien*, entendant le bourdonnement incessant de 孫元忠 *Suen Yuen-tchong*, composa la poésie intitulée 竹枝歌, où il le plaisantait aimablement à ce sujet (黃庭堅詩). Les vers où l'on se permet une certaine négligence, comme dans ceux qu'improvisa *Chan-kou* en cette circonstance, portent maintenant le nom générique de 竹枝詞. L'expression *tchan-pi* est fautive et doit s'écrire 佔畢, ce qui en change complètement le sens, car 佔 signifie *voir* et 畢 *livre*. 呻其佔畢. «Aujourd'hui, les maîtres *chantonnent en lisant, des livres* dont ils ne comprennent pas les caractères.» (禮學記). *I-ou* est encore figuré par 伊吾 (ou 吾伊) et 吟哦.

唇 † 亡齒寒 = 相依表裏. Les dents ont froid si les lèvres disparaissent : l'étoffe et sa doublure s'appuient l'une sur l'autre, c.-à-d. il faut se soutenir. Le Marquis de 晉 demandait au Prince de 虞. de vouloir bien livrer passage sur son territoire, aux troupes qu'il envoyait attaquer le royaume de 虢. *Kong Tche-k'i* 宮之奇 conseilla au Prince de *Yu* de n'en rien faire, car la ruine de *Kouo*, disait-il, serait sa propre perte, et il ajoutait ce proverbe pour l'en convaincre : 輔車相依, 唇亡齒寒 «Les deux côtés du char (les deux mâchoires) se soutiennent), etc... (左傳僖).

員 十嶠. *Yuen-k'iao*, montagne située à l'est de la mer *Pou* 渤海 et servant de séjour aux Immortels. (列子). Cette mer se place entre 濟南府 au *Chan-tong* et 天津 au *Tché-li*.

十半千. *Yuen Pan-ts'ien*, appelé encore 餘慶榮期 *Yu-k'ing Yong-k'i*, mandarin célèbre de la dynastie *T'ang*, dont les services furent récompensés par le titre nobiliaire de 平原郡公, sous le règne de 睿宗 (710-713). Son surnom de *Pan-ts'ien*, vient de l'éloge que lui adressa le Président des examens 王義方 *Wang I-fang*, enthousiasmé de son savoir littéraire. «Tous les 500 (半千) ans, disait-il, il parait un Sage, et c'est maintenant *Yuen*.» (唐書員半千傳). Les lettrés jouent sur ce nom historique, quand ils s'en servent pour indiquer *une piastre et demie*. Le petit-fils de *Yuen*, 員俶 *Yuen Chou*, bien qu'âgé de neuf ans à peine, se distingua dans une circonstance mémorable. L'Empereur 玄宗 (713-756) avait, en 728, convoqué à une controverse 答難 les docteurs des trois sectes officielles de la Chine, 佛道儒. *Chou*, qui y assistait, argumenta 注射 si brillamment, que *Hiuen-tsong* ravi, s'écria : «Tel je m'imagine un petit-fils de *Pan-ts'ien!*» Le 幼學 relatant ce fait, donne cette phrase : 詞辯見淵源 «Son argumentation révéla son origine.» (唐書李泌傳).

唐 十且 (al. 雎) 以華顛奉使. *T'ang Tsiu*, contemporain des *Tcheou*, avait le sommet de la tête grisonnant, quand il reçut la mission d'aller à la Cour de 秦, défendre les intérêts de 魏. son pays, et ses négociations conjurèrent une guerre imminente. Il était alors âgé de plus de 90 ans ; aussi son nom est-il resté synonyme de Ministre, qui dans la vieillesse, sert utilement son souverain.

十舉. *T'ang Kiu*, physiognomoniste fameux de la dynastie *Tcheou*, à l'époque des Guerres entre les Royaumes 戰國. Comme exemples de sa perspicacité infaillible on cite ses réponses à 李兌 *Li Toei* et à 蔡澤 *Ts'ai Tché*, dont l'un parvint aux honneurs et l'autre atteignit la vieillesse, selon qu'il le leur avait prédit.

十虞. 聖聖傳流, 賢賢繼統, 稱元建國, 惟虞及十.

Saint succédant à un Saint, Sage héritant d'un Sage le pouvoir suprême, tels furent les seuls *T'ang (Yao)* et *Yu (Choen)*, qui commencèrent à donner un nom à la première année de leur règne et se fixèrent une Capitale.

Yao à qui l'on prête le nom de famille 伊 祁 (al. 祈, 耆) *I-k'i*, et le prénom 陶 唐 氏 *T'ao-t'ang-che* (parce qu'il posséda ces deux terres au *Chan-si*), eut pour mère 慶 都 *K'ing-tou*, une des quatre concubines de 帝 嚳 *Ti-k'ou* ou 高 辛 *Kao-sing*, qui le mit au monde au 14e mois de sa grossesse. L'apparition d'un dragon rouge 赤 龍 fut le présage du rôle que jouerait plus tard cet Empereur qui régna par la vertu de l'élément 火 *Feu*. Seul, il gouverna d'abord pendant 72 ans, à 平 陽 au *Chan-si*, puis 28, en compagnie de *Choen*. Son fils 丹 朱 *Tan-tchou*, exclu par lui du trône, se montra irrité de cette faveur accordée à ses dépens à un étranger, mais *Yao* lui répondit : « Je préfère ne faire de la peine qu'à toi seul, si le bien de tout mon peuple doit résulter de mon choix. » L'éloge suivant lui est décerné : 仁 如 天, 智 如 神, 就 之 如 日, 望 之 如 雲. « Bon comme le Ciel, prudent comme un esprit, on l'approchait comme un soleil vivifiant, et on le regardait (désirait) comme une nuée fécondante. » Son excellente administration lui a valu le titre de 放 勳 *Qui étend ses mérites*.

Choen, au nom patronymique 姚 *Yao*, et au prénom 有 虞 氏 *Yeou-yu-che*, descendant de *Hoang-ti*, à la huitième génération, régna par la vertu de l'élément 土 *Terre*. Il établit le siège de son gouvernement à 蒲 阪 (al. 坂) au *Chan-si*, et mourut dans le pays de 蒼 梧 après avoir tenu le sceptre soixante-et-un ans. Uniquement occupé sur le trône du bonheur de son peuple, il chantait, dit-on, le 南 風 歌 en s'accompagnant sur la lyre. 南 風 之 薰 兮, 可 以 解 吾 民 之 慍 兮. 南 風 之 時 兮, 可 以 阜 吾 民 之 財 兮. « La douce chaleur du vent du midi éteindra les haines de mes sujets, et son opportunité augmentera leurs richesses. » Le Livre des Annales donne à ce vertueux monarque l'épithète de 重 華 *Splendeur redoublée*. *Choen*, à l'imitation de *Yao*, écarta du trône son fils 商 均 *Chang-kiun*, pour y faire asseoir le Grand *Yu* 禹 que ses vertus et ses qualités en rendaient seul digne. Cette transmission élective du pouvoir, se désigne par 官 天 下, parce que ces Empereurs de l'âge d'or de la monarchie chinoise, considéraient la souveraineté comme une magistrature suprême, qu'il convenait de léguer au meilleur d'entre les sujets.

Choen, avant de ceindre la couronne, donna de tels exemples de patience, au milieu des persécutions domestiques, que lui suscitèrent son père 瞽 瞍 *Kou-seou* et son demi-frère 象 *Siang*, qu'il a mérité d'être proposé comme un modèle de piété filiale.

喬 大 † 小 † = 姨 夫. *K'iao* l'aînée et *K'iao* la cadette : les maris de deux sœurs. La première de ces filles de 喬公 *K'iao-kong,* du pays de *Hoan* 皖 au *Kiang-nan,* (leur nom de famille s'écrivait jadis avec la clef 木), était l'épouse de 孫策 *Suen Tch'é,* et la seconde de 周瑜 *Tcheou Yu,* deux Généraux de l'époque des Trois Royaumes. (吳志周瑜傳).

喋 †喋. *Tié-tié.* Bavard. Un jour 漢文帝 (179-156) visitant sa ménagerie, demanda à 張釋之 *Tchang Chétche,* chargé des Parcs impériaux, de lui donner les noms des fauves qui s'y trouvaient réunis. *Tchang* demeura interloqué, mais le 虎圈嗇夫 gardien de la ménagerie renseigna sur-le-champ le monarque avec une telle volubilité de paroles, que celui-ci enjoignit à *Tchang* de le nommer Directeur des Parcs 上林令. Cependant, à quelque temps de là, *Tchang* fit remarquer à *Wen-ti,* que 周勃 *Tcheou Pou* Marquis de *Kiang* 絳侯 et 張相如 *Tchang Siang-jou* Marquis de *Tong-yang* 東陽侯, hommes supérieurs s'il en fut, ne trouvaient pourtant pas leurs mots, quand ils parlaient affaire, à plus forte raison n'auraient-ils pas pu imiter *ce bavard, cette langue effilée et ce babillard* 諜諜利口捷給 *(tsié-kié)* de gardien. L'Empereur goûta l'observation et l'employé subalterne garda son humble position. (史記張釋之傳).

嗟 †來食. Nourriture offerte d'une façon impolie. Durant une grande famine qui sévissait au royaume de *Ts'i,* le philanthrope 黔敖 *K'ien Ngao* venait en aide aux affamés. Or un jour, il s'en présenta un chez lui, 蒙袂輯屨 *(mang-mei-tsi-kiu)* les manches trouées, (et tellement exténué qu'il n'avait pas la force) de nouer ses chaussures. *Ngao* se mit aussitôt en demeure de le servir : «Tiens! viens manger!» lui dit-il, en lui présentant la nourriture. Mais l'étranger irrité d'une pareille grossièreté, répartit : 不食嗟來之食 «Je ne touche pas au riz de celui qui crie *(tsié)* ainsi de venir!» et il préféra périr d'inanition. (禮檀弓).

喙 長†參軍. Le Commandant au long groin *(tchouo),* (古今注); ou encore 烏喙將軍 le Général au groin noir : le porc. L'ouvrage intitulé 幽怪錄 l'appelle simplement 烏將軍 le Général noir.

器 謝密能成佳†. Le petit *Sié Mi Hong-wei* 宏微, des *Song,* faisait preuve d'une telle retenue dans ses paroles, que son oncle 混 *Hoen* disait de lui : «Cet enfant deviendra un jour un beau vase,» c.-à-d. parviendra aux dignités. (宋書謝宏微傳). Cet éloge en a fait le type d'un neveu distingué.

大†晚成=慰士遲滯. Un grand vase ne s'achève qu'à la longue, dit-on pour consoler le lettré arrêté *(tche-tche,* retardé) par un insuccès, surtout aux examens. (老子). «L'homme de grande capacité est comme les neuf marmites impériales, ou le vase *Hou-lien* (dans lequel on offre le millet aux esprits), qui ne peuvent en un instant acquérir leur fini.» 大器之人若九鼎瑚璉,不可卒成也.(河上公章句). L'expression signifie encore un enfant de grande espérance.

†滿則傾. Si le vase est plein il se renverse, de même l'homme qui s'enorgueillit fera la culbute. (六韜). Il s'agit ici d'un vase posé sur un piédestal à équilibre instable, que déjà les premiers Empereurs avaient, dit-on, toujours sous les yeux, et dont la vue les exhortait à se surveiller sans cesse dans leur conduite. Le Philosophe 文子 l'appelle 侑巵 *yeou-tche*. L'historiette suivante tirée du 家語, en fera comprendre la manœuvre, en même temps que la leçon de morale qu'on en tirait. Un jour, Confucius visitant avec ses disciples le temple de *Hoan* Duc de *Lou* 魯桓公, y aperçut cet instrument tout penché et en demanda le nom au gardien. «Il s'appelle 宥 (ou 侑) 坐之器 *le vase au support qui s'incline.*» répondit celui-ci. «J'ai entendu raconter, répartit le Sage, que vide il est penché, rempli à moitié il se tient en équilibre, mais plein jusqu'aux bords il fait la culbute 虛則欹中則正滿則覆, et que les bons princes le plaçaient près de leur siège pour apprendre à se tenir continuellement sur leurs gardes.» Puis le Philosophe dit à ses disciples d'y verser de l'eau et d'en essayer le jeu de bascule. Après quoi il s'écria en soupirant : «Hélas! quelle est donc la chose qui trop pleine ne se renverse pas?» 嗚呼夫物惡有滿而不覆哉. Ce vase s'appelle aussi 欹器 *I-k'i*.

長男主†. Le fils aîné a la charge spéciale des objets, vases ou autres, employés dans les sacrifices, où il joue comme le rôle de pontife. (易序卦傳).

明†. Les objets à l'usage des défunts. Ce sont spécialement des chars, des chevaux et même des bonshommes décorés du titre de *suivants* 僕從, que l'on fabrique d'ordinaire avec du papier et du bambou. L'épithète *ming* indique que les mânes sont des esprits intelligents 神明 auxquels on les destine. Le Mémorial des Rites donne, par la bouche de Confucius, la raison de cette pratique superstitieuse. 之死而致死之不仁,之死而致生之不知. « Traiter le mort comme un être complètement anéanti, ce serait manque d'affection, (il faut donc lui offrir ces objets fictifs pour montrer que l'on croit à sa survivance): d'autre part, se conduire à l'égard du défunt comme à l'égard d'une personne tout à fait vivante,(en lui faisant cadeau de chars, de chevaux et de domestiques réels), ce serait une absurdité.» (禮檀弓上).

國†. Vase du royaume : enfant de grande espérance, homme remarquable. 幼有大成之度,衆以國器許之. «Dès sa jeunesse, on prévoyait que *Wang Seng-tch'o* deviendrait quelque chose de grand, aussi tous lui accordaient-ils qu'il serait *un vase du royaume.*» (宋書王僧綽傳).

嚴 †侍下. Sous la tutelle du sévère : avoir encore son père.

CLASSIF. 31. 囗.

囚 縱†歸獄. L'excellent Empereur 太宗 des *T'ang* relâcha ses prisonniers qui tous, à l'expiration du temps concédé, regagnèrent leurs cachots. Il avait permis aux condamnés à mort, au nombre de 390, d'aller chez eux, mais à la condition de revenir pour l'automne, saison des exécutions. Il n'y en eut pas un seul à manquer à la parole donnée, et cette fidélité leur valut leur élargissement. (唐書刑法志). Cf. 縱囚論, Zott. IVe Vol. p. 376.

回 †祿. *Hoei-lou,* le génie des ondes. (左傳昭). Le même ouvrage appelle l'esprit du feu *Yuen-ming* 元冥.

囹 †圄是周獄. La prison des *Tcheou* s'appelle *Ling-yu* et celle des *Hia* 夏臺 *Hia-t'ai.* (風俗通). D'après un autre auteur, celle de la première dynastie, c.-à-d. *Tcheou,* porte le nom de 圜土 *Yuen-chang,* et celle de la seconde, 均臺 *Kiun-t'ai.*

國 一†三公 = 權柄分而靡適. Trois princes dans un royaume — si l'autorité est divisée entre plusieurs il n'y aura pas de maître *(ti)* réel. Le Duc *Hien* de *Tsin* 晉獻公 avait envoyé 士蔿 *Che-wei* fortifier les villes de 蒲 et de 屈, qu'il destinait à ses deux fils 重耳 *Tchong-eul* et 夷吾 *I-ou;* mais l'ouvrage ayant été mal fait, ce fonctionnaire reçut du Duc, l'ordre de demander pardon à *I-ou* qui s'en était plaint. A l'occasion de cette humiliation. *Che-wei* chantait : «Mon habit en peau de renard est tout usé, et ma pauvreté m'oblige à me mettre au service d'un chef d'État: mais le royaume comptant désormais trois maîtres, je ne sais vraiment lequel suivre.» 狐裘尨茸，一國三公，吾誰適從. (左傳僖公). 尨茸 a même sens et même prononciation que 蒙茸 *mang-jong, déguenillé, tout en désordre.*

†賓. L'hôte de l'Empire : le gendre impérial. Le personnage qui obtenait la main d'une tante de l'Empereur 太長公主. ou de sa sœur 長公主, ou de sa fille 公主, recevait en même temps, avec le titre de 駙馬都尉, une dignité qui le mettait immédiatement au-dessus des 伯 Comtes. Mais si son épouse était

une 郡 主 ou fille de 親 王 (auj. les Princes du sang du premier degré s'appellent *Ts'in-wang)*, une 縣 主 ou fille de 君 王 Prince de second degré, il avait droit au qualificatif de 儀 賓 (Cf. 儀). Le même titre lui était accordé s'il épousait une 郡 君 petite-fille, ou une 縣 君 arrière-petite-fille, ou enfin une arr.-arr.-petite-fille 鄉 主 de l'Empereur. (明 史 禁 禮 志).

† 家 之 寶. La chose précieuse du gouvernement : le Sage. 所 寶 惟 賢 (書 旅 獒). Le Prince de 秦 qui avait l'intention de déclarer la guerre à celui de 楚, lui envoya un ambassadeur avec mission de se rendre un compte exact de ses trésors. L'ambassadeur demanda donc à son arrivée, qu'on les lui montrât. *Tchao Hi-siu* 昭 奚 恤 devinant sa pensée, fit ranger sur trois élévations en forme d'autel, les personnages les plus remarquables de la Cour, puis l'introduisant : «Mon pays, lui dit-il, comme tout grand royaume, n'attache de valeur qu'à des Ministres aussi distingués que ceux que vous avez sous les yeux.» L'étranger retourna aussitôt rapporter à son maître, qu'il n'y avait pas à songer à une attaque contre *Tchou,* qui comprenait ainsi la vraie richesse. (劉 向 新 序 雜 事).

† 手. Un habile médecin. Le Prince de 秦, à la nouvelle de la maladie de *P'ing,* Duc de *Tsin* 晋 平 公, lui envoya le célèbre 和 緩 *Ho Hoan* pour le soigner. Ce praticien, après avoir constaté qu'une luxure effrénée avait réduit son patient en cet état, fit observer que s'il recouvrait la santé, ses débauches lui aliéneraient les esprits des grands dignitaires, au détriment de son gouvernement. Sur ce, 趙 文 子 *Tchao Wen-tse* lui demanda, si son art ne lui donnait pas le moyen de remettre aussi sur pied les affaires publiques. «Un médecin vraiment supérieur le pourrait, répondit-il, mais celui qui est moins expert, guérit seulement les hommes.» 上 醫 醫 國 家, 其 次 救 人. (國 語 晋 語). L'expression expliquée ici désigne d'abord un joueur d'échecs ou de lyre émérite (棊) 國 手, (琴) 國 手, et ne signifie *médecin* que complétée ainsi 醫 國 手.

† 之 貳. Le second du royaume : l'héritier présomptif. 國 之 儲 貳 L'aide et le second de l'État. (晋 書 王 頴 傳). Le 公 羊 傳 l'appelle aussi 世 子.

† 色 天 香 稱 牡 丹 之 富 貴. «Beauté capable d'entraîner la ruine d'un royaume» et «parfum céleste,» deux épithètes données à la pivoine dont elles disent la richesse et la dignité. Sous le règne de 唐 元 宗 (selon d'autres 唐 文 宗), *Li Tcheng-fong* 李 正 封 employait ces deux images dans ses vers. Cette fleur a encore nom 富 貴 花.

活 † 活 人. Ministre et médecin. Le fameux 陸 贄 敬 輿

Lou Tche King-yu, qui reçut après sa mort le titre nobiliaire de 宣公, privé de sa charge de Ministre par suite des attaques calomnieuses auxquelles il fut en butte, se mit, quoique déjà vieux, à transcrire les meilleures recettes médicales. Il visait ainsi à «guérir les hommes, après avoir donné ses soins au gouvernement.» (廣事類賦). Ce personnage vivait sous le règne de 唐德宗 (780-803).

戰十七雄秦幷其地. Sept puissants États se disputèrent la suprématie par les armes. et la lutte se termina à l'avantage de celui de *Ts'in,* qui réunit leurs territoires sous son sceptre. L'époque historique *Tchan-kouo* date du règne de 周烈王, qui occupa le trône de 373 à 368 av. J.-C., et ne se termine que lorsque 始皇帝 reste maître incontesté de tout l'Empire, en l'an 221 av. J.-C. — Cette période de la féodalité, où les grands vassaux de la couronne s'entre-déchirent pour saisir l'héritage des *Tcheou,* avait été immédiatement précédée de l'époque *Tch'oen-ts'ieou* 春秋, qui en réalité commence à la 22e année du règne de 周平王 (749 av. J. C.), point de départ de la révolte des feudataires contre leur suzerain nominal. Confucius dans ses Annales ne prend les faits qu'à partir de l'an 722. Les sept royaumes convoitant le pouvoir suprême, sont ceux de 秦, de 楚, de 燕, de 趙, de 韓, de 齊 et de 魏, ces trois derniers sous la dénomination commune de 三晉, parce que vers l'an 377, ils s'étaient partagé l'État de ce nom. *Tchoang-siang-wang* 莊襄王, que quelques-uns font asseoir à tort sur le trône de Chine, n'en fut nullement possesseur. Son fils prétendu, *Che-hoang-ti,* ne ceindra lui-même la couronne impériale, qu'après avoir lutté vingt ans, comme Prince de *Ts'in* sous le nom de 政王, contre *Tchao, Yen* et *Wei.* Enfin *Che-hoang,* ses concurrents une fois écrasés, choisit 咸陽 près de 西安府 *(Chen-si)* pour la Capitale de son immense Empire, et dans son orgueil, qui lui faisait prétendre qu'il surpassait en vertus et en mérites les trois Souverains 三皇 et les cinq Empereurs 五帝 de l'antiquité, il prit le titre pompeux de *Premier Souverain* et *Empereur.* Sur le point de mourir, il désigna comme son héritier, son fils 胡亥 *Hou-hai,* pour qui il avait déjà choisi l'appellation dynastique 二世皇帝. Mais ce monarque et son successeur 子嬰 *Tse-yn,* ne firent que passer sur le trône et périrent, le premier, victime d'un complot tramé par le Ministre-eunuque 趙高 *Tchao Kao,* le second, tué par 項羽 *Hiang Yu,* après avoir été dépouillé de ses Etats par 劉邦 *Lieou Pang,* fondateur de la dynastie *Han* (206. av. J. C.). Les *Ts'in* n'avaient donc eu le pouvoir impérial sans conteste que pendant quinze ans. (1)

(1) *Che-hoang ti,* d'après la tradition, serait fils de 呂不韋 *Liu Pou-wei.* Cet infâme personnage, riche négociant du royaume de 趙, y fit la connaissance du jeune

圃 元†. *Yuen-pou,* séjour des Immortels, placé par 淮南子 *Hoai-nan-tse* sur les monts 昆侖 (*Koen-luen* 崑崙 au nord du Thibet). A 11.000 *li* d'altitude se trouve d'abord le jardin *Lang-fong* ou du *vent élevé* 閬風苑, puis plus haut, le potager *Yuen* ou *Hien* 玄圃, 縣圃. Ces lieux enchanteurs où se dressent douze palais de jade, et qu'ornent des lacs de rubis et des bassins de saphir, sont entourés d'une mer à l'onde si peu dense 弱水, que seuls des chars légers comme le vent et portés sur des roues en plumes, peuvent la passer, sans y être immergés.

圓 烏†. Boule noire : le chat. (陶宏景, 本草). On l'appelle encore 家狸 le renard domestique (ibid.), 蒙貴 et 烏員. (段成式, 酉陽俎續集). L'épithète de léopard domestique, appliquée à cet animal 家豹, est une faute courante.

†寂 = 緇流之已故. L'entrée dans le *Nirvana* — la mort d'un membre de la secte grise, c.-à-d. d'un bonze. Quand le *cercle* de tous les mérites a été parcouru, la flamme mystique du *Samadhi* (ou transcrit à la chinoise, *San-mei*) c.-à-d. de la plus profonde contemplation. sort du corps du défunt et le consume, pour le reproduire dans toute la beauté dont il était orné pendant sa vie. 功行圓滿, 滅盡三昧. Il est alors parvenu à un état de *repos* ou d'anéantissement absolu de toute activité. *Yuen-tsi* et son équivalent 入滅 *l'entrée dans l'extinction,* sont la traduction des termes sanscrits 般涅槃 *Pan-ni-hoan,* 涅槃, 泥洹 *Ni-hoan,* ou *Nirvana.* (李白地藏菩薩讚, 王琦注).

Prince 異人 *I jen*, plus tard *Tchoang siang-wang*, que son père avait envoyé comme ôtage à la Cour de ce pays. Frappé de ses qualites, il se mit en tête de faire adopter l'exilé par 華陽夫人 *Hoa-yang fou jen*, l'épouse légitime du Roi de *Ts'in*, qui n'avait pas d'enfant. Les démarches de *Liu* réussirent, et désormais, l'intimité la plus grande régna entre lui et celui qui lui devait l'héritage paternel, à l'exclusion de ses frères. Devenu Roi, *Tchoang-siang* donna une principauté à *Liu*, mais celui ci n'ambitionnait rien moins que la couronne de *Ts'in* pour un de ses rejetons. Il possedait une concubine nommee 邯鄲夫人 *Han tan fou-jen* qu'il savait avoir conçu de lui. Il invita donc *Tchoang-siang* à avoir des relations avec elle, et lorsque sa grossesse se fut bien declarée, il contraignit ce Prince à la prendre comme étant le père du fruit qu'elle portait. Telle serait l'origine du fameux *Che-hoang ti*, qui plus tard créa *Liu Pou-wei* Ministre, pour l'envoyer ensuite en exil au *Se-tch'oan*, où il termina ses jours par le suicide. *Liu* est l'auteur du 呂氏春秋. et l'on rapporte que lorsqu'il eut acheve cet ouvrage, convaincu de sa perfection, il le fit exposer à une porte de la Capitale, promettant que quiconque lui indiquerait un seul caractère qu'il dût ajouter à son travail ou en retrancher, recevrait mille pièces d'or. Cette fanfaronnade a donné lieu à l'expression suivante, l'éloge le plus flatteur que l'on puisse faire de la composition d'un lettré : 懸之國門, 不能增損一字. "Votre travail, suspendu aux portes de la Capitale, défierait toute critique."

圍 † 棋. Espèce de jeu de dames inventé, dit-on, par l'Empereur *Yao* pour l'instruction et la correction de son fils 丹 朱 *Tan-tchou* gâté par de mauvais compagnons. Une autre légende en attribue l'idée à l'Empereur *Choen,* qui y vit un moyen de développer l'intelligence très bornée de son fils 商 均 *Chang-kiun.* (張 華, 博 物 志).

解 小 郎 †. Rompre le cercle de difficultés où le jeune beau-frère était enfermé. La célèbre 謝 道 韞 *Sié Tao-yun* mariée à 王 凝 之 *Wang Yn-tche,* vit un jour le frère de celui-ci, appelé 獻 之 *Hien-tche,* à court d'arguments dans une discussion avec des visiteurs. Mais elle vint à son aide et ses réponses intervertirent les rôles. (晉 書 列 女 傳).

圖 世 祖 膺 †. *Che-tsou* ou 順 治 (1644-1662) premier Empereur des 清, dont il s'agit ici, *prit la carte* de l'Empire, c.-à-d. fonda la dynastie. Le Général 李 自 成 *Li Tse-tch'eng* venait de détrôner 崇 禎 *Tch'ong-tcheng* dernier représentant des *Ming,* lorsque 吳 三 桂 *Ou San-koei,* qui combattait contre les Mandchous, joignit ses troupes aux leurs, et marcha contre l'usurpateur. Cette action combinée des envahisseurs et de l'armée chinoise acheva la conquête de l'Empire commencée par le Prince mandchou 崇 德 *Tch'ong-té* qui, mort avant d'avoir vu le succès final de ses armes, avait confié à son frère *A Ma Wan* le soin de faire asseoir sur le trône de Chine, son fils *Choen-tche* âgé de 6 ans seulement. 膺 圖 受 籙 Accepter la carte et recevoir le registre : fonder une dynastie, ou être proclamé Empereur. (文 選).

圜 大 † 大 矩. Le grand cercle *(yuen)* et la grande équerre : le ciel et la terre, celle-ci ainsi qualifiée parce que le cosmogonie chinoise la suppose carrée. (呂 氏 春 秋).

CLASSIF. 32. 土.

土 † 木 形 骸 : 容 無 藻 飾. Corps et charpente osseuse *(hiai)* de terre et de bois : extérieur dont la beauté native se passe d'ornements factices. La prestance remarquable de 嵇 康 叔 夜 *Ki K'ang Chou-yé,* des 晉, lui fit décerner cet éloge. (晉 書 嵇 康 傳). L'expression signifie aussi «manque de tenue», comme chez 劉 伶 伯 倫 *Lieou Ling Pé-luen* des *Tsin,* vrai type de laideur et de sans-souci, buveur émérite et auteur du morceau bachique intitulé 酒 德 頌. (世 說 新 語). Autres sens : simplicité de manières, esprit borné..

地 †師技精青烏. L'habileté du géomancien vient de la science parfaite du *Bleu* (le ciel) et du *Noir* (la terre). L'ouvrage où 黃帝 consigna le résultat de ses études sur la nature de la terre portait, dit-on, le titre de *Ts'ing-ou*, d'où le nom de 青烏子 donné à l'auteur de ce livre ou de tout autre travail similaire, et celui de 青烏家 aux 風水先生 qui vont y puiser les principes de leur charlatanisme. Au lieu de 青烏 on trouve plus souvent et à plus juste titre 靑鳥, oiseau fabuleux, qui aurait dicté à *Hoang-ti* tout le système de cette science occulte. 窮神姦則記白澤之辭, 相地理則書青烏之說. «Ce monarque scruta les moyens de nuire au pouvoir des esprits malfaisants, et écrivit les renseignements du *Pé-tché* sur ce sujet; il observa les lois du sol et rédigea les révélations du *Ts'ing-niao* sur cette matière.» (抱朴子內篇). Le *Pé-tché* ou *marais blanc*, monstre capturé par *Hoang-ti* sur le mont 恒山, était un animal doué de l'usage de la parole et versé dans la connaissance du monde invisible, qui communiqua à l'Empereur des formules d'incantation pour rendre inutiles les maléfices des démons. (軒轅記). Le 山海經 mentionne aussi ce merveilleux quadrupède.

平†風波 = 空中起釁. Tempête et vagues sur un sol uni : altercation surgissant sans motif. (家語). 瞿塘嘈嘈十二灘. 此中道路古來難. 長恨人心不如水. 等閒平地起波瀾. «A *Kiu-t'ang* (nom des Rapides du *Yang-tse-kiang* situés à un *li* à l'est de 夔州 au *Se-tch'oan*) l'eau mugit (*p'en-p'en*) sur les douze bas-fonds, et ce passage a de tout temps été périlleux. Toujours j'ai détesté le cœur de l'homme qui, différent de cette onde, en temps ordinaire et sans raison, soulève des flots et des lames.» (劉禹錫).

†癖 = 喜置田產. Avoir la maladie des terres : prendre plaisir à acquérir des propriétés. Sous les *T'ang*, on se moquait en ces termes de 李憕 *Li Tch'eng* célèbre par sa science du *Tso-tchoan* 左氏春秋, mais encore plus par ses immenses domaines. (唐忠義傳).

有愴†籲天之慘. En proie à une affliction qui fait frapper (*tch'oang*) la terre du front et crier (*yo*) vers le ciel : un innocent qui réclame justice. (漢書司馬遷傳 et 書泰誓).

†畫可爲獄. Telle était la simplicité du peuple dans l'antiquité, qu'une ligne tracée par terre aurait suffi pour constituer une prison. Cependant, déjà sous l'administration de 皐陶 *Kao-yao*, Ministre de l'Empereur *Choen*, on sentit le besoin de faire de solides cachots. 畫地爲獄議 (al. 執 et 勢 avec le même sens) 不入. «N'y eût-il qu'une simple raie sur le sol comme prison, *cer-*

tainement l'honnête homme rougirait de commettre une faute entrainant même cette punition si légère.» (尙德緩刑論, Cf. 古文觀止).

縮†之方. Posséder le moyen de ramasser en un point un espace de dix *li*. *Fei Tch'ang-fang* 費長房, des *Han*, reçut de son maitre 壺公 *Hou-kong*, un fouet magique, qui avait la vertu de placer en un instant sous ses yeux, une grande étendue de terrain, 縮地鞭. (神仙傳). Ce magicien tenait encore de *Hou* un bambou qu'il lui suffisait d'enfourcher pour franchir en un clin d'œil les plus longues distances. Les démons sur qui il avait eu jusque-là tout pouvoir, réussirent enfin à le mettre à mort.

圭 †竇. Ouverture (porte) en forme de *Koei*, c'est-à-dire presque ogivale du haut 上銳 comme cette tablette : demeure du pauvre lettré. Cf. 左傳襄, où l'on écrit 閨 pour 圭, mais avec le même sens, et 禮儒行, où l'on trouve 窬 *Teou* pour 竇.

均 成†=國學. *Tch'eng-kiun* : Collège impérial. (周禮春官). Le 國子監 porte encore le nom de 成均監.

坊 至道†間窟室,司馬勝居. La demeure souterraine de la rue *Tche-tao*, à 洛陽, était le curieux domicile de *Se-ma Koang*. Ce personnage, apprenant que 王拱辰 *Wang Kong-tchen* s'était construit une maison à trois étages dans la rue *Tao-té* 道德坊 de la même ville, s'imagina de se creuser une cave pour s'y loger. L'excentricité de ces deux contemporains des *Song* leur valut d'être comparés, l'un, à un oiseau dans son nid 巢居者, et l'autre, à un fauve dans sa tanière 穴居者. (舊注).

圻 †父王之爪牙. Le *K'i-fou* ou Chef des troupes préposées à la défense du territoire est comme la griffe et la dent du Roi. On écrit aussi 祈父. (詩小雅).

坦 †腹東牀. Le ventre à découvert *(t'an)* étendu sur le lit de l'est : gendre. Sous les *Tsin*, 郗鑒 *K'i Kien* Grand Tuteur du Prince héritier, envoya un de ses disciples porter au Ministre 王導 *Wang Tao* une lettre, où il lui proposait la main de sa fille pour un des nombreux garçons de la famille *Wang*. *Tao* pria le messager d'aller lui-même examiner les jeunes gens et de faire son choix. Avertis du but de sa mission, ceux-ci se mirent en sa présence à se vanter de leurs qualités, à l'exception toutefois de l'un d'entre eux qui, nonchalamment couché, continua, tout le temps de cette visite, à grignoter un gâteau grossièrement fait 胡餅. Le courrier rapporta ses impressions à son maître, et lui parla surtout de l'insouciance montrée par ce jeune homme à la tenue négligée.

«C'est celui qu'il me faut,» répartit *K'i Kien*. L'élu se nommait 逸少 *I-chao* ou 王羲之 *Wang Hi-tche* que sa calligraphie a immortalisé. (世說新話). Cette historiette a donné naissance aux deux expressions 令坦 et 東牀 pour signifier *gendre*. 胡餅 se traduit encore par gâteau, dans la composition duquel il entre des graines de lin 胡麻.

坤 †維. La corde qui retient la terre, et le pivot sur lequel tourne le ciel 天之樞. Une haute montagne. (李白).

女子配†之順. La femme a reçu en partage la souplesse (la faiblesse) qui est la vertu de la terre. 坤道成女. (易繫辭).

城 †旦＝徒配. Le matin à la Grande Muraille : être exilé. (史記秦始皇本紀). Sous *Che-hoang-ti*, les condamnés à la déportation étaient occupés toute la nuit, jusqu'à l'aurore, à la construction du gigantesque rempart entrepris par cet Empereur, tandis que le jour ils montaient la garde contre les incursions des Tartares. 當爲城旦舂者皆耐爲鬼薪白粲 «Les coupables passibles de l'exil de quatre ans, (pendant lequel les hommes faisaient les manœuvres et les femmes décortiquaient *(chong)* le riz), auront leur peine réduite d'un an, et seront occupés, les uns, à cueillir du bois de chauffage pour les sacrifices aux mânes des Empereurs, les autres (les femmes), à trier le riz blanc.» (漢書惠帝紀). L'exil de trois ans comportait ces deux genres de travaux forcés *koei-ing* et *pé-ts'an*, appropriés à la diversité du sexe. Le caractère 耐 ou 耏 *raser la barbe* aux condamnés, signifie une diminution de peine ; car cette opération était moins infâmante que la coupe des cheveux (髡 *k'oen)*, qu'entraînait d'ordinaire le bannissement de quatre ans.

佳†. La tombe. *Hia Heou-yng*, Duc de *T'eng* 夏侯嬰. 滕公. qui vivait sous les *Han*, approchait un jour de la Capitale, lorsque les chevaux attelés à son char s'arrêtèrent brusquement, et se mirent à gratter la terre avec leurs sabots. *Hia* ordonna à ses hommes de creuser en cet endroit, où l'on découvrit un sarcophage, avec cette inscription en 蝌蚪書 écriture-têtard *(k'o-teou)* : «Les belles murailles étaient cachées ; mais après trois mille ans elles paraissent au grand jour. Hélas ! *T'eng-kong* habitera cette demeure.» 佳城鬱鬱, 三千年見白日, 吁嗟滕公居此室. Le Duc en conclut à un avertissement que le Ciel lui donnait de sa mort, et, en effet, peu de temps après on le déposait dans ce sépulcre. (西京雜記). Le 博物志 place le prodige au moment où l'on conduisait *Hia* en terre.

婦容嬌媚實可傾†. Une femme, au visage beau et séduisant est vraiment capable de renverser les murailles d'une ville. *Li Yen-nien* 李延年 chantait ainsi de sa sœur : « Au nord se trouve une belle fille, qui l'emporte sur toutes. La voir une fois amènerait la ruine d'une cité, mais la voir deux fois causerait le perte d'un royaume.» 北方有佳人，絕世而獨立，一顧傾人城，再顧傾人國. L'Empereur s'empressa d'introduire dans son harem une telle merveille. (漢書外戚傳).

金†湯池. Murailles métalliques avec un torrent impétueux pour fossés : ville imprenable. (漢書蒯通傳). On dit aussi simplement 金湯.

夫人†. La muraille de la matrone. L'armée de l'usurpateur 苻堅 *Fou Kien*, mort en 385 ap. J.-C., assiégeait la ville de 襄陽 (au *Hou-koang*) défendue par 朱序 *Tchou Siu*. La mère de celui-ci, née *Han* 韓, prévoyant une attaque de l'ennemi sur un point faible de la place, s'y porta avec une bande de femmes et travailla avec ardeur à le fortifier. Son dévoûment sauva la ville, et pour en perpétuer la mémoire on donna son nom à l'ouvrage élevé sous sa direction. (晉書朱序傳).

秦政防胡萬里長†. *Tcheng* de *Ts'in*, pour se protéger contre les *Hou*, construisit la Grande Muraille, dont le développement n'est en réalité que d'environ cinq mille *li*, avec une hauteur de 20 à 26 pieds. Un nommé *Lou* 盧生, de 燕, remit un jour à *Tcheng*, c.-à-d. 始皇帝, un billet mystérieux où il l'avertissait de se mettre en garde contre *Hou* 胡 qui causerait la ruine de sa dynastie. L'Empereur crut qu'il s'agissait des Barbares septentrionaux, tandis qu'en réalité, dit un commentateur, celui que l'on signalait à son attention, n'était autre que 胡亥 *Hou-hai* son fils, dont la conduite honteuse sur le trône précipita de fait la chute des *Ts'in*. Quoi qu'il en soit, *Che-hoang-ti* lança, en 214 av. J.-C., 蒙恬 *Mong-tien* avec une armée de 300.000 h. contre les *Hou*. Le Général, vainqueur dans cette expédition, occupa ses troupes à réparer et à achever le rempart en question, qui s'étend depuis 臨洮 *Lin-tao* (岷州衛 du *Chen-si*, à la frontière du *Se-tch'oan*) jusqu'au 遼東. (史記始皇帝本紀 et 蒙恬傳). Il existait, avant cette campagne célèbre, des tronçons de la Grande Muraille, dont l'un au pays de 隴西 à l'ouest du *Chen-si*, construit par un prédécesseur de *Che-hoang-ti* sur le trône de *Ts'in*, probablement 昭襄王 (306-250), et l'autre aux pieds des monts 陰山, qui confinent à la Tartarie, dû aux travaux de plusieurs Rois de 趙. (幼學). Le P. de Mailla, dans son Histoire, dit qu'à l'époque où *Mong-tien* barrait de son côté les points de pénétration dans l'Empire, le Prince de *Tchao* élevait une muraille depuis *Tai* (*Joei-té-tcheou*, préfecture de 延安府 au *Chen-si*) jusqu'à *Kao-kiué*, à 420 *li* au N. O. de 太同府 au *Chan-si*, et le Prince de *Yen* depuis *Tsai-yang* jusqu'à *Siang-ping* ou 遼陽州 au *Liao-tong*.

不愧萬里長† N'avoir pas à rougir devant (n'être pas inférieur à) la Grande Muraille. *T'an Tao-tsi* 檀道濟 mérita de se voir comparé à cet ouvrage gigantesque, à cause des services qu'il rendit à la petite dynastie naissante des *Song*, dont il aida le fondateur 劉裕 *Lieou Yu* ou 宋武帝 (420-423) à renverser celle des *Tsin*. Devenu Ministre de 文帝 (424-453) il se rendit odieux à 義康 *I-k'ang*, Roi de *P'ang-tch'eng* 彭城王 et frère de l'Empereur, qui profita de la maladie du monarque pour se saisir de sa personne et le mettre à mort. Lorsque *T'an* se vit entre les mains de ses bourreaux, il s'écria : «Voici qu'on te renverse, toi la Grande Muraille.» 乃壞汝萬里之長城. (宋書檀道濟傳). Son exécution réjouit le peuple de 魏 qu'il avait jadis joué au moyen d'un curieux stratagème. Cf. 唱(籌)量沙.

垣 恐屬†有耳. Peut-être qu'une oreille est collée au mur *(yuen)*, soyez donc circonspect dans vos paroles. 君子無易由言, 耳屬于垣. (詩小雅).

垢 無†衣, 空門寂寞. L'habit sans souillure symbolise la retraite et l'éloignement du monde, dans lesquels vivent les membres de la *secte du vide* ou les bonzes. Il s'agit de la chape ou *kachaya* 袈裟, nommée encore 消垢衣 l'habit qui débarrasse de la boue, 離塵服 le vêtement de celui qui a quitté le monde, 忍辱鎧 la cuirasse *(k'ai)* du support des injures. *Kachaya* se traduit en chinois par 染色衣 habit teint, et sert à distinguer les bonzes des séculiers dont l'habit en certaines régions des Indes, est de couleur blanche.

堂 哄†則三院皆笑. Toute la salle résonnait, c.-à-d. tous les Censeurs riaient. *Hong-t'ang* : éclat de rire universel. Sous les *T'ang*, les Censeurs se répartissaient en trois catégories ou bureaux nommés 臺院. 殿院 et 察院. Or, un jour que ces graves dignitaires étaient réunis pour le dîner, on donna le sobriquet de 雜端 *Tsa-toan* «*Choses et autres,*» à un des convives, qui de fait avait dans ses attributions de s'occuper d'affaires diverses 知雜事. A ce trait d'esprit, on entendit des rires étouffés; mais lorsque l'individu visé se fut lui-même déridé, un tonnerre d'hilarité générale éclata dans la salle. (困話錄).

福†. La salle du bonheur : la prison. Un Empereur de la dynastie 魏 laissait les coupables s'éterniser sous les verroux, sans prononcer de jugement, et comme ses Ministres s'étonnaient d'une telle façon d'agir, il leur dit : «Je sais que traîner ainsi dans les causes criminelles n'est pas un des grands principes du gouvernement; cependant, cela ne vaut-il pas mieux que d'errer par trop de précipitation?» 獄滯雖非治體. 不猶愈乎倉卒而

濫也. Il ajoutait que le temps amènerait les détenus à résipiscence, et que, par conséquent, leur réclusion ferait leur bonheur, en les convertissant (魏書刑罰志).

黃†太守. Le Préfet. Les Gouverneurs de la ville de *Sou-tcheou* avaient établi leur résidence dans l'ancien palais de *Hoang Hié* 黃歇, Prince de *Tch'oen-chen* 春申君, située près de la butte de la Poule 雞陂; mais l'édifice devenant souvent la proie des flammes, on s'imagina de le peindre avec de l'orpiment 雌黃. Cette couleur le préserva désormais de tout incendie et lui valut le nom de *Salle jaune,* étendu ensuite à tous les tribunaux préfectoraux de la Chine, ou plutôt à leur salle publique 正廳 ou 廳事. Selon d'autres, cette appellation viendrait simplement de ce que le prétoire de *Sou-tcheou* avait été l'ancienne demeure de *Hoang,* lorsqu'il choisit cette ville pour Capitale de la région qu'il administrait au nom du Roi de 楚, dont il fut Ministre. Ce personnage célèbre par son faste et considéré comme le second fondateur de *Sou-tcheou* vivait sous le règne de 考烈王 (262-237) Roi de *Tch'ou,* et fut tué par 李園 *Li Yuen* dont la sœur lui avait dû sa dignité de Reine. La rivière 黃浦 de *Chang-hai* porte son nom, parce qu'il lui aurait creusé un lit, dit-on, de même que son souvenir se perpétue dans le caractère 申, une des nombreuses appellations de ce port. L'épithète de jaune se rencontre dans les titres officiels suivants : l'Empereur est désigné par 黃闥 Porte *(t'a)* jaune, les Ministres 三公 par 黃閣 Pavillon jaune, et les Membres du Conseil privé de l'Empereur par 黃扉 Porte jaune en bois *(fei).* (黃朝英靖康緗素雜記).

玉†. La Salle de jade : l'Académie. Sous les *Han,* le palais 未央宮 renfermait le pavillon nommé 玉堂殿; mais lorsque l'Empereur 宋太宗 (976-998), pour honorer les Académiciens, leur eut envoyé ces quatre caractères 玉堂之署 Bureau de la Salle de jade, l'appellation en resta au bâtiment qui leur était réservé. Sous le règne de 宋哲宗 (1086-1102), on retrancha le caractère *chou,* sous prétexte qu'il s'opposait au *nom posthume* d'un monarque 犯廟諱, et désormais l'Académie ne porta que le titre de 玉堂 tout court. (洪邁容齋五筆).

肯構肯† = 父子創造. Vouloir élever la charpente, vouloir faire les fondations : fils faisant prospérer la famille, à l'exemple de son père. 若考作室,既底法,厥子乃弗肯堂,矧肯構. « Si le père, dans l'intention de construire une maison, en avait déjà terminé le plan, et que, cependant, son fils ne voulût pas en jeter les fondements, à plus forte raison ne voudrait-il pas achever la bâtisse » (書大誥). 堂 築基,構—造屋.

堪†輿. Le géomancien. *K'an* signifie la vertu du ciel, et *yu* celle de la terre. «L'Empereur 漢武帝 ayant convoqué les 占家 devins, leur demanda si le mariage pouvait se faire tel jour. Ceux qui tirent leurs prévisions de l'observation des cinq éléments 五行家 étaient pour l'affirmative, et les géomanciens 堪輿家 pour la négative.» (史記日者列傳). L'expression *k'an-yu* s'applique encore à d'autres catégories de charlatans que celle des 風水先生.

堵 百†皆興. Cent murs surgissent à la fois et grande est l'activité des travailleurs dans la nouvelle Capitale des *Tcheou*. (詩大雅). *Tou*, mur comprenant cinq *pan* 版. (鄭元箋). Le *pan* lui-même a huit pieds de long.

塢 金†. Les remparts de l'or ou le trésor, que 董卓 *Tong Tcho* de l'époque des Trois Royaumes, fit construire dans le pays de 郿 (au *Chen-si)* pour y renfermer ses immenses richesses. Telles étaient la hauteur et l'épaisseur des murailles protectrices de l'édifice, qu'on l'avait surnommé 萬歲塢. (後漢書董卓傳).

塔 育王造無量寶†. Le Roi *A Yu* 阿育 érigea un nombre incalculable de précieuses pagodes, 84.000, dit-on, pour y déposer des reliques de Bouddha 佛舍利. (魏書釋老志). D'après les auteurs chinois, quelques sanctuaires bouddhiques du Céleste Empire devraient même leur origine aux largesses de ce monarque indien, le plus ardent propagateur de la secte de *Chakia-mouny*. Le chiffre fantastique de 84.000 rappelle un des principes de la cosmologie du Bouddhisme, qui attribue autant d'atômes au corps de Bouddha, comme du reste à celui de tout simple mortel. 舍利 *Ché-li* figuration chinoise du mot sanscrit *s'arîra* que les commentateurs rendent par 佛骨 *reliques, parties du corps* de Bouddha. *A Yu* régnait un siècle après l'entrée de *Chakia* dans le *Nirvana*.

塞 但求†責=徒了事. Ne viser qu'à remplir (vaille que vaille) son office : terminer à peine une affaire.

紫†. La Grande Muraille construite avec du mortier de couleur rougeâtre. La partie ajoutée, sous les *Han*, à ce grand ouvrage et appelée 漢塞 est aussi comprise sous cette dénomination.

†翁. 失馬†翁. Il est difficile de savoir au juste ce que l'on doit regarder comme un malheur ou un bonheur. Un vieillard résidant près de la Grande Muraille perdit son cheval. Ses voisins d'accourir aussitôt pour le consoler; mais il leur répondit que

peut-être cette disparition aurait un bon résultat. Il ne s'était pas trompé. car quelques mois après, l'animal égaré rentrait à l'écurie. accompagné d'un magnifique coursier tartare. Tous de le féliciter à l'instant de cette heureuse acquisition. «Attendez, leur dit-il, peut-être sera-ce pour moi une source de malheurs.» En effet, son fils, qui aimait à monter le nouveau cheval, fit une chute et se rompit les reins. L'accident donna encore lieu à des condoléances de la part des sympathiques amis, que le père du blessé reçut avec ces paroles : «Qui sait si ce n'est pas pour notre bien.» Or, à peu de temps de là, on dut faire dans la contrée une levée en masse des hommes valides, pour les opposer au plus tôt aux Tartares qui venaient de faire irruption sur le territoire chinois, et le fils estropié fut dispensé de prendre part à l'expédition, où neuf sur dix périrent 死者十九. Aussi le vieillard se félicitait-il d'un accident, qui lui avait conservé le soutien de ses vieux jours. (淮南子).

境 漸入佳†. Parvenir peu à peu au bon endroit : savoir procéder avec sagacité dans la connaissance des hommes et des choses. *Kou K'ai-tche Tch'ang-k'ang* 顧愷之長康. des *Tsin,* avait l'habitude de sucer la canne à sucre en commençant par le petit bout, au grand étonnement de tous 倒啖蔗 *(tchó).* Sa raison était, qu'il arrivait ainsi graduellement à la partie la plus exquise. (魏書文苑傳).

墀 百官奏對丹†. Tous les mandarins proposent leurs observations à l'Empereur ou répondent à ses questions dans le palais. *Tche,* perron donnant dans la salle du trône. Son carrelage couvert d'un vernis rouge l'a fait nommer *tan-tche.* 上赤墀 Aller à la Cour, m. à m. monter le perron rouge. (唐詩).

墉 穿†以窺賓. Faire un trou dans la cloison pour observer les visiteurs. Sous les *Tsin,* l'épouse de 山濤 *Chan T'ao,* née 韓 *Han,* avait remarqué l'amitié extraordinaire qui liait son mari à 嵇康 *Ki K'ang* et 阮籍 *Yuen Tsié;* elle lui demanda donc la permission de les considérer en cachette, quand ils seraient tous trois réunis, donnant comme excuse de sa curiosité, que la femme de 僖負羈 *Hi Fou-ki* avait jadis observé ce dernier en compagnie de ses deux intimes 狐 *Hou* et 趙 *Tchao.* *Han* passa toute une nuit à regarder, et ne put s'empêcher. le lendemain, de faire remarquer à *T'ao* qu'elle l'avait trouvé inférieur à *K'ang* et à *Tsié.* (世說新語).

墓 †誌創於傅弈. L'inscription tombale date de *Fou I,* contemporain de 唐太宗 (627-650). Un jour, dans un état d'ivresse et se croyant mourir, il se composa cette épitaphe : 傅弈青山白雲人也, 以醉死嗚呼 «*Fou I* était l'homme des collines vertes et des blancs nuages; la boisson l'a tué, hélas!» (唐書傅奕傳). Ce personnage est célèbre par ses attaques contre le Bouddhisme, et l'on raconte qu'il s'exposa sans crainte aux maléfices d'un bonze de la Cour de *T'ai-tsong,* doué du pouvoir de faire mourir et de ressusciter à volonté. Dans cette lutte mémorable de la vérité contre l'erreur, disent les auteurs. la victoire resta à *Fou I,* car les incantations ne purent rien sur lui, tandis que le charlatan tomba raide mort. C'est à tort, que l'on attribue à *Fou I* la première épitaphe. On en signale l'usage deux cents ans plus tôt, sous le règne de 宋文帝 (424-454). Cf. 南史.

塵 †. Poussière. mot consacré chez les taoïstes pour signifier le monde ou l'état imparfait dans lequel vit le vulgaire.

飯塗羹 †. Poussière en guise de riz, et boue en guise de sauce servent de jeu aux enfants, mais ne peuvent rassasier leur faim. Les gouvernants qui ont toujours sur les lèvres les enseignements des anciens, sans toutefois les faire passer dans leur conduite, ressemblent bien à ces enfants. (韓非子).

渴 † 萬斛. Aussi altéré que si l'on avait avalé dix mille *hou* de poussière : désirer ardemment quelqu'un. 三入寺僖不來, 轆轤無繩井百尺, 渴心歸去生塵埃. «Trois fois je suis entré dans la bonzerie, mais le bonze *Hi* ne vient pas. Au treuil *(lou-lou)* point de corde et le puits a cent pieds de profondeur; aussi m'en retourné-je le cœur altéré comme s'il était plein de poussière.» (盧仝訪僖上人不遇詩).

洗 †. Laver la poussière : inviter à un repas celui qui vient de loin. 洗塞塵. (蘇軾). On écrit encore 洗泥 et 洗泥酒 ou 洗塵酒.

蒙 †. Couvert de poussière : Empereur fuyant devant une révolte ou tombant au pouvoir de l'ennemi.

壁 東 † = 圖書之府. La constellation *Tong-pi* : le dépôt des tableaux et des livres. Ce nom est celui de deux étoiles dont relève la littérature. (晋書天文志). Le parallélisme appelle cette autre expression : 西園翰墨林, le jardin oriental (la salle où l'on écrit) est la forêt des pinceaux et de l'encre.

家徒 † 立. Ne trouver chez soi que des murs nus : dénûment extrême comme celui de 司馬相如 *Se-ma Siang-jou* après sa fuite avec la veuve 卓文君 *Tcho Wen-kiun.* (史記相如列傳). Cf. 卓.

壎 伯†仲篪. L'ainé joue de l'instrument *hiuen* en terre cuite et le cadet de la flûte *tch'e* en bambou. 伯氏吹壎, 仲氏吹篪. (詩大雅) : l'harmonie entre frères. *Hiuen* s'écrit aussi 塤.

塹 天† = 吳江. Le fossé creusé par le ciel : le *Kiang* de *Ou*, le Fleuve Bleu, ainsi appelé par 孔範 *K'ong Fan* sous 陳後主 (583-590). Les armées du Roi de 隋, qui allait fonder une nouvelle dynastie, étaient sur le point de passer le *Kiang*. Les mandarins peu rassurés, demandaient que l'on prît des mesures, mais *Heou-tchou* n'en fit rien et *K'ong* l'approuva, en lui disant que les Barbares ne parviendraient pas à traverser le Fleuve, vrai fossé naturel. On écrit encore 壍 *Ts'ien*. (南史恩倖孔範傳).

壘 鬱† et 神荼. *Yu-lei* et *Chen-tou*, deux génies tutélaires. Sur le mont 度朔 dans la mer orientale, dit le 山海經, pousse un immense pêcher dont le tronc a une ouverture appelée 鬼門, parce que les démons viennent par là sur la terre pour nuire aux hommes. Mais les deux génies susdits se tiennent près de cette porte et saisissent les esprits malfaisants, qu'ils lient avec des cordes en roseaux 葦索 et jettent en pâture aux tigres. *Hoang-ti* connut ce fait et, dans le but de préserver son peuple des attaques des démons, fit faire des portes avec le bois de ce pêcher, sur lesquelles on peignit *Lei-yu* et *Chen-tou*, ainsi que des tigres et des cordes en roseaux. (王充, 論衡). Cf. (桃) 符.

對†. Camp contre camp: engagement imminent. Les Annales des *Tsin* emploient cette expression à propos des deux fameux 諸葛亮 *Tchou-ko Liang* et 司馬懿 *Se-ma I. Liang*, décidé à envahir les États de 魏, était venu présenter le combat à *I*, leur défenseur. Les deux armées restèrent cent jours en face l'une de l'autre 對壘 dans les plaines de 郿, près de la rivière 渭 au *Chen-si*, sans que *Tchou-ko* eût pu amener son adversaire à engager la lutte. La longanimité de *Se-ma*, tige de la dynastie *Tsin*, rendit vains les efforts du terrible *Liang* dont la mort, survenue sur ces entrefaites (234 ap. J.-C.). eut pour effet la retraite de ses troupes. (晉書宣帝紀). Parfois l'on écrit fautivement 對壘=交鋒 en venir aux mains; c'est 對儡 ou 對厽 *(lei)* qui a ce sens de 格鬥 se battre. (說文).

壟 †斷獨登=專利之人. Monter seul sur le tertre du marché: accaparer le monopole du commerce. «Jadis, dit *Mong-tse*, des vendeurs dignes de mépris s'installaient sur un *long-toan*, et surveillant de là les transactions, en profitaient pour faire leur bénéfice.» On écrit aussi ‘龍.

壤 擊†而歌,堯帝之黎民自得. Chanter en frappant sur le sol prouve le contentement du peuple sous l'Empereur *Yao*. On vantait les bienfaits de ce monarque à un vieillard qui s'amusait de la sorte, mais celui-ci répartit : «C'est moi qui travaille dès l'aurore pour ne cesser que le soir. C'est le puits que j'ai creusé qui m'abreuve, et le champ que je cultive qui me nourrit. Qu'ai-je donc à attendre de *Yao?*» 吾日出而作之,入而息,鑿井而飲,耕田而食,堯何等力. (論衡). Le jeu du *ki-jang* consistait à frapper la boue avec une longue planchette taillée en forme de semelle, dont la résonnance servait d'accompagnement au chant. La planchette ou le battoir portait aussi le nom de *ki-jang*.

CLASSIF. 33. 士.

士 不辭曲†. Un maître vraiment supérieur comme 韓愈 *Han Yu*, qui acceptait son rôle d'éducateur sans trop viser à la gloriole 抗顏爲師, ne refuse pas d'instruire les lettrés d'un naturel défectueux. 俞扁之門不拒病人,繩墨之側不拒枉材,師儒之席不拒曲士. «Chez les médecins *Yu* et *Pien* on ne renvoyait pas les malades, dans l'atelier du menuisier on ne rejette pas le bois courbé, de même, de la classe d'un maître des lettrés on n'écarte pas les disciples imparfaits.» (柳宗元). Cf. 盧 et 扁.

壻 快†. Le gendre agile, c.-à-d. distingué. Le savant professeur 郭瑀 *Kouo Yu*, contemporain des *Wei*, dont les leçons étaient suivies par plusieurs centaines d'élèves, leur annonça un jour qu'il avait une fille à marier, et qu'il la donnerait à celui d'entre eux, qui serait le premier à s'asseoir sur la natte étendue par lui dans un coin de la classe. Le jeune 劉昞延明 *Lieou Ping Yen-ming*, désiré du reste par *Kouo*, se précipita à l'endroit indiqué, en disant : «Elle est à *Ping!*» 昞其人也. (魏書劉昞傳).

壺 提†提†. *T'i-hou t'i-hou*, onomatopée dont on a fait le nom d'un oiseau. 更聞春鳥勸提壺 «Et j'entends l'oiseau du printemps qui m'invite à porter mon pot à vin.» (韋莊詩).

青田之†,愈傾愈滿. La gourde du pays de *Ts'ing-t'ien* au royaume de 烏孫 se remplit à mesure qu'on la vide, et l'eau que l'on y verse se change à l'instant en un vin exquis appelé 青田酒. (古今注).

挈†. *K'ié-hou,* fonctionnaire chargé de la 刻漏 clepsydre en cuivre, sous les *Tcheou.* Cent fractions horaires *k'o* constituent le jour complet chinois, divisé qu'il est en douze 時 heures doubles comprenant chacune huit *k'o,* à l'exception des heures 子 à partir de minuit, et 午 à partir de midi, qui en ont respectivement dix. (說文).

貯乾坤於一†, 道法何其元(玄). Qu'ils sont mystérieux les moyens du Taoïsme, qui permirent de ramasser le ciel et la terre dans un vase. Un jour 費長房 *Fei Tch'ang-fang,* de 汝南 (au *Ho-nan)* remarqua un curieux récipient pendu à la boutique d'un vieux marchand de drogues. Il en connut bientôt l'usage, car l'étranger, une fois ses pratiques parties, sauta dans le vase où il disparut entièrement. *Fei,* de plus en plus étonné, se dirigea de ce côté et salua profondément le vieillard, qui l'invita même à entrer avec lui dans le cruche merveilleuse. Il accepta volontiers l'offre aimable, et il y trouva un palais avec une table chargée de mets et de vins exquis. Il ne sortit de ce lieu de délices qu'après s'être bien rassasié. (後漢書方術傳). Le vieillard possédait, dit-on, le pouvoir de mettre en un si petit espace tous les plus beaux spectacles de la nature, et s'appelait pour ce motif 壺天, nom que l'on changea ensuite en celui de 壺公. *Fei* apprit à son école tous les secrets de la magie.

雅歌投†以臨戎. A la tête des troupes, 祭遵弟孫 *Ts'ai Tsuen Ti-suen* faisait de la belle musique et s'amusait à lancer des flèches dans un vase à goulot étroit. Ces occupations de lettré raffiné avaient valu à ce Général estimé de 漢光武帝 (25-58) le surnom élogieux de 儒將.

壽 上, 中, 下†. Cent, quatre-vingts, ou soixante ans d'âge. (莊子).

†終正寢. La salle principale de la maison l'a vu s'éteindre dans une heureuse vieillesse, dit-on pour annoncer la mort d'un homme âgé. Il convient qu'il rende là le dernier soupir, aussi l'y doit-on transporter quand il va mourir, et le placer la tête à l'est. La formule de faire part, s'il s'agit d'une femme, est 壽終內寢. *L'appartement retiré* s'appelle encore 小寢, tandis que 路寢 ou *grande salle* est une autre dénomination pour *tcheng-ts'in.* (穀梁春秋).

†藏 = 生墳. La cachette de la vieillesse = la tombe *(fen)* préparée du vivant de la personne. *Tchao K'i* 趙岐, le commentateur de *Mong-tse,* mort en 201 ap. J.-C., fit peindre dans son *cheou-tsang* les portraits des quatre Sages de l'antiquité : 季札

Ki Tch'a, 子產 *Tse Tch'an*, 晏嬰 *Yen Yng* et 叔向 *Chou-hiang*. Le sien s'y trouvait également trônant comme le maître du logis au milieu de ses hôtes. (後漢書趙岐傳). *Ki Tch'a*, de 延陵 *Yen-ling* (nom que l'on rencontre parfois seul en littérature pour indiquer ce personnage), était fils de 壽夢 *Cheou-mong*, Roi de *Ou* (585-560) (1). Son ami intime 公孫僑 *Kong-suen K'iao Tse-tch'an*, de 東里, était fils de *Tch'eng* Duc de *Tch'eng* 鄭成公 (584-571). Le Duc *King* de *Ts'i* 齊景公 (547-489) avait *Yen Yng P'ing-tchong* 平仲 pour Ministre, tandis que *Yang-ché Hi* 羊舌肸 *Chou-hiang* remplissait une charge semblable dans le royaume de 晉, à la même époque. — *Cheou-tsang* rappelle les expressions similaires 壽宮 et 壽器 cercueil offert en cadeau à un vieillard.

CLASSIF. 35. 夂.

夏如†日之可畏. Redoutable comme le soleil en été; ainsi qualifiait-on 趙盾 *Tchao Toen*, Ministre excellent mais sévère du royaume de 晉. (左傳文).

†之父遼之兄. Pères des Tartares de *Hia* et frères aînés des Tartares de *Liao* : appellation historique des neuf Empereurs de *Pien-liang* 汴梁九帝 ou de la dynastie des *Song* septentrionaux, dont la Capitale était cette ville (auj. 祥符縣 dans la préfecture de 開封府 au *Ho-nan*). Les Tartares de *Liao* descendaient, croit-on, des Tribus *Hou* 胡, et formaient une des branches de cette nation qui, après sa destruction politique par les armées chinoises, sur la fin des *Han*, vinrent s'établir dans les pays arrosés par le *Hoang-ho*. Après cet exode ils prirent le nom de 契丹 *K'i-tan*, qu'ils changèrent en celui de *Liao* à l'extinction de la dynastie *Tsin*. Sous le règne de 宋眞宗 (998-1023) en 1004, leur Empereur, membre de la famille 耶律氏 *Yé-liu-che*, conclut un traité de paix avec la Chine. où il fut stipulé que désormais les monarques des *Song* et des *Liao* se donneraient le nom de frères, les seconds s'appelant les cadets (2). En 1013. sous le règne de 宋仁宗, *Tchao Yuen-hao* 趙元昊 ou *Nang-siao* 曩霄, Empereur de 夏, signa

(1) *Ki* refusa obstinément la couronne que lui destinait son père, exemple d'abnégation héroïque qui lui valut cette epitaphe composée, dit-on, par Confucius : 嗚呼有吳延陵季子之墓 Hélas! voici la tombe de *Yen ling Ki-tse* de *Ou*. Cette inscription en dix caractères. connue sous le nom de 十字碑, se trouvait près du canal 申港 dans le 江陰縣 (au *Kiang sou*), lieu de sépulture de *Ki tse*. (南畿志).

(2) La dynastie des *Liao* orientaux, dont la Capitale était 順天府 (au *Tché li*), compta neuf Empereurs de l'an 907 jusqu'en 1125, epoque où les Tartares *Kin* 金 la dépossedèrent de ses États.

avec la Cour de Chine, un traité de paix dont une des clauses portait, qu'il se servirait du terme 子 fils dans ses relations avec les monarques *Song*. *Jen-tsong* voulait voir figurer dans l'acte le caractère 臣 sujet, mais la crainte de cet ennemi redoutable le décida enfin à ne plus s'opposer à la prétention du Prince tartare. Les *Hia* établirent le siège de leur gouvernement au *Kansou*, dans la préfecture actuelle de 寧夏府. et furent renversés par les 元, après avoir fourni neuf Empereurs à la Chine septentrionale.

† 郊有神. Sous les *Hia*, on associait au sacrifice *Kiao* offert au ciel et à la terre, un esprit doué du pouvoir de changer la mal en bien. *Tse-tch'an* 子產, du royaume de 鄭, envoyé en mission dans celui de 晉, y apprit de 韓宣子 *Han-siuen-tse*, que le Prince de ce pays, alors malade, avait vu en rêve un ours jaune entrer dans sa chambre 夢黃熊. «Mais ce monstre, s'écria *Tse-tch'an*, est l'esprit de 鯀 *K'oen*, père de 禹 *Yu*, mis à mort par 堯 *Yao* sur le mont 羽山. Votre Prince aurait-il donc oublié de lui sacrifier, à l'exemple de la dynastie *Hia*?» Vite on adressa des prières à ce démon et l'on constata du mieux dans l'état du malade. (左傳昭公).

CLASSIF. 36. 夕.

夜 † 臺. La tour de la nuit sans fin : la tombe. 冥冥九泉路,漫漫長夜臺. Ténébreuse est la route du séjour des morts, et triste le tertre funèbre..... (阮瑀七哀詩).

† 寐夙興. Se coucher tard et se lever tôt : grande activité, se dit surtout du mandarin. (詩小雅).

CLASSIF. 37. 大.

大 † 夫. Le pin, décoré de ce titre par *Che-hoang-ti*, en reconnaissance de l'abri qu'un arbre de cette espèce lui avait offert pendant un orage. On l'appelle encore 五大夫 le cinquième toparque. (歐陽詢藝文類聚).

† 橈 (al. 撓) 造甲子. *Ta-nao*, maître de *Hoang-ti*, serait l'inventeur des caractères cycliques, dont une série, appelée 天干 ou 天幹. commence par *kia*, et l'autre, 地支 ou 地枝, par *tse*. (後漢書律歷志).

太 † 上逍遙. Le vieil Empereur se récrée *(siao-yao)*, disait 唐高祖 en parlant de lui-même. Depuis cette époque, l'expression 太上皇 a servi à désigner le père de l'Empereur.

† 昊造網罟以佃漁. *T'ai-hao* (*Fou-hi*) inventa les filets *(wang-kou)* pour la chasse et la pêche.

† 史＝諏日之人 *T'ai-che*, appellation du devin chargé d'indiquer les 時 époques fastes ou néfastes 時節禁忌. (周禮春官).

天 † 祿閣 Bibliothèque. Le pavillon *T'ien-lou* situé dans la partie nord du palais 未央宮 servait de bibliothèque sous les *Han*.

二 † ＝ 再生之德 Double ciel : bienfait redonnant la vie. Sous le règne de 順帝. *Sou Tchang Jou-wen* 蘇章孺文, Gouverneur de 冀州. eut à juger un de ses amis 故人. Préfet de 清河, accusé de malversations. Celui-ci voulut donc se le rendre favorable et l'invita à un banquet, pendant lequel il lui dit: «Les autres hommes n'ont qu'un ciel, mais moi j'en ai deux!» — «Ce soir, répartit *Sou*, je ne suis que *Jou-wen* buvant avec une vieille connaissance, mais demain je serai le Gouverneur de *Ki-tcheou* jugeant les faits incriminés.» L'histoire ajoute qu'il conclut à la condamnation du coupable. (後漢書蘇章傳).

† 有頭有足 Le ciel a une tête et des pieds, disait 張溫 *Tchang Wen* de *Ou* en plaisantant dans une réunion de mandarins, à l'époque des Trois Royaumes. Il le prouvait par ces textes du Livre des Vers : 乃眷西顧 *Le regard du ciel est tourné vers l'ouest*, et 天步艱難 *Les voies du ciel sont adversités et difficultés.* Il démontrait de même qu'il avait des oreilles par cet autre passage classique : 天處高而聽卑 *D'en haut le ciel entend ce qui se dit ici-bas.* Là-dessus ses compagnons lui demandèrent si le ciel avait aussi un nom patronymique. «Oui, il s'appelle *Lieou* 劉, répondit-il, et la preuve en est que le Fils du Ciel 天子 porte ce nom.» (蜀志秦宓傳). On sait que les Empereurs de la dynastie *Han* étaient de la famille *Lieou*.

父讎不共戴 †. Le fils ne doit plus nourrir que des pensées de vengeance à l'endroit de l'assassin de son père. (禮曲禮). Le Mémorial des Rites prête ailleurs cette doctrine à Confucius. 子夏問於孔子曰, 居父母之仇如之何. 夫子曰, 寢苫枕干, 不仕, 弗與共天下也, 遇諸市朝, 不反兵而鬬. «*Tse-hia* demanda au Maître la conduite à tenir à l'égard du meurtrier de son père ou de sa mère. Il faut dormir sur la paille, avec son bouclier pour oreiller, dit le Philosophe, ne point entrer en charge, et ne point se résoudre à laisser vivre cet homme. Si on le rencontre sur les places publiques ou à la Cour, qu'on n'ait point besoin de rentrer chez soi pour prendre des armes et l'attaquer.» (禮檀弓上). D'après le même ouvrage, le frère doit poursuivre d'une haine semblable l'assassin de son frère. 兄弟之仇不反兵.

† 子. L'Empereur (禮曲禮). ainsi nommé parce qu'il a pour père le ciel et pour mère la terre.

† 使 = 行人. Messager céleste = envoyé impérial. Une étoile filante s'appelle *T'ien-che*. (隋書天文志). L'ode 皇華 ou 皇皇者華 du 詩小雅 est toute consacrée à faire l'éloge de l'ambassadeur.

代 † 巡狩, 直指通稱. Celui qui fait au nom de l'Empereur une tournée d'inspection *(siun)* dans les pays confiés aux princes *(cheou)* c.-à-d. aux mandarins provinciaux : appellation commune du Censeur, ainsi que du 巡按 Inspecteur provincial, dignitaire qui existait encore au commencement des *Ts'ing,* mais dont la charge a été abolie depuis. Il résidait dans les provinces et venait immédiatement avant le 按察司 Grand Juge. Le mandarin chargé de l'inspection à la Capitale s'appelait 監察御史. (明史稾職官志).

經 † 緯地. Esprit vaste et puissant, capable de mesurer le ciel et la terre. *King,* fil de la trame en long, et *wei* fil de la chaine croisé sur le premier. 掀天揭地. Un homme extraordinaire est doué, pour ainsi dire, du pouvoir de soulever *(hien)* le ciel et d'enlever *(kié)* la terre.

† 正. Le 1er de la 2e Lune. — 天中. Le 5 de la 5e Lune. — 天貺 *(hoang)*. Le 6 de la 6e Lune, ainsi nommé de ce que ce jour-là, sous le règne de 宋眞宗, un écrit tomba du ciel sur le mont 泰山. (宋史眞宗紀).

宗室之派衍於 † 潢. Les ramifications de la famille impériale s'étendent dans la constellation *T'ien-hoang,* c.-à-d. cette constellation est dans le ciel l'image des Princes du sang. 王良旁有八星絕漢曰天潢. «Près de la constellation *Wang-liang,* dans l'hémisphère boréal, se trouvent huit étoiles qui coupent la voie lactée et ont nom *Gué du ciel.*» (史記天官書). Un commentateur de ce passage identifie *T'ien-hoang* avec 天津 *T'ien-tsin,* quoique l'on attribue neuf étoiles à cette dernière constellation. Ce groupe stellaire forme une partie du Cygne. L'expression 玉幹 *(kan)* 金枝 tronc de jade et branches d'or désigne aussi les Princes du sang.

†吳＝水伯. *T'ien-ou :* le génie de l'eau, pourvu de huit mains, huit pieds et huit queues, d'après le 山海經.

†地之淫氣. L'ardeur désordonnée du ciel et de la terre est la cause de l'arc-en-ciel. Si leurs principes *Yn* et *Yang* s'unissent en temps opportun, ils produisent la pluie, mais ce météore dans le cas contraire. (朱子).

託人轉移曰全賴回†之力. Quand on recourt à l'intermédiaire d'un autre, on dit : Je compte entièrement sur le pouvoir que vous avez de tourner le ciel. (陸機弔魏武帝文). Dans cette élégie on trouve l'expression 回天倒日之力 pour exprimer un pouvoir capable de tout. *Tchang Hiuen-sou* 張玄素 qui réussit à détourner l'Empereur 唐太宗 de son projet de réparer un palais de *Lo-yang* mérita cet éloge : «Il a fait revenir le ciel sur ses décisions.» (唐書張元素傳).

†地交泰. Si les deux grands principes d'activité, le ciel et la terre, s'unissent harmonieusement. il en résulte une époque de prospérité. (易泰卦).

事相懸者如†壤. Choses aussi dissemblables que le ciel et la terre. 陸厥韓厥 *Lou Kiué Han-kiué* écrivait à 沈約休文 *Chen Yo Hieou-wen.* «La lenteur et la rapidité de l'idée différant tellement chez l'homme, et chez l'écrivain la perfection et la grossièreté du style. comment donc pour les notes de la musique seules exige-t-on absolument qu'elles ne fassent qu'une? c.-à-d. comment veut-on établir une méthode unique d'accentuation?» 一人之思遲速天懸, 一家之文工拙壤隔, 何獨宮尙律呂, 必責其如一邪. *Chen* venait à cette époque de fixer, avec d'autres lettrés, les quatre accents chinois, et s'était dirigé dans ce travail en observant les notes *Kong* (fa) *Chang* (sol), etc. Ces règles qui avaient en vue la poésie et les autres compositions rythmées, sont connues sous le nom générique de 永明體 Principes de *Yong-ming,* parce qu'elles furent définitivement arrêtées à la fin de cette période de règne (483-494) de la dynastie *Ts'i.* (南齊書文學傳). La critique indigène est loin d'attribuer unanimement à *Chen* l'invention des tons et leur application méthodique à la littérature. 天懸地隔 Différer du tout au tout.

補†浴日之功. Un Ministre bien méritant répare, pour ainsi dire, le ciel et lave le soleil. (宋史趙鼎傳). L'Empereur 女媧氏 *Niu-koua-che* ou 風姓 *Fong (Fou-hi)* boucha avec une pierre multicolore un trou qu'il remarqua dans le firmament et assit les quatre extrémités 四極 sur les pattes d'une tortue. (列子). D'après le 山海經, *Hi-ho* 羲和, épouse de l'Empereur 帝俊 *Ti-tsiun,* fut aperçue lavant dans les abîmes d'eau douce le soleil qu'elle venait de mettre au monde. Elle fut la mère de dix astres.

扶†捧日. Le Ministre soutient le ciel et supporte le soleil. *Han K'i* Duc de *Wei* 韓琦魏公 rêva dans son enfance qu'il rendait le premier service au ciel (倦游錄), tandis que 程昱 *Tch'eng Li,* qui fut plus tard Ministre, se voyait également en rêve saisissant le soleil dans ses bras. (魏史).

†府·名登†府. Avoir son nom inscrit dans les archives impériales : être reçu à la licence ou aux degrés supérieurs. (周禮).

破†荒=崛起. Une élévation soudaine aux grades littéraires, aux charges ou à la fortune — mettre un terme à la stérilité naturelle. Sous les *T'ang,* le gouvernement de 荊州 présentait beaucoup de candidats aux examens supérieurs sans en voir réussir un seul, et cet état désastreux s'y appelait 天荒; mais quand 劉蛻 *Lieou T'oei* eut été reçu, on disait que son succès venait d'arrêter cette stérilité comme naturelle au pays. (太平廣記).

†生羽翼自是同仇. «Le ciel donne des ailes» signifie des frères tellement unis que l'ennemi de l'un l'est aussi de l'autre. L'Empereur 唐明皇 écrivait à son frère : «*Wen-ti* des *Wei* 魏文帝 prétendait avoir reçu de deux immortels une drogue ornée de cinq couleurs et d'un éclat extraordinaire, qui avait la vertu de faire pousser des ailes dans l'espace de quelques jours. Quant à moi, je me dis souvent que mieux valent des frères, vraies ailes données par le ciel, que cette drogue merveilleuse capable d'en procurer.» (唐書睿宗諸子傳).

光†化日. Une époque de prospérité et de paix, m. à m. ciel brillant (書經) et soleil (jour) transformateur. (潛夫論). 化國之日舒以長,亂國之日促以短. «Quand le jour est long, on travaille à son aise et il reste encore du temps pour se reposer, tandis que s'il est court, pressé par l'ouvrage on n'a pas un instant de loisir.» Le premier est l'image d'un royaume où le peuple se perfectionne dans la paix, le second, d'un pays troublé.

夫如†人. Concubine. 齊桓公多內寵,有如夫人者六人. (左傳).

失†入不如†出. Mieux vaut se tromper en relâchant un coupable qu'en emprisonnant un innocent. 查陶 *Tch'a T'ao,* sous les *Song,* péchait par le second excès, et 徐有功 *Siu Yeou-kong,* contemporain de l'Impératrice 唐武后, par le premier.

夾 †馬營中,異香遍達. Dans le camp de *Kia-ma* à *Lo-yang*, au moment où y naissait l'Empereur 宋太祖, il parut un nuage brillant. et un parfum extraordinaire se répandit de tous côtés. Ce prodige fit déccrner au nouveau-né le nom de 香孩兒. (宋紀).

夷 †齊餓死,留君臣之義. *I* et *Ts'i* mourant de faim au pied du mont 首陽 ont donné à la postérité l'exemple de la fidélité du sujet envers son prince. (論語). 伯夷 *Pé-i* et 叔齊 *Chou-ts'i* fils du Prince de 孤竹 *Kou-tchou* (dans le *Tche-li* actuel), après avoir refusé l'un et l'autre l'héritage paternel, partirent ensemble pour laisser leur troisième frère libre de régner, et gagnèrent les États de 西伯昌 *Tch'ang*, Comte de l'ouest *(Wen-wang)*. *Ou-wang* venait à cette époque de succéder à son père et entreprenait de renverser la dynastie *Chang*. Le succès ayant couronné ses armes. il établit sa famille sur le trône; mais les deux transfuges. par attachement pour les *Chang*, préférèrent se laisser mourir de faim plutôt que de manger rien qui poussât sur les terres de la nouvelle dynastie *Tcheou*. (史記).

夸 †父逐日. Comme *K'oa-fou* à la poursuite du soleil: entreprendre une chose au-dessus de ses forces. Ce personnage légendaire. dont parle le 山海經, ne gagna à sa course folle qu'une soif ardente, cause de sa mort. Les fleuves 河 et 渭 ne suffirent même pas à étancher cette soif. Au moment de rendre le dernier soupir, il jeta loin de lui son bâton, qui reverdit et donna naissance à la forêt de *Teng* 鄧林.

奠 弔†. Condoléances à la mort. 奠儀. Présents offerts dans les mêmes circonstances.

CLASSIF. 38. 女.

女 屈平有†嬃. La sœur de *Kiué-p'ing* ou 屈原 s'appelait *Niu-siu*. 女嬃之嬋媛兮申申其詈予. «Oh la charmante *(chan-yuen)* *Niu-siu*, qu'elle m'accable de reproches !» (離騷).

才†. Les femmes spécialement célèbres par leurs talents sont : 黃崇嘏 *Hoang Tch'ong-kia*, appelée 女狀元 la première doctoresse; l'épouse de 魏元義 *Wei Yuen-i*, née 胡 *Hou*, appelée 女侍中 la Vice-Présidente; 孔貴嬪 *K'ong Koei-p'in*, appelée 女學士 l'Académicienne; sous les *T'ang*, 薛濤 *Sié T'ao*, appelée

女校書 (1) le Correcteur; sous les *Song*, 休妙王 *Hieou Miao-wang*, appelée 女進士 la doctoresse, et 韓蘭英 *Han Lan-yn*, appelée 女博士 la savante.

青†. La fille de l'azur. La déesse de la gelée et de la neige. (淮南子).

少†. Le génie du vent. 管公明日樹上已有少女微風雨立至矣.

†中丈夫. Un homme parmi les femmes : une femme remarquable. 健婦果勝丈夫. (黃山谷詩).

†中堯舜. Un *Yao* et *Choen* féminin. Qualification élogieuse de l'Impératrice-mère. 高瓊贊 *Kao K'iong-tsan* fit le premier ce compliment à l'adresse de l'Impératrice 宣仁 *Siuen-jen*, de la famille 高 *Kao*, qui, placée derrière un rideau, assistait aux délibérations sur les affaires de l'État. (宋鑑).

†寵喪邦. Favorites qui furent la ruine de l'empire, comme 妹喜 *Mei-hi*, 妲己 *Tan-ki* et 褒姒 *Pao-se*; la première, concubine de 桀, la seconde de 紂 et la troisième de 幽. (Voir ci-après.)

奴 †顏=諂笑. Visage et genoux d'esclave 婢膝 : rire contraint, basse adulation. (抱朴子).

妃 元†. La principale concubine de 黃帝 ou l'Impératrice 西陵氏 *Si-ling-che* appelée aussi 嫘祖 *Lei-tsou*. On lui attribue l'honneur d'avoir la première élevé des vers à soie, ce qui lui a valu un culte sous le nom de 先蠶 *Sien-ts'an*.

貴†. La favorite 楊太眞 *Yang T'ai-tchen* ou 楊貴妃 *Yang Koei-fei* dont les désordres à la Cour de 唐玄宗 (713-736) sont restés historiques.

淑†貴嬪=宮娥. Les vertueuses concubines et les nobles matrones, c.-à-d. les épouses de second rang de l'Empereur. 妃嬪媵嬙 *Fei P'in Yn Ts'iang*. (阿房宮賦). L'Emp. 晉武帝 établit une hiérarchie parmi ses nombreuses concubines et les répartit en six sérails 六宮. Il y avait d'abord les 三夫人, c-à-d. les 貴嬪, 夫人 et 貴人; puis les 九嬪 distribuées en 淑妃, 淑媛, 淑儀, etc.; enfin les 美人 et les 才人.

---

(1) Cette expression signifie auj. chanteuse et femme de mauvaise vie.

好 †弄. Aimer à s'amuser. 夷吾弱不好弄 «*I-ou* fils de *Hien* Duc de *Tsin* 晉獻公 (676-621) n'avait aucun attrait pour le jeu, dans sa jeunesse.» (左傳).

如 †來. Semblable à ses devanciers dans sa venue, en sanscrit *Tathâgata*. Cette épithète est la première des dix que l'on donne à *Chakia-mouny* et autres bouddhas, tous êtres parfaits qui méritent ce titre par une triple évolution ou état dont le dernier est le *Nirvana*. Un commentateur chinois explique 如 par 本覺 faculté de l'intelligence constituant l'essence du bouddha, et 來 par 今覺 ou cette même faculté réduite en acte.

妄 知†室築自半山. L'habitation où l'on reconnaît ses torts, nom d'une maison construite par *Pan-chan* ou le Ministre des *Song* 王安石 *Wang Ngan-che*, de son vivant Duc de *King* 王荊公 et après sa mort Duc de *Wen* 王文公. L'inscription suivante s'y trouvait. 知妄爲妄卽妄是眞, 認妄爲眞雖眞亦妄. «Le tort reconnu comme tel fait que l'on a raison même quand on a eu tort; mais le tort que l'on s'obstine à méconnaître, eût-on raison, donne tort.» (舊注). *Wang* s'appela 王半山 ou 半山居士 le solitaire établi à mi-flanc d'une montagne, parce qu'une de ses demeures occupait une telle position.

姆 嫻†訓. Mettre en pratique les leçons de la matrone (gouvernante). Être bonne épouse.

妓 殺†侑酒. Tuer la servante pour exciter à boire. *Che Tch'ong* 石崇. dans un repas, fit mettre à mort une pauvre fille, parce qu'un convive n'avait pas vidé la coupe offerte par elle.

姑 †蘇大會. La grande réunion des docteurs de la même promotion tenue sous les *Song*, à *Sou-tcheou*, le 5 de la 1ere Lune. De nombreux poèmes composés à cette occasion furent recueillis par 范石湖 *Fan Che-hou* sous le titre de 姑蘇同年會詩.

†射山. La montagne de *Kou-ché*, demeure des Immortels.

妹 †喜. *Mei-hi* concubine de 桀 *Kié*. La famille 有施氏 *Yeou-che-che* attaquée injustement par ce tyran lui fit présent d'une fille, dont la perversité l'entraîna à la ruine de sa dynastie. La phrase suivante donne une idée des folies provoquées par cette femme. 爲瓊宮瑤臺, 肉山脯林, 酒池可以運船, 糟堤可望十里, 一鼓而飲者三千人. «Pour lui plaire, *Kié* construisit un riche palais et une tour splendide. Il fit en outre, toujours dans le même motif, dresser des monceaux de viande, et remplir un bassin de tant de vin qu'on pouvait y naviguer, et que la lie, résidu de ce liquide, formait un tas visible à dix *li;* puis, sur un coup de tambour, trois mille personnes coururent s'abreuver à ce réservoir.» Ce spectacle n'excita que l'hilarité de *Mei-hi. Koan Long-fong* 關龍逢 essaya des remontrances et fut mis à mort. Le Prince *T'ang* 湯 se vit jeter dans la prison 夏臺 pour la même raison, mais, délivré enfin, il réussit avec l'aide de 伊尹 *I Yn* à renverser le monstre couronné.

妲 †己. *Tan-ki* favorite du tyran 紂辛 *Tcheou-sin,* qui lui fut donnée dans les mêmes circonstances que *Mei-hi* à *Kié,* par la famille princière 有蘇氏 *Yeu-sou-che.* Pour satisfaire les désirs sans frein de cette concubine, *Tcheou* pressura son peuple, ce qui lui permit de renouveler les orgies de *Kié* 酒池肉林. A son instigation il inventa des tortures inouies et fit jeter en prison le vertueux 昌 *Tch'ang* Marquis de 周 c.-à-d. 文王. Le fils de celui-ci 發 *Fa* (武王), poussé aux armes par les autres feudataires et le peuple, se mit à la tête de 700.000 h. et arracha le sceptre au tyran, dont la race perdait pour toujours le pouvoir. Parmi les tortures imaginées par *Tcheou,* on cite celle-ci appelée *P'ao-lo* 炮烙. La victime embrassait une colonne métallique, dans l'intérieur de laquelle on entretenait un feu ardent.

妻 桓沖鮮拒†. *Hoan Tch'ong* résistait rarement à son épouse. Ce personnage ne voulait porter que de vieux habits, mais celle-ci profita un jour d'un bain qu'il prenait, pour lui en glisser de neufs, et comme il s'en montrait irrité, elle lui dit : 衣不經新，何由而故 «Si vous n'en changez pas, comment en ferez-vous de vieux?» Cette remarque le fit rire, et il se rendit au désir de son épouse. (世說).

殺†求將. Le Général 吳起 *Ou K'i* égorgea sa femme pour avoir le commandement des troupes de 魯 dans la guerre entreprise contre le roy. de 齊. Cf. 吳.

賢†執爨. L'épouse prudente se chargea elle-même de faire la cuisine. Un jour qu'un orage venait d'éclater, 晉宣帝 se précipita hors de sa chambre pour ramasser les livres qu'il avait exposés au soleil. Une esclave, l'unique qu'il eût à son service, fut témoin de la scène. L'épouse de *Siuen-ti* le sut, et tua la malheureuse, dans la crainte qu'elle ne révélât ce que son mari venait de faire. *Siuen-ti* appelé par 魏武帝, avait prétexté un mal subit pour n'avoir pas à se rendre près de lui. Si l'esclave racontait donc dans le public l'action de son maître, il était à supposer que le bruit en parviendrait aux oreilles de *Ou-ti* et causerait la perte du prétendu malade. L'épouse si prévoyante vaqua désormais elle-même aux soins du ménage et n'en devint que plus chère à *Siuen-ti*. (晉書宣穆張皇后傳). *Siuen-ti* et *Ou-ti* sont des titres dynastiques posthumes donnés, le premier. à 司馬懿 *Se-ma I* et le second à 曹操 *Ts'ao Ts'ao*, tous deux tiges de maisons régnantes, mais n'ayant jamais eux-mêmes porté la couronne impériale.

妣 †. Feu la mère. 妣 = 媲 *p'i*, comparable en qualités au père.

姓 二十之好. L'alliance de deux familles, le mariage qui, d'après la réponse de Confucius au Prince 魯哀公, doit avoir avoir lieu de 16 à 30 ans pour l'homme et de 14 à 20 pour la femme.

五十據中華而擾晉. Cinq familles tinrent la Chine sous leur pouvoir et suscitèrent des troubles à la dynastie *Tsin*.

1). *Lieou Yuen* 劉淵, tartare de nation, usurpa ce nom de famille sous prétexte qu'il descendait de *Han Kao-tsou* ou 劉邦. A la mort de son père 豹 *Pao* Roi de 左賢, il fut proclamé son successeur et prit le titre de Grand *Chan-yu* 大單于 en l'an 304, sous le règne de 晉惠帝; puis, peu à peu, celui de Roi de *Han*, pour usurper enfin en 308 celui d'Empereur. Sa dynastie, dont la Capitale fut d'abord 平陽 au *Chan-si* et dans la suite 長安, s'appela 前趙 et disparut à la mort de 劉曜 *Lieou Yao* massacré par les ordres de 石勒 *Che Lé* un des ses Généraux, en 329. Elle avait compté cinq représentants sur le trône dans cet espace de temps.

2). Le tartare *Kié* de *Chang-tang (Chan-si)* 上黨羯 nommé *Che Lé Che-long* 石勒世龍 qui avait débuté par être chef de brigands *Hiong-nou*, fonda les 後趙. Rallié au parti de *Lieou*, qui lui confia le gouvernement de *Ki* 冀州 et le créa Duc de *Tchao*, il prit le titre de Roi de ce pays, puis se révolta contre son souverain, qu'il vainquit et tua. Empereur en 330, il fixa sa Capitale à 鄴 (al. 邢台縣 au *Tche-li*); mais sa famille, après avoir donné 7 Princes, fut dépossédée de ses États par *Jan Min* 冉閔, qui se déclara Roi de 魏. Le P. de Mailla, dans son Histoire, fait dater les *Heou-tchao* de l'an 319 et leur donne une durée de 33 ans. *Che Ti* 石祗 fils de 石虎 *Che Hou* périt sous les coups de son Général 劉顯, et ce dernier fut assassiné lui-même par *Jan*, dont le pouvoir ne devait durer que trois ans, étant tombé, après ce laps de temps, entre les mains des 前燕. Le plus grand enchevêtrement règne dans cette période de l'histoire de Chine ainsi que la plus grande confusion dans les faits qui s'y rattachent. C'est ainsi que certains auteurs chinois font mourir 石鑒 *Che Kien* de la main de *Jan* et terminent la dynastie des *Heou-tchao* à ce cinquième successeur de *Che Lé*.

3). La famille 慕容 *Mou-yong* des Tartares 鮮卑 (ainsi nommés parce qu'ils occupaient les régions où se trouvent les monts 鮮卑山 au *Liao-tong*) s'empara à la même époque, d'une partie des domaines des *Tsin*. *Mou-yong Hoang* 皝, fils du Grand *Chan-yu* et du Duc du *Liao-tong* 廆 *Hoei*, ne s'était fait proclamer que Roi de 燕 à 龍城, mais *Tsiun* 儁 son successeur se déclara Empereur en 348, et continua la branche dynastique des 前燕 dont 鄴 (彰德府臨漳縣), au *Ho-nan*, fut la Capitale. Il mourut en 360. *Fou Kien* 苻堅 Empereur des 前秦 et, lui aussi, maître d'une grande partie des domaines des *Tsin*, détrôna, en 370, 暐 *Wei*, fils de *Tsiun*. Vers le milieu de la période de règne 太元, c.- à-d. en 384. on voit paraître une nouvelle dynastie dite des 後燕, qui choisit 中山 pour Capitale et fut fondée par *Mou-yong Tchoei* 垂, 5e fils de *Hoang*. Le quatrième successeur de cet Empereur, nommé 高雲 *Kao Yun*, périt en 408 sous les coups de son Ministre 馮跋 *Fong Pouo* qui établit les 北燕 dont on compte deux Princes. Les *Heou-yen* durent 26 ans sous 5 Princes. Puis viennent les 南燕 fondés par *Té* 德 de la même famille *Mou-yong* vers l'an 397, avec 廣固 (4 *li* à l'O. de 青州府益都縣), au *Chan-tong*, pour Capitale. *Té* s'empara du *Chan-tong*. Cette branche, après n'avoir donné que deux Princes, disparaîtra sous les coups de la maison de 劉 qui régnera sous le nom de 宋, de 420 à 479.

4). *P'ou Hong* 蒲洪, tartare *Ti* de *Lin-wei* 臨渭氐. est la tige de la dynastie des 前秦. Vers le milieu de la période de règne 永和, c.-à-d. en 349, il usurpa le titre de Roi des Trois *Ts'in* 三秦王, et changea, en cette occasion. son nom patronymique en celui de 苻. Cette ambition fut la cause de son assassinat par le Général 麻秋 *Ma Ts'ieou*, mais son fils *Fou Kien* 苻健, père de 堅 *Kien*, continuant les traditions paternelles, se proclama Empereur et régna. de 350 à 354, à 長安. Le dernier Prince de cette famille, 苻崇 *Fou Tch'ong*, fut détrôné par les *Ts'in* occidentaux, en 395.

5). Les *Ts'in* postérieurs 後秦, de 384 à 417 sous 3 Princes, qui furent vaincus par 劉裕 *Lieou Yu* ou 宋武帝 (420-423) avaient eu pour fondateur 姚萇 *Yao Tch'ang*, fils du Prince tartare 姚弋 *Yao I*, qui se proclama Empereur dans la période de règne 太元 (376-397), avec *Tch'ang-ngan* pour Capitale. Son successeur 姚泓 *Yao Hong* dut céder ses États à *Lieou Yu*. Les Princes de cette famille étaient tartares *Kiang* de *Tche-t'ing* 赤亭羌. A la même époque, l'histoire signale les 成 fondés par 李特 *Li T'é* à 成都, au *Se-tch'oan* (304-337); les 涼 par 張軌 *Tchang Koei* à 姑臧 (2 *li* à l'E. de 涼州府) au *Kan-sou* (385-403); les 南涼 par 禿髮烏孤 *T'ou-fa Ou-kou* à 廣武 (狄道州), au *Kan-sou* (397-414); les 北涼 par 段業 *Toan Yé* à 張掖 et continués par 沮渠蒙遜 *Tsiu-kiu Mong-suen* et son successeur (397-439); les 西涼 par 李暠 *Li Kao* à 酒泉 (400-421); les 西秦 par 乞伏國仁 *K'i-fou Kouo-jen* à 金城 (le P. de Mailla dit à *Ping-liang* du *Chen-si* et ajoute qu'ils ont duré de 385 à 431 sous quatre Princes); enfin les 夏 par 赫連勃勃 *Hé-lien Po-po* à 朔方 (al. *Hia-tcheou* au pays des Ortous). Cette dernière dynastie compta trois Princes et succomba vers 453 après avoir tenu 25 ans le sceptre.

五季八十. huit noms historiques de l'époque des cinq petites dynasties qui précédèrent immédiatement les *Song*.

1). 朱溫全忠 *Tchou Wen Ts'iuen-tchong* appelé encore 晃 *Hoang*, de 碭山, fondateur de la dynastie 後梁 (907-923) sous le nom de 太祖 (907-913). Assassiné par son fils 友珪 *Yeou-koei*, il fut vengé par 友貞 *Yeou-tchen* ou 末帝. *Wen* établit sa Capitale à 洛陽, mais sa dynastie ne dura que 17 ans sous deux Princes.

2). 李存勗亞子 *Li Tsuen-hiu Ya-tse*, tartare de 沙陀, était fils de 克用 *K'o-yong*. Après avoir rendu de grands services à la dynastie 唐, il en obtint la faveur d'échanger son nom patronymique 朱邪氏 *Tchou-yé-che* contre celui de 李, qui était celui de la famille impériale. Les 後唐 (923-936) qui régnèrent 14 ans sous quatre Princes, à 洛陽 au *Ho-nan*, lui doivent leur origine. Il est connu dans l'histoire sous le nom de 莊宗 (923-926) et mourut de la main du comédien 郭從謙 *Kouo Tsong-k'ien*.

3). 石敬塘 *Che King-t'ang*, tartare de 沙陀, gendre de l'Empereur 後唐明帝, fonda les 後晉 (936-947) et prit, à son accession au trône, le nom de 高祖 (936-944). Sa Capitale était 大梁, près de la ville actuelle de 開封府 au *Ho-nan*. L'Empereur 出帝 fut le second et dernier représentant de cette dynastie qui ne dura que 12 ans.

4). 劉智遠 *Lieou Tche-yuen* ou 劉暠 *Lieou Kao*, tartare de 沙陀, s'empara du pouvoir, lorsque l'Empereur 後晉出帝 fut tombé entre les mains des Tartares 契丹. Il fonda les 後漢 à 晉陽 (太原府 au *Chan-si*) et monté sur le trône fut appelé 高祖 (947-949). La dynastie s'éteint à la mort de son successeur 隱帝 et ne dure que 4 ans.

5). 郭威 *Kouo Wei*, de 邢州, connu d'abord sous le nom de 雀兒 *Tsio-eul*. Il fut élevé au pouvoir suprême après le massacre de l'Emp. 後漢隱帝 (en 191) par les rebelles, et sa dynastie 後周 (951-960) eut 大梁 (祥符縣 au *Ho-nan* près de *K'ai-fong-fou*) pour Capitale. Son règne sous le nom de 太祖 fut de courte durée (951-954), et sa race ne tint le sceptre que 10 ans, sous trois Princes.

6). 黃巢 *Hoang Tchao* rebelle vaincu par 李克用, exploit qui valut à ce dernier le titre de 晉王. *Tchou Wen* 朱溫 avait, lui aussi, embrassé le parti de *Hoang* avant de faire sa soumission aux *T'ang*

7). 郭從謙 *Kouo Tsong-k'ien* comédien (伶人) de l'Empereur 莊宗 des 後唐 à qui il ôta la vie.

8). 契丹. Tartares *K'i-tan*, appelés dans la suite 遼 *Liao*, dont les troupes vinrent prêter main forte à 石敬塘 *Che King-t'ang*, alors 晉王, dans ses démélés avec le Roi de 潞. Les *Liao* formèrent une dynastie de 907 à 1222 (Cf. plus haut) et sont désignés par 北朝 Cour du nord, tandis que les *Song* septentrionaux leurs contemporains venaient sous la désignation de 南朝 Cour du sud.

姜 † 家製被. La famille *Kiang* fit une couverture : attachement fraternel. Les trois frères 肱伯淮 *Kong Pé-hoai*, 仲海 *Tchong-hai* et 季江 *Ki-kiang*, de la famille *Kiang*, s'aimaient si tendrement que, ne pouvant rester séparés même la nuit, ils se firent faire une grande couverture de lit, sous laquelle ils couchaient ensemble. (後漢書姜肱傳).

† 謨. *Kiang Mou* fut appelé 太平官府 le mandarin de la paix, tellement il réussit à rétablir l'ordre dans son gouvernement de 秦州. (唐謨姜謇傳). C'est à tort qu'on lui donne le nom de famille 崔. L'expression peut signifier encore un mandarin de la période de règne *T'ai-p'ing* sous *T'ai-tsong* 太宗 le modèle des Empereurs.

† 后脫簪而待罪. L'Impératrice *Kiang*, après avoir arraché ses ornements de tête, attendit son châtiment. L'Emp. 周宣王 (827-781. av. J.-C.) resta quelques jours sans se lever de bonne heure, contrairement à son habitude. L'Impératrice s'attribuant cette paresse funeste à l'État, prit un jour la contenance d'une criminelle qui s'accuse de sa faute et en attend la juste punition. Mais *Siuen-wang* comprit la leçon, et désormais on n'eut plus rien à lui reprocher sur ce point. (劉向列女傳).

姪 存 † 棄子, 悲伯道之無後. Pour garder son neveu il sacrifia son fils et pourtant, hélas! *Pé-tao* resta sans postérité mâle. Sous les 晉, 鄧攸伯道 *Teng Yeou Pé-tao* dans un moment de trouble populaire, se sauvait portant entre les bras son fils et son neveu. Ne se sentant plus la force de courir avec ce double fardeau il dit à son épouse : «Mon frère mort jeune n'a que cet héritier, je ne puis donc l'abandonner, mais je vais déposer là notre propre enfant.» La pauvre femme tout en pleurs, approuva la décision de son mari. Plus tard *Pé-tao* mourut sons avoir de garçon, ce qui arracha ce cri de commisération au peuple : 天道無知使伯道無兒 «Le ciel est donc aveugle d'avoir laissé *Pé-tao* sans enfant.»

散寶爲 † 棄軍. Jeter ses objets précieux parce que le neveu abandonne l'armée. A la nouvelle de la mort de l'Impératrice 呂后 épouse de *Han Kao-tsou*, *Liu Lou* 呂祿, qu'elle avait mis à la tête de l'armée du nord, voulait donner sa démission et remettre les troupes entre les mains de 周勃 *Tcheou Pou*. Sur ces entrefaites, il fit une visite à sa tante 呂須 *Liu Siu* qui, apprenant son projet, lui dit : 若爲將而棄軍, 呂氏今無處.

«Général, si tu résignes ton poste, c'en est fait de la famille *Liu.*» Là-dessus elle saisit ce qu'elle avait de plus précieux et le jeta hors de la salle, car elle ne voulait pas que cela tombât intact entre les mains des ennemis de sa famille. (史紀呂后本紀).

以子代†之生. Donner son fils pour que son neveu ait la vie sauve. *Tchang Fan Kong-i* 張範公儀 réclamait des brigands, leurs détenteurs, ces deux enfants dont le premier s'appelait 陵 *Ling* et le second 戩 *Tsien;* puis, comme ils lui rendaient son fils seulement, il leur dit : «Non, gardez plutôt celui-là et laissez-moi mon neveu dont l'âge plus tendre me touche davantage.» Les brigands émus de cette générosité les remirent tous deux entre les mains de *Fan.* (魏志張範傳).

以†主身之後. Laisser à ses neveux le soin de ce qui suivra la mort, comme les funérailles et les sacrifices aux mânes. On pressait 孔帖盧邁 *K'ong T'iè Lou-mai* resté sans enfant malgré ses deux mariages successifs, de prendre des concubines. Il répondit à ceux qui lui portaient tant d'intérêt, que des neveux suffisaient pour faire ce qui est requis après le décès.

姚 †黃魏紫. Les pivoines 牡丹 jaunes de la famille *Yao* et empourprées de la famille *Wei* étaient les plus estimées sous la période de règne 開元 de la dynastie 唐.

†宋同心輔政, 故開元之治比於貞觀. *Yao* et *Song,* animés du même esprit, prêtèrent leur concours au gouvernement, aussi la période de règne *K'ai-yuen,* sous 唐玄宗 (713-756), fut-elle comparable à celle qui a nom *Tcheng-koan,* sous 唐太宗 (627-650). 姚元崇元之 *Yao Yuen-tch'ong Yuen-tche* ou simplement 姚崇, commençait dans sa jeunesse à tourner mal, quand sur les conseils de 張璟藏 *Tchang Yng-tsang* il contraignit à l'étude son humeur vagabonde 折節讀書. Il s'éleva peu à peu aux premières dignités de l'empire et occupa la charge de Ministre sous les règnes de 武后 (684-705), 睿宗 (710-713) et 玄宗. 三朝元宰 comme dit le 幼學. Il acquit tant d'influence dans sa haute position qu'on ne l'appelait plus que le 救時宰相 Ministre sauveur, tandis que sa sévérité lui valait le sobriquet de 鐵石心腸 cœur de fer et entrailles de pierre. Il reçut le titre de 梁公, et après sa mort le nom de 文獻. On cite parfois le 壽藏 tombeau qu'il s'était préparé sur le mont 萬安山 et qu'il avait nommé 安居穴 la caverne du repos. Un tertre en forme de lit le surmontait et s'appelait 化臺 la table de la transformation. — 宋璟廣平 *Song Yng Koang-p'ing* dans son passage au ministère, à la même époque, se fit remarquer par sa prudente réserve et son inébranlable fermeté 立朝耿介.

姬 †氏母儀訓世. Les exemples maternels donnés par les femmes de la famille *Ki*, i. e. 周, sont une instruction pour la postérité. Ces matrones modèles sont 周姜 *Tcheou-kiang* ou 太姜 *T'ai-kiang* épouse de 太王 *T'ai-wang*; 太任 *T'ai-jen* épouse de 王季 *Wang-ki* et mère de 文王 *Wen-wang* fils et petit-fils des précédents, enfin l'épouse de ce dernier 太姒 *T'ai-se*. 思齊大任. 文王之母. 思媚周姜, 京室之婦, 大姒嗣徽音, 則百斯男. (詩大雅).

†昌 *Ki Tch'ang*, le Roi 文王; 姬發 *Ki Fa*, son fils aîné 武王; 姬周 ou 姬公 *Ki Tcheou (Kong)* son fils cadet 周公.

娥 素†. *Sou-ngo* ou la blanche *Ngo* : la lune. L'archer légendaire 后羿 *Heou-i* reçut de 西王母 *Si-wang-mou* un élixir d'immortalité, que son épouse 姮娥 *Heng-ngo* ou 嫦娥 *Chang-ngo* lui vola; mais à peine l'eut-elle absorbé qu'elle fut enlevée dans la lune où elle se métamorphosa en un crapaud à trois pattes appelé 蟾蜍 *Chan-yu*. (淮南子). Quelques-uns prétendent que l'origine de cette fable en serait une autre plus ancienne qui attribuait la lune à 常儀 *Tch'ang-i* et le soleil à 羲和 *Hi* et *Ho*. *Tch'ang-i* serait ainsi devenu par corruption *Chang-ngo*? 引玄兎於帝臺, 集素娥於后庭. «Attirer la lune (le lapin noir) dans la tour de l'Empereur et dans la chambre de l'Impératrice.» (謝莊, 月賦). L'imagination indigène place dans cet astre un lapin (blanc d'après *Ngeou-yang Sieou*) dont l'occupation serait d'y broyer des remèdes. 白兎擣藥姮娥宮. (歐陽修).

婺 †彩. 中天彩†. L'étoile 婺女 de la constellation du verseau resplendit au firmament, dit-on par manière de compliment, à une femme avancée en âge. On appelle encore cette étoile la *Ou* polaire 北婺.

娘 †子軍. L'armée de l'épouse. La Princesse 平陽主 *P'ing-yang* mariée à 柴紹 leva des troupes au nom de son père 唐高祖 et alla rejoindre *Tch'ai Chao* au nord de la 渭. Les braves (亡命 décidés à mourir) que cette héroïne commandait, formèrent le corps d'armée appelé 娘子軍. (唐書平陽公主傳).

婦 介†冢†. Les concubines et l'épouse légitime. «Les premières doivent céder le pas à la seconde, et ne pas s'asseoir au même rang qu'elle.» (禮內則). Les concubines se disent aussi 衆婦 et 庶.

婁 †師德八遇八克. En 674, *Leou Che-té*, type classique des Généraux heureux, dirigea une campagne contre les 吐蕃 *T'ou-fan* ou 虜 Barbares septentrionaux et les vainquit en huit rencontres. Le pays de 白水 fut le théâtre de ces exploits. (唐書婁師德傳). Les *T'ou-fan* identifiés ici avec les *Lou* ou 北虜 *Pé-lou,* étaient, d'après certains auteurs européens, des tribus *turques* établies à l'ouest de la Chine (au Thibet). *Leou* brilla à la Cour de l'Impératrice 武后.

婚 † 姻. Le mariage. La composition de ces deux caractères est expliquée comme il suit : l'union se fait à la tombée de la nuit (昏) instant où le principe 陽 cède la place au principe 陰 qu'il accueille, d'où la formation du caractère 婚. D'après sa structure idéographique, le second caractère signifie que la nouvelle mariée devra désormais être sous la dépendance de son mari 女因夫. Le 爾雅 donne une autre raison de cette expression. Selon cet ouvrage, 姻 indique la famille du mari et 婚 celle de l'épouse.

嫁 作†衣裳. Confectionner des habits de noce : traiter l'affaire d'un tiers, parler en sa faveur. 最恨年年壓金線, 爲他人作嫁衣裳 «Ce qui m'afflige le plus, dit la pauvre couturière, c'est que tous les ans je couds au fil d'or pour les autres et que pour les autres seules je fais des habits de noce.» (秦韜玉貧女詩). 壓綫. 壓線, 作嫁 : aider les autres.

嫂 †畏多金. Une crainte respectueuse s'empara de la belle-sœur de 蘇秦季子 *Sou Ts'in Ki-tse,* quand elle le vit si riche. Une première fois *Sou Ts'in* avait été proposer ses plans d'alliance à la cour de 秦. Déçu dans son attente et ruiné par ses démarches, il revint chez lui tout défait et dans le plus triste accoutrement. A son apparition, sa femme ne daigna même pas quitter son métier, ni sa belle-sœur allumer le feu pour lui préparer à manger : 妻不下紝, 嫂不爲炊. Plus heureux dans une tentative ultérieure et Ministre des six royaumes qu'il était parvenu enfin à unir contre l'ennemi commun, il fit une seconde visite à sa famille. Les sentiments des siens avaient alors bien changé, et comme il demandait à sa belle-sœur rampant à ses pieds 嫂蛇行匍伏 la raison d'une façon d'agir si différente de la première, celle-ci lui répondit : 以季子位尊而多金. (國策). Cf. 蘇秦以連横說秦. Zott. IV° Vol. p. 162.

嬌 金屋貯†. Obtenir pour épouse la femme que l'on désire. Un jour, la Princesse, sœur de *King-ti* 景帝 長主, tenant sur ses genoux le fils de celui-ci, encore en bas-âge, lui montra les nombreuses personnes de son entourage et lui demanda si parmi elles il s'en trouvait qu'il fût content d'avoir pour épouse. «Aucune,» répondit l'enfant. «Et *A Kiao* t'irait-elle?» ajouta la *Tch'ang-tchou,* indiquant sa petite fille ainsi appelée.

«Si jamais on me l'accordait, répartit celui qui devait être plus tard *Ou-ti* 武帝, je ferais construire une maison en or pour l'y placer.» 若得阿嬌作婦，當作金屋貯之. La Princesse rapporta la chose à son frère et le mariage fut décidé. (班固漢武故事). 長主＝長公主. Sœur de l'Empereur.

CLASSIF. 39. 子.

子殺†媚君. Tuer son fils par flatterie pour son Prince. Un jour, le duc *Hoan* de *Ts'i* 齊桓公 (684-642) dit à 易牙 *I Ya,* son cuisinier en chef, qu'il n'avait pas encore goûté de la chair d'enfant. Aussitôt *Ya* de faire cuire son premier-né 烝其首子 et de le lui servir. (管子).

佳†弟. Un enfant remarquable. *Toen* 敦, oncle du calligraphe 王羲之逸少' *Wang Hi-tche I-chao* faisait de lui cet éloge, en même temps qu'il lui recommandait de ne pas rester au-dessous des deux secrétaires. 汝是吾家佳子弟當不減主簿. Les deux secrétaires employés par *Toen* étaient 陳留 *Tch'en Lieou* et 阮裕 *Yuen Yu* remarquables par leur savoir littéraire. (晉書王羲之傳).

內†. L'épouse (禮記). 猶子 Neveu par les frères. (禮記). 從子 Neveu. (漢史). 半子 Le gendre. (劉禹錫). 孤子 Orphelin de père, 哀子 orphelin de mère, 孤哀子 orphelin de père et de mère. 九子 L'encre. (文房四譜).

哭†喪明. Le disciple de Confucius 卜商子夏 *Pou Chang Tse-hia* pleura tant à la mort de son fils qu'il fut menacé de perdre la vue, aussi 曾子 le reprit-il de cette douleur excessive. (家語).

了 (al. 畢)†平之素願＝女嫁男婚. Réaliser le vœu unique de *Tse-p'ing* — marier ses fils et ses filles. On dit aussi : 願了向平 réaliser le désir de *Hiang P'ing*. Cf. 向.

兄†如鄰†＝愛無差等. Aimer le fils du voisin autant que celui de son frère＝ne point mettre de différence dans ses affections. (孟子).

黑†. Tache noire sur la peau : petite place forte. (漢書).

†卿. *Tse-k'ing* physiognomoniste de l'époque 春秋. D'après lui, 孔子 avait le front d'un 堯 *Yao,* le cou d'un 皐陶 *Kao Yao* et les épaules d'un 子産 *Tse-tch'an.* Il est fait mention de ce

personnage dans les Annales, où on le nomme 姑布子卿. (史記趙世家).

孔 方. La sapèque. 魯褒元道 *Lou Pao Yuen-tao* de l'époque des 晉, écœuré de voir la cupidité de ses contemporains, composa le 錢神論 où le satirique appelait la sapèque le frère au trou carré que tous aimaient éperdûment. 親之如兄字曰孔方. Variantes : 如兄, 孔方兄, 孔兄. 兄 se pron. *hoang*.

† 雀射屏. Viser l'écran aux paons. Un certain nombre de jeunes gens demandaient à 竇毅大武 *Teou I Ta-ou* la main de sa fille. Embarrassé pour le choix à faire entre ces prétendants, tous fort remarquables. le père décida que sa fille serait donnée à l'archer qui toucherait à l'œil deux paons dessinés sur un écran. La victoire resta à l'adresse de l'Emp. 唐高祖. (唐書后妃傳). 雀屏待選. L'écran aux paons attend le choix : le père attend qu'un gendre se présente; ou encore : une fille est à fiancer.

三 † 推鼎立. On célèbre, en les comparant aux trois pieds du brûle-parfum, les trois frères *K'ong* 文仲經父 *Wen-tchong King-fou*, 武仲常父 *Ou-tchong Tch'ang-fou*, et 平仲毅父 *P'ing-tchong I-fou*. On désignait par l'appellation commune de 臨江 (au *Kiang-si*) 三孔 ces personnages, contemporains de 哲宗 (1086-1101) et célèbres par leur savoir littéraire. (宋史孔文仲傳). Le poète en a fait cet éloge : 二蘇上聯璧三孔分立鼎. «Les deux frères *Sou* (軾 *Che* et 轍 *Tch'é*, de la même époque) sont comme deux tablettes de jade superposées, et les trois frères *K'ong* comme les pieds divisés qui supportent le *ting*.» (黃魯直詩).

† 融之座恒滿. Il y avait toujours foule chez *K'ong Yong*, car son exquise politesse lui avait gagné beaucoup d'amis. (後漢書). *K'ong* est nommé parfois 孔北海, parce qu'il fut 北海相 Sous-préfet à *Pé-hai (Chan-tong)*, avant d'être 大中大夫 (auj. 散秩大臣) Chambellan de 2d ordre de l'Empereur 獻帝.

孤 三 †. Les trois auxiliaires immédiats des trois grands dignitaires 三公 du 書經. C'étaient le 少師, le 少傅 et le 少保. Cf. 三 (公).

† 注 = 盡財賭博. *Kou-tchou* signifie perdre tout son avoir en le déposant comme enjeu *(tou)* au jeu de hasard *(pouo*, cartes ou dés). Le Ministre *K'eou Tchoen* 寇準 avait réduit les Tartares 契丹 *K'i-tan* à demander la paix, mais 王欽若 *Wang K'in-jouo*, jaloux de son succès, l'accusa en ces termes près de

l'Empereur. «K'eou n'a réussi qu'à obtenir le genre de traité nommé 城下之盟 pacte au pied des murs, et regardé comme une honte par les anciens. Sire, K'eou Tchoen vous a perdu.» 陛下寇準之孤注也. A partir de ce jour l'Empereur se refroidit à l'égard du Ministre. (宋書寇準傳). Wang expliquait ainsi *kou-tchou* : 輸錢欲盡乃罄所有出之. «Après avoir déjà perdu au jeu, celui qui veut être ruiné, prend tout l'argent qu'il possède encore et le dépose comme enjeu.»

季 †心†布氣蓋於關中. Les frères *Ki Sin* et *Ki Pou*, des *Han*, eurent tous deux une renommée sans égale dans le pays du 關中 *Chen-si*, le premier pour sa bravoure, le second pour ses conseils. Une approbation de *Pou*, lieutenant de 項羽 *Hiang Yu*, valait, disait-on, mille pièces d'or. 一諾千金. (史記季布傳).

孟 †浪多由輕薄. Un grand flot (flux) de paroles (莊子) vient toujours de la légèreté et de l'inconsidération.

孫 耳† Les petits-fils. 曾孫 est l'arrière-petit-fils. le fils de celui-ci se dit 元孫. le fils de celui-ci 來孫, le fils de celui-ci 昆孫, et le fils de celui-ci 仍孫. Ainsi sont constitués les huit degrés 八葉 (en comprenant le père, le fils et le petit-fils) de la descendance directe. (爾雅). D'après un autre auteur, on place après le *lai-suen* le 鼻 *(t'i)* 孫, le 仍孫, le 雲孫 et le 耳孫, ce dernier appelé de la sorte par analogie au son qui se produit au loin.

†周原總角之交. L'amitié de 孫策 *Suen Tch'é* et de 周瑜 *Tcheou Yu* 公瑾 *Kong-kin* datait de leur enfance, m. à m. du temps où leurs cheveux étaient tressés en forme de corne. (吳志).

†臏收減竈之功. *Suen Pin* recueillit le résultat cherché par la diminution des foyers. Les deux Généraux 孫臏 et 龐涓 *P'ong Kiuen*, de 魏, étaient élèves du célèbre stratégiste 鬼谷子 *Koei-kou-tse*. *Kiuen* jaloux de la supériorité de *Pin* lui fit couper les pieds. Le mutilé accueilli par le Prince de 齊, qui le mit à la tête de ses troupes, trouva plus tard le moyen de se venger de son bourreau. Dans une expédition contre le roy. de *Wei*, *Pin* pour donner le change à *P'ong*, son adversaire, sur le nombre de ses soldats, ordonna à ces derniers de n'allumer qu'un nombre fort restreint de feux. *Kiuen* se laissa prendre au piège et trouvant, lors de l'attaque, une armée supérieure à celle qu'il attendait, il dut lâcher pied. Incapable de supporter la honte de sa défaite ce Général se suicida.

†山外. Après *Suen Chan* : être refusé aux examens. Des candidats demandaient à ce personnage le résultat de leurs com-

positions. Il leur répondit : «Tous ceux qui viennent après moi, ont échoué, mon nom étant le dernier sur la liste.» (文酒清話).

†登長嘯山鳴谷應. Au sifflement prolongé du solitaire taoiste *Suen Teng*, la montagne résonna et la vallée fit écho. Ce fervent sectateur de la raison vivait sous les *Tsin*. (晉書阮籍傳).

†壽. *Suen Cheou*, épouse de 梁冀 *Liang Ki*, était le type de la femme voluptueuse. (後漢書).

†宋弟兄俱貴. Les frères *Suen* et *Song* étaient tous distingués. 孫何漢公 *Suen Ho Han-kong* et son frère 孫僅幾 *Suen Kin-ki* furent reçus premiers 狀元 aux examens, ainsi que 宋庠公序 *Song Siang Kong-siu* et son frère 宋祁子景 *Song Ki Tse-king*. Ces personnages vivaient sous les *Song*. *Song Siang* s'appelle encore *Song Kiao* 郊.

†武方略. Les combinaisons (stratégiques) de *Suen Ou*. Le Général 孫武子, originaire du roy. de 齊, offrit à 闔廬 *Ho-liu*, Prince de 吳, treize traités concernant la stratégie. Mis par lui à la tête des troupes il défit le roy. de 楚 et tint en respect ceux de 齊 et de 晉. Un jour le Prince lui demanda s'il se sentait capable d'exercer des femmes au maniement des armes. Sur sa réponse affirmative, on fit sortir du palais 180 concubines sous les ordres de deux favorites. Les commandements réitérés (三令五申) de *Suen* ne produisirent d'abord sur elles d'autre effet que de les faire éclater de rire. Mais outré de colère. il fit décapiter les deux favorites, séance tenante, malgré les réclamations du Roi. Devant une pareille sévérité, les récalcitrantes n'opposèrent plus aucune résistance 皆中規矩繩墨.

†仲謀. 如†仲謀. Ce sont des enfants comme *Suen K'iuen* 權 *Tchong-meou* que l'on devrait avoir, s'écria *Ts'ao Ts'ao* 曹操, à la vue de la discipline qui régnait parmi les troupes de ce fils de 孫堅 *Suen Kien*. 生子當如孫仲謀若劉景升兒子豚犬耳. Au contraire, ajouta-t-il, des enfants comme 劉表景升 *Lieou Piao King-cheng* sont aussi méprisables que des porcs et des chiens. Plus tard 琮 *Tsong*, fils de *Lieou*, dut faire hommage à *Ts'ao Ts'ao* de son pays de 荊州. 小犬, 犬子, 豚兒 : mon enfant.

†康. *Suen K'ang* cité souvent pour son ardeur à l'étude. En hiver, ne pouvant se procurer de lumière à cause de son extrême indigence, il s'abritait la nuit, un livre à la main, sous le rebord de son toit de chaume et, là, travaillait à la faible clarté réfléchie par la neige. 執卷茅簷隆冬映雪. *Long-tong*, au cœur de l'hiver.

CLASSIF. 40. 宀.

宇 †宙 L'univers. *Yu*, l'espace; *tcheou*, le temps. 往古來今謂之宙，四方上下謂之宇. (淮南子).

紺†; 眞† *Kan*. La demeure violacée, la vraie demeure : séjours des esprits et des immortels. 紺宇巋然存. (歐詩).

宅 †相 = 外甥. Le bon présage de la nouvelle maison : le neveu, fils de la sœur. La famille 甯 *Ning*, qui avait adopté 魏舒陽元 *Wei Chou Yang-yuen*, un de ses neveux, fit consulter le devin à l'occasion d'une nouvelle maison. Celui-ci répondit qu'un neveu remarquable y serait élevé. *Wei Chou* prit pour lui ces paroles de bon augure et dit : 當爲外氏成此宅相 «Je réaliserai le pronostic de la maison pour la famille de ma tante.» *Chou*, de fait, parvint dans la suite aux plus hautes dignités et fut tenu en grande estime par l'Empereur 魏文帝. (晋魏書舒傳).

徙†忘妻. Très distrait. Le Prince 魯哀公 *Ngai* de *Lou*, pour donner une idée de ses oublis continuels, se comparait à celui qui déménageant oublierait son épouse. A quoi Confucius répondit que les deux tyrans 桀 *Kié* et 紂 *Tcheou* avaient ce défaut à un plus haut degré, puisqu'ils oublièrent jusqu'à leur propre personne, c.-à-d. furent eux-mêmes la cause de leur ruine. (家語).

宋 †艷, 佳人. Beauté de *Song* : belle femme. Cf. (班) 香宋艷.

大†小†. Les deux frères *Song*. L'aîné 郊公序 *Kiao Kong-siu*, nommé après sa mort 元憲, fut Ministre d'État, et son cadet 祁子京 *K'i Tse-king*, dont le nom posthume est 景文, occupa la charge de Président de ministère. Dans un examen où les deux frères concouraient ensemble, *K'i* arrivait premier sur la liste, tandis que *Kiao* n'occupait que la seconde place. L'Impératrice 章憲 les mit tous les deux premiers 狀元, sous prétexte qu'il ne convenait pas que le cadet supplantât son aîné. Un physiognomoniste attribuait les succès littéraires de *Kiao* à un service qu'il rendit un jour à des fourmis en train de se noyer, en leur présentant un petit bambou. 相者曰郊渡蟻之陰德所致也. L'expression 編橋渡蟻 fait allusion à ce dernier fait.

†之間得父一絶. *Song Tche-wen* eut une des qualités de son père 令文 *Ling-wen*. Celui-ci excellait en trois choses (三

絕): littérature, calligraphie et force corporelle. *Tche-wen* parvint à posséder la première, son frère 之孫 *Tche-suen*, la seconde. Quant à la troisième, elle échut en partage à 之悌 *Tche-t'i*, son autre frère. (唐書文藝傳).

宗 衆陽之†. Le soleil, source de tous les principes mâles particuliers.

當世儒†. Le premier des lettrés de l'époque, surnom de 賀循彥先 *Ho Siun Yen-sien*, de 山陰. L'Emp. 晉元帝 l'avait en si haute estime qu'il lui soumettait tous ses doutes.

官 宦†. Les eunuques impériaux. Ceux dont le 幼學 donne les noms, troublèrent par leurs agissements la dynastie 唐 à son déclin. Ce sont : 王守澄, 仇士良, 田令孜, 楊德恭, 劉季述 et 韓全誨. Cf. (方) 鎮.

五†. Les cinq sens : les oreilles, les yeux, la bouche, le nez et le cœur. 耳目口鼻心.

客 座上有南†. Dans l'assemblée se trouve un voyageur du sud : soyez circonspect dans vos paroles. 座上若有江南客, 莫向春風唱鷓鴣. «Si l'assemblée compte un voyageur du *Kiang-nan*, gardez-vous de chanter la perdrix *(tché-kou)* à la brise printanière.» (鄭谷席上贻歌者詩). La raison de cette recommandation vient, d'après les Chinois, de ce que cet oiseau n'aimant qu'à voler vers le sud, il y aurait indélicatesse à parler de lui, en présence d'un méridional montant vers le nord. En outre, dans la poésie, la perdrix est l'image du voyageur envahi par la tristesse au souvenir de la patrie absente.

不速之†. Ami, visiteur se présentant sans invitation. 上六有不速之客三人來敬之終吉. (易需卦).

嬌†. Le gentil hôte. Le gendre. *Sou Che* appela ainsi pour la première fois 王子立 *Wang Tse-li*, gendre de son frère 子由 *Tse-yeou* ou 轍 *Tch'é*. (蘇軾和王子立詩).

毛仲之†未佳. Les visiteurs de *Wang* 王 *Mao-tchong* n'étaient pas distingués, car il n'avait pas le talent d'en attirer. Il se plaignait à 唐明皇 de ne voir jamais chez lui de gens remarquables. L'Empereur devina qu'il voulait surtout 宋璟 *Song Yn*, l'un des Ministres, et, en conséquence, donna ordre à tous ces dignitaires, de se présenter chez *Wang*. *Song*, contraint malgré lui à cette visite, s'arrangea de façon à n'y arriver qu'en retard et à en partir aussitôt, sous prétexte qu'un malaise subit venait de le saisir. (訾 注 唐 書).

†有 可 人 期 不 來. Mon hôte est un homme de bien, je le désire, mais il ne vient pas. (陳 師 道 詩).

宣 †聖 尼 父. Le perspicace et saint patriarche *Ni* : titre honorifique donné par 唐 太 宗 à Confucius. Le Philosophe reçut à différentes époques les épithètes suivantes : le parfait et le perspicace 成宣尼父; le lettré et le saint 文聖尼父; le premier maître 先 師 尼 父; le roi très saint, très lettré et très perspicace 至 聖 文 宣 王, et encore 文 宣 王, 大 成 至 聖 文 宣 王. On l'appela aussi le noble Prince 尊 侯, le Duc de la sublime doctrine 道 隆 公, le Duc du royaume de *Tcheou* 周 國 公. Aujourd'hui on le connaît sous le vocable de 至 聖 先 師 孔 子, et on le désigne. à l'exemple de l'antiquité, par le qualificatif de 素 王 roi sans trône. 宣 = 善 聞 周 達 ou 聖 善 周 聞.

宥 三 †. Les trois circonstances où il faut pardonner sont : l'ignorance, l'acte involontaire et l'oubli. (周 禮 秋 官).

室 藏 †. Bibliothèque. Sous les *Han,* les lettrés appelaient 老 氏 藏 室 bibliothèque de *Lao-tse* le pavillon impérial 東 觀, où l'on déposait les livres. Cette dénomination lui venait par allusion au fondateur du Taoïsme, qui, dans son temps, remplit, dit-on, la charge de bibliothécaire 守 藏 史 et se distingua par son ardeur à se procurer des ouvrages.

受 † et 爲 †. Prendre femme. 男 子 生 而 願 爲 之 有 室. (孟 子).

家 外 † 之 寶. Le trésor de la famille alliée. 元 行 沖 *Yuen Hing-tch'ong* appela ainsi 韋 述 *Wei Chou* son parent. *Yuen,* chef des lettrés de l'époque, se faisait accompagner dans ses déplacements de plusieurs charretées de livres, que *Wei* étudiait avec ardeur. Un jour *Wei,* sur la demande de son cousin, improvisa une si belle composition que l'admiration de celui-ci se traduisit par le qualificatif flatteur de l'allusion. (唐 書 韋 述 傳).

東 † 丘. Le *Meou* de la famille de l'est : ignorer que l'on a pour voisin un Sage comme Confucius. *Ping Yuen* 邴 原 avait quitté son pays pour aller au loin suivre les leçons de 孫 崧 *Suen Song,* de 安 邱. *Suen* le reçut avec ces mots : «Mais vous avez chez vous le maître célèbre 鄭 康 成 *Tch'eng K'ang-tch'eng,* pourquoi donc entreprendre un si long voyage? C'est bien là considérer *Tch'eng* comme le *Meou* de l'est.» *Ping* répartit : «Chacun ses goûts; mais vos paroles semblent supposer que je suis moi-même l'imbécile de la famille de l'ouest.» 西家愚夫. *Suen* se défendit d'avoir eu une telle pensée. (魏志邴原傳). Le peuple de *Lou* ne connaissait pas, dit-on. Confucius. 輕其家丘 Mépriser le Confucius de sa famille.

爲†. Prendre mari.

†督. Le chef de la famille : le fils aîné. (越世家).

†天下. Faire entrer le pouvoir impérial dans sa famille en fondant une dynastie. Le Grand *Yu* donna le premier cet exemple, car, avant lui, *Yao* et *Choen* élisaient seulement pour leur successeur le sujet le plus vertueux.

†塾. La salle à côté de la porte d'entrée : l'école 禮記 : 古之教者家有塾, 黨有庠, 術(*tcheou*) 有序, 國有學. «Dans l'antiquité, pour l'instruction, la famille avait l'école domestique *chou*, la région, le collège *siu* et le royaume, l'université.» (禮學記).

†兄. Mon frère : la sapèque, l'argent. *Lou Pao* 魯褒 dans une satire intitulée 錢神論 dit : 洛中朱衣當塗之士見我家兄莫敢仰視. «A *Lo-yang* ceux qui portent des habits rouge-pourpre et occupent des charges, aperçoivent-ils mon frère la sapèque, ils ont tant de respect pour lui, qu'ils n'osent lever les yeux et le regarder.»

先世通†. Familles unies d'amitié depuis des générations. *K'ong Yong* 孔融, contemporain des *Han*, n'étant encore âgé que de dix ans, se présenta un jour chez 李膺 *Li Yn*, que sa haute réputation lui avait donné envie de visiter. «Je suis d'une famille liée avec celle de *Li*,» dit l'enfant demandant à être introduit; ce qu'il expliquait ensuite à *Yn*, en ces termes : «Mon ancêtre Confucius eut le vôtre, *Li Lao-tse*, pour maître et ami, donc les liens qui nous unissent datent de haut.» 先君孔子與君先人李老君相師友. (後漢書孔融傳). 仲尼老子可謂通家. *T'ong-kia* : vieil ami.

†人. L'homme et la femme, l'un dont la place est à l'extérieur et l'autre à l'intérieur. 家人, 女正位乎內, 男正位乎外. Cf. l'hexagramme 家人.

宮 東†. Le palais de l'est, résidence de l'héritier présomptif. D'après le 神異經, on découvrit sur le mont 東明山 un édifice en pierres bleuâtres avec cette inscription : 天地長男之宮 Palais du fils aîné du ciel et de la terre.

珠†. Le palais des perles : le séjour des esprits et des immortels.

†牆外望 = 未獲及門. De l'extérieur du palais chercher à y plonger le regard n'avoir pas encore réussi à pénétrer dans l'école, c.-à-d. à s'assimiler la doctrine du maître. 夫子之牆數仞,不得其門而入,不見宗廟之美,百官之富. « Les murs qui entourent la doctrine de Confucius, comptent plusieurs *jen* (*jen*, sept ou huit pieds) de haut, et si l'on n'en trouve pas la porte d'entrée, on ne pourra pas admirer la beauté du temple des ancêtres situé à l'intérieur, ni la richesse des mandarins qui s'y pressent. » (論語).

容 幸爲先†. Faites-moi la faveur d'être mon protecteur, de vous mettre en avant pour me faire obtenir une place, une faveur. (鄒陽傳).

修†合度. La composition du visage (de l'extérieur) (禮記) doit être conforme aux règles de la modération.

冶†誨淫. Un visage fardé enseigne la luxure, excite les voluptueux. (易經).

宸 紫†. La salle rouge-pourpre : le palais où réside l'Empereur, appelé encore 楓宸 et 宸極. Sous les 漢 il avait nom 前殿, et 路寢 sous les 周. Le poète 杜甫 dit : 衣冠拜紫宸.

宵 元†. La nuit capitale, i. e. celle de la fête des lanternes, le 15 de la 1ère Lune.

宰 †相須用讀書人,舍竇可象誰當鼎軸. Pour Ministre on doit prendre un lettré, et, sauf *Teou K'o-siang*, qui peut remplir cette position où l'on a la charge du brûle-parfum et où l'on est au timon des affaires? L'Empereur 宋太祖 (960-976) avait expressément défendu que l'on donnât aux périodes de son règne des noms déjà employés. Cependant la troisième année de la période 乾德, il lut sur le miroir d'une de ses concubines : Fondu l'an quatre de *Kien-té*. Etonné, il recourut à *Teou I* 儀 *K'o-siang* qui lui dit aussitôt que le règne de 衍 *Yen*, Roi de 蜀, avait jadis porté cette dénomination. C'est à ce propos que *T'ai-tsong* prononça les premiers mots de l'allusion. (通鑑).

寇 †丞相神明靜鎮,眞爲宋代謝安. Le Ministre *K'eou Tchoen Tchong-min* 準忠愍, à la claire intelligence, gardait tranquillement (le pays confié à sa défense); aussi était-il vraiment comme le *Sié Ngan* de la dynastie *Song*. L'Empereur 眞宗, sur ses conseils, se rendait en sa compagnie à 澶淵. Mais les Tartares 契丹 *K'i-tan* occupaient les chemins et l'escorte était en proie à la plus grande frayeur. *Tchen-tsong*, que la peur gagnait également, envoya en secret examiner la conduite de *K'eou*. On le trouva profondément endormi et ronflant avec un bruit de tonnerre 酣寢鼻息如雷. La vue de ce calme rassura les esprits et fit comparer *Tchoen* à *Sié Ngan*, Ministre des *Tsin*, toujours maître de lui-même dans les circonstances les plus critiques. (沈括夢溪筆談).

寧 歸†父母. Retourner tranquilliser ses parents : la première visite que la nouvelle mariée fait à sa famille après les noces pour 省親 les saluer. (詩經).

寅 同†. Se révérant les uns les autres : collègues de mandarinat. 同寅恭協和衷哉. (書經).

寒 †暄. 少敘†暄. Parler de la pluie et du beau temps : m. à m. discourir un peu sur le froid et le chaud. (班固漢武帝內傳).

寵 納†. Introduire chez soi une favorite : prendre une concubine.

CLASSIF. 41. 寸.

寸 方†已亂. Le cœur est bouleversé. L'expression apparaît pour la première fois dans ce trait du 三國志. *Ts'ao Ts'ao* voulant contraindre 徐庶 *Siu Chou* à venir à sa Cour et connaissant d'autre part son extraordinaire affection pour sa mère, fit saisir cette dernière dans l'espoir d'attirer enfin le fils près de lui. *Chou*, en effet, abandonna 劉備 *Lieou Pei*, dont il avait jusque-là suivi le parti et se rendit près de sa mère. *Ts'ao* n'eut pas à se féliciter de son stratagème, puisque *Chou*, tout en restant sous ses drapeaux, s'obstina à ne pas lui prêter un concours effectif.

寺 稱招隱†. Vanter la bonzerie de l'appel à la solitude. *Yo* 約 neveu de 李錡 *Li K'i*, qu'il avait accompagné dans son gouvernement du 浙西, avait toujours sur les lèvres l'éloge de cet ermitage. Son but était d'amener son vieil oncle à déposer sa charge, par le contraste de la paix dans la retraite avec l'agitation de la vie publique. (內話錄).

尉 †繚兵機. Les combinaisons stratégiques de *Wei Liao*. Cet auteur d'ouvrages militaires, originaire du royaume de 魏, quitta, sur les pressantes invitations de 惠王 (370-334), sa retraite du mont 夷山 et se rendit à la Cour, où il offrit au Roi de nombreux traités sur l'art de la guerre. Il en avait puisé les principes, croit-on, à l'école de 鬼谷子 *Koei-kou-tse*.

†遲避矟而奪矟. *Yu-tche Kong King-té* 恭敬德, contemporain de 唐太宗 (627-630), est célèbre par l'adresse qu'il déployait dans les combats. Il évitait la longue lance *(chao)* et réussissait même à l'arracher des mains de l'ennemi qu'il en transperçait ensuite. (唐書尉遲傳). *Kong* est un 門神 dieu lare.

導 †引 = 修持. «Conduire et diriger» a, chez les taoïstes, le sens de soigner et traiter son corps d'une façon particulière pour l'empêcher de vieillir. Cette opération consiste à s'étirer les membres et à remuer ses articulations. Un auteur la décrit ainsi : «amener ses esprits vitaux à un état d'équilibre, et donner la flexibilité à ses membres.» 導氣令和引體令柔.

CLASSIF. 44. 尸.

尸 †解. La dissolution du corps : la mort du 羽士 taoïste. 羽化而登仙. (蘇文).

†位 = 無功食祿. Cadavre en charge = sans mérite aucun, jouir de son salaire (le toucher).

尺 三†. Les lois, parce que jadis on les gravait sur des tablettes de bambou 竹簡 de cette dimension. Autre sens : épée.

尼 †. Bonzesse. La première chinoise à embrasser ce genre de vie, fut 阿潘 *A P'an*, de 濟陽, sous les *Tsin* orientaux.

尹 †姞. Les *Yn* et les *Ki* : expression louangeuse, pour indiquer deux familles unies par le mariage. Les deux familles *Yn* et *Ki*, contemporaines de la dynastie *Tcheou*, étaient célèbres par la distinction de leurs filles.

†敏班彪. *Yn Min Yeou-ki* 幼季 et *Pan Piao*, deux amis, contemporains des *Han* postérieurs, qui comparaient leur intimité

à celle qui exista entre 鍾子期 *Tchong Tse-k'i* et 伯牙 *Pé-ya*, 莊周 *Tchoang Tcheou* et 惠施 *Hoei Che*, tous quatre personnages des *Tcheou*. (後漢書儒林傳).

尾 † **大不掉**. Si la queue est trop grande, l'animal ne peut la remuer: si le chef est faible, les sujets ou les inférieurs sont insoumis et arrogants. 語云:尾大不掉.末大必折. Si la tête de l'arbre est trop grande, elle en brisera le tronc. (左傳照).

† **生抱橋**. *Wei-cheng* mourut, enlaçant de ses bras la pile d'un pont. Ce personnage, type de l'homme stupidement entêté, avait donné rendez-vous à une personne au pied d'un pont, mais celle-ci ne venant pas, il ne voulut pas quitter ce lieu, et fut submergé par les eaux montantes. (莊子).

† **閭 = 海眼**. *Wei-liu;* trou (gouffre) dans la mer. Voici le curieux commentaire donné de cette expression. 莊子曰,尾閭泄之,司馬彪曰,尾閭水之從海外出者也,一名沃燋,在東大海之中.尾者在百川之下故稱尾,閭者聚也,水聚族之處故稱閭,在扶桑之東有一石,方圓四萬里,海水注者無不燋盡,故名沃燋. « *Tchoang-tse* dit: *Wei-liu* vide la mer (et cependant elle ne se désemplit pas 尾閭洩之而不虛). Ce passage a fourni les remarques suivantes à *Se-ma Piao*. *Wei-liu* est l'endroit par lequel l'eau sort de la mer. On l'appelle aussi *Wo-tsiao*, et il est situé dans la grande mer de l'est. *Wei (queue)*, signifie qu'il est au bas (à l'extrémité) de tous les courants. c.-à-d. au point où tous convergent. *Liu (réunir)*, signifie qu'il est le déversoir de toutes les eaux. A l'est de *Fou-sang* se trouve une pierre d'une superficie de 40.000 *li* (et d'une épaisseur égale). L'eau amenée à son contact s'échauffe, puis est vaporisée. De là le nom de *Wo-tsiao, chauffer l'eau qui humecte.*» (李善文選養生論注). Ce passage de *Li Chan*, qui écrivait son commentaire sur le *Wen-siuen*, vers la moitié du septième siècle, donnerait-il simplement la réponse naïve de la physique chinoise à cette question : comment l'océan, qui reçoit tous les fleuves dans son sein, ne déborde-t-il pas? ou par cette eau chaude ainsi localisée, ne suggérerait-il pas à quelque sinologue américaniste la pensée du Gulf stream?

挾風雷而燒 †. Au milieu d'un orage avoir la queue brûlée : être reçu aux examens supérieurs de littérature. Le poisson au saut du barrage classique de 龍門 (q. v.) ne se transforme en dragon qu'à la condition d'avoir, au même moment, la queue frappée par la foudre. Le banquet offert à l'heureux candidat (et par extension à toute personne qui monte en dignité) porte le nom de 燒尾宴.

屋 白† = 布衣之家. Maison couverte en chaume : demeure de l'homme du peuple. (孔子家語). L'expression désigne encore l'humble demeure du lettré qui se tient à l'écart des dignités.

†烏. Témoigner de la sympathie pour quelqu'un par égard pour un autre. 受屋及烏,况其人乎. «L'amour que l'on a pour une maison s'étend jusqu'au corbeau perché sur son toit, à plus forte raison doit-il s'étendre à l'individu qui l'habite.» (劉向說菀). Si, par crainte de nuire à l'oiseau, on n'ose pas mettre le feu à cette maison, bien plus ne le doit-on pas oser en considération de la personne qui y loge.

屍 行† = 譾劣無能. Cadavre ambulant : personne condamnée à l'impuissance, parce que, faute d'étude, ses connaissances sont bornées (superficielles) et faibles. 任求曰, 好學者雖死若存,不學者雖存行屍爾. (拾遺記).

屏 †翰. Semblable à la ramure qui protège et au tronc qui supporte. (詩大雅). Qualificatif appliqué spécialement au 方伯 Grand Trésorier de la Province.

李文定†間題句,幸逢天子. *Wang K'i-han* 王奇漢, des *Song*, avait écrit des vers sur le panneau de *Li Wen-ting* dont il était l'hôte. et sa poésie plut tant à l'Empereur, qu'il l'appela à la Cour. (舊注).

†翳 = 風師. *P'ing-i*, le dieu du vent. (洛神賦).

射† ou 雀†. Viser l'écran : ou, l'écran aux paons : rechercher la main d'une jeune fille. Cf. (孔) 雀.

†面. Écran préservant le visage : éventail. Celui dont les bonzes se servent, et qu'on appelle 竹扇, a la forme de l'ancien *p'ing-mien*. On écrit encore 便面.

屈 †戌. *K'iué-chou*. Charnières en cuivre ou en fer 鉸具, 環紐, ainsi appelées dans les pays du nord.

居 †諸迭運. Le soleil et la lune tournent successivement, le temps passe. 居 et 諸 sont deux particules. 日居月諸,胡迭而微. (詩邶風).

屠 元日飲人以†蘇酒. Le premier jour de l'an on donne à boire le vin de *Tou-sou*, qui a la vertu de prémunir contre les épidémies. Jadis un personnage, dont on ignore le vrai nom, mais que tous ont surnommé *Tou-sou*, de l'ermitage en paille, où il demeurait, avait l'habitude, la veille du premier de l'an 除夜, de donner à ses voisins un sachet contenant une drogue, qu'ils mettaient à macérer dans un puits. L'eau mélangée avec du vin et bue le lendemain préservait des maladies contagieuses pour toute l'année. 屠蘇 = 草菴 petit couvent bouddhique en paille. Les Chinois ont l'expression 三元 les trois débuts, qui indique le premier jour de l'an, la première saison et le premier mois. (韓鄂華紀麗).

屣 中郎倒†. *Tchong-lang*, des *Han*, mit ses chaussures à la place l'une de l'autre : accueil empressé et accompagné d'égards particuliers. *Ts'ai Yong Tchong-lang* 蔡邕中郎 renommé pour son amabilité, apprit, un jour que sa maison était déjà pleine de visiteurs, l'arrivée de *Wang Ts'an Tchong-siuen* 王粲仲宣. Aussitôt il quitta l'assemblée, mais dans sa précipitation à courir au-devant du nouvel arrivant, il se chaussa de travers. Il introduisit *Wang* et lui donna la première place, car malgré sa jeunesse, ses qualités l'avaient déjà rendu illustre. *Ts'an*, son père 暢 *Tchang*, et son grand-père 龔 *Kong*, tous trois d'une égale renommée, sont connus sous la dénomination commune de 漢三公, les trois princes de la dynastie *Han*. (魏志王粲傳). *Ts'ai Yong* porte encore le nom de 伯喈 *Pé-hiai*.

履 進†圯橋. Chausser au pont. 圯 *I* — 橋. Le jeune *Tchang Liang Tse-fang* 張良子房, de 下邳 *Hia-p'ei* (徐州府 au *Kiang-sou*), rencontra un jour un vieillard qui, debout sur un pont, jeta en bas ses chaussures et le pria d'aller les lui chercher. *Tchang* obéit et poussa même l'obséquiosité jusqu'à les lui remettre aux pieds. L'étranger, qui n'était autre que 黃石公 *Hoang Che-kong*, auteur d'ouvrages militaires, fit cadeau à *Tchang* des œuvres de *Kiang T'ai-kong* 姜太公 sur l'art de la guerre et l'exhorta à les étudier. Le jeune homme suivit ce conseil et fut, plus tard, l'un des meilleurs Généraux de 漢高帝. (史紀留侯世家).

隻†西歸. *Ta-mo* 達摩, un des 28 patriarches du Bouddhisme, fut vu, trois ans après sa mort, avec une sandale à la main. On lui demanda où il allait ainsi et il répondit qu'il se rendait dans les régions de l'ouest. Les témoins de l'apparition coururent aussitôt ouvrir son tombeau, où l'on ne trouva que l'autre sandale dans un cercueil vide.

†端爲首祚. *Li-toan* le début de la marche (des astres) est le premier jour de l'an, m. à m. la félicité *(tsou)* initiale. 先王正時也履端於始舉正於中歸餘於終. «Les anciens rois réglaient ainsi le temps. Ils fixaient pour point de départ le

jour qui commençait *(che)* une fois l'année complètement révolue. Dans le courant de l'année *(tchong)*, ils avaient soin de désigner exactement les premiers jours des mois. puis l'excédant de temps resté malgré une soigneuse supputation, se plaçait à la fin de l'année.» (左傳文). Le caractère *li* signifie 步, et 步歷 ou 推歷 a le sens de supputer, ordonner le calendrier, m.à m. faire coïncider le *cours (li)* du temps civil avec la *marche (pou)* des astres. Le premier jour de l'an se dit encore 履端元旦. On distingue trois *toan* 三端 qui sont le printemps, la première Lune et le premier jour de chaque lunaison. 元正首祚. «Le premier jour de la première Lune.» (王義之月儀書).

CLASSIF. 46. 山.

山 瞻†斗. Admirer un homme remarquable. A la mort de 韓愈 *Han Yu*, ceux qui s'appliquaient à l'étude de ses ouvrages, avaient, disait-on, les regards levés vers le mont *T'ai* et l'étoile polaire auxquels ce lettré, nommé encore *T'oei-tche*, était comparable. 韓退之若泰山北斗. (唐書韓愈傳).

玉†將頹＝酢倒. La précieuse montagne va s'effondrer: tomber d'ivresse. 嵇叔夜巖巖然若孤松之獨立, 其醉也傀俄若玉山之將崩. «*Ki K'ang* 康 *Chou-yé* était un géant qui dans sa haute taille se dressait comme un pin solitaire s'élevant seul, et quand il était ivre, son grand (corps) incliné ressemblait à une montagne de jade sur le point de s'écrouler.» (世說新語).

†獸之君. Le prince des fauves de la montagne : le tigre, appelé plus brièvement 山君. (許愼說文). Autres dénominations, 百獸之長, 獸中之王. L'éclat des yeux du tigre trahit sa présence au milieu des ténèbres et sert de point de mire au chasseur; mais s'il est frappé à mort, cette clarté roule à terre où elle se transforme en une pierre blanche. La cause de la terreur qu'inspire cet animal réside dans un os en forme de caractère *i* 乙字 placé à la naissance de la queue et comptant trois pouces de long. Le brave qui porterait cet os à la ceinture serait invincible. Il existe un genre de divination appelée 虎卜, parce que celui qui la pratique, trace des lignes sur le sol, imitant en cela le tigre qui, dit-on, gratte la terre de ses griffes pour savoir quel butin l'attend. L'imagination indigène attribue encore cette particularité au tigre, qui serait une métamorphose d'un certain *Li* 李公. «L'appelle-t-on *Li-eul* il est content, mais lui donne-t-on le nom de *délégué bigarré* il se met en colère.» 呼爲李耳郎喜, 呼爲班使郎怒. On ajoute même qu'il n'ose manger les oreilles de sa proie, par respect pour son propre nom *eul* 耳. On explique par ces puérilités

les autres appellations littéraires du tigre : 李耳 (ou 狸兒, chat) et 李父.

他 + 之石可以攻玉. Les pierres de ces montagnes servent à polir le jade : dans l'amitié on se perfectionne, ou encore : le méchant contribue à épurer la vertu du sage. (詩小雅). Parfois on rencontre simplement 他山 avec ces deux sens.

慮 + 頹. Prévoir l'effondrement de la montagne : prévoir la mort de quelqu'un. Un jour on entendit Confucius chanter : 泰山其頹乎, 梁木其壞乎, 哲人其萎乎. «Voici que le mont *T'ai* s'écroule, que la poutre se rompt et que le sage languit.» Son disciple 子貢 *Tse-kong* en conclut aussitôt que le Philosophe mourrait sous peu. De fait, sept jours après, il s'éteignait. (禮檀弓上).

總角咏 +. Le jeune 寇準 *K'eou Tchoen* n'avait encore que huit ans, quand il chanta la montagne 華山. Ses vers disaient : «Au-dessus d'elle il n'y a que le ciel, et nulle autre ne l'égale.» 只有天在上, 更無山與齊. Son professeur émerveillé de tant de précocité lui prédit la dignité de Ministre, qu'il mérita plus tard. (陳輔之詩話).

中 + 帝胄霸西川. Le rejeton impérial de *Tchong-chan, Lieou Pei Hiuen-té* 劉備玄德, régna en maître sur le *Se-tch'oan* occidental, à l'époque des Trois Royaumes. *Lieou*, descendant de *Tsing* 靖 Prince de *Tchong-chan*, de la maison impériale des *Han*, habitait le pays de 涿郡 au *Tche-li*, où il gagnait misérablement sa vie, lorsque la vue des révoltes qui éclatèrent vers la fin des *Han*, lui mit au cœur le désir de les étouffer. Après le fameux serment du jardin des pêchers 桃園結義(誼), où lui et ses amis 關羽壽長 *Koan Yu Cheou-tch'ang* et 張飛翼德 *Tchang Fei I-té* se jurèrent une fidélité inviolable, *Lieou* entama la lutte contre les rebelles aux coiffures jaunes 黃巾. A la chute des *Han* orientaux, qu'il avait eu d'abord l'intention de défendre, il resta maître du pays de 西蜀 où sous le nom de 昭烈帝 (221-223), il fonda sa propre dynastie dite 蜀漢, 季漢 (dynastie puînée des *Han*) et même 後漢 (quoique cette dernière appellation désignant encore les 東漢, soit spécialement réservée à l'une des cinq petites dynasties qui suivent les *T'ang*). La Chine était alors partagée entre *Lieou*, maître de *Chou*, 曹操 *Ts'ao Ts'ao* de 魏, et 孫權 *Suen K'iuen* de 吳, tous trois comparés aux trois pieds d'un brûle-parfum debout 三分鼎峙 (ou 蜀魏吳鼎立). *Lieou* qui ne prit le titre d'Empereur que lorsque 曹丕 *Ts'ao P'ei*, fils de *Ts'ao Ts'ao*, eût définitivement renversé les *Han*, régna trois ans et eut pour successeur son fils appelé 後皇帝 ou 後主 qui, après avoir possédé le trône l'espace de quarante ans, dut faire sa soumission au fondateur des *Tsin. Lieou Pei* vient souvent sous la dénomination de 劉先主. Le royaume de *Wei,* Capitale 許州 au *Ho-nan,* dura 46 ans sous cinq Princes, et celui de *Ou,* Capitale 建業 *Nanking,* 59 ans sous quatre Princes.

†鳴谷應. La montagne résonne et la vallée fait écho. (蘇軾後赤壁賦).

爲†九仞, 功虧一簣. Faire une colline de soixante-douze pieds de haut et laisser le travail inachevé faute d'une corbeille de terre : abandonner un ouvrage sur le point de se terminer. (書旅獒).

東†高臥, 謝職求安. Profond repos sur la montagne de l'est: déposer sa charge par amour pour une vie paisible, comme 謝安石 *Sié Ngan-che* Ministre de l'Empereur 晉孝武帝 (371-373), avant son entrée dans la carrière des dignités, qu'il devait parcourir si brillamment.

土(al. 東)†之費. Les dépenses de *Ngan-che* 安石 sur la montagne de l'est (*ou* en terre). *Sié* s'était fait bâtir en ce lieu une maison de campagne 墅 *(chou)* où il prenait plaisir à traiter magnifiquement ses neveux. Cette conduite de sa part en a fait le type de l'oncle généreux. (晉書謝安傳).

†濤阮籍, 是謂神交. *Chan T'ao* et *Yuen Tsié* étaient des amis unis d'esprit. (袁宏山濤別傳). *Yuen Tsié, Tch'en Lieou* 陳留 et *Ki K'ang* sont, comme les deux premiers, restés, par leur intimité, les types d'une amitié sincère. (晉書稽康傳).

†澤之精英, 每洩爲至寶. C'est ce qu'il y a de plus subtil et de plus excellent dans les montagnes et les lacs qui en découle et produit les choses les plus précieuses, c.-à-d. les pierres fines et les perles. 石韞玉而山輝, 水懷珠而川媚. «Si le rocher contient du jade, toute la montagne brille, si l'onde renferme des perles, tout le cours d'eau est gracieux.» (文選). Cette dernière phrase s'emploie aussi au figuré pour indiquer la splendeur dont reluit une région où vit un Sage.

礪†帶河. Serment solennel par lequel l'Empereur s'engageait, sous les *Han,* à laisser à perpétuité une principauté dans la possession de la famille de celui à qui il la conférait. 使河如帶泰山若厲山以永寧爰及苗裔. «Quand même le Fleuve Jaune deviendrait comme une ceinture que l'on puisse porter, et la montagne *T'ai* une simple pierre à aiguiser, toujours et en paix ce feude que je te confère restera dans ta descendance.»

(史記高祖功臣年表). 厲一砥石. On trouve parfois 礪帶 seuls.

岐 †黃 (al. 軒). 醫士業†黃之術. Le médecin pratique les méthodes de *K'i-pé* 伯 et de *Hoang-ti* ou *Hien-yuen* 轅. Cet Empereur fabuleux rédigea les notions recueillies par 雷岐 *Lei-k'i* sur les maladies, et lui confia la mission d'étudier les simples. 岐黃 (al. 軒) 術 : la médecine. 雷公 *Lei-kong* est le même que *K'i-pé*, si je ne me trompe. Cf. 抱朴子內篇. L'expression littéraire 雷公泡製 *Lei-kong* fait des infusions et prépare des remèdes, se dit d'un médecin.

岵 陟†陟屺. Monter sur la colline dénudée, sur la colline ombragée : loin de la maison paternelle penser à ses parents. (詩魏風).

岳 †丈. †母. 列†. Le beau-père, la belle-mère, les frères de l'épouse. Un des sommets du mont 泰山, le premier des 五岳 cinq montagnes sacrées de la Chine, s'appelle le 丈人峯, cime du beau-père et de la belle-mère, d'où le nom de 岳丈, et par dérivation les autres. Le beau-père se dit encore 嶽丈 et 泰山, la belle-mère 泰水.

岑 江東三†. Les trois frères *Tch'en*, du *Kiang-tong*, sont les modèles des excellents magistrats. Pendant que l'aîné 羲 *Hi* était mandarin de 金壇 *(t'an)*, les deux plus jeunes 仲川 *Tchong-tch'oan* et 仲休 *Tchong-hieou* l'étaient, l'un, de 長洲 et l'autre, de 溧 *(Li)* 水. (唐書岑羲傳).

岸 登道†. Parvenir à l'extrémité de la route : étudier avec succès. 誕先登于岸. (詩大雅).

島 三 ou 五 †. Les trois ou cinq îles qui servent de séjour aux immortels, à l'est de 渤海 ou Golfe du *Pé-tche-li* : ce sont 岱輿, 員嶠. 方壺 ou 方丈, 瀛州 et 蓬萊. Cette dernière est séparée du continent par 3000 *li* d'une mer dont les eaux ont si peu de force (densité) 弱水 que des esprits seuls peuvent marcher dessus; même une plume y serait submergée. (列子).

崖 隕軀於†. Se donner la mort en se précipitant d'une roche escarpée. L'épouse de 陳仲 *Tch'en Tchong*, des *T'ang*, sœur de 張叔明 *Tchang Chou-ming*, tombée avec ses deux belles-sœurs entre les mains des brigands, engagea celles-ci à accomplir avec elle cet acte héroïque pour échapper à l'infamie. (舊注).

不立†岸=天性和樂. Qui ne se dresse pas comme une falaise élevée : éloge de celui qui, à l'exemple de 鄭珺 *Tch'eng K'iun*, des 唐, attire par la douceur de son caractère et la simplicité de ses manières. On caractérise encore par ces mots l'amitié qui existait entre 崔儦 *Ts'oei Piao* et 盧思道 *Lou Se-tao*. (北史崔儦傳).

嵎 負†. S'abriter comme le tigre sous une anfractuosité de rocher : un méchant homme profitant des circonstances pour nuire. Allusion à ce fauve dont parle *Mong-tse*, contre lequel on appela 馮婦 *Fong Fou*, de *Tsin*, le tueur de tigres. 虎負嵎莫之敢攖. (孟子).

嵩 †嶽效靈. Il se passa quelque chose de merveilleux sur la montagne *Song;* par trois fois, en effet, l'Empereur 漢武帝 s'y entendit souhaiter une longue vie. Souhait de longévité a l'Empereur. (漢書武帝紀).

崧 al. 嵩 †嶽降神. La grande et haute montagne a envoyé, fait descendre un esprit. (詩大雅). Compliment au père à l'occasion de la naissance d'un garçon.

崔 †陵 *Ts'oei Ling* et son frère †仲文 *Ts'oei Tchong-wen* furent, le même jour, promus à la dignité de Ministres, sous les 齊 orientaux (479-502). A ce propos l'on disait : 兩鳳齊飛 : «Les deux dragons volent de concert.»

崙 上元三鼓奪崑†. A la troisième veille du 15 de la 1ère Lune, s'emparer du passage de *Koen-luen*. Le Général 狄靑漢臣 *Ti Ts'ing Han-tch'en* venait d'arriver avec son armée à 賓州, où il profita de la coïncidence de la fête des lanternes pour convier ses officiers à un festin nocturne. Au moment où l'on frappait la seconde veille, *Ti* prétextant un malaise subit, se leva de table et sortit. Son absence se prolongeait, mais de temps en temps un individu se présentait et priait la compagnie d'être sans inquiétude sur le compte du Général. Enfin, la troisième veille avait à peine été marquée qu'un messager annonçait aux invités la prise du passage de *Koen-luen* défendu par 儂智高 *Nong Tche-kao*. Un si court espace de temps avait suffi au prétendu malade pour accomplir ce fait d'armes, auquel le lettré fait parfois allusion, dans ses descriptions de la fête des lanternes. (筆譚).

嶽 五†ou 五岳. Les cinq montagnes classiques de la Chine. 1) 泰山 ou 東嶽 dans le district de 泰安州 au 山東, appelée encore 天孫 et surtout 岱宗 parce qu'elle est la principale des cinq. 2) 華山 ou 西嶽 dans le district de 華

陰縣 au 陝西. 3) 衡山 ou 南嶽 dans la préfecture de 衡州府 au 湖廣, appelée encore 霍山 et 岣嶁山. 4) 恆山 ou 北嶽 dans le 渾源州 au 山西, connue aussi sous les noms de 常山, 玄嶽 et 常嶽. 5) 嵩山 *(Song)* ou 中嶽 dans la sous-préfecture de 登封縣 au 河南, dite encore 崧山 et 嵩高. On trouve ces montagnes désignant au figuré un grand talent littéraire, par ex. 嵩華尤重 lettré plus distingué que *Song-chan* et *Hoa-chan;* 五嶽詞峯 compositions élevées (remarquables) comme les cinq *Yo.*

CLASSIF. 47. 巛.

州 十牧. Les préposés aux grandes divisions établies dans son empire par 大禹. Cf. 書經. Aujourd'hui c'est l'appellation des 知州 ou préfets de 2e classe.

九 十. Yu le Grand (2205 av. J.-C.), comme on peut le voir dans le 書禹貢, partagea le Chine en neuf districts ou provinces dont les noms suivent.

1° 冀州 comprenant parties du *Chan-si* et *Tche-li.*

2° 兖州 comprenant le nord du *Chan-tong* et le centre du *Tche-li.*

3° 青州 du promontoire du *Chan-tong* au nord jusqu'à la Corée.

4° 徐州 comprenant parties du *Kiang-sou,* du *Ngan-hoei* et d'autres régions au sud du *Yang-tse.*

5° 揚州 comprenant d'autres parties du *Kiang-sou,* tout le *Tché-kiang* et une partie du *Kiang-si.*

6° 荊州 le *Hou-nan,* le *Hou-pé* avec une partie du *Kouei-tcheou.*

7° 豫州 le *Ho-nan.*

8° 梁州 le nord du *Se-tch'oan* et le sud du *Chen-si.*

9° 雍州 l'autre partie du *Chen-si,* le *Kan-sou* avec d'autres régions à l'ouest de cette province.

中 十. Le *Ho-nan* ainsi nommé de sa position centrale dans le 華夏 ou la Chine. Le département de *K'ai-fong-fou* et, par extension toute cette région, porta sous les *Ts'in* le nom de 三川, sous les *Han* celui de 雒陽, sous les *T'ang* celui de 東都, et sous les *Song* celui de 西京. On l'appelait 大梁 à l'époque 戰國, et 東京 à celle des cinq dynasties. Autre nom : 汴州.

九十數十主. A l'époque des cinq petites dynasties 五代 (907-960) qui précédèrent les *Song,* les diverses régions de la Chine virent plus de dix rois gouverner en maîtres indépendants. C'étaient 李茂貞 *Li Meou-tcheng* Roi de 岐, dans le pays de 鳳

翔, au *Chen-si;* 楊行密 *Yang Hing-mi* Roi de 吳, dans le 淮 南; 李 昇 *Li Cheng* Roi de 南 唐, dans le 江 南, Capitale *Nan-king;* 王 建 *Wang Kien* Roi de 閩, dans le 東 西 川, Cap. 成 都 府; 孟 知 祥 *Mong Tche-siang* Roi de 後 蜀, dans le 成 都; 王 審 知 *Wang Chen-tche* Roi de 閩, dans le 福 建, Cap. *Fou-tcheou;* 王 延 政 *Wang Yen-tcheng* Roi de 殷, dans le 建 州; 錢 鏐 *Ts'ien Lieou* Roi de 吳 越, dans les deux 浙, Cap. *Hang-tcheou;* 劉 守 光 *Lieou Cheou-koang* Roi de 燕. dans le 幽 州; 馬 殷 *Ma Yn* Roi de 楚, dans le 湖 南; 劉 隱 *Lieou Yng* Roi de 南 漢, dans le 廣 南, Cap. 廣 州 府; 劉 崇 *Lieou Tch'ong,* Roi de 北 漢, dans le 晉 陽, Cap. 太 原 府 au *Chan-si;* enfin 高 季 興 *Kao Ki-hing* (al. *Ki-tch'ang* 季 昌), Roi de 南 平, dans le 荆 南, Cap. 荆 州 府 au *Hou-pé.* Ces différents Princes fondèrent des dynasties qui furent plus ou moins éphémères. Ainsi la maison de *Ou,* dont la tige était *Yang Hing-mi,* compta successivement quatre de ses membres sur le trône. Vingt-quatre départements au midi de la *Hoai* formaient ses États. La maison de *Ou-yué* fournit cinq rois.

巢 有†以後,上棟下宇. A partir de *Yeou-tchao* on construisit des maisons avec des poutres en haut (un toit) et des murs en bas protégeant contre le froid. Avant ce personnage fabuleux les hommes vivaient dans des cavernes. (易 繫 辭). Son nom de 有 巢 氏 lui vient des *nids* ou demeures en bois qu'il enseigna au peuple à bâtir. (韓 非 子).

CLASSIF. 48. 工.

左 †儒不辭死諫. *Tso Jou* décidé à mourir présenta des observations à l'Empereur. Par neuf fois il adressa une requête à l'Emp. 周 宣 王 pour lui demander la vie de son ami 杜 伯 *Tou Pé,* innocent du crime dont on l'accusait, mais frustré dans ses démarches, il se suicida. (劉 向 說 苑).

虛 † = 留位待賢. Laisser vide la place de gauche: réserver une place de choix à un visiteur distingué. Le fils du Roi de 魏, nommé 信 陵 君 Prince de *Sin-ling,* entendant faire l'éloge de 侯 嬴 *Heou Yng,* Sage qui vivait dans la solitude, donna l'ordre de préparer un grand festin auquel il alla lui-même inviter *Heou* 侯 生. Sur son char il avait laissé inoccupée la place de gauche comme la plus honorable, dans l'intention de la lui donner. (史 記 信 陵 君 列 傳).

巫 †咸. *Ou Hien* fut Ministre de l'Emp. 商 太 戊 (1637-1562), et 賢 *Hien,* son fils, de l'Emp. 商 祖 乙 (1525-1506).

CLASSIF. 49. 己.

巴 十蜀 *Se-tch'oan.* Cette province, le 梁州 du *Chou-king,* constituait le 蜀國 sous les *Tcheou,* sous les *Ts'in* les deux districts de *Pa* et *Chou* 巴蜀二郡, sous les *Han* le 益州, sous les *Tsin* les 梁州 et 益州, sous les *T'ang* les 劍南道 et 山南東西道, sous les *Song* les quatre départements (路) de 益, 梓, 利 et 夔, sous les *Yuen* la province détachée (m. à m. *en marche*) du Secrétariat impérial 中書行省 appelée 四川等處, enfin, sous les *Ming,* la Trésorerie nommée 四川等處布政使. Ses quatre fleuves 岷江, 沱江, 黑水 et 白水 lui ont valu la dénomination de 四川. On la nommait encore par extension 蜀郡, 成都, 西川 et 錦城 à différentes époques.

巽 二十. Le génie du vent.

CLASSIF. 50. 巾.

巾 侍十櫛. Elle vous servira avec le linge et le peigne, dit le père en proposant sa fille en mariage. *Yu* 圉 appelé encore 懷嬴 *Hoai-yny,* fils du Roi de *Tsin,* retenu comme ôtage à la Cour de *Ts'in,* songeait à s'évader et demandait à son épouse, fille du Prince de ce pays, si elle consentirait à l'accompagner dans sa fuite. La jeune femme, nommée 嬴氏, lui répondit : «Mon père m'a commandé, à moi votre esclave, d'être à vos côtés avec le linge et le peigne, c.-à-d. d'être votre épouse.» 寡君之使婢子侍執巾櫛 (左傳僖).

布 功十. Pièce d'étoffe suspendue devant le cercueil, relatant les mérites du défunt. (儀禮).

十被十年. Le Ministre 公孫宏 *Kong-suen Hong* porta dix ans le même habit de coton. (史記). Son frère 凝 *Yng* fit preuve d'une parcimonie encore plus excessive, puisqu'il en eut un qui lui dura le double de ce temps, d'après 文中子. En outre, il s'astreignit à ne point manger de viande, tandis que *Hong* en prenait au moins une fois par jour.

帛 束十加璧. Un sage souverain envoie comme présents au lettré qu'il appelle près de lui, des rouleaux de soie avec des tablettes de jade. C'est ainsi qu'agit l'Empereur 漢武帝 quand il pria 申公, alors âgé de 80 ans, de venir à la Cour. Il mit de plus à sa disposition un char très doux 安車蒲輪 dont les roues étaient garnies de roseaux pour en amortir les chocs. Cette dernière expression a le même sens d'inviter un sage à la Cour.

帚 掃愁†. Le balai pour balayer la tristesse : le vin.

帝 †嚳 *Ti-k'ou,* petit fils de 少昊 *Chao-hao* que l'on appelle encore 高辛氏 et 姬夋. Il commença à régner dans le pays de 辛; ensuite il gouverna l'empire pendant 75 ans, avec 亳 au *Ho-nan* pour Capitale.

五†. Les cinq premiers monarques de la Chine : 太昊 (伏羲), 炎帝 (神農), 軒轅 (黃帝), 唐 (堯) et 虞 (舜). Une seconde classification a cours : 少昊, 顓頊, 高辛, 堯 et 舜. C'était l'époque où le successeur se prenait en dehors de la famille du prince régnant, 官天下 et non 家天下, parce que le souverain pouvoir était une sorte de magistrature réservée au plus digne et non une succession héréditaire dans une famille. On rencontre parfois l'expression 三王 avec celle de 五帝 : dans ce cas les trois Rois sont 夏禹, 商湯 et les deux 文王 et 武王 comme n'en faisant qu'un.

假皇†逼眞皇†新莽篡漢. Le faux Empereur opprima le vrai. c.-à-d. *Mang* dont le titre dynastique est 新, ôta la vie à son légitime souverain 漢平帝. L'usurpateur 王莽巨君 *Wang Mang Kiu-kiun,* neveu de l'Impératrice 孝元 *Hiao-yuen,* était Généralissime 大司馬 à la mort de 哀帝. A l'avénement de son successeur 平帝, il reçut le titre de 安漢公 et concentra en ses mains tout le pouvoir. On l'appelait alors 宰衡 et les plus hauts titres lui étaient conférés. Mais il fit mourir son bienfaiteur par le poison. Cependant chargé de la tutelle de 孺子嬰 *Jou-tse-yng* alors à peine âgé de deux ans, il le déposa presque immédiatement après son accession au trône. Libre désormais de réaliser ses ambitieux projets il se fit proclamer Empereur et régna sous le nom de *Sin* (9-23). Vaincu dans une insurrection en faveur de la légitimité, il mourut au milieu des supplices de la main de ses propres soldats. L'Empereur 東漢光武帝 (25-58) successeur de l'éphémère 淮陽王 (23-25) fut élu par le parti vainqueur.

赤†子誅白†子. Le fils de L'Empereur rouge mit à mort celui de l'Empereur blanc. *Lieou Pang Ki* 劉邦季, de 沛 (沛縣·徐州府 au *Kiang-sou*), n'étant encore que simple 亭長 (quelque chose comme le 保正 actuel) se vit, une nuit, barrer le chemin par un gros serpent. Echauffé par les copieuses libations auxquelles il venait de se livrer il dégaina et tua le monstre. Quelques instants après, des gens qui passaient par là. y rencontrèrent une vieille femme tout en pleurs. Celle-ci leur expliqua que sa douleur était due à ce que le fils de l'Empereur blanc (son propre enfant), métamorphosé en serpent, venait d'être tué par le fils de l'Empereur rouge. Ces mots rapportés à *Lieou Pang* le comblèrent de joie parce qu'il y voyait le présage de sa gloire future. Dans la suite, créé 沛公 il renversa la dynastie 秦 et après la pacification du royaume de 楚, fonda les 西漢 sous le nom de 高祖 (206-194) avec 關中 *Si-ngan-fou* pour Capitale. A son nom ainsi qu'à celui de sa dynastie on accole souvent l'épithète 炎 Igné (炎劉, 炎漢), parce qu'il gouverna par la vertu de l'élément 火 *feu*.

青十. L'Empereur vert ou 太(昊) 皞 *T'ai-hao* (伏羲). De lui relèvent le printemps, la partie est du ciel, le jour marqué par les caractères cycliques 甲乙, l'élément 木 et la couleur 青. — 赤帝. L'Empereur rouge ou 炎帝 (神農) est l'esprit de l'été, de la partie sud du ciel, des jours 丙丁, de l'élément 火 et de la couleur 赤. — 白帝. L'Empereur blanc ou 少皞 est l'esprit de l'automne, de l'ouest, des jours 庚辛, de l'élément 金 et de la couleur 白. — 黑帝. L'Empereur noir ou 顓頊 est l'esprit de l'hiver, du nord, des jours 壬癸, de l'élément 水 et de la couleur 黑. — 黃帝. L'Empereur jaune ou *Hoang-ti* préside aux quatre saisons, au centre, aux jours 戊己, à l'élément 土 et à la couleur 黃. (禮月令). — Dans ce même passage le Mémorial des Rites cite 句芒 esprit du printemps, 祝融 esprit de l'été, 蓐收 esprit de l'automne et 元(玄)冥 esprit de l'hiver. Le centre est dévolu au génie 后土. On sacrifiait à ces cinq Empereurs. 祀五帝. (周禮天官). Le trigramme 震 est la caractéristique du premier, 離 du second, 兌 du troisième, et 坎 du quatrième.

席 五香十. La natte aux cinq parfums que 石季龍 *Che Ki-long* tenait toujours prête pour ses visiteurs. (鄴中記).

西十. La natte de l'ouest : le professeur. L'historiette suivante semble indiquer qu'il faille traduire plutôt par natte de l'est, sur laquelle, par conséquent, on a le visage tourné vers l'ouest. L'Empereur *Ou-wang*, à son accession au trône 武王踐阼 (al. 祚), appela son maître le *Chang-fou* 師尙父 ou *Kiang T'ai-kong* et lui demanda si l'on possédait encore les enseignements de *Hoang-ti* et de *Tch'oan-hiu* 顓頊. *T'ai-kong* lui répondit qu'elles se trouvaient dans le livre rouge 丹書 et les lui apporta. *Ou-wang* debout et faisant face au midi 南面 s'apprêtait à en entendre l'explication; mais le *Chang-fou* lui fit remarquer qu'une pareille position ne convenait pas devant son maître, qu'il obligeait de la sorte à regarder le nord. L'Empereur fit droit à l'observation, et se plaça, le visage à l'est, de manière que *T'ai-kong* vis-à-vis de lui, était tourné vers l'ouest. (禮學記. 鄭元注). On explique plus simplement ces deux caractères en disant que, dans l'antiquité, la place d'honneur, dont est digne un professeur, était à l'ouest. L'expression 西賓 a le même sens que 西席. (西都賦).

† 帽離身. La natte et le chapeau quittent la personne : parvenir aux grades littéraires supérieurs. Au commencement des *Song* les lettrés portaient, comme sous les *T'ang*, des robes traînantes serrées à la taille par de longues ceintures et quand ils allaient aux examens prenaient une natte et un chapeau. Les compatriotes de 李巽 *Li Suen*, le voyant toujours revenir malheureux des concours, se moquaient de lui en ces termes : 不知甚時,席帽離身. Enfin la chance lui sourit et il put quitter cet attirail du candidat.

割†拒朋. Rompre avec un ami en coupant la natte : dissimilitude de goûts et de sentiments. 華歆 *Hoa Hin*, des *Han*, assis en classe sur la même natte que *Koan Ning* 管寧, s'était levé pour aller voir passer un équipage. *Ning* ne voulut plus avoir pour voisin un condisciple aussi peu sérieux et s'installa à une place plus éloignée. Avant cette rupture, les deux amis travaillaient un jour au jardin, lorsque *Koan* trouva sous sa bêche une pièce d'or, à laquelle il ne fit pas plus attention que si ç'avait été une simple tuile. *Hoa* lui ne la prit que pour la jeter au loin. (世說新語).

帨

設†良辰. L'heureux jour où l'on suspend une sorte de mouchoir : la naissance d'une fille. 生女子設帨于門右. (禮內則). *Choei* est cette petite pièce de toile suspendue à la ceinture des filles et qui leur sert à bien des usages. 帨 = 佩巾.

師

就†. Aller à l'école : suivre un maître, ce qui doit se faire à 10 ans, d'après le Mémorial des Rites.

大工†. Le grand maître en travaux : maître-menuisier. (孟子).

†嚴乃道尊. Si le maître est sévère, sa doctrine, son enseignement sera estimé. (禮記).

帷

誦書†帳中. Au moment où les ennemis mettaient le feu au pavillon du Général, 張奐 *Tchang Hoan*, type du maître excellent, donnait tranquillement sa leçon dans sa tente, spectacle qui rassura les soldats déjà sur le point de fuir à la débandade. (後漢書). *Hoan* avait suivi l'armée avec le grade de

中郎將 officier des gardes de premier degré, et le 休屠各 *Hieou-tch'ou-ko* ou Roi des *Hiong-nou* venait de se révolter, ainsi que les 朔方烏桓 Tartares *Ou-hoan* des pays de *Sou-fang*. *Hieou-tch'ou* ou *Hieou-tch'ou-ko* est traduit par 匈奴王號 dans *K'ang-hi*.

帳 馬君絳†. La tente rouge de maître *Ma Yong Ki-tch'ang* 馬融季長 de 茂陵. Ce contemporain des *Han* postérieurs avait un si grand renom de savoir que les élèves affluaient à ses cours. Il y en eut, dit-on, plus de 1000 à la fois, et pour abriter tout ce monde il dut élever une tente où les garçons étaient placés par devant, tandis que les filles occupaient le fond de la classe 後列女樂 (1) 而前授生徒. Le célèbre 鄭元康成 *Tch'eng Hiuen K'ang-tch'eng* commentateur du *Luen-yu*, compta parmi ses auditeurs. Aujourd'hui 馬帳, 設絳 ou 絳帳 désigne couramment le professeur.

常 五†. Les cinq *Tch'ang* de la famille *Ma* 馬, qui tous parvinrent aux dignités à l'époque des Trois Royaumes. D'où le dicton : 馬氏五常白眉最良. Des cinq frères *Tch'ang* celui dont les sourcils sont blancs est le plus doux. Celui-ci se nommait 馬良季常 *Ma Liang Ki-tch'ang*. (蜀志馬良傳).

帶 通天†. La ceinture qui pénètre le ciel, nom d'une célèbre ceinture en cuir de rhinocéros appartenant à 唐鎬 *T'ang Hao* et qu'il mit comme enjeu dans une partie avec 嚴續 *Yen Sou*. (南唐近事).

緩†輕裘. Dans les camps, le Général 羊祜叔子 *Yang Hou Chou-tse* surnommé le 江東儒將 ou 文主將, ne portait pas de cuirasse mais une longue robe peu serrée à la ceinture, indice du calme qui ne le quittait jamais. (晉書). Dans cet appareil pacifique et escorté de dix hommes au plus il se promenait au milieu de ses troupes.

還玉犀之†. Rendre les trois ceintures dont deux ornées de jade, et une en cuir de rhinocéros. Un physiognomoniste avait lu sur les traits de 裴度 *P'ei Tou* qu'il mourrait de faim. Quelque temps après cette prédiction de malheur, *P'ei* vit une femme entrer dans une pagode et déposer un paquet avant de faire sa prière. Ses dévotions finies, elle partit oubliant ce paquet, que *P'ei* ramassa, dans l'intention de le lui remettre, quand elle se présenterait. Elle ne tarda pas en effet à reparaître, et lui confia que, dans sa précipitation, elle avait dû laisser là trois ceintures empruntées par elle pour les offrir au mandarin et l'amener ainsi à relâcher son père

(1) 女樂 Signifie maintenant comédiennes, chanteuses, femmes publiques.

jeté en prison sous une fausse accusation. *P'ei* s'empressa de les restituer. Dans la suite, il eut l'occasion de voir son physiognomoniste qui lui dit cette fois : «Certainement que tu as fait quelque bonne action secrète, car voici que devant toi, s'ouvre une carrière de dix-mille *li*, qui échappe à ma perspicacité.» 必有陰德及物前途萬里非所知. *P'ei Tou* s'éleva à la dignité de Ministre et mérita le titre de 晉公 Duc de *Tsin*. (唐摭言).

山門玉†,學士參禪. La bonzerie de la montagne garda la précieuse ceinture de l'académicien 蘇東坡 *Sou Tong-pou* adonné aux contemplations bouddhiques. *Ts'an*, adorer, *chan*, en silence. *Sou*, en visite chez son ami le bonze 佛印 *Fou-yn* retiré sur le mont 金山, lui demandait en ces termes de lui permettre de se livrer, en sa compagnie, à cet exercice religieux : 借四大禪牀 «Prêtez-moi les quatre grandes choses (le ciel, la terre, l'eau et le vent) en guise de lit pour la méditation.» *Fou-yn*, avant d'accéder à sa requête, lui proposa cette énigme : 四大之空五蘊非有 «Les cinq attributs (色 la forme, 受 la perception, 想 la pensée, 行 l'action, 識 la connaissance) ne sont pas contenus dans le vide des quatre grandes choses.» L'académicien ne sut que répondre et donna sa ceinture en signe de défaite.

幅 不修邊† = 不飾儀容 (ou 坦率). Ne pas orner le bord de l'étoffe : sans recherche dans sa tenue (simple de manières). *Wei Hiao* 隗囂 un des prétendants à la suprématie sur la Chine et portant le nom d'Empereur, envoya 馬援 *Ma Yuen* visiter *Kong-suen Chou Tse-yang* 公孫述子陽 qui venait aussi d'usurper le titre d'Empereur de 蜀. *Kong-suen* reçut *Ma* avec les plus grands honneurs et prit plaisir à étaler à ses yeux les splendeurs de sa Cour. Il manifesta même le désir de le retenir près de lui et de lui confier une haute dignité. Mais l'envoyé que ce faste tentait peu, s'écria : « On se dispute encore la possession de l'Empire, cependant *Kong-suen*, au lieu de recevoir les lettrés avec l'accueil simple et empressé de *Tcheou-kong*, pour les consulter sur les chances de succès ou d'insuccès, ne s'occupe que de futiles ornements, semblable en cela à une statue en bois. Cet homme ne saurait longtemps retenir près de lui un vrai lettré.» 天下雄雌未定,公孫不吐哺 (cf. 一飯三(吐)) 迎國士與圖成敗,反修飾邊幅如偶人形,此子何足久稽天下士乎. Là-dessus *Ma* alla rapporter à *Wei* que *Tse-yang* n'étant, par son esprit borné, qu'un vraie grenouille au fond d'un puits, dont l'œil ne voit qu'un petit coin du ciel, il ne devait penser qu'à l'est (c.-à-d. tourner son attention du côté du redoutable adversaire, destiné à l'écraser et à fonder les *Han* orientaux sous le nom de 漢光武帝). 子陽井底蛙耳,不如專意東方. (後漢書馬援傳). *Sieou-fou* signifie encore étroitesse de vue, comme chez celui qui ne s'occupe que des bords de l'étoffe et non du reste de l'habit.

帽 風高九日落†於龍山. Le 9 de la 9e Lune. 孟嘉 萬年 *Mong Kia Wan-nien* secrétaire 參軍 de 桓温 *Hoan Wen*, en promenade sur la montagne 龍山, eut sa coiffure enlevée par un coup de vent. Il ne s'en aperçut pas et *Hoan* recommanda aux autres mandarins de ne pas l'en avertir. A la fin celui-ci alla lui-même la lui porter. L'aventure servit de thème à une composition badine à laquelle *Wan-nien* répondit par une pièce magnifique écrite au courant du pinceau. (晉書孟嘉傳). Ce fait indique couramment le 9 de la 9e Lune.

有嫗遺王濛之新†. Une vieille femme émerveillée de la beauté de *Wang Mong Tchong-tsou* 仲祖 qui était très pauvre, lui donna gratuitement un chapeau neuf. (晉書外戚傳).

幕 入†之賓. L'hôte de l'alcôve : ami intime. Un jour que le Ministre 桓温宣武 *Hoan Wen Siuen-ou* était à travailler avec son secrétaire 郗超 *K'i Tch'ao*, on annonça la visite de 謝安 *Sié Ngan* pour affaires. *Hoan* recommanda à *K'i* de se cacher derrière les rideaux de son lit et de prêter attentivement l'oreille à ce que dirait *Sié*, pendant qu'ils seraient ensemble. Le secrétaire se glissa donc dans cette cachette, mais un coup de vent entr'ouvrit les rideaux et *Sié* à la vue de ce témoin importun, s'écria en riant : 郗生可謂入幕之賓也 «Maitre *K'i* peut être vraiment appelé l'hôte de l'alcôve!» (晉書). Je pense que les titres actuels 幕友. 幕賓 et même 幕府 donnés au secrétaire 參軍 ont pour origine cette petite scène.

幔 欲焚羅†. Manifester le désir de brûler le moustiquaire en soie légère. 范仲淹 *Fan Tchong-ngan* apprit que sa nouvelle bru allait venir avec un précieux moustiquaire. «Je le mettrai au feu, s'écria-t-il, car je ne veux pas que ma famille déchoie de sa simplicité.» (祝穆事文類聚).

講堂隔†傳經義. En classe, la mère de 韋逞 *Wei Tch'eng*, née 宋 *Song*, séparée de ses disciples par un voile de gaze rouge 隔絳紗幔, leur expliquait le sens des Livres canoniques. Elle instruisit elle-même son fils *Tch'eng*, qui se fit plus tard un nom. *Fou Kien* 苻堅, maitre de l'ouest de la Chine 晉 sur la fin de la dynastie (mort en 385), assista aux leçons de cette femme célèbre. Elle reçut le titre de 宣文君. (晉書列女傳).

幘 以赤†起兵. L'Empereur 光武帝 fondateur des 後漢 ou 東漢, à la première levée de troupes qu'il fit, leur donna des chapeaux rouges. (東觀漢記).

幢 白居易戲汝士以油†· *Pé Kiu-i* plaisante son beau-frère *Jou-che* avec la couverture de char *(tchoang)* huilée. 楊汝士沙哥 *Yang Jou-che Cha-ko,* sous la période de règne 開成 (836-840). se rendait à son poste de 東川. A cette occasion *Pé,* composa une poésie. où il mettait sur les lèvres de son épouse (內子), sœur de *Yang,* ces vers badins : 劉綱與婦共昇仙，弄玉隨夫亦上天，何似沙哥領崔嫂，碧油幢引向東川. «*Lieou Kang* et son épouse allèrent tous deux prendre place parmi les immortels, de même *Long-iu* monta au ciel avec son mari. Mais qu'est-ce cela en comparaison de ma belle-sœur *Ts'oei,* conduite par *Cha-ko?* Un char à la couverture verte et luisante l'emporte vers *Tong-tch'oan.*» (白樂天集). Relations intimes entre beaux-frères.

幣 納†. Offrir les pièces de soie : apporter la somme convenue dans les fiançailles. Jadis, chez les grands, on donnait en cette circonstance un rouleau de cinq pièces doubles dont chacune comptait quarante pieds de long. 納幣一束束五兩兩五尋. (禮雜記). L'argent donné aujourd'hui à la famille de la fiancée s'appelle 幣帛 ou 聘儀, l'expression 聘禮 étant réservée aux cadeaux d'une autre nature, offerts cependant à la même occasion.

鴈†=聘儀. Oie et soiries : arrhes des fiançailles. 納采用鴈. «Quand on *donne (na)* les cadeaux par lesquels on signifie le *choix (tsai)* définitif que l'on fait de la jeune fille on présente une oie.» (儀禮士昏禮). Les oies sont le symbole de la fidélité conjugale parce qu'elles volent de concert. règlent leurs migrations sur les manifestations du *Yn* et du *Yang* dans le temps. et surtout parce que, si la mort cueille l'un des individus d'un couple, le survivant ne s'unira plus à d'autre. 不再偶. On dit encore 委禽 envoyer l'oiseau, 奠鴈 offrir l'oie. dans le même sens. Six pratiques ou rites spéciaux 六禮 sont recommandés à l'occasion des fiançailles et du mariage : 納采 (al. 採), les cadeaux du choix; 問名, la demande du nom: 納吉, la communication de la réponse des sorts garantissant le bonheur au jeune couple (correspond au 納幣, dit un commentateur); 納徵, l'offre de l'invitation (dite encore 納帛): 請期, la demande de l'époque où se fera le mariage; enfin 親迎, l'accueil fait en personne par le fiancé à sa future, en allant au-devant d'elle le jour des noces. L'expression 文定 (厥祥) *fixer par des cadeaux* la félicité du mariage (詩大雅) est l'équivalente du 定親 de nos jours. D'ordinaire chez les gens du peuple, la question des fiançailles comporte trois périodes, la première. dite 安心, la seconde 定親 et la troisième 大盤 ou 行盤.

幟 拔†立†淮陰之計甚奇. Arracher des drapeaux pour leur en substituer d'autres, que ce stratagème du 淮陰侯 est admirable. *Han Sin* 韓信 créé Marquis de *Hoai-yn* par l'Emp. 漢高祖, dans un engagement contre les troupes du royaume de 趙, choisit deux mille hommes de cavalerie légère 輕騎, à chacun desquels il remit un drapeau rouge en leur disant : « Quand vous verrez l'ennemi quitter ses retranchements (空壁) pour nous poursuivre dans notre fuite simulée, vous y pénétrerez au plus vite, et en arracherez ses drapeaux blancs que vous remplacerez par les nôtres.» L'armée de *Tchao* sortie en effet, s'en retournait après sa course inutile, lorsque, à la vue des couleurs impériales, elle crut que ses campements étaient au pouvoir de *Han Sin*. Il s'ensuivit un tel désarroi dans ses rangs, qu'il fut facile de la tailler en pièces. Son chef, *Tch'en Yu* 陳餘, vaincu eut la tête tranchée. (史記淮陰列傳).

CLASSIF. 51. 干.

干 †將莫邪. *Kan-tsiang* et *Mo-yé*, épées fameuses. *Ho-liu* 闔閭, Roi de *Ou*, donna l'ordre à *Kan-tsiang* de lui fabriquer une belle épée. Le métal employé par l'armurier n'atteignant pas le degré de fusion voulu, son épouse *Mo-yé* jeta de ses cheveux et de ses ongles dans le fourneau. Aussitôt l'opération réussit et donna deux armes dont l'une, dite épée mâle 陽劍, reçut le nom de *Kan-tsiang*, et l'autre, la femelle 陰劍, celui de *Mo-yé*, écrit encore 鏌鋣 (釾 ou 鎁). (吳越春秋). *Siun-tse* 荀子, outre ces deux armes, en cite encore deux autres, qu'il appelle 鉅闕 et 辟閭.

平 †原督郵. Le directeur du relais de *P'ing-yuen* : un vin de qualité inférieure. Celui qui est de première qualité s'appelle 青州從事 l'administrateur de *Ts'ing-tcheou*. Les deux épithètes, basées sur un jeu de mots, datent d'un secrétaire du Ministre 桓溫 *Hoan Wen*. Ce personnage, très fin dégustateur, donnait comme raison de ces appellations, que le second descendait jusqu'au nombril, tandis que le premier s'arrêtait au-dessus du diaphragme, tant il était mauvais. 從事到臍, 督郵在膈上住. Le district de 齊縣 relevant de *Ts'ing-tcheou* et celui de 鬲縣, de *P'ing-yuen*, on voit le calembour que l'identité des sons 齊 et 臍, 鬲 et 膈 permettait au facétieux secrétaire. (世說新語).

† 泉莊上木石皆奇. A la maison de campagne nommée *P'ing-ts'iuen* les plantes et les pierres étaient toutes rares;

mais parmi ces dernières les plus remarquables étaient la pierre de l'ivresse 醉石 et la pierre du réveil 醒石. Cette résidence située à trente *li* de 洛陽, appartenait à 李德裕 *Li Té-yu*, contemporain des *T'ang*, qui en composa la description intitulée 平泉草木記.

年 忘十交. Unis d'amitié malgré une grande disproportion d'âge. C'est ainsi que 孔融文舉 *K'ong Yong Wen-kiu*, âgé de 50 ans, admettait dans son intimité 禰衡至平 *Mi Heng Tche-p'ing*, qui en avait vingt à peine, et se servait de son influence pour recommander à *Ts'ao Ts'ao* ce jeune lettré de talent. *Mi*, auteur de la description poétique intitulée 鸚鵡賦 (Cf. Zott. Ve Vol. p. 644), avait la langue trop mordante, ce qui fut la cause de sa mise à mort par 黃祖 *Hoang-tsou*, fils de 曹丕 *Ts'ao P'ei*. (初學記).

同十一同榜. De la même année : de la même promotion de Licence ou de Doctorat. 俱捷謂之同年. «Les Docteurs 進士 reçus dans la même session sont dits *t'ong-nien*.» (王保定唐摭言). La reconnaissance de cette commune appellation donnait lieu, sous les *Song*, à une cérémonie spéciale. Les candidats heureux, après avoir remercié l'Empereur, se réunissaient dans la salle des examens 貢院, où tous commençaient par faire des prostrations à la liste jaune des lauréats 賜第錄黃, placée sur la table aux parfums, allumés en l'honneur du souverain 香案. Ces marques de respect venaient sous le nom de 拜黃甲 saluts à la liste jaune (les nouveaux Docteurs se répartissaient en *kia* ou séries différentes). La cérémonie appelée 敍 (al. 序) 同年 la mise en rang des collègues de promotion, suivait les prostrations. D'un côté, à l'est et en dehors de la salle, se rangeaient ceux qui avaient plus de quarante ans, à l'ouest, ceux qui en avaient moins, puis le plus âgé du premier groupe et le plus jeune du second rentraient dans la salle. Alors se faisait de part et d'autre un échange de saluts profonds qui donnait désormais le droit de s'appeler *t'ong-nien*. (范至能;姑蘇同年會詩序). D'après un autre auteur, ce rite consiste en ce que le 大魁 premier de la liste est salué par le plus âgé et le plus jeune de sa promotion, salut que lui-même leur rend ensuite.

CLASSIF. 53. 广.

庖 代卜. Traiter une affaire pour un autre. 庖人雖不治庖尸祝不越樽俎而代之矣. «Quand même le cuisinier ne s'occuperait pas de préparer les viandes, celui qui remplit le rôle du défunt et formule les souhaits, dans les sacrifices aux mânes, ne quitterait pas les vases et les tables pour aller le remplacer.» (莊子).

府 少†. Assistant du Sous-préfet, appelé aussi 縣尉. 典史 et 捕廳. — 府尹 Préfet de la Capitale désigné parfois par 二千石, comme du reste les Préfets provinciaux, du salaire qu'on lui accordait sous les *Han*. Autres titres de ce Préfet : 師表 et 大京兆. — 開府 Titre du 都督 Général en chef, et du 巡撫都御史 Gouverneur de Province qui est de droit membre du Bureau de la Censure.

丹†. Le palais rouge : le cœur 丹心. — 紫府. Le palais violet, demeure des immortels, de même que la Capitale toute pure 淸都.

庚 呼†癸＝乞人之糧. Crier *Keng! Koei!* affamé demandant de quoi manger. *Cheng Chou-i,* toparque de *Ou,* dont les troupes étaient à court de vivres, exposait à *Kong-suen Yeou-chan,* toparque de *Lou,* l'extrême nécessité où il se trouvait, et lui disait : «Il ne me manque aucune des pierres précieuses qu'on suspend à la ceinture, mais je n'ai rien pour les attacher. Je regarde du coin de l'œil, avec l'homme du peuple habillé de laine, le vase rempli d'un vin exquis.» *Yeou-chan* son ami, habitué par conséquent à son langage figuré, comprit ce qu'il voulait lui exprimer par ces mots voilés, aussi lui répondit-il : «A défaut de bon grain, je pourrai vous en offrir de grossier, et si vous allez sur le mont *Cheou* crier *Keng! Koei!* je ferai droit à votre requête.» 吳申叔儀乞糧於公孫有山氏曰，佩玉蘂兮余無所繫之，旨酒一盛兮余與褐之父睨之．對曰粱則無矣麤則有之．若登首山呼曰庚癸乎則諾．(左傳哀). Dans l'antiquité, quand sévissait une famine, les malheureux invoquaient à grands cris l'esprit des grains et celui de l'eau, les suppliant de venir au plus tôt à leur secours. Les caractères cycliques 庚 (癸) signifient l'automne et, par extension, le grain, de même que le génie dont relève cette saison; (壬) 癸, au contraire, se rapportent à l'eau et au dieu qui est préposé à cet élément. Cf. 靑 (帝). 蘂然 *joei-jan* signifie que tous les ornements des habits sont au complet, quoique *joei* seul ait le sens de *pendre*.

度 置之†外＝不較橫逆. Écarter quelqu'un de ses calculs : ne plus contester (lutter) avec un rebelle, ou : ne plus s'occuper de quelqu'un. L'Empereur 光武帝, après la mort de l'usurpateur 王莽 *Wang Mang,* fatigué d'une longue lutte, à l'issue de laquelle ses deux compétiteurs 隗囂 *Wei Hiao* et 公孫述 *Kong-suen Chou* n'en continuaient pas moins à rester maîtres, le premier, de 天水, et le second du *Se-tch'oan* occidental, se résolut, en l'an 30 ap. J.-C. à cesser les hostilités. A ce propos il dit à ses Généraux : 且當置此兩子於度外耳. (後漢書隗囂傳).

庭 †外只可栽花. Devant la salle, il n'y avait que la place pour cultiver quelques fleurs : la résidence de 寇萊公 *K'eou Lai-kong,* alors même qu'il était Ministre (sous les *Song),* était petite. Cette simplicité était connue jusque chez les *K'i-tan,* dont un envoyé, demandait un jour dans une réunion de mandarins : «Quel est ici le Ministre dont l'habitation est trop étroite pour y permettre d'élever des étages et des tours?» 誰是無宅起樓臺相公. (朱子).

†前樹悴. Devant la salle, l'arbre se dessécha Sous les *Han,* 田眞 *T'ien Tchen,* Préfet de la Capitale, et ses deux frères 慶 *K'ing* et 廣 *Koang,* avaient enfin décidé de faire le partage des biens patrimoniaux. Tout devait être divisé également entre les trois, même jusqu'à un gaînier 紫荆 touffu qui poussait dans la cour. Mais voilà qu'au moment où l'on s'apprêtait à abattre l'arbre pour le fendre, on le trouva mort sur pied. *Tchen,* frappé de cette leçon, revint sur son projet et exhorta ses frères à rester unis comme par le passé. A peine la résolution était-elle prise que le gaînier reverdissait. (吳均, 續齊諧記). Cette légende a donné lieu aux expressions suivantes : 分荆, 荆樹分株, 田氏分財 dont le sens est : discorde entre frères. A la mort d'un frère on dit : 庭荆憔悴 (ou 顦顇) le *cercis sinensis* s'est desséché.

座 八†. Les huit sièges : les six Présidents des grands tribunaux et deux hauts dignitaires appelés 僕射 (auj. 內閣大學士).

主†=有 (al. 主) 司. Le Président des sièges, c.-à-d. des examens. L'Examinateur de la Licence a le titre de 大主老, du Doctorat (première épreuve ou 會試) celui de 大總裁. Quant au concours pour le Doctorat (seconde épreuve 殿 (al. 延) 試), la présidence en est dévolue à l'Empereur lui-même, aussi les candidats élus ne se considèrent plus que comme les disciples du Fils du Ciel. (王明清揮麈前錄).

庫 四†. Les quatre dépôts ou sections de livres établies par 唐玄宗 dans les bibliothèques impériales de ses deux Capitales. *Lo-yang* et *Tch'ang-ngan.* La première section désignée par le caractère cyclique 甲, dont tous les ouvrages portaient une fiche rouge en os 赤牙籤, renfermait les Canoniques et Semi-Canoniques; la seconde 乙. les Annales; la troisième 丙, les Philosophes et la quatrième 丁, les Collections diverses. Les fiches de ces trois dernières séries étaient respectivement bleues, vertes ou blanches. (唐書藝文志). 牙籤 signifie maintenant livres.

康 †莊. Grande et belle route. *K'ang,* carrefour où convergent cinq voies, et *tchoang,* carrefour où il y en a six à se croiser. (釋名).

廈 擴萬間之廣†. Je voudrais pouvoir «dilater (construire) un vaste édifice de dix mille chambres, pour y loger tous les lettrés pauvres,» disait le poète *Tou Fou.*

庾 †彥達. *Yu Yen-ta,* contemporain des *Song,* est resté le modèle d'un bon frère, parce que, nommé Gouverneur de 益州, il partageait ses appointements avec sa sœur. (宋史).

†嶺梅舒. Sur le mont *Yu* le prunier fleurit graduellement. Les fleurs éclosent d'abord sur ses branches exposées au midi, puis, quand elles sont fanées, on en voit paraître d'autres du côté tourné au nord. (白居易).

廉 †慶爲刎頸之交. *Lien Fan Chou-tou* 范叔度, de 杜陵, et *K'ing Hong* 鴻, de 洛陽, s'unirent d'amitié à la vie à la mort, m. à m. jusqu'à se faire égorger *(wen-king)* l'un pour l'autre. On disait à propos de ces deux contemporains des *Han* : 前有管鮑, 後有廉慶 «*Lien* et *K'ing* ont été dans la suite, ce qu'avaient été jadis *Koan* et *Pao*», tous deux célèbres par leur intimité.

†頗與相如爲刎頸交. *Lien P'ouo* et *Lin* 藺 *Siang-jou* furent amis à la vie à la mort. *Lien,* fameux Général de 惠文 (298-265) Roi de *Tchao,* qui avait, en 283, défait les armées du royaume de *Ts'i,* s'était vu, après cet exploit, élever à la dignité de Ministre; mais irrité d'occuper une position encore inférieure à celle de *Siang-jou,* il avait promis de l'accabler d'injures, la première fois qu'il le rencontrerait. «Cet homme-là, disait-il, n'a que l'insignifiant mérite de savoir manier sa langue, tandis que sièges et batailles rangées (en plaine) sont mes grands services à moi, et pourtant il est au-dessus de moi!» 我爲趙將有攻城野戰之大功, 相如徒以口舌爲勞而位居我上,必辱之. On rapporta ce propos à *Lin,* qui loin de chercher à se venger de son adversaire, s'observait au contraire, dans l'intérêt du royaume, pour ne pas lui offrir l'occasion d'épancher sa colère. *Lien* apprit le généreux sentiment qui l'animait et en fut touché. Il se rendit même chez lui «les épaules découvertes et portant des verges» comme pour lui demander qu'il lui infligeât la punition que méritait son indigne conduite. L'amitié la plus grande suivit cette réconciliation. 頗肉袒負荆至門謝罪,卒爲刎頸交. (史記廉頗藺相如列傳).

廚 兵†之擾=謝擾人. J'ai dérangé la cuisine des soldats, dira-t-on, en s'excusant du tracas que l'on aura causé à celui chez qui l'on a dîné. Le lettré buveur 阮藉嗣宗 *Yuen Tsié Se-tsong,* des *Tsin,* apprenant que la place de Capitaine d'infanterie 步兵校尉 (auj. 佐領) était vacante, fit des démarches pour l'obtenir, parce que la cave du régiment était bien garnie et permettait de joyeux dîners. (世說新語). Le poète 庾信子山 *Yu Sin Tse-chan,* nommé aussi 庾開府 *Yu K'ai-fou,* de la charge qu'il occupa sous la dynastie *Liang* (502-557), me semble faire allusion à ce fait dans ces vers : 頻朝中散客. 連日步兵廚. «Tous les jours venait 嵇 *Ki Tchong-san (Ki K'ang Chou-yé* 康叔夜*)* et tous les jours on buvait copieusement.» *K'ang,* ami de *Tsié,* fut 中散大夫 (auj. 散秩大臣. Chambellan de second degré, de qui relève le commandement des gardes du palais). (庾信有喜致醉詩). On se sert encore de la formule suivante pour remercier d'un dîner : 郇廚之擾 j'ai été une source d'ennui pour la cuisine du Duc de *Siun,* c.-à-d. de 韋陟 *Wei Tche.*

香積†=寺院齋†. La cuisine aux parfums multiples : la cuisine maigre d'une bonzerie. Le solitaire 維摩 *Wei-mo,* envoya huit 菩薩 *p'ou-sa* (bodhisattwa) au royaume *de tous les parfums* 衆香國 offrir en son nom leurs respects à Bouddha, et demander pour lui les restes des repas du *Vénérable du siècle* 世尊 (épithète réservée à Bouddha). Ces restes, prétendait-il, auraient la vertu de l'aider dans la pratique de la vie bouddhique en ce monde d'épreuves 娑婆世界 *Saha che-kiai. Jou-lai* (Bouddha) *aux parfums multiples* 香積如來 prit aussitôt la sébile 衆香鉢 et la remit pleine à ces étrangers. (維摩經). *P'ou-sa,* être intelligent qui n'a plus qu'une étape à fournir dans la série des transformations pour devenir un bouddha. *Saha,* cette vallée de tribulations habitée par ceux qui sont sujets à la transmigration et pour lesquels s'incarnent les bouddhas.

廟 †見=新婦謁祖先. Visite faite par la nouvelle mariée aux ancêtres de son époux, dans leur temple. (禮曾子問). Cette cérémonie se pratiquait jadis, trois mois après le mariage, lorsque le beau-père et la belle-mère 舅姑 de la jeune femme étaient déjà morts, à son arrivée dans sa nouvelle famille. 廟見 Mariage.

廣 †陽. Sous les *Han,* nom de la région où est situé *Péking.* Sous les *Tcheou,* on l'appelait 幽州, sous les *Han* encore 燕國, sous les *Ts'in* 上谷 et 漁陽, sous les *Tsin* et les *T'ang* 范陽, sous les *Song* 燕山, et sous les *Ming* 北平 puis 順天. Ce pays, dit aujourd'hui 北直, porta encore le nom de 三韓. 金臺 autre appellation de la Capitale, lui vient de ce que non loin de son emplacement actuel, le Roi *Tchao,* de *Yen* 燕昭王, avait construit la tour 黃金臺 renfermant des sommes destinées aux sages qui viendraient à sa Cour. (李善文選注).

廬 倚†. Se retirer dans la cabane mortuaire appuyée à l'arbre : être en deuil de son père ou de sa mère. (禮喪禮).

CLASSIF. 57. 弓.

弓 楚†楚得. L'arc de *Tch'ou* sera trouvé par *Tch'ou. Kong* 恭, Roi de ce pays, perdit son arc 烏號 (al. 烏嗥) dans une partie de chasse; et comme les gens de sa suite voulaient aller le chercher, il les retint par ces paroles : « Somme toute quelqu'un de mes sujets ramassera l'arme que j'ai perdue, inutile donc de faire des recherches.» 楚王失弓楚得之又何求之. Confucius vit dans cette façon de s'exprimer une grande étroitesse d'idée, car, d'après lui, le Roi aurait dû généraliser ainsi : « Ce qu'un simple mortel a égaré, un autre le recueillera, que vient faire ici *Tch'ou* seul?» 人遺弓人得之而已，何必楚也. (孔子家語).

强†. Un arc très difficile à bander. *Yang K'an Tsou-hin* 羊侃祖忻, de l'époque 南北朝, dont la force et l'adresse sont restées proverbiales, se servait à cheval d'un arc de six *tan* 六石弓. Le Général *Hi K'ang-cheng* 奚康生, des *Wei* postérieurs, à la même époque 南北, pouvait en tendre un d'une plus grande résistance 百 (al. 十) 石之弓.

弗 †陵太子懷胎十四月而始生. La mère du Prince héritier *Fou-ling* le mit au monde. après quatorze mois de grossesse. *Tchao* la maitresse du harem 趙倢伃, concubine favorite de 孝武帝 *(sic)* ou simplement 武帝, et connue sous le nom de 鉤弋 *Keou-i* (Cf. 拳夫人) donna le jour, dans le palais 鉤弋宮, à celui qui devait être 昭帝. L'Empereur à la vue de cette grossesse merveilleuse. arrivée déjà, dit-on, à la mère de *Yao,* quand elle portait celui-ci dans son sein, appela 堯母門 la salle où venait de naitre *Fou-ling*. Les intrigues de *Keou-i* assurèrent plus tard l'accès du trône à son enfant, à l'exclusion de 衛太子 désigné d'abord pour succéder à son père *Ou-ti*. Dans l'histoire, *Fou-ling* est quelquefois désigné par le seul caractère 弗. (漢書外戚傳 et 武帝紀).

弟 難得者†兄. Des frères sont plus difficiles à trouver que des terres 易求者田地. Par ces mots accompagnés de ses larmes 蘇瓊 *Sou K'iong,* Gouverneur de 清河

sous les *T'si* septentrionaux, fit cesser la discorde qui, à propos de partage de terres, existait depuis de longues années entre 乙普明 *I P'ou-ming* et ses frères. (北齊書循吏傳).

弦 La forme d'un demi-cercle que présente la lune dans ses quadratures, le 8 et le 9, le 22 et le 23 du mois. Le premier quartier se dit 上弦 et le dernier 下弦.

佩†以自勉. Porter sur soi la corde d'un arc, dont la vue est un stimulant à se corriger. *Tong Ngan-yu* 董安于 apprenait de cet objet à mettre plus de raideur et d'énergie dans son caractère naturellement porté à la mollesse. (韓非子觀行). *Fou Pou-ts'i Tse-ts'ien* 宓不齊子賤, Gouverneur de 單父 *Chan-fou*, au *Chan-tong*, et contemporain de Confucius, recourait, dans le même but, à cet expédient. (文苑).

弩 硬†枯藤之字. Caractères remarquables par la vigueur des traits. Ces métaphores et les suivantes s'appliquèrent à l'écriture de 宋翼 *Song I*, des *Han*, élève du calligraphe 鍾繇 *Tchong Yeou*. 每畫一波三折筆,作一戈如百鈞弩發,作一點如高峰墜石,作一牽如萬歲枯藤,作一放縱如驚蛇入草. «Il déployait une telle énergie quand il écrivait, que, pour le trait horizontal, son pinceau avait l'air de se briser trois fois (au moment où il l'appliquait, au milieu et au coup final); pour le trait qui, comme dans *kouo* descend en s'infléchissant vers la droite, il faisait l'effet d'un arc de trois mille livres décochant une flèche; pour le point, sa main semblait une lourde pierre tombant d'une cime élevée. Traçait-il les traits anguleux comme ceux dont est formé en grande partie le caractère *k'ien*, c'était comme des rotins secs de dix mille ans. Formait-il le jambage lancé (légèrement arqué et terminé en pointe), on aurait dit une couleuvre effrayée se glissant dans l'herbe.» (豐坊書訣).

弧 懸†令旦. Le grand jour de la suspension de l'arc (*hou*) à gauche de la porte : la naissance d'un garçon. 子生,男子設弧於門左. (禮內則). Cette cérémonie symbolique signifiait les futures occupations guerrières du nouveau-né. Un autre texte porte qu'en cette joyeuse circonstance on lançait six fois une flèche en roseau avec un arc en bois de mûrier, vers le ciel, la terre et les quatre points cardinaux. 以桑弧蓬矢六射天地四方. (禮射義).

兆卜張†因姑遣嫁. A l'occasion du mariage de la tante, augurer par la divination que l'on bandera l'arc : prévoir les funestes résultats d'un mariage. *Hien* Duc de *Tsin* 晉獻公, avant de donner la main de sa 伯姬 fille aînée au Prince de

Ts'in 秦, consulta les sorts, qui répondirent par les hexagrammes 歸妹 et 睽. *Sou,* le devin officiel 史蘇, les interpréta ainsi : «Le mariage de la jeune fille sera défavorable au pauvre neveu, contraint, après une guerre, de suivre sa tante.» 歸妹睽孤, 寇張之弧, 姪其從姑. Plus tard, en effet, *Ts'in,* vainqueur de *Tsin,* réclama comme ôtage *Tse-yu* 子圉, fils du Duc de ce dernier pays, et ainsi se réalisa la prévision. (左傳僖). L'hexagramme *Koei-mei,* symbole d'une union dont l'issue est fatale; l'hexagramme *K'oei,* symbole de l'opposition, comme celle qui existe entre 兌 le lac et 離 le feu.

張 † 公藝. *Tchang Kong-i,* des *T'ang,* célèbre pour avoir fait régner la plus grande concorde dans sa très nombreuse famille. L'Empereur 高宗, en visite chez lui 幸其第, voulut savoir par quels moyens il obtenait un si merveilleux résultat. *Tchang* pour toute réponse se contenta d'écrire plus de cent fois le caractère 忍 patience. (唐孝友傳). 必師公藝之百忍, 斯開裕後. «Il faut prendre modèle sur les cent *jen* de *Kong-i,* et l'on assurera la prospérité de ses descendants.» 垂裕後昆. (詩經).

† 范之情通. La sympathie de *Tchang* et de *Fan* : grande intimité. Sous les *Han, Fan Che Kiu-k'ing* 范式巨卿, de 山陽, se lia d'amitié avec 張劭元伯 *Tchang Chao Yuen-pé,* de 汝南, pendant que, loin de son pays, il étudiait au collège impérial de la Capitale 遊太學. (後漢書). 范張 : amis. Cf. (雞)黍.

† 柬之孟將. *Tchang Kien-tche Mong-tsiang,* malgré ses 82 ans, mérita de se voir proposer pour le Ministère 同平章事, par 狄仁傑 *Ti Jen-kié,* sous le règne de l'Impératrice 武則天 *Ou Tsé-t'ien* (684-705). Ses services lui valurent le titre de 漢陽王.

† 說道濟. *Tchang Chouo Tao-tsi,* Ministre de 唐玄宗 (713-756), se fit surtout un nom par son talent à rédiger les proclamations impériales. Il fut créé 燕公.

† 嘉貞. *Tchang Kia-tcheng,* élevé aux dignités par l'Impératrice 天后 (684-705). Lui, son fils 延賞 *Yen-chang* et son petit-fils 弘靖 *Hong-tsing,* furent tous trois Ministres.

† 浚德遠. *Tchang Siun Té-yuen,* créé 魏公, collègue de 趙鼎 *Tchao Ting* au Ministère, sous le règne de 唐高宗 (650-634).

† 敞爲妻畫眉. *Tchang Tch'ang* peignit les sourcils de sa femme. Le bruit se répandit à *Tch'ang-ngan* la Capitale, dont

il était Préfet, que ce mandarin, habile mais sans gravité, s'amusait ainsi avec les sourcils de son épouse 長安中傳張京兆眉憮. L'Empereur averti manda le coupable qui s'excusa en disant que choses pareilles n'étaient rien entre époux. (漢書張敞傳). 憮 *ou*, cajoler, flatter, équivaut à 嫵.

五†號明經. Les cinq frères *Tchang*, contemporains des *T'ang*, méritèrent l'épithète de versés dans l'intelligence des Livres canoniques. Ils s'appelaient 知謇匪躬 *Tche-kien Fei-kong*, 知元 *Tche-yuen*, 知晦 *Tche-hoei*, 知泰 *Tche-t'ai* et 知默 *Tche-mei*. Leur science administrative et la pureté de leur vie contribuèrent encore à rendre leur nom fameux. (唐書張知謇傳).

†鎮戲說佳兒. Le contemporain des *Tsin*, *Tchang Tcheng* ou *Tchang Tsang-ou* 蒼梧, ainsi nommé parce qu'il était Gouverneur de ce pays, plaisantait avec les mots «enfant remarquable.» Un jour il disait à son fils, père de *Tchang P'ing Tch'ang-tsong* 憑長宗 : «Tu es plus heureux que moi, car toi tu as un enfant distingué.» Le petit *P'ing* répartit aussitôt: «Convient-il, grand-père, de vous moquer de mon père à propos de moi?» 阿翁詎宜以子戲父. (世說新語). Ailleurs on trouve 以父戲子. Prendre occasion du père pour se moquer du fils.

†遼文遠出闈而復入圍. *Tchang Liao Wen-yuen*, cerné dans 合肥 par l'armée innombrable de 孫權 *Suen K'iuen*, s'ouvrit avec une poignée de ses gens un passage au travers des lignes ennemies; mais entendant ceux qui étaient restés lui reprocher de les abandonner, il revint sur ses pas et les sauva tous. (魏志張遼傳).

†道士作五里之霧. Le taoïste *Tchang Kiai Kong-tch'ao* 楷公超 adonné à l'étude de la magie dans sa retraite du mont 宏農山, avait la vertu de produire des brouillards d'une étendue de cinq *li*. *P'ei Yeou* 裴優 qui n'en faisait que de trois voulut apprendre de lui son art merveilleux, mais *Kiai* se cacha et refusa de le recevoir. (後漢書張楷傳).

弼 †亮之臣. Des Ministres capables d'aider *(pi)* et d'éclairer *(liang)* leur souverain. (書畢命).

彀 入†英雄. «Tous les hommes remarquables de mon empire viennent à portée de mon arc, c.-à-d. je les tiens,» s'écria 唐太宗 assistant, à la porte 端門, au défilé des nouveaux Docteurs. 天下英雄入吾彀中矣. (唐摭言). *Jou-keou* signifie maintenant, succès aux examens supérieurs de littérature, et composition admirablement faite.

彈十丸. *T'an-wan,* projectile : petite place forte. (戰國策). Ces caractères se joignent souvent à l'expression 黑子 tache noire sur le visage 黶子, dont le sens est le même. (漢書賈誼傳).

CLASSIF. 58. 彐.

彙十征之途 = 進賢. La méthode de l'avancement des gens de cette catégorie : la promotion des sages, ce qui se fait surtout par la voie des examens littéraires. 以其彙征吉. (易泰卦). 彙 — 類. 征 — 進.

彘人十. La truie humaine. L'Impératrice 呂后, épouse de 漢高祖, appela ainsi la concubine 戚夫人 *Ts'i-fou-jen,* après lui avoir fait subir les plus horribles mutilations. *Kao-tsou* avait eu de cette concubine *Ts'i* 戚姬, native de 定陶 au *Chan-tong,* un enfant nommé 如意 *Jou-i* et créé 趙王. Le monarque avait même manifesté le désir de le proclamer son héritier. *Liu-heou* profita de la mort de *Kao-tsou* pour assouvir sa haine jalouse sur *Ts'i-fou-jen* et son fils. Elle fit d'abord empoisonner celui-ci, puis elle ordonna de couper les pieds et les mains à sa rivale, de lui arracher les yeux et de lui donner une drogue qui lui enlevât l'usage de la parole 瘖藥. La victime réduite en cet état fut jetée sur un fumier et qualifiée de *Jen-tche.* (史記呂后本紀).

CLASSIF. 59. 彡.

形忘十 = 披衿(襟)領契. Oublier son corps (李詩) : entr'ouvrant la partie de l'habit croisée sur la poitrine *(kin)* attirer (un ami sur son cœur) dans l'union la plus complète *(k'i).* Grande intimité où l'on est comme un même corps sous un seul habit. Cette dernière image se trouve à propos de *K'ong Choen-tche Yen-chen* 孔淳之彥深, des *Tsin,* lorsqu'il fit la connaissance du bonze 法崇 *Fa-tch'ong* à 三山. Dès l'abord la plus franche cordialité régna entre ces deux personnages. *P'i-kin* : l'amitié.

彪十着羊十雄而羊敗. Si le tigre s'attaque à une brebis, comme il est plus fort, celle-ci succombe. Jeu de mots sur les noms de deux personnages s'appelant, l'un, 夏侯彪 *Hia Heou-piao,* et l'autre, 楊思元 *Yang Se-yuen,* Vice-président du Ministère des charges sous les *T'ang*. *Yang* accusé par *Piao* d'injustice dans la collation des dignités, perdit sa place. (太平廣記).

彭 † 祖八百遐齡. *P'ong-tsou* atteignit l'âge avancé de huit cents ans. (列子). Ce personnage légendaire désigné dans le 論語 sous le nom de 老彭, s'appelait 籛鏗 *Tsien K'eng* et reçut en fief de l'Empereur *Yao* la ville de 彭城. d'où la dénomination de *P'ong*. Sous les *Chang*, il occupa, dit-on, la charge de 守藏史. et. sous les *Tcheou*, celle de 柱下史, deux dignités identifiées avec celle du 直閣事 actuel. *Tche-ko-che*, Archiviste du Ministre d'État qui porte le titre de 文淵閣.

† 越. *P'ong Yué*, célèbre aventurier qui de pêcheur se fit soldat. Il prêta le concours de ses bandes à 劉邦 *Lieou Pang*, fondateur des *Han*, dans la lutte contre ses rivaux *Tch'en Cheng* 陳勝 et *Hiang Liang* 項梁, père de 羽 *Yu*. *Hiang Yu* fut lui-même, plus tard, battu par *Yué* à 垓下 au *Ngan-hoei*, défaite qui causa le suicide du héros vaincu. *Han Kao-tsou*, créa *Yué* Roi de *Liang* 梁王.

影 日中無 †. L'enfant né d'un père âgé 老陽 ne donne pas d'ombre au soleil. Un vieillard, dans le désir d'avoir un garçon, consolation dont il avait été privé jusque-là, s'était remarié à 90 ans. Ses vœux se réalisèrent enfin, mais des héritiers collatéraux frustrés dans leur attente par cette naissance, mirent en doute la question de la paternité. On déféra le cas au Ministre *Ping Ki* 丙吉, des *Han*. Celui-ci avait entendu dire que le corps des enfants nés de parents avancés en âge, ne projetait pas d'ombre au soleil. Il en fit donc l'expérience, et constata, à la confusion des calomniateurs, que le nouveau-né était bel et bien légitime. (王令十七史蒙求).

CLASSIF. 60. 彳.

律 † 令. 雷部至捷之鬼曰 † 令. *Liu-ling*, nom d'un démon extrêmement rapide du département du tonnerre. C'était, dit la légende, un coureur au service de 周穆王 qui, à sa mort, eut dans ses attributions d'accompagner le tonnerre. (搜神記). 令 s'écrit parfois 零. «Les derniers mots des formules d'incantation (prononcées, par ex. par les 道士 dans leurs cérémonies, en brandissant une épée) sont *ki-ki jou liu-ling*.» 符咒之類末句：急急如律令. (資暇錄). 律令 signifie encore proclamations.

不 † 用於文人. Le pinceau *(pou-liu)* est employé par les lettrés. (爾雅). D'après un commentateur, ce mot serait spécial au pays de 蜀, tandis qu'un autre l'attribue à celui de 吳. L'on dit aussi 吳律 dans le même sens.

徐 † 惠妃援筆成文. La concubine *Siu Hoei-fei* saisissant son pinceau composait de beaux morceaux de littérature. Cette femme lettrée n'avait encore que huit ans, quand, sur l'ordre son père 徐孝德 *Siu Hiao-té,* elle écrivit le poème intitulé 小山篇, à l'imitation du *Li-sao* 擬離騷. L'Empereur 唐太宗 eut connaissance de son talent et l'introduisit dans son harem, où il l'éleva plus tard au rang de 充容. *T'ai-tsong,* sur qui elle sut gagner un grand ascendant, lui conféra le titre posthume de 賢妃. (唐書后妃傳). Parmi les concubines classées dans la catégorie des 九嬪, on compte plusieurs degrés, dont le second s'appelle 順容 et le neuvième 充容.

從 三 †. Les trois sujétions de la femme. Confucius disait: «Elle ne peut suivre sa propre volonté, mais, non encore mariée, elle est sous l'autorité du père, mariée, sous celle de l'époux, et veuve, sous celle de son fils.» 無專制之義, 有三從之道, 在家從父, 適人從夫, 夫死從子. (大戴禮本命篇).

得 一 †. Sur mille prévisions, il arrive au moins une fois à l'homme borné de tomber juste, comme à l'homme prudent de se tromper. 愚者千慮必有一得, 智者千慮必有一失. *King,* Duc de *Ts'i* 齊景公, offrit une forte somme à son Ministre 晏子嬰 *Yen-tse Yng.* Celui-ci refusa et répondit au Duc qui, pour vaincre sa résistance, lui avait cité l'exemple de 管仲 *Koan Tchong* acceptant jadis un semblable présent de 齊桓公 : «Le sage *Koan* ne se sera-t-il pas par hasard trompé cette fois, comme le contraire m'arrive en cette unique occasion?» 意者管仲之失而嬰之得耶. (晏子春秋).

德 四 † = 婦 †, 婦言, 婦容, 婦功. Les quatre recommandations faites à la jeune fille peu avant son mariage. On lui enseignait alors qu'elle aurait à observer les vertus de l'épouse : la fidélité et la soumission à son mari (貞順), on l'instruisait sur la manière de parler et de commander propre à son nouvel état (辭令). sur la façon d'ordonner son extérieur avec une grâce aimable (婉娩 *yuen-wan*), et sur l'activité avec laquelle elle devrait travailler la soie et le chanvre (絲枲 *si*). (周禮天官). *Se-té* peut se traduire encore par les quatre vertus de la femme mariée.

七 † 舞. La danse des sept vertus célébrait les victoires

remportées par 唐太宗, alors qu'il n'était que Prince héritier. avec le titre de 秦王. Intitulée d'abord 破陣樂曲 Chant de la défaite des armées ennemies, elle fut remaniée à son accession au trône, et pr.t en cette circonstance le nom susdit. (唐書禮樂志).

†禽. Le vertueux volatile : le coq. la poule. *T'ien Kiao* 田僥 dont les excellents conseils n'étaient nullement écoutés de son Prince 哀公 de 魯, se comparait devant lui, au coq que l'on estime peu, parce que c'est un animal qu'il est facile de se procurer, tandis que la grue 黃鵠, plutôt nuisible qu'utile. a du prix pour l'unique raison qu'elle vient de loin. Et pourtant le coq possède cinq qualités 五德 : la distinction civile, indiquée par sa crête; l'esprit militaire. manifesté par ses ergots; le courage, visible dans sa façon de fondre sur son antagoniste; la bonté, qu'il montre en appelant ses congénères, quand on lui jette la picorée; enfin, la fidélité, dont il fait preuve en indiquant l'aurore, sans jamais se tromper. 首戴冠者文也，足搏距者武也，敵敢鬬者勇也，得食相告仁也，守夜不失時信也. «Je pars, ajouta *T'ien* après cette explication. peut-être que lorsque je serai loin de vous comme une grue, m'apprécierez-vous davantage.» 臣將去君黃鵠舉矣. (韓詩外傳).

飽†. «Je suis rassasié de vos bienfaits», dit-on pour remercier celui à la table de qui on s'est assis. 既醉以酒，既飽以德. (詩大雅).

徽†欽二宗蒙塵於北. Les deux Empereurs *Hoei-tsong* et *K'in-tsong* des *Song* Septentrionaux furent aveuglés de poussière, c.-à-d. pris et emmenés en captivité dans les pays du nord. En 1126, les Tartares *Kin* 金 ou 女貞 *Niu-tcheng* attaquèrent *K'ai-fong-fou,* Capitale des *Song*. *Hoei-tsong,* dans l'espoir de voir les affaires se rétablir. abdiqua en faveur de son fils *K'in-tsong* et se retira à *Po-tcheou,* puis à *Tchen-kiang,* au *Kiang-nan*. Son successeur ne réussit pas davantage à faire face à l'ennemi, et le fugitif revint à *K'ai-fong,* où il tomba avec son fils entre les mains des envahisseurs, qui les envoyèrent tous deux mourir dans les plaines de 沙漠 *Gobi*. Les vainqueurs mirent sur le trône 張邦昌 *Tchang Pang-tch'ang,* avec le titre d'Empereur de *Tch'ou* 楚帝, mais dès qu'ils se furent retirés, l'élu alla faire sa soumission au neuvième fils de *Hoei-tsong,* fondateur des *Song* méridionaux.

CLASSIF. 61. 心.

心 †服孔門. A l'école de Confucius tous les cœurs étaient soumis (孟子) et tous les disciples apprenaient de lui à juger sainement. 折衷于夫子. (孔子世家). *Tché* juger, *tchong* juste. 衷 = 平, balance en équilibre.

. †中事, 眼中淚, 意中人. Au cœur les mêmes affaires, aux yeux les mêmes larmes. à la pensée les mêmes personnes : avoir des sentiments semblables. 張先子野 *Tchang Sien Tse-yé* était surnommé 張三中 pour ce motif. (樂府紀聞).

†腹鉄石. Cœur de fer et entrailles de pierre, surnom donné à 敬肅 *King Sou*, grand mandarin de la Cour de 煬帝. (隋書循吏傳). *P'i Je-hieou* 皮日休, qui connaissait la sévérité de 宋璟廣平 *Song Yn Koang-p'ing*, qualifiée des mêmes épithètes, fut agréablement surpris, en lisant sa description poétique intitulée 梅花賦 (Cf. Zott. V. 669). d'y découvrir une limpidité, une facilité, une richesse et une beauté de sentiments 淸便富艷 qu'il n'aurait jamais supposées de la part d'un homme si dur. (皮日休桃花賦序). *P'i* et *Song* vivaient sous les *T'ang*.

昔年辛苦莫負初†. La peine que l'on s'est donnée les années précédentes ne frustre pas le cœur, ne trompe pas l'ardeur du début : un travail acharné est récompensé par le succès aux examens. (邵氏聞見後錄).

推†置腹. Prendre son cœur pour le déposer dans le sein d'un autre : traiter avec quelqu'un en toute sincérité, comme le Roi de *Siao (Koang-ou-ti)*. 蕭王推赤心置人腹中. (後漢書光武帝紀).

銘†刻 (al. 鏤) 骨. Écrit dans le cœur (吳志), gravé sur les os (後漢書) : bienfait inoubliable. — 心地光明吉神呵護. Les bons génies aideront *(ho)* et protégeront le cœur pur et limpide.

包藏禍†=人†叵測. Cacher des desseins pervers (左傳昭) : sentiments dont il est impossible *(p'ouo)* de sonder la malice. (史記淮陰傳).

†煩技癢=欲逞所長. Le cœur est inquiet et l'habileté démange : être désireux de se livrer à ce en quoi l'on excelle, c.-à-d. de montrer son savoir-faire. L'expression se dit du musicien *Kao Tsien-li* 高漸離 qui, sous un nom d'emprunt, s'était

engagé comme simple domestique, et se trahit un jour en entendant jouer de la lyre. (風 俗 通). On écrit encore 伎 懩. (射 雉 賦).

忍 † 默 = 謹 飭. Patient et silencieux : attentif et appliqué (à se perfectionner). D'après le poète taoïste 山 谷 *Chan-kou* (黄 庭 堅 *Hoang T'ing-kien*), l'art de régler sa vie doit être comme frappé au coin de ces quatre maximes 養 生 之 四 印. «Mieux vaut la patience que cent victoires. Le silence est préférable à dix mille paroles même dites à propos. Tout considérer d'un œil égal, sans avoir de préférence pour rien. Montrer un cœur sincère, sans cacher la moindre chose.» 百 戰 百 勝 不 如 一 忍, 萬 言 萬 當 不 如 一 默, 無 可 揀 擇 眼 界 平, 不 藏 秋 毫 心 地 直.

志 人 物 †. *Li Cheou-sou* 李 守 素, des *T'ang*, attaché comme secrétaire à l'administration des greniers publics 倉 曹 參 軍, avait la mémoire des noms à un si haut degré, qu'on lui donnait le surnom de 肉 譜, changé ensuite par *Yu Che-nan* 虞 世 南, son contemporain, en celui de *Registre des humains*. 昔 任 彥 昇 (al. 升) 通 經 時 稱 五 經 笥, 今 以 倉 曹 爲 人 物 志 可 乎. «Jadis, disait *Yu*, la science des classiques fit décerner à *Jen Fang* 昉 *Yuen-chen* l'épithète de *Corbeille des cinq canoniques*, aujourd'hui le *Ts'ang-ts'ao* ne mérite-t-il pas celle de *Jen-ou-tche*?» (唐 書 李 守 素 傳). *Jen* vivait sous le règne de 梁 武 帝 (502-550).

忠 † 孝 之 求 眞 難 副 主. Qu'il fut difficile de contenter l'Empereur demandant que le 狀元 premier Docteur fût un lettré fidèle et doué de piété filiale. On raconte que 宋 神 宗, à la fin d'une session d'examens, prit la première copie et adressa cette prière au Ciel, pendant qu'on brûlait de l'encens : «Je désire que le *Tchoang-yuen* soit un sujet fidèle et un fils pieux.» Le nom du candidat aussitôt décacheté se trouva être celui de 鄭 獬 *Tch'eng Hiai*. (塵 史).

† 信 慈 惠 之 師. Les mandarins (les juges) doivent montrer de la loyauté et de la clémence. (左 傳 昭).

盡 † 報 國. Fidélité entière au service du royaume. Sous le règne de 高 宗 (1127-1167), *Ts'in Koei* 秦 檜, jaloux des éclatants services du brave Général 岳 飛 *Yo Fei*, le fit jeter, lui et son fils 雲 *Yun*, en prison, sous l'inculpation de rébellion. *Fei*, traduit devant *Ho Tchou* 何 鑄. montra à ce juge son dos, où étaient tatoués les quatre caractères susdits. A cette vue, *Tchou* conclut à son innocence; mais *Koei* laissa le Général mourir dans son cachot, tandis que *Yun* eut le tête tranchée. (宋 史 何 鑄 傳).

岳飛涅背間之字. Caractères tatoués sur le dos de *Yo Fei.*

怒 衆†難犯專欲難成. Il est difficile d'aller contre la colère de tous, de même qu'il est difficile que le désir d'un seul réussisse. Par ces mots 子產 *Tse-tch'an,* Ministre de 鄭, dissuadait son collègue 子孔 *Tse-k'ong* de sévir contre les mandarins insoumis. (左傳襄).

思 于†. *Yu-sai,* le barbu. Sobriquet donné à 華元 *Hoa Yuen* Général du royaume de *Song,* après sa défaite par les armées de *Tch'eng.* 于思于思棄甲復來. (左傳宣). *Sai,* joue.

退†巖. Le rocher où l'on se retire pour méditer. Le Censeur 魯宗道 *Lou Tsong-tao,* des *Song,* appelait ainsi le cabinet qui lui servait de retraite. (國老談苑).

去†. Penser au partant : garder un excellent souvenir d'un mandarin transféré à un autre poste, le regretter.

恬 †筆. Le pinceau à écrire dont l'invention est attribuée à *Mong* 蒙 *T'ien,* Général de l'Empereur 始皇帝. *T'ien* fut, dit-on, le premier à substituer une pointe en poils de cerf insérée dans un tube en bambou, aux grossiers morceaux de bois en usage jusqu'alors 蒼毫管筆. Ce pinceau s'appela encore 秦筆 de l'époque où il fut inventé. (古今注).

怙 失†失恃. Sans appui, sans soutien : avoir perdu son père et sa mère. 無父何怙無母何恃. (詩小雅). *Che-hou,* orphelin de père; *che-che,* orphelin de mère.

息 †偃. *Si-yen,* se reposant couché. 或息偃在牀,或不日于行. (詩小雅).

一†尙存. Tant qu'on aura un souffle ne pas se relâcher de son ardeur. 志不容少懈. (朱子集注).

恙 無†. En bonne santé. 恙—憂 chagrin. 適沾賤恙. Je suis tombé malade. *Yang* serait, selon quelques-uns, un ver qui ronge le cœur de l'homme, et, selon d'autres, un monstre nommé 㺊 dont *Hoang-ti* pria le ciel de débarrasser son empire. (神異經). 微恙 légère maladie, 心恙 maladie de cœur, 風恙 paralysie.

慈 †悲作室通慧作門. La pitié est la maison du bonze, sa porte la perspicacité.

†侍下. Être sous la bénigne assistance : avoir encore sa

mère. N'avoir plus que son père se dit 嚴侍下, et avoir perdu l'un et l'autre 永感下 être sous l'étreinte d'une émotion éternelle. 具慶下. Dans une félicité entière : avoir encore ses parents. 重慶下. Dans une double félicité; avoir encore ses parents et ses grands-parents. Une espèce de bambou appelé 慈竹 désigne la mère.

惠 †文. Censeur, appelé encore 惠文冠. Ce dignitaire porte aussi le titre de 法冠.

憲 †臺廉†=提刑按察 *Hien-t'ai* et *Lien-hien* : le Grand Juge d'une province. Le caractère *hien* entre dans son titre parce qu'il est chargé d'appliquer les *lois*. On l'appelle encore 大總憲, 大觀八 (al. 察), 天按臬司 ou simplement 臬司. Sous les *Han*, le Président de Ministère avait le titre de 中臺. le Censeur celui de 憲臺. et le 謁者 celui de 外臺. Le *Yé-tché* dont le titre de *Wai-t'ai* est porté par le Grand Juge actuel, semble avoir rempli une charge analogue. Sous les *T'ang*, il existait des Censeurs ou Juges envoyés en automne faire une tournée d'inspection et appelés 廉察. Ceux qui recevaient une mission semblable, mais au printemps, se nommaient 風俗. Ils relevaient d'un double 御史臺 Le magistrat identifié avec le Grand Juge actuel porta encore, sous les *T'ang*, le titre de 採訪處置使, 觀察處置使, sous les *Song*, celui de 觀察使, 提刑司 et 提刑按察司.

應 †生獨舉官銜. Le disciple *Yng* fit seul allusion à son titre mandarinal. *Yng Chao* 劭. de 汝陽, se vantait devant son maître 鄭玄 *Tch'eng Hiuen*, d'avoir été Gouverneur de 泰山, ce qui ne l'avait pas empêché de venir suivre ses leçons 北面稱弟子. *Hiuen* rabattit cet orgueil mal placé, en lui disant qu'à l'école de Confucius. il existait seulement quatre catégories de classement 四科, c.-à-d. la vertu 德行, la parole 言語, la politique 政事, et le savoir littéraire 文學. Quant aux charges mandarinales il n'en était pas question. (後漢書).

憾 敝之而無†. Réponse généreuse de 季路 *Ki-lou* ou *Tse-lou*, disciple de Confucius, à son maître qui l'avait prié de manifester ses goûts. «Je voudrais porter de légères pelisses que je prêterais à mes amis, sans pourtant me fâcher s'il leur arrivait de les détériorer.» (論語).

CLASSIF. 62. 戈.

戈 入室操†. Entrer dans la maison d'un autre et prendre sa lance pour l'en blesser : retourner ses propres armes contre quelqu'un. *Ho Hieou* 何休, de 任城. livré à l'étude des trois commentaires 三傳 des Annales de Confucius intitulées Printemps et Automne, en avait écrit des critiques avec ces titres : 公羊墨守, 左氏膏肓, 穀梁癈疾. *Esprit trop méticuleux de Kong-yang, Maladie incurable de Tso K'ieou-ming, Anémie de Kou-liang. Tch'eng Hiuen K'ang-tch'eng* 鄭玄康成 eut connaissance de ces travaux, et, retournant ces titres contre leur auteur, publia les trois défenses suivantes des commentateurs incriminés : 發墨守, 鍼膏肓, 起癈疾, *Dilatation de l'esprit trop méticuleux, Acuponcture du mal organique, Rétablissement de l'anémie.* A ce propos *Ho Hieou* disait : 康成入吾室操吾矛以伐我乎. «*K'ang-tch'eng* s'est glissé chez moi et s'est servi de la lance qu'il m'a volée pour m'attaquer.» (後漢書鄭玄傳). 墨守 signifie : observation aveugle *(mé)* des règles, par ex. 墨守成章, composer avec une fidélité trop servile aux lois du style.

戎 元十=總兵. *Yuen-jong* appellation du Généralissime ou 將軍. On donne encore à cet officier supérieur les titres de 大總戎. 外總兵, 元帥, 總制. Sous les *Ming*, on classait ainsi les grades dans l'armée : 總兵官, 副總兵, 參將, 遊擊, 守備, 把總. Aujourd'hui, on rend le premier titre par Général de brigade, le troisième par Lieutenant-colonel, le quatrième par Major, le cinquième par Capitaine en second. — 協戎, Major général, 參戎 Colonel ou Lieutenant-colonel (car le 參將 a le titre de 大參戎). 遊戎 Major. 守戎 Capitaine, 千戎 Lieutenant, 把戎 Sous-lieutenant. Le *Ts'an-tsiang* 參將 reçoit encore les appellations honorifiques de 大參戎 et 郎總戎.

戚 辭貴十之婚. Refuser de se marier à une parente de l'Empereur, comme le fit 馮京 *Fong King* qui, pour avoir été reçu premier aux examens supérieurs de littérature, vit 張堯佐 *Tch'ang Yao-tsou*, allié à la famille impériale, lui offrir la main de sa fille avec une riche dot. (筆談).

戟 彥回之髯似十. *Tch'ou* 褚 *Yen-hoei* introduit dans le palais impérial fut sollicité par une princesse du sang. Mais ce fidèle sujet résista à cette femme qui, à la vue d'une telle vertu qu'elle qualifiait de faiblesse, lui dit : «Vous qui avez une si belle barbe aux poils raides comme des lances, comme se fait-il que vous ne soyez pas un homme à idées plus larges?» (南史褚彥回傳).

戴 十禮. Le Mémorial des Rites coordonné par les deux *Tai*. Au commencement des *Han*, le Roi *Hien* de *Ho-kien* 河間獻王 présenta à l'Empereur 131 chapitres concernant les rites, recueillis par les disciples de Confucius et les lettrés d'une époque postérieure. Plus tard, on retrouva la partie intitulée 明堂陰陽記 en 33 chapitres, une autre intitulée 孔子三朝記 en 7 chapitres, une troisième intitulée 羊氏史氏記 en 21 chapitres, enfin une quatrième intitulée 樂記 en 23 chapitres. Tous ces recueils ajoutés à la rédaction du premier exemplaire, que 劉向 *Lieou Hiang* avait réduit à 130 chapitres, fournirent les documents dont se servit 戴德延君 *Tai Té Yen-kiun* pour l'œuvre définitive en 85 chapitres qui porta le nom de 大戴記. Son neveu 戴聖次君 *Tai Cheng Tse-kiun* corrigea ce travail et le divisa en 49 chapitres, d'où la dénomination de 小戴記 donnée à l'ouvrage de *Tai* junior. (隋書經籍志). On distingue trois Canoniques traitant des rites 三禮 : le 周禮 attribué à *Tcheou-kong*, le 儀禮 trouvé dans un mur de la maison de Confucius, et le 禮記 résumé des travaux des disciples de Confucius et surtout de 后蒼 *Heou Ts'ang*, qui vivait un siècle avant J.-C. C'est cette dernière étude, appelée 后氏曲臺記, qui servit de base aux travaux définitifs des deux *Tai* 二戴 et de leur disciple *Ma Yong* 馬融. Le 大學 et le 中庸 faisaient jadis partie du *Li-ki*, mais plus tard on les édita à part, ce qui réduisit à 47 le le nombre des chapitres du Mémorial, Malgré le détail du *mur* 孔壁 donné plus haut, cet ouvrage classique serait le seul, dit-on, auquel Confucius n'aurait pas collaboré. Cependant, il semble peu probable, que le livre où est codifié ce formalisme creux, qui allait si bien au caractère essentiellement anti-philosophique du Philosophe, ait échappé à sa connaissance et à son influence.

CLASSIF. 63. 戶.

戶 千†=†侯. Officier de la dynastie *Ming* identifié avec le 佐領 Capitaine et même le 千總 Lieutenant de nos jours, de même que le 百戶 ou 百宰 de la même époque serait le 把總 Sous-lieutenant actuel. Au premier on donnait encore le titre de 千夫長, comme au second celui de 百夫長. Aujourd'hui ces deux grades sont accordés aux tributaires. Sous les *Ming* encore, le 指揮使 commandait 5000 hommes, tandis que 50 soldats avaient un 總旗, et 10 un 小旗.

掩†摑. La porte fermée, se souffleter (*tchoa*). *Miao Yong* 繆肜 avait toujours vécu dans la plus grande harmonie avec ses frères jusqu'à leur mariage, mais peu à peu les belles-sœurs, souvent en dispute entre elles, réclamèrent la séparation des biens. *Yong* tout désolé se retira dans sa chambre, où on l'entendit se donner des soufflets, et s'attribuer la cause de ces querelles intestines. Tous de courir aussitôt se jeter à ses pieds, et de lui promettre de vivre toujours ensemble et en paix. (後漢書獨行傳).

扁 † 鵲 *Pien-ts'io Ts'in* 秦. du pays de 越. célèbre médecin de l'antiquité. *Ts'in*, alors simple 驛舍 directeur de relais, fut remarqué par un étranger nommé 張桑君 *Tchang Sang-kiun*, qui lui donna à boire de la rosée cueillie sur les arbres 上池水, lui promettant qu'au bout de trente jours l'art médical n'aurait plus de secrets pour lui. Il lui remit en même temps un recueil de recettes merveilleuses. (史記扁鵲列傳). D'après un auteur, *Ts'in* reçut le surnom de *Pien-ts'io*, parce que comme ce dernier, que l'on fait vivre du temps de l'Empereur 軒轅 *(Hoang-ti)*, il connaissait à fond la nature de toutes les maladies. On l'appelle encore 盧醫 le médecin du royaume de *Lou*, pays où il se serait fixé. Cependant on semble faire de *Lou-i* un personnage distinct, qualifié, comme *Ts'in*, de divin Hippocrate 神醫. Cf. 盧. On le nomme aussi 秦緩越石 *Ts'in Hoan Yué-che.*

扊 † 扅爲炊, 百里之厄. Faire la cuisine avec la barre *(yen-i)* de la porte, indique le dénuement de *Pé-li*. L'épouse de *Pé-li Hi* 奚 se rendit au royaume de *Ts'in*, où elle avait appris que ce dernier occupait une haute position et, pour se faire connaître de lui, chanta ce couplet en sa présence. 百里奚五羊皮, 臨別時烹伏雞炊扊扅, 今富貴忘我爲. «*Pé-li Hi*, quand il alla à *Ts'in* tenter la fortune, se vendit pour cinq peaux de mouton, et telle était notre pauvreté alors, que pour cuire la poule *couveuse*, que je lui servis à son départ, je dus mettre au feu la barre de la porte. Maintenant que le voilà riche et élevé, m'oubliera-t-il?» *Mong-tse* a pris la peine de réfuter la légende des cinq peaux de mouton.

CLASSIF. 64. 手.

手 怯士值危機, 倒持 † 版 (al. 板). Rempli d'épouvante dans une circonstance périlleuse, le haut dignitaire tenait renversée la tablette sur laquelle ses titres étaient inscrits. 桓溫 *Hoan Wen* avait invité à une entrevue 謝安 *Sié-Ngan* et 王坦之 *Wang T'an-tche* dont il voulait se débarrasser par la mort. *Wang* s'apercevant du dessein de *Hoan* commença à trembler, et, dans sa frayeur, mit la tête en bas la tablette que l'inférieur porte en présence de son supérieur. *Sié* au contraire, maître de lui-même, fit observer tranquillement à *Hoan* : 聞天下有道, 守在四裔, 明公何須壁後置人. «Quand l'ordre règne dans l'empire, dit-on, on n'a rien à craindre même parmi les barbares des frontières. Comment donc osez-vous placer des sicaires derrière les murs?» Mais *Hoan* lui répondit en riant, que les conjonctures présentes le contraignaient à agir ainsi. (晉書謝安傳).

炙†可熱. Telle était l'ardeur montrée par le Ministre 崔鉉台碩 *Ts'oei Hiuen T'ai-che,* des *T'ang,* dans les délibérations sur les affaires du gouvernement, que ses collègues, disait-on, n'avaient qu'à approcher de lui la main pour la sentir échauffée.

†澤未泯. L'empreinte humide (encore fraîche) n'a pas eu le temps de s'effacer. Le fils en deuil de son père n'ose pas toucher aux livres de ce dernier 父沒而不能讀父之書. car ils gardent encore la trace de ses doigts. (禮玉藻).

才 三†. Les trois principes d'activité : le ciel, la terre et l'homme. (易繫辭).

拗 執† = 執己. Obstiné dans sa manière de voir *(tche-yao),* comme *Wang Ngan-che* 王安石. d'après la réponse de 司馬光 *Se-ma Koang* à l'Empereur 宋神帝. (朱子).

招 承†. Convenir de l'accusation : avouer sa faute.

拮 †据. *Kié-kiu.* Mains toujours occupées : ardeur excessive au travail. (詩豳風). A court d'argent 錢拮据.

拳 †夫人. La princesse à la main fermée, connue encore sous le nom de 鉤弋夫人 *Keou-i fou-jen.* Un jour, on vint rapporter à l'Empereur 漢武帝 qu'on avait découvert une femme extraordinaire, dont il était impossible d'ouvrir le poing. Il voulut lui-même essayer, et à peine eût-il touché cette main que les doigts se desserrèrent, laissant apparaître un crochet de jade 鉤 qui servait à retenir le fil attaché à la flèche 弋. Il prit ce bijou, et admit la jeune fille, née 趙 *Tchao,* au nombre de ses épouses. Le palais habité par elle et où elle donna le jour à 昭帝 s'appela 鉤弋宮. (漢書外戚傳).

光明†打破癡迷膜. Du poing de la clarté briser la pellicule de la folle erreur. Expression bouddhique.

顏平原握†透爪. Le fidèle *Yen P'ing-yuen Tchen-k'ing* 眞卿, mis à mort par les rebelles, fut trouvé, les poings crispés et les mains traversées par les ongles, quand on ouvrit son cercueil. Jusque dans la mort, il manifestait ainsi sa haine contre les ennemis de son prince. (唐太上隱者仙吏傳).

挽 †之不留，推之不去. Sous les *Tsin,* 鄧攸伯道 *Teng Yeou Pé-tao,* nommé Gouverneur de 吳郡, ne voulut jamais toucher d'émoluments, tant qu'il occupa ce poste.

Il ne consentait qu'à prendre son eau au puits de la ville. Cette manière d'agir le rendit si cher au peuple qu'on s'opposa à son départ, lorsque, pour raison de santé, il eut résigné sa charge. Il dut profiter de la nuit pour couper les cordes qui retenaient sa barque. A cette occasion l'on chantait : 鄧侯挽 *(wan)* 不留謝令推不去. «Il nous a été impossible de retenir notre bon mandarin *Teng*, tandis que le cupide *Sié*, son successeur, ne peut être décidé à partir.» (晉書良史傳).

†歌始于田横. Le chant des porteurs date de *T'ien Hong*. Ce personnage qui avait usurpé sur *Yong* 榮, son frère aîné, la couronne de 齊, s'enfuit dans une île avec une bande de partisans, à l'avènement de *Han Kao-tsou*. L'Empereur lui enjoignit de venir à *Lo-yang*, ordre que *Hong* se mit en devoir d'exécuter, mais arrivé à peu de distance de la Capitale, il s'arracha la vie. Les gens de sa suite portèrent alors son cadavre au palais impérial et, n'osant exprimer leur douleur par des larmes, composèrent un chant funèbre qu'ils firent entendre en *transportant (wan)* le corps de leur chef. Telle serait, d'après quelques-uns, l'origine des poésies composées à la mort d'un ami. (史記田儋列傳). *Wan* s'écrit encore 輓, comme dans les expressions 輓對 et 輓額, inscriptions offertes à la famille du défunt et où l'on fait son éloge. 紼謳 *Fou-ngeou*, m. à m. récitatif des cordons funèbres, a le sens de *Wan-ko*.

振 †落. Secouer les feuilles sur le point de se détacher : facilité extrême de vaincre un ennemi. *Ngan*, Roi de *Hoai-nan* 淮南王安, des *Han*, projetant une révolte, disait : «Je ne pourrai certainement pas gagner à mon parti le fidèle Ministre 汲黯 *Ki Yen*; quant à son collègue 公孫宏 *Kong-suen Hong*, il me sera aussi facile d'en avoir raison, que de faire tomber des feuilles mortes et voler la poussière.» 發蒙振落. (史記汲黯傳).

挪 (邪)揄. 仕途偃蹇鬼神††. L'avancement du candidat mandarin était retardé ; voilà pourquoi un démon se moquait *(yé-yu)* de lui. *Yen*, courbé sous un fardeau, *kien*, avancer péniblement. *Louo Yeou T'ouo-jen* 羅友它仁, client du Ministre 桓温 *Hoan Wen*, lui avait demandé un poste qui l'aidât à sortir de sa pauvreté. Les promesses qu'il en reçut tardant trop à se réaliser, il revint à la charge et raconta au Ministre cette prétendue vision. «J'ai rencontré sur le chemin un démon qui me narguait ainsi : Je remarque que tu fais toujours la conduite à tes collègues promus à un gouvernement, mais que jamais on ne te la fait, à toi ! Je vous avoue, Excellence, que d'abord effrayé à ces mots, j'ai fini par en éprouver de la honte.» 我只見汝送人作郡何以不見人

送汝作郡，民始怖終慨. Le récit amusa *Hoan* qui s'empressa d'accorder à *Yeou* la préfecture de 襄陽. (晉陽秋). 民—Moi. *Yé-yu*—歋歈 *Yé-yu*, lever les mains en signe de dérision.

擘 巨†. *Pé*. Le pouce : le plus remarquable entre tous. 仲子為巨擘. (孟子).

擒 七縱七†. Relâcher et saisir sept fois. Exploit de 諸葛亮 *Tchou-ko Liang*, dans son expédition contre les Barbares méridionaux, sous la période 建興 (223-238) du règne de 蜀漢後主 (223-263). Après s'être emparé de la personne du Général ennemi 孟獲 *Mong Houo*, il lui montra son armée, lui demandant ce qu'il en pensait. «Je ne connaissais pas vos forces, répondit celui-ci, voilà la raison de ma défaite, mais remettez-moi en liberté et je me fais fort de vous battre facilement.» *Tchou-ko* se rendit à ses désirs, et dans les six combats suivants le fit chaque fois prisonnier. *Houo* reconnut enfin la supériorité de son adversaire et l'appela 天威 *T'ien-wei* Terrible comme le ciel, surnom consacré par l'Histoire. (蜀志諸葛亮傳).

掌 †判=媒妁. Celui qui règle les partis : l'entremetteur des mariages *(mei-tcho)*. 媒氏掌萬民之判. (周禮地官). 判 = 半.

†珠. Perle dans la main : fils remarquable. 庭中玉樹掌內明珠. (梁書王僧辯傳). Les premiers caractères de ce passage ont le même sens que les derniers. 膝下龍摧掌中珠碎. «A mes genoux le dragon a péri, dans ma main la perle s'est brisée, c.-à-d. mon fils est mort.» (庾信傷心賦).

已入†中. «L'ennemi est dans ma main.» Mot de 劉裕 *Lieou Yu*, lors de son expédition contre 南燕. Il venait de passer les montagnes sans encombre, et, à la vue de ses troupes pleines d'entrain, s'était écrié que désormais il tenait l'adversaire. (朱子綱目).

推 費其†敲=裁詩之苦. Se fatiguer à chercher des rimes : travail pénible de la versification. *Kia Tao* 賈島, rentré dans le monde 棄浮圖 (m. à m. ayant quitté Bouddha) pour être plus libre de parcourir la carrière des belles-lettres, s'en allait un jour sur son âne, dans les rues de la Capitale. Tout absorbé par la composition de ces deux vers : «L'oiseau s'abrite la nuit sur l'arbre au bord de l'étang, et, au clair de la lune, le bonze frappe à la porte.» 鳥宿池邊樹，僧敲月下門, il vint, sans s'en apercevoir, se jeter dans le cortège du 權京兆尹 Préfet de la ville impériale, nommé 韓吏部 *Han (Yu* 愈) membre du Ministère des charges. Il en profita pour exposer à ce mandarin lettré l'embarras où il se trouvait. car il hésitait entre les caractères *k'ao, frapper,* et *t'oei, pousser. Han* lui dit de s'en tenir au premier, et commença avec lui un entretien qui fut le point de départ d'une liaison 布衣交 aussi intime qu'entre des gens non encore parvenus aux grades littéraires. (韻語陽秋).

掖 逢 †. Habit à larges manches porté jadis par les lettrés. 少居魯衣逢掖之衣；長居宋冠章甫之冠. «Dans mon enfance, au pays de *Lou,* dit Confucius, je revêtais la robe à larges manches; plus tard adulte, au royaume de *Song,* j'étais coiffé du chapeau *tchang-fou,* réservé également aux lettrés.» (禮儒行). 逢一大.

握 周公反 †. *Tcheou-kong* avait les mains si flexibles qu'il pouvait saisir *(yo)* un objet, en les tordant sur elles-mêmes. (相法周).

摯 † 恂定配，馬融門徒有幸. Le disciple *Ma Yong* eut de la chance, car son maître *Tche Siun,* ancien Préfet de la Capitale, le voyant si appliqué à l'étude et si versé dans la connaissance des livres classiques, lui donna sa fille en mariage. (後漢書馬融傳).

撾 † 三折. A force de frapper *(tchoa)* briser trois fois la baguette en fer : étude sans relâche, couronnée enfin par la science. (抱朴子).

CLASSIF. 65. 支.

支 † 離叟. Le vieillard tout tordu : le pin. *Tche-li* signifie proprement sans suite, sans queue ni tête. 鮮于伯機 *Sien-yu Pé-ki* donna ce nom à un arbre très curieux planté dans sa cour.

CLASSIF. 66. 攴.

政 七 † (al. 正). Les sept astres régulateurs des saisons (書舜典) : le Soleil, la Lune, Saturne 土星, Jupiter 木星, Vénus 金星, Mars 火星; Mercure 水星.

效 † 尤. Imiter les défauts des autres. (左傳).

數 † 奇＝命蹇. Nombre impair : destin contraire. 奇－隻不耦. (漢書).

敵 † 愾. Être l'ennemi de ceux contre qui le prince est fâché : épouser sa querelle. (左 傳).

CLASSIF. 67. 文.

文 † 翁. *Ouen Wong*, Préfet de 成都 au *Se-tch'oan*, sous les *Han*, type de l'excellent mandarin. Sa douce administration et l'encouragement qu'il donna aux lettrés, transforma ce pays encore presque sauvage, et le façonna sur le modèle des royaumes de 鄒 et de 魯, célèbres par leur civilisation. A sa mort on lui érigea un temple. où on lui offrait continuellement des sacrifices. (漢 書 循 吏 傳).

† 衡. La balance de la littérature : le Grand Examinateur d'une province, appelé aussi 文 宗, 學 政, ou 宗 師.

† 中 子 執 內 弟 之 喪. Lors du deuil de son beau-frère *(nei-ti)*, 王 通 仲 淹 *Wang T'ong Tchong-ngan* ou 文 中 子, des 隋, montra trop d'exagération, en s'abstenant de viande et de vin, ce qui lui attira le blâme universel.

† 不 加 點. Ne pas ajouter un point à un morceau de littérature : écrire d'un trait et sans rature. (摭 言).

† 彥 博 寬 夫. *Wen Yen-pouo K'oan-fou* élevé à 91 ans à la charge de Ministre, honneur qu'un taoiste lui avait prédit en lui annonçant qu'il serait un jour comme 申 伯 *Chen-pé* et 仲 山 甫 *Tchong-chan-fou*, fameux mandarins de la dynastie 周. La dignité de sa personne en imposa à des envoyés du *Liao-tong*. Il reçut le titre de 潞 王, et, après sa mort, le nom de 忠 烈.

† 武 相 承 均 推 聖 主. *Wen* et *Ou* se succédèrent et sont également exaltés comme de saints rois. Le Roi 文 王, appelé aussi 姬 昌 *Ki Tch'ang*, descendait de 棄 *K'i* ou 后 稷 *Heou-tsi*, que l'Empereur *Yao* 堯 mit à la tête du département de l'agriculture et qui reçut en apanage de 舜 *Choen* la principauté de 邰 *T'ai* (武 功 縣) située dans la province actuelle du 陝 西 *Chen-si*. En l'an 1183 av. J.-C., il hérita des états de son père 季 歷 *Ki-li* ou 王 季 *Wang-ki* et fixa sa Capitale à 酆 *Fong*, aujourd'hui 鄠 縣 *Hou-hien*, Préfecture de 西 安 府. Sous le règne du tyran 商 紂, bien qu'il possédât avec le titre de 西 伯, Seigneur de l'Ouest, les deux tiers de l'Empire, la maison régnante des *Yn* ne compta pas de vassal plus soumis 三 分 天 下 有 其 二 分 以 服 事 殷. Mais à son fils et successeur, 發 *Fa*, connu

dans l'Histoire sous le nom de 武王 (1122-1113) était réservée la gloire de fonder la dynastie *Tcheou.* Obéissant au vœu unanime de la nation il marcha contre 紂 *Tcheou* et sa victoire lui assura le pouvoir. Il transféra le siège du gouvernement à 鎬 *Hao* près de *Si-ngan-fou.*

CLASSIF. 68. 斗.

斗 漢祖既還亞父撞鴻門之玉†. Quand *Han Kao-tsou* fut parti, le lieutenant brisa les coupes de jade de la *Grande porte.* Il s'agit ici d'un fait qui a rendu célèbre le festin donné par 項羽 *Hiang Yu* à 沛公 *P'ei-kong,* et connu dans l'Histoire sous le nom de 鴻門宴, de l'endroit où il eut lieu. Pendant le repas, le Général 范增 *Fan Tseng,* lieutenant de *Hiang Yu,* avait ordonné à 項莊 *Hiang Tchoang,* de simuler une danse à l'épée et d'en profiter pour se jeter sur *P'ei-kong,* plus tard *Han Kao-tsou.* Celui-ci, devinant le complot, sortit brusquement de la salle, puis envoya 張良 *Tchang Liang* offrir avec ses excuses deux précieuses tablettes pour *Hiang Yu* et deux coupes de jade pour *Fan Tseng.* Ce dernier mit en pièces à coups d'épée le cadeau qu'on venait de lui faire, et s'écria en s'adressant à celui qui aurait dû tuer *P'ei-kong* : 唉豎子不足與謀，奪項王天下者，必沛公也. «Hélas! avec un valet comme toi inutile de former des plans. Bien sûr, *P'ei-kong* est celui qui ravira l'empire à notre Roi *Hiang Yu.*» (史記項羽本紀).

†筲役. Une position inférieure dans un tribunal. *Teou-chao,* panier de la capacité d'un boisseau. La mère du jeune 郭泰林宗 *Kouo T'ai Ling-tsong,* restée veuve, l'engageait à prendre un petit emploi près du mandarin, pour lui venir en aide dans sa pauvreté; mais, celui-ci répondit qu'un homme de cœur, comme lui, visait plus haut. 大丈夫焉能處斗筲之役乎. (後漢書郭太傳).

北†以南惟有傑. Au sud de la Grande Ourse il n'y a que *Kié,* c.-à-d. 狄仁傑, célèbre par sa sagesse. (唐書狄仁傑傳).

†極. La Grande Ourse : un lettré comparable à 韓愈 *Han Yu* qui, par sa science littéraire, attirait autant les regards que 斗山 la Grande Ourse et le mont 泰山.

八†. Avoir huit boisseaux de capacité. 謝靈運 *Sié Lin-yun* prétendait que sur les dix mesures de talent concédées par le Ciel aux hommes, 曹植子建 *Ts'ao Tche Tse-kien* en avait reçu huit pour sa part, lui une, ainsi que tous ceux qui avaient vécu jusqu'à cette époque. (魏志).

刁 †. Le tamtam : jadis, c'était le vase en cuivre 銅斗, qui servait aux soldats dans un double but : le jour pour faire la cuisine, et la nuit pour battre les veilles. 夜可擊晝可炊.

CLASSIF. 69. 斤.

斧 破 †. L'ode «J'ai brisé ma hache» (詩豳風) chante l'esprit de justice de 周公, qui n'hésita pas à aller punir la révolte de ses deux frères 管叔 *Koan-chou* et 蔡叔 *Ts'ai-chou,* préposés par l'Empereur 武王, leur aîné, à la surveillance des états de 武庚, dernier rejeton du tyran 紂.

CLASSIF. 70. 方.

方 上 † = 選佛之塲. La demeure du bonze (杜甫詩) ou du futur bouddha. 方 — 方丈, 上 = 上人. *Siuen,* choisir (ou être choisi) pour remplir un poste mandarinal. 天然禪師初業儒, 將應舉, 道遇一禪客曰. 選官何如選佛. «Le maître bouddhiste *T'ien-jan,* d'abord adonné à l'étude des belles-lettres, était sur le point de se rendre aux examens, quand sur sa route il rencontra un bonze qui lui dit : Mieux vaut aspirer à être bouddha qu'à être mandarin.»

†伯藩侯, 布政參議之職. La charge de Grand Trésorier comporte les titres de *Fang-pé* Seigneur de la contrée et *Fan-heou* Seigneur semblable à une haie protectrice. Le *Pou-tcheng* ou 承宣布政使司 était, sous les *Ming,* le mandarin préposé aux grandes divisions du territoire. Plus tard, ce titre fut réservé au Trésorier provincial appelé encore 藩司, 大方岳, 大岳牧 et 大節度. *Ts'an-i* qui sert ici à désigner ce fonctionnaire ne se dit plus que du Conseiller jadis attaché à sa personne. 价人爲藩. «Les hommes de bien sont comme une haie qui entoure et défend le prince.» (詩大雅).

†命. Controcarrer les ordres, désobéir. (書經).

大†家. Formule louangeuse à l'adresse d'un lettré remarquable, ou qui suit la grande règle. (莊子).

†鎮宦官擾之于末. La fin de la dynastie *T'ang* fut

troublée par les Gouverneurs militaires et les eunuques.

1). A cette époque on voit apparaître dans l'histoire chinoise la dénomination de 方鎮兵 troupes préposées à la défense du pays et spécialement des frontières, remplaçant celle de 府兵 et 彍騎 *K'ouo-k'i* milices chargées de la garde des villes. Mais le titre de *Fang-tchen* ou 方鎮節度 ne fut concédé aux Généraux qu'à l'occasion de la révolte de 安祿石 *Ngan Lou-che* qui, après avoir occupé les plus hautes charges à la Cour de 玄宗, tourna ses armes contre cet Empereur, son bienfaiteur et son ami. *Ngan* mourut de la main d'un de ses eunuques, en 757. La faiblesse des monarques des *T'ang* permit aux *Fang-tchen* de s'ériger en maitres indépendants, et, dans leur insolence, ils en vinrent jusqu'à imposer leurs volontés à la Cour qu'ils contraignaient à leur donner les successeurs de leur choix 邀命于朝, pris d'ordinaire dans leur propre famille. En guerre les uns contre les autres, ils attaquèrent même plus d'une fois la Capitale elle-même. Les principaux *Fang-tchen* furent *Tchou Ts'iuen-tchong* 朱全忠, *Li K'o-yong* 李克用 et. surtout, *Sié Song* 薛嵩, maitre de 相衛, *T'ien Tch'eng-se* 田承嗣, de 魏博, et *Li Hoai-sien* 李懷仙, de 盧龍, ces trois derniers désignés par la commune appellation de 河朔三鎮. Le *Fang-tchen* reçut le titre de 節度使 parce que, dans les expéditions *che* militaires, il portait une tablette *tsié* en témoignage des pleins pouvoirs que lui octroyait le souverain. Ce dignitaire devint plus tard le 都督, 五府都督, 上將, 元戎 et 大都尉, c.-à-d. le 將軍 Général tartare actuel, et même le Vice-roi 總督.

2). L'influence des eunuques qui, d'après 温公 *(Se-ma Koang)*, devait faire de la Chine comme une planche flottant à la dérive 板蕩, commença avec 李高士 *Li Kao-che*, promu par 唐明皇 aux plus hautes dignités. Sous le règne suivant, l'eunuque 李輔國 *Li Fou-houo* sut capter la faveur impériale, mais n'usa de son pouvoir que pour abreuver de chagrin 肅宗 et son père qui avait abdiqué en sa faveur. L'indigne conduite de cet ancien valet du sérail de l'est 東宮舊隸 fut même la cause de la mort de ces deux monarques. *Tch'eng Yuen-tchen* 程元振 et *Yu Tchao-ngen* 魚朝恩, tirés de la même condition, imposèrent leurs volontés à 代宗 qu'ils contraignirent, par leurs calomnies, à envoyer l'ordre au Ministre 來瑱 *Lai T'ien* de se suicider 賜死. Les deux plus fidèles serviteurs de la dynastie, *Li Koang-pi* 李光弼 et *Kouo Tse-i* 郭子儀, virent souvent leur action paralysée par les machinations de ces Ministres omnipotents, qui réussirent même à faire tomber ce dernier dans la disgrâce; cependant cette défaveur ne fut que de courte durée, puisque l'histoire nous le représente mourant au sein des honneurs, en 781, année de l'érection de la pierre de *Si Ngan-fou*, où son nom est cité avec éloge. L'autorité des eunuques alla encore en grandissant, et six Empereurs de cette dynastie durent leur accession au trône aux menées de ces hommes vils dont j'ai donné quelques noms plus haut (Cf. 宦). *Ho Sien-ming* 霍仙鳴 et 竇文場 *Teou Wen-tch'ang* prirent, à cette époque, la direction des affaires sans crainte de voir réagir contre leur influence néfaste ces monarques débauchés. Enfin 昭宗 appela à son aide le Gouverneur militaire *Tchou Ts'iuen-tchong* qui, par un massacre général, délivra la Cour de la domination des eunuques; mais la dynastie était elle-même à la veille de disparaître.

施 東†效颦 (al. 矉). Imiter quelqu'un, surtout dans ses défauts. *Tchoang-tse* raconte «qu'un jour la belle *Che* de l'ouest, en proie à la tristesse, parut dans son village les sourcils froncés *(p'in, pin)*. Une laideron, son homonyme et sa voisine de l'est, crut découvrir dans cette grimace inconsciente le secret de sa beauté; aussi voulut-elle corriger ses traits par ce charme. A peine rentrée chez elle, la voilà donc de faire mine de tenir son cœur à deux mains, comme s'il était envahi par le chagrin, et de contracter son visage. Mais ses efforts ne réussirent qu'à lui donner un aspect si horrible, que les riches qui la virent s'enfermèrent dans leurs maisons, et que les pauvres, pour fuir sa présence, s'en allèrent au loin avec leurs familles.» 西施病心而矉其里. 其里之醜人見而美之, 歸亦捧心而矉其里, 其里之富人見之堅閉而不出, 貧人見之挈妻子而去之走. (莊子). Ce fait explique les vers classiques : 醜女來效顰. 還家驚四鄰. (李白). La famille *Che* de 諸暨縣 au 越州 *(Tché-kiang)*, se divisait en deux branches habitant l'une à l'est et l'autre à l'ouest du même torrent.

旁 † (al. 傍) 若無人 = 無端倨傲. Comme s'il n'y avait personne à côté : orgueil sans limites. Lorsque, après s'être bien enivrés, les trois amis 荆軻 *King K'o*, 高漸離 *Kao Tsien-li* et le tueur de chiens 狗屠 s'en retournaient chez eux, le premier chantait les morceaux que le second jouait sur sa lyre, et tout cela *sans s'occuper des passants*. (史記刺客列傳).

† 午. Surchargé d'occupations, en désordre. *Lieou Yen Che-ngan* 劉晏士安, plus tard Ministre de 唐代宗, n'avait que huit ans lorsqu'il offrit un compliment de sa composition à l'Empereur 明皇, qui était allé sacrifier au ciel sur le mont *T'ai* 封泰山. Le monarque, émerveillé d'une telle précocité, appela l'enfant au palais, où il lui confia la charge de 太子正字 Correcteur littéraire du Prince héritier. A cette occasion, la concubine favorite 楊貴妃 *Yang Koei-fei* et les autres femmes du sérail lui prodiguèrent tant de caresses, les mandarins de la Cour l'accablèrent de tant de visites que, dit l'annaliste, ce petit prodige, qualifié de 國瑞 et de 神童, ne savait où donner de la tête *(p'ang-ou)*. Cette expression se rend par 分布 diviser, 交横 s'entre-croiser et 一縱一横

une ligne allant du nord 子 au sud 午 *(tsong)* coupée par une autre de l'est 卯 à l'ouest 酉 *(hong)*. 正字 était, sous les *T'ang*, l'équivalent de l'ancienne dignité de 正書 ou 校書 Réviseur impérial.

旅 逆十＝客邸. Lieu où l'on accueille les voyageurs : hôtellerie *(ti)*. (左傳僖).

族 九十. Les neuf consanguins : 高祖 le trisaïeul, 曾祖 le bisaïeul, 祖 l'aïeul, 考 le père, 兄弟 les frères, 子 le fils. 孫 le petit-fils, 曾孫 l'arrière-petit-fils, et 玄(元)孫 le fils de celui-ci.

旌 十銘＝丹旐. Banderolle *(tsing, tchao)* de couleur rouge placée devant le cercueil. Ses dimensions indiquaient la dignité du défunt, et l'on y écrivait ses charges, son lieu d'origine et ses noms. (儀禮士喪禮). On confond parfois cette banderolle avec la pièce de toile appelée 功布 qui, à l'enterrement, servait spécialement à donner des signaux. (儀禮).

十使＝犒僕人. Donner une gratification à l'envoyé, un pourboire *(k'ao)* au domestique.

十陽一家昇舉. L'ancien Préfet de *Tsing-yang*, sous les *Tsin*, monta au ciel avec toute sa famille et même ses poules et ses chiens. Le mandarin en question, *Hiu Suen King-tche* 許遜敬之 ou 許眞君, *Hiu* le saint taoïste, de 南昌, apprit à l'école de 吳猛 *Ou Mong* (d'autres disent de 諶母) les secrets de la magie. Il profita des troubles politiques pour déposer sa charge et se livrer uniquement à la pratique de son art. Dans ce but il parcourut le pays, tuant les serpents et autres monstres. Enfin parvenu à l'âge de 136 ans, il quitta la terre, sous le règne de 晋孝武帝, en compagnie des siens au nombre de 42 personnes. (太平廣記 et 十二眞君傳).

CLASSIF. 72. 日.

日 援戈而麾落十. Le Duc *Yang* de *Lou* 魯陽公 saisit sa lance, et d'un geste commanda au soleil couchant de rétrograder, pour permettre à ses soldats d'achever leur victoire sur les troupes de 韓. L'astre revint en arrière de 38° environ 退三舍. (淮南子). 舍 ou 宿 constellation zodiacale : il y en a 28 dans l'astronomie chinoise.

十如盤如湯. Le soleil est comme un plateau, comme de l'eau bouillante. *Lié-tse* raconte qu'un jour Confucius entendit deux enfants se disputer sur la distance du soleil. L'un disait : «Le matin il est plus proche de la terre, puisqu'alors il a les dimensions d'une roue, tandis qu'à midi il ressemble à un plat et à une tasse, ce qui prouve qu'il s'en est éloigné davantage.» — «Nullement, repartit l'autre, car c'est au moment où il paraît qu'il est plus loin de nous, comme le démontre la fraîcheur de cette heure de la journée; il en est, au contraire, plus près à midi, où il chauffe comme un objet brûlant». Confucius choisi pour arbitre ne sut que répondre, et les enfants s'en moquèrent comme d'un homme dont la réputation de savoir et de sagesse était surfaite. (列子).

獨†重輪. Un soleil à double cercle : prodige qui ratifia le choix de l'armée élevant 趙匡胤 *Tchao K'oang-yn* sur le trône. L'Empereur 後周恭帝 l'avait envoyé arrêter une invasion des 北漢 et des 契丹 coalisés. Le Général, arrivé à l'étape de 陳橋驛 se reposait tranquillement la nuit, quand tous les officiers et leurs soldats vinrent crier devant sa porte, qu'ils le voulaient pour souverain. Avant qu'il n'eût le temps de se reconnaître, on lui jeta un habit jaune sur les épaules et, hissé sur un cheval, on le conduisit recevoir les hommages des mandarins. Là, *T'ao Kou* 陶穀 lut en sa présence une pièce où *Kong-ti* était supposé renoncer à ses droits, en faveur de l'élu du suffrage unanime des troupes. *Tchao* régna sous le nom de 太祖 (960-977) et fonda la dynastie *Song*. (宋史太祖紀). Le Prince héritier est aussi désigné par une image analogue 日重輪, halo solaire.

吠†. Ignorant, borné. Au pays de 庸蜀 (黔江縣) au *Se-tch'oan*, il pleut presque toujours et les chiens, peu habitués à y voir le soleil, aboient *(fei)* dès qu'il se montre. (柳宗元).

別來三†便當刮目相看. Après trois jours de séparation, il faut se frotter les yeux pour se reconnaître, si l'on vient à se rencontrer; car les progrès faits par un lettré dans la vertu et la science, en un temps si court, le rendent presque méconnaissable. Mot de 呂蒙 *Liu Mong* à 魯肅 *Lou Sou*. (吳志呂蒙傳).

一†三秋. Pour des amis, un jour sans se voir équivaut à une séparation de trois saisons. 彼采蕭兮 etc. (詩王風).

翌 (al. 翼) †. Demain. 詰朝 a le même sens. — 吉日穀旦 Jour heureux 良辰. — 日曛 ou 日暮 Crépuscule. — 日月其邁 *(mai)*. Mes jours et mes mois sont avancés, commencent à compter, dira le vieillard. — 日就月將. Tous les jours avancer, progresser tous les mois dans l'étude et la vertu. (詩周頌). — 日月其除, 志士待旦.

Les jours et les mois passent, aussi l'homme de cœur devance-t-il l'aurore. (詩 唐 風).

指 ✝ 高 陞. Comme ce soleil que je montre, dit-on au mandarin, vous monterez vite à une plus haute dignité; ou encore : il est possible d'indiquer le jour de votre promotion, car ce sera bientôt. — 須 常 愛 日. Il faut regarder ses parents comme le soleil, que ses bienfaits nous rendent aimable.

旨 懿 ✝. Les ordres de l'Impératrice. *I* Beau, remarquable.

明 大 ✝. Le soleil. (禮 器). — 明 新. Eclairer et renouveler. (大 學). — 哉 生 明. Le trois de la Lune, jour où elle commence à être visible. 哉 = 始. — 黎 明. L'aurore. Se dit encore 昧 爽. *Mei* et *li* = 黑, *choang* = 明.

昆 ✝ 吾 之 竈. Les fourneaux de *Koen-ou* donnaient des épées étincelantes comme *l'éclair violacé et la gelée aux reflets verdâtres. Koen-ou* serait, d'après 東 方 朔, un lieu d'où l'on extrayait un minerai excellent employé à fabriquer ces armes. Quand on fait allusion aux armes, dont le qualificatif ordinaire est 紫 電 青 霜 (滕 王 閣 序), on cite encore les fourneaux de 薛 燭. (潘 尼 武 庫 賦). D'autres donnent le nom de *Koen-ou* à l'épée de 周 穆 王.

昧 三 ✝. Transcription chinoise du mot sanscrit Samâdhi figuré encore par 三 摩 提. 三 摩 地, 三 昧 ou simplement 定. La délivrance des passions et du monde, l'anéantissement de toute activité corporelle et spirituelle, en un mot la quiétude absolue proposée par Bouddha à ses sectateurs comme but à atteindre. (金 剛 經).

春 ✝ 元 翰 撰, 鄉 會 之 稱 不 一. Premier du printemps, Secrétaire de l'Académie (je pense que ce mot est une contraction de 翰 林 院 修 撰, à moins qu'on ne veuille rendre *tchoan* par 選 dont il a parfois le sens, ce qui ferait Élu à l'Académie), ces appellations propres à la Licence premier degré et second degré, diffèrent. Par la première on souhaite au lettré 鄉 榜 (la liste est prise pour la personne) reçu à la Licence premier degré ou 鄉 試, de passer, avec le même numéro, à la Licence second degré 會 試 préliminaire au Doctorat, et dont les examens ont lieu à la Capitale au printemps, ce qui explique *Tch'oen-yuen*. Par la seconde on formule le vœu de voir le 會 榜 (même remarque que précédemment) admis à l'Académie et y occuper une charge. La flatterie emploie les expressions suivantes à l'adresse du candidat : 大 貢 元, 大 經 元, 大 殿 選, 大 會 狀, 大 秋 元. 大

三元. «Vous serez, je n'en doute pas, le premir des *Kong-che* (士) ou Licenciés du second degré, le premier dans l'explication des cinq Livres canoniques, le premier 殿元 à l'examen définitif pour le Doctorat (dit encore 廷試), le *Tchoang-yuen* de l'examen *Hoei-che* seconde session 乘會, le premier à la Licence qui se passe en automne, le premier aux trois examens supérieurs de littérature.» 商格三試 Tenir successivement la tête dans ces trois concours, chose arrivée une seule fois sous les *Ming*, donne droit au titre de 三元. (明史選舉志). 乘會 doit être le même que 殿試, qui suit immédiatement le 會試, et dont le premier s'appelle 狀元, le second 榜眼 et le troisième 探花.

王†. La première Lune, ainsi nommée du Roi *Wen-wang*. (何休注).—春祈秋報. Sacrifier au printemps pour demander une bonne récolte, et en automne pour remercier de l'avoir obtenue, telle est la règle du laboureur. — 青春幾何. Combien de verts printemps comptez-vous, demande-t-on à un homme jeune encore. — 春秋高. Avancé en âge. (戰國策). — 春秋鼎盛. Votre âge est justement florissant, dit-on aux jeunes. *Ting* —方. (漢書賈誼傳).

坐†風中. Être assis à la brise printanière : assister aux leçons d'un maître excellent. Mot de 朱光庭 *Tchou Koang-t'ing* après être resté un mois à 汝州 près du 明道先生 ou 程顥 *Tch'eng Hao*, des *Song*. (名臣言行錄).

先†. Primeur du printemps : thé. (盧仝詩).

陽†有脚. Printemps réchauffant qui a des pieds : éloge de *Song Yng* 宋璟, des *T'ang*, dont les bienfaits répandus partout faisaient bénir le nom. (開元天寶遺事). Ce même *Song* eut d'abord la réputation d'être très dur.

†秋. Printemps et Automne, chronique attribuée à Confucius, et ainsi intitulée parce que ces deux saisons sont les principales des quatre, sous lesquelles l'annaliste a groupé les faits se rapportant à ces diverses époques de l'année. Le royaume de *Lou* possédait déjà une chronique de ce nom; mais le Philosophe la revit et la corrigea de façon à faire un tableau synoptique dont tous les caractères portassent. Cette prétention à faire œuvre morale avant tout a excité l'admiration des lettrés, formulée en ces termes: 一字之褒榮于華衮之賜,一字之貶辱于市朝之撻. «La louange d'un seul caractère de cet ouvrage donne plus de gloire que la faveur de recevoir la robe princière ornée de figures symboliques: de même le blâme infligé par un seul de ses mots couvre de plus de confusion que la honte d'être fouetté en place publique.» Confucius y embrasse une période de 242 ans qui

commence à la première année de 魯隱公 pour se terminer à la quatorzième de 魯哀公. Quatorze Empereurs des *Tcheou* et douze Ducs de *Lou* forment le sujet de cette sèche énumération interrompue brusquement par une allusion à la capture d'un animal fabuleux 西狩獲麟, qui fit tomber le pinceau des mains de l'écrivain (1). 因獲麒麟而絕筆. *Tch'ou Chang* 鉏商, ramassant du bois de chauffage dans la campagne, prit un *K'i-lin* auquel il brisa les deux pattes de devant, puis l'apporta à son maître 叔孫 *Chou-suen,* de la famille ducale de *Lou.* Celui-ci ordonna de jeter hors de la ville cette bête qui lui semblait de mauvais présage, en même temps qu'il en faisait avertir Confucius. Le Sage se hâta d'accourir. A la vue du *K'i-lin,* il s'écria en versant un torrent de larmes : «Ce qu'il était parmi les animaux, je l'étais parmi les hommes, sa mort m'annonce donc que mon enseignement touche à son terme, et que je n'ai que peu de temps à vivre». (家語). Cette légende a fait appeler 麟經 le *Tch'oen-ts'ieou. Tso K'ieou-ming* 左丘明, annaliste de *Lou,* reçut, disent quelques-uns, cet ouvrage des mains mêmes de Confucius et composa le 春秋內外傳. Le *Wai-tchoan* ou 國語 raconte des événements ayant trait aux autres États que celui de *Lou. Kong-yang Kao* 公羊高, de *Ts'i,* et 穀梁赤 *Kou-liang Tch'e, de Lou,* auraient composé leurs commentaires sur des documents transmis par 卜子夏 *Pou Tse-hia,* maître de *Kou-liang.* Enfin, sous le règne de 宋高宗, le nommé 胡安國 *Hou Ngan-kouo,* rédigea un travail sur le même livre, d'où l'appellation commune 四傳 pour désigner ces différentes expositions du texte primitif. L'Académicien *Hou* réagissait contre l'école, précédemment en honneur, de *Wang Ngan-che,* qui en était venue à exclure du Bureau chargé de l'explication des Classiques, et des examens supérieurs, l'œuvre de *K'ieou-ming* dont elle niait l'authenticité. 宋時推隆王氏新說, 經筵貢舉不取春秋. *King-yen,* banquet des Classiques est l'appellation du Bureau de l'Académie qui a dans ses attributions d'interpréter ces livres. *King-yen* signifie encore : cercle littéraire.

星 十橋鐵鎖開謂金吾之放夜. Le cadenas du pont des Étoiles est enlevé, signifie que le chef de police permet de circuler la nuit. Les vers suivants se trouvent dans la poésie consacrée par *Sou Wei-tao,* des *T'ang,* à la fête des Lanternes. 星橋鐵鎖開 金吾不禁夜. (蘇味道元夕詩). Le *Kin-ou,* mandarin dont je n'ai découvert de mention authentique qu'à partir des *T'ang,* bien qu'un auteur chinois le fasse exis-

(1) Le commentateur 杜預 semble dire au contraire que l'apparition d'un *K'i lin* à cette époque troublée décida Confucius à entreprendre son ouvrage, dont les derniers mots relataient ainsi le prodige qui lui avait suggéré l'idée de corriger le *Tch'oen ts'ieou* primitif de *Lou.*

ter même sous les *Han*, avait la charge de veiller à l'ordre dans les rues de la Capitale. Il l'assurait la nuit en défendant la circulation; mais les 14, 15 et 16 de la 1ère Lune, il levait cette interdiction, pour laisser le peuple assister aux illuminations particulières à cette époque de l'année. *Sing-k'iao*, allusion au pont construit par 李冰 *Li-Ping* dans la ville de 蜀郡, dont il fut Gouverneur sous les *Ts'in*, et sur lequel il avait fait peindre les sept étoiles de la Grande Ourse, ne veut pas dire nécessairement que la Capitale possédait un pont de ce nom, mais indique que les barrières des ponts et des rues s'ouvraient pendant les trois nuits de la fête. La collection intitulée 太平御覽 cite un ancien passage du 史記樂書, où l'on disait que les Empereurs de la dynastie *Han*, à partir de 武帝, le premier à introduire cet usage, offraient des sacrifices nocturnes au 太一 *Grand un* (1), à l'époque où se fait aujourd'hui la fête des Lanternes, qui serait ainsi un souvenir populaire de cette cérémonie.

七†白刃. La brillante épée aux sept étoiles, offerte par 伍員子胥 *Ou Yuen Tse-siu* à celui qui venait de le passer en barque; mais celui-ci refusa du fugitif cette arme de prix. (吳越春秋). 用仁義作劍鋒勝似七星白刃. L'humanité et l'équité sont une épée supérieure à celle qui renfermait sept étoiles. (桓寬鹽鉄論).

南極†輝. L'étoile *Nan-ki* est brillante, souhait de longue vie encore au vieillard. L'éclat de cet astre, dit aussi 南極老人, 老人星 ou 壽昌, présageait spécialement pour l'Empereur un long règne dans la prospérité. (史記天官書).

前†耀釆祝太子以千秋. L'étoile antérieure jette un vif éclat : souhait de longue vie au Prince héritier. La constellation du 心 se compose de trois étoiles du Scorpion, placées à la suite l'une de l'autre. La première symbolise l'héritier présomptif, la seconde, nommée 明堂, l'Empereur, et la troisième, 庶子星, les fils des concubines. (晉天文志). Le 5 de la 8e Lune s'appelle *Mille automnes*, parce qu'en ce jour anniversaire de la naissance de 唐明皇 les mandarins de la Cour lui présentaient leurs vœux de longévité. A partir de son successeur 肅宗, les Empereurs décidèrent que le jour de leur naissance serait marqué au calendrier sous une désignation spéciale et ferait un

(1) Le 太一 ou 太乙, où plusieurs ont été tentés de voir l'idée d'un Dieu unique, n'est que la matière avant d'évoluer et de se diviser pour former tous les êtres. Cf. Variétés sinologiques n° 6 *Le philosophe Tchou Hi, sa doctrine, son influence*, par le P. St. Le Gall, S. J. pp. 36 et 40. Il est vrai que les Chinois en font encore le Maître des cinq éléments, du ciel, de la terre et des quatre saisons; une étoile; une triade composée du ciel, de la terre et d'un génie; mais les philosophes en renom le traduisent par 元氣.

節. (唐書禮樂志).

物換†移. Les choses ont varié et les étoiles changé : le temps s'est écoulé. (王勃, 滕王閣序).

†孛辰而火災見. Une comète *(sing-pei)* dans la constellation Antares du Scorpion 大辰 présagea des incendies. (左傳昭).

†期. L'époque fixée pour le mariage. Dans l'ode 綢繆 une jeune fille parle en ces termes : «Je lie mon fagot de bois de chauffage, et voici que la triple étoile paraît au firmament. Quelle est donc cette soirée qui me permet d'apercevoir à cette heure les trois étoiles du Scorpion? Ah! c'est que le temps est venu où je pourrai voir mon amant.» 綢繆束薪, 三星在天, 今夕何夕, 見此良人. (詩唐風).

可以摘†. Maison si haute qu'on en peut cueillir des étoiles. *Yang Wen-kong* 楊文公, resté bien au delà des limites de l'âge ordinaire avant de bégayer ses premiers mots, reçut un jour, sur la tête un coup qui lui délia la langue, et inspiré par l'endroit élevé où il se trouvait, il improvisa aussitôt ces vers : 危樓高百尺, 手可摘星辰, 不敢高聲語, 怕驚天上人. (周紫芝, 竹坡詩話). *Yang I Ta-nien* 億大年, au nom posthume *Wen*, qui vivait sous le règne de 宋太宗, étonna ses contemporains par son talent facile.

恃德以退妖†. Par sa vertu faire rétrograder l'étoile de mauvais augure. Le Duc *King* de *Song* 宋景公 confiait à son Ministre 子韋 *Tse-wei* les craintes que lui inspirait la planète 熒惑 *Yong-houo* (Mars), observée en ce moment dans la constellation du 心 (partie du Scorpion), car ce phénomène était réputé comme un signe avant-coureur de calamités pour le Prince. *Tse-wei* répondit à *King* qu'il ne tenait qu'à lui de détourner soit sur ses Ministres, soit sur le peuple, soit même sur les moissons les malheurs annoncés. Le Duc se refusa généreusement à suivre ce conseil, et le Ciel pour l'en récompenser fit reculer *Yong-houo*, détruisant ainsi ce présage néfaste. (呂氏春秋).

披†戴月. Habillé d'étoiles et coiffé de la lune : si affairé que, sorti le matin avant le lever du soleil, on ne rentre que le soir, après son coucher. *Ou-ma Che Tse-k'i* 巫馬施子期 (al. 旗) nommé Gouverneur de 單父 *Chan-fou*, après *Fou Pou-ts'i Tse-tsien* 宓不齊子賤, bien différent de celui-ci qui, sans se donner le moindre mouvement et la lyre à la main, avait parfaitement administré son district 鳴琴而治, n'obtint, lui, le même résultat qu'à force d'activité, «sortant avec les étoiles et rentrant avec elles» 以星出以星入. Ces deux personnages étaient contemporains de Confucius. (呂氏春秋).

景†慶雲. L'étoile de la vertu 德星 et le nuage de la félicité, apparaissant dans le ciel, indiquent un règne prospère. *Yao* et *Choen* furent tous deux témoins de ce prodige. (竹書紀年). On écrit encore 卿雲, nuage auquel on attribue cinq couleurs, tandis que celui qui n'en a que trois s'appelle 矞 *(yu)* 雲.

易†以東. La science du Livre des Mutations a gagné l'est, s'écria *T'ien Ho* 田河, contemporain de 漢惠帝, au départ de son élève *Ting K'oan* 丁寬 pour son pays. Celui-ci profita tant à l'école de son maître qu'il fit un commentaire de cet ouvrage cabalistique. (漢書儒林傳). 以＝已 marque du passé.

時†雨之化. L'enseignement du maître est comme une pluie opportune qui transforme. (孟子). — 俊傑能識時務. L'homme remarquable a l'intelligence des affaires du monde. (通鑑).

晨†星謂賢人寥落. Étoiles du matin, c.-à-d. sages clairsemés, comme les astres à ce moment, où ils commencent à disparaître du ciel. (劉禹錫).

晝俾†作夜. Faire du jour la nuit, n'est pas le moyen de bien gouverner. (詩大雅).

智†囊. Sac de prudence, surnom donné à 晁錯 *Tch'ao-ts'o* par le Prince héritier, plus tard 漢景帝, à la personne duquel il venait d'être attaché par l'Empereur 孝文帝 *(sic)* ou simplement 文帝. (漢書鼂錯傳). Voir les idées originales émises par *Ts'o* sur le moyen d'enrichir le peuple, dans son Mémoire intitulé 論貴粟疏. Zott. IV. 260.

†欲圓行欲方, 膽欲大心欲小. La prudence veut être clairvoyante et l'action calme, l'audace grande et l'attention minutieuse. Parole de *Hoai-nan-tse* (qui au lieu de 胆 met 志) et de *Suen Se-miao*. *Yuen* et *fang* signifient que le jugement doit se modeler sur l'activité lumineuse du ciel *rond*, et l'acte sur le recueillement paisible de la terre *carrée*. De la sorte rien n'échappera au premier, tandis que par le second on n'osera pas tout. 智圓者無不知也, 行方者有不爲也. (淮南子). 智者動象天故欲圓, 行者靜象地故欲方. (孫思邈). L'explication que je donne est encore basée sur cet autre texte de *Hoai-nan-tse*. 天道曰圓地道曰方, 方者主幽圓者主明. Le fiel, dit *Suen*, est le siège du courage, car, parmi les cinq

viscères, il occupe le rang de Général 五臟之將. Dans le langage distingué, *yuen* désigne l'homme aux manières conciliantes, et *fang* le caractère franc.

†謀之士所見同略. Les hommes de prudence et de délibération s'accordent toujours un peu dans leurs prévisions, disait 劉備 *Lieou Pei,* constatant que son jugement sur *Ts'ao Ts'ao* avait été partagé par 孔明諫 *K'ong Ming-kien* et 狐莫行 *Kou Mo-hing.* (三國志).

暮 †雲春樹. Amis éloignés l'un de l'autre. 渭北春天樹江東日暮雲,何時一樽酒重與細論文. «Ici, au nord de la rivière *Wei,* les arbres du printemps; là-bas, à l'est du fleuve *Kiang,* les nuages du soir. Quand donc, la coupe pleine, pourrai-je de nouveau parler à fond littérature avec toi?» (杜甫春日憶李白詩). Cette poésie fournit encore l'expression 渭北江東, dont le sens est le même que celui de la première.

曝 效獻†之忱 = 餽物致敬. Imiter les sentiments sincères de celui qui voulait faire présent de la chaleur du soleil : offrir *(koei)* quelque chose avec le plus grand respect. Un paysan du royaume de *Song,* convaincu, dans sa simplicité, que même son Prince était aussi légèrement vêtu que lui, en hiver, et ne savait pas comme lui suppléer à ce manque d'habits en se réchauffant au soleil, dit un jour à sa femme : «Si je lui faisais cadeau de cette douce chaleur que me procure cet astre, j'en obtiendrais à coup sûr une bonne récompense.» (列子).

CLASSIF. 73. 曰.

更 三|泛訪戴之舟. A la troisième veille avance le bateau à la recherche de *Tai.* Une nuit d'hiver où il avait neigé abondamment, la pensée de son ami *Tai Koei Ngan-tao* 戴逵安道 s'empara subitement de *Wang Hoei-tche Tse-yeou* 王徽之子猷, des *Tsin.* Aussitôt il monta en barque et se dirigea vers le pays de 剡 habité par *Tai,* mais parvenu, après un jour de voyage, en vue de la demeure de celui-ci, il reprit le chemin de 山陰, d'où il était parti, sans même aller le saluer un instant. De retour chez lui, *Wang* expliquait ainsi sa conduite : «Qu'était-il besoin de voir *Tai,* puisque l'ardent désir qui m'avait poussé à entreprendre cette visite, est tombé dès mon arrivée là-bas?» 乘興而來,興盡而返,何必見戴. (世說新語). De là l'expression 子猷乘興.

書 尙†. Les antiques annales, nom donné au 書經, parce qu'il rapporte des faits de l'époque la plus reculée.

尙 = 上 古. Ce livre classique, dont les documents auraient été recueillis par Confucius, disparut dans l'incendie ordonné par *Che-hoang-ti*. Plus tard, l'Empereur 漢 文 帝 voulut se procurer un exemplaire de cet ouvrage, mais on ne parvint qu'à en reconstituer une partie, vingt-huit chapitres sur les cent rédigés par le Philosophe, que le nonagénaire 伏 勝 *Fou Cheng* ou 伏 生 *Fou* le lettré, de 濟 南, récita de mémoire. Sous le règne de 武 帝. une jeune fille, de 河 內, découvrit le fragment intitulé 泰 誓. A la même époque, le Roi *Kong* de *Lou* 魯 共 王, fit détruire l'ancienne maison de Confucius, où l'on trouva, dans le creux d'un mur, une copie du *Chou-king* écrite en caractères-têtards 科 斗 (蝌 蚪), ou en caractères 古 文, dont le texte différait notablement de ce que l'on possédait déjà. *K'ong Ngan-kouo* 孔 安 國 s'occupa de déchiffrer l'œuvre de son ancêtre, et réussit à en lire 58 chapitres qu'il publia. Ce travail, plus ou moins interpolé dans la suite, vient sous le nom de 古 文 尙 書, pour le distinguer des fragments transmis par *Fou* et qualifiés de 今 文 尙 書. Le *Chou-king* est encore connu sous le titre littéraire de 壁 經, à cause du détail de sa découverte par le Roi *Kong*.

焚†坑儒, 祖龍無道. L'ancêtre-dragon *(Che-hoang-ti)* agit contre la raison, lui qui fit brûler les livres et enterrer vifs les lettrés. A l'instigation de son Ministre 李 斯 *Li Se* qui, dans un mémoire, lui avait donné le conseil de détruire tous les ouvrages, sauf ceux qui traitaient de médecine, de divination, et d'agriculture, il commanda, la 34ᵉ année de son règne, qu'on mît à exécution ce projet. L'année suivante, il fit creuser une fosse à 咸 陽, où il jeta plus de 460 lettrés rebelles à ses ordres. Les deux magiciens 盧 生 *Lou Cheng* et 侯 生 (al. 仙) *Heou Cheng (Sien)*, qu'il avait attachés à sa personne, coururent se cacher dans la solitude, quand ils virent les lettrés ainsi traqués. (史 記 秦 始 皇 本 紀).

鬻†不孝. Le bibliophile *Tou Sien*, des *T'ang*, avait écrit cet avis pour ses enfants, sur chacun des nombreux ouvrages qu'il s'était procurés : «Vendre *(yu)* ou même prêter un livre acquis par son père, est un manque de piété filiale.»

聚†必興. Collectionner des livres est un gage certain de l'élévation future de la famille. Parole de 丁 顗 *Ting K'ai*, des *Song*, qui dépensait sa fortune à se monter une riche bibliothèque et dont, de fait, le petit-fils parvint aux dignités, sous 宋 仁 宗.

†淫. La passion des livres. *Hoang-fou Mi Che-ngan* 皇 甫 謐 士 安, des *Tsin*, et *Lieou Siun Hiao-piao* 劉 峻 孝 標, des *Liang*, méritèrent cet éloge par leur ardeur à l'étude, qui leur permit de sortir de leur pauvreté.

†三滅,編三絶. User trois livres, abimer trois exemplaires : travail constant, récompensé enfin par le succès. On rapporte de Confucius que, dans sa vieillesse, il s'appliqua à l'étude du 易經, dont il n'eut l'intelligence complète, qu'après avoir mis trois fois en lambeaux une copie de l'ouvrage sur parchemin 韋編三絶.

讀†東觀. Étudier, c.-à-d. imiter 劉向 *Lieou Hiang* qui, sous le règne de 漢成帝. s'occupait de ses travaux de révision dans le pavillon oriental du palais.

封禪之†. La dernière œuvre littéraire de *Se-ma Siang-jou*, qui y parle des sacrifices au ciel. offerts sur les monts sacrés, spécialement le *T'ai* 泰山. Elle a été insérée dans les Annales, et se cite comme allusion à la mort de cet auteur. (漢書司馬相如傳).

行秘†. Archives ambulantes : surnom donné par 唐太宗 au savant lettré *Yu Che-nan* 虞世南. On était venu proposer à l'Empereur d'emporter avec lui quelques ouvrages, pour se distraire pendant son excursion ; mais il répondit qu'ayant *Yu* en sa compagnie, il pouvait se passer de livres. (唐嘉話). *Pi-chou* signifie ici pavillon de la bibliothèque de l'Empereur 天子藏書之閣.

六†. Les six genres de signes idéographiques dont l'invention est attribuée à *Fou-hi*, ou plutôt à son Ministre 飛龍氏, par la légende : 象形, 會意, 處事, 諧聲, 轉注 et 假借, répresentations conventionnelles de la forme extérieure, de l'idée, de l'affaire, et du son 象形, 象意. 象事. 象聲. On entend aussi par *Lou-chou*, ou 六體, les six genres d'écriture nommés 古文, 奇字, 篆書, 隷書 ou 佐書, 繆篆, 蟲書 ou 烏蟲, distribués encore de façon à former 八體. c.-à-d. 大篆, 小篆, 刻符, 蟲書, 摹印, 署書, 殳書 et 隷書.

八行†. Lettre, ainsi nommée par allusion à 馬融 *Ma Yong*, qui en reçut une dont chaque page contenait huit lignes.

七†. Les sept traités sur la stratégie, composés par 孫武 *Suen Ou*, 吳起 *Ou K'i*, 穰苴 *Jang Tsiu*, 姜太公 *Kiang T'ai-kong*, 黃石公 *Hoang Che-kong*, 尉繚 *Wei Liao* et l'Empereur 唐太宗.

曹†景宗子震 *Ts'ao King-tsong Tse-tchen*, Général de 梁武帝 (502-550), célèbre par son courage mais encore plus par son improvisation poétique, dans un banquet que lui avait offert l'Empereur, après sa victoire sur les troupes de 魏. *Chen Yo* 沈約, chargé de distribuer les rimes 賦韻 aux convives, proposa 競 et 病 au héros de la fête. *Ts'ao* d'écrire aussitôt : 去時兒女悲歸來笳鼓競，借問行路人何如霍去病 «A notre départ pour l'expédition, garçons et filles étaient tristes, mais à notre retour, trompettes et tambours résonnaient à l'envi. Cependant demandez au voyageur, si, malgré mon triomphe, *Ho K'iu-ping* ne valait pas mieux que moi?» (南史曹景宗傳). *Ho*, élevé par 漢武帝 au grade de 嫖姚校尉 Général, infligea de nombreuses défaites aux hordes des *Hiong-nou*, et contribua à l'agrandissement du territoire impérial. (漢書霍去病傳). *Piao-yao*, titre officiel sous les *Han* antérieurs, écrit encore 票姚，剽姚 et 票鷂, signifie vigoureux et prompt.

† 武惠. *Ts'ao Pin Kouo-hoa* 彬國華, Général qui mérita le nom posthume de *Ou-hoei* par l'humanité dont il fit preuve dans son expédition, au début des *Song*, contre 李煜 *Li Yu*, maître du *Kiang-nan*. Le jour où le dernier boulevard de ce rebelle allait tomber en son pouvoir, il feignit une maladie et resta renfermé chez lui. Ses officiers, inquiets sur son état, se présentèrent aussitôt pour avoir de ses nouvelles. *Ts'ao* les reçut avec ces mots : «Le seul moyen de me guérir, est de me promettre que vous empêcherez vos soldats de mettre à mort aucun des assiégés.» Tous, pendant que l'encens fumait, firent serment d'être fidèles au désir de leur chef, qui recouvra la santé à l'instant. Dans cette même expédition, les moissons du pays ne reçurent aucun dommage des 200.000 hommes conduits par *Ts'ao*. *Ou-hoei* fut créé de son vivant 魯國公, et après sa mort 濟陽王.

† 大家續完漢秩. *Ts'ao Ta-kou*, de 扶風, au *Chen-si*, continua et acheva les Annales des *Han* antérieurs. Cette femme auteur, fille de 班彪 *Pan Piao* et appelée elle-même *Pan Tchao* 昭, fut mariée à 曹世叔 *Ts'ao Che-chou*, qu'elle perdit bientôt. Résolue désormais à garder la viduité afin de se livrer plus librement à son attrait pour l'étude, elle se vit confier par 漢和帝 (89-105) la mission de mettre la dernière main à la chronique laissée inachevée par la mort de son frère *Pan Kou* 班固. Dans ce but, le monarque l'appela au palais, où il lui assigna pour demeure le pavillon de la bibliothèque impériale 東觀藏書閣. Elle fut chargée en même temps de l'instruction de l'Impératrice et des autres femmes du sérail, et reçut de *Ho-ti* l'appellation flatteuse de *Ta-kou*. *Ma Yong* 馬融 lui succéda dans son travail d'élucidation du manuscrit fraternel, et plus tard, *Ma Sou* 馬續 frère de *Yong* (1), termina la tâche. (後漢書列女傳). En som-

(1) Le 尙友錄 donne un personnage de même nom, mais qu'il ne dit pas avoir collaboré à cette rédaction, et qu'il ne suppose pas parent de *Yong*.

me, *Ta-kou* n'a fait que suppléer à ce que *Pan Kou* avait omis dans sa rédaction des huit chapitres connus sous le titre de 八表. Quant au 天文志 des mêmes Annales ébauché par son frère, *Sou* seul l'aurait complété. (章俊卿). Sur l'inscription funèbre offerte à la mort d'une dame on lit souvent : 大家風範 Comme *Ta-kou,* la défunte fut un modèle de bonnes manières.

曾 †鞏. *Tseng Kong Tse-kou* 子固. surnommé le 南豐先生 du pays d'où sa famille était originaire, est l'un des huit auteurs classiques connus sous la dénomination de 唐宋八大家. La 5e année de 元豐 (1082) il fut adjoint, par ordre de 宋神宗, à 李濤臣 *Li Tsing-tch'en* et 王存 *Wang Tsoen* chargés d'écrire les Annales. Il a laissé un grand nombre d'ouvrages consistant surtout en collections d'écritures antiques. Ses deux frères 肇子開 *Tchao Tse-k'ai* et 布子宣 *Pou Tse-siuen,* le premier. Ministre de 哲宗. et le second, de 徽宗. sont restés par leurs hautes dignités. les types littéraires de deux frères parvenant aux premières charges.

CLASSIF. 74. 月.

月 征†. La première Lune. *Che-hoang-ti,* né le 1er jour de la 1ère Lune (259 av. J.-C.). reçut à cause de cette circonstance le nom de ‘征 ou ‘正 (deux caractères de même sens et de même accent). A son accession au trône, par respect pour le 御諱 nom auguste, on dut prononcer ꜀正 comme ꜀征 quand il servait à désigner la lunaison, usage qui depuis s'est toujours conservé.

二†賣絲五†糶穀. Vendre sa soie à la 2e Lune, et son grain à la 5e. prouve une extrême pauvreté ou une sotte imprévoyance. (聶夷中詩).

†老. Entremetteur de mariages. En 628, sous les *T'ang,* *Wei Kou* 韋固 passant par 宋城, s'y vit proposer la main d'une jeune fille. Il se rendait de grand matin à la bonzerie 龍興寺 où devaient se débattre les conditions du mariage. lorsqu'il rencontra un vieillard qui, appuyé contre un sac, feuilletait au clair de la lune le registre. où tous les mariages des humains étaient inscrits. Le sac contenait les cordons rouges, dont il se servait pour lier ensemble les pieds de l'homme et de la femme. que le destin avait décidé d'unir 赤繩繫足, union qu'aucun obstacle au monde ne pouvait empêcher. L'inconnu, après avoir donné ces explications à *Wei,* lui prédit que son mariage projeté n'aboutirait pas, et que sa future épouse n'était encore âgée que de trois ans. Il la lui montra même aux bras d'une marchande de légumes, sa

nourrice. Les traits de l'enfant déplurent tellement à *Wei*, qu'il ordonna à son domestique de la tuer d'un coup de poignard. L'assassin ne réussit qu'à lui faire une blessure au front. Quatorze ans plus tard, selon la prédiction du vieillard, *Wei* contracta alliance avec une jeune fille de toute beauté, mais qui portait une cicatrice 花鈿 *(t'ien)* au visage, souvenir de la tentative d'autrefois. Le mandarin, mis au courant de ce fait, nomma 定婚店 la boutique, où avait été élevée la fille. (續幽怪錄).

†榭風觀. Terrasse et belvédère, tels qu'en possédait la riche demeure appelée 綠野堂 et construite par *P'ei Tou* 裴度, des *T'ang*, après avoir résigné sa charge.

†離畢雨候將徵. La lune dans la constellation *Pi* (du Taureau) est un indice de pluie. 月離于畢, 俾滂沱矣. (詩小雅).

†兒羹. Sauce de la lune, offerte par 唐文宗 à 柳公權誠懸 *Lieou Kong-k'iuen Tcheng-hiuen* qui était venu lui présenter son nouveau livre, pendant le repas du monarque.

抹†披 (al. 批) 風. Frotter la lune et frapper le vent : dans sa pauvreté ne pouvoir traiter que maigrement un hôte. (蘇軾詩).

落†屋梁. Les rayons de la lune, tombant sur les poutres de la maison, font penser à un ami. (杜甫夢李白詩). Variante : 梁月.

†池宴. Le banquet donné par 唐太宗 à son ancien précepteur *Tchang Se-tsong* 張嗣宗, près du bassin de la lune. *Tchang* se vantait en cette occasion d'avoir été plus heureux que Confucius lui-même, dont aucun des disciples n'avait atteint la suprême dignité occupée par son impérial élève. (唐書儒林傳).

†旦評. L'examen du premier jour de la Lune, revue mensuelle établie à 汝南 par 許邵子將 *Hiu Chao Tse-tsiang* et son cousin 靖 *Tsing*, dans le but de stimuler leurs compatriotes. (後漢書許邵傳). Ces deux personnages vivaient sous les derniers règnes des *Han* postérieurs.

†露風雲. Littérature fine et légère, *Li Ngo* 李諤 écrivait ainsi à L'Empereur : « Chapitres joints aux chapitres, livres ajoutés aux livres ressemblent à la rosée sous les rayons de la lune; tables chargées d'ouvrages, malles remplies d'écrits rappellent les nuages flottant au gré du vent.» 連篇累牘不出月露之形, 積案盈箱唯是風雲之狀. (隋書李諤傳). *Lien-pien-*

lei-tou s'emploie dans le sens de compositions nombreuses.

†朗中秋明皇神遊†殿. La lune brillant le 15 du 8ᵉ mois, *Ming-hoang*, des *T'ang*, alla comme un esprit se promener dans le palais de cet astre, en compagnie du maître taoïste *Chen* 申天師. Parvenu au terme du voyage, l'Empereur aperçut dans notre satellite un vaste édifice avec cette inscription 廣寒清虛之府. Là, s'ébattaient et chantaient à l'ombre d'un grand osmanthe *Sou-ngo* 素娥 et ses compagnes. Ce spectacle donna au monarque l'idée «des costumes irisés, des habits de plumes et des danses» 霓裳羽衣舞曲, c.-à-d. lui suggéra la pensée de former sa bande de comédiens. (柳宗元, 龍城記). La légende fait encore accompagner ce monarque dans son excursion par l'un des trois magiciens 羅公遠, 葉法善 et 葉靜能. *Louo* aurait pour la circonstance transformé son bâton en un pont reliant la terre à la lune. 廣寒宮 lune, 廣寒女 génie de cet astre.

有 †熊. *Yeou-hiong* ou *Hoang-ti* à qui, entre autres inventions, on attribue celle des habits. *Hoai-nan-tse* en fait honneur à ses deux Ministres 胡曹 *Hou-ts'ao* et 伯余 *Pé-yu*.

望 †. La pleine lune. 旣望, le 16 de la lunaison; 幾望, le 14.

†舒＝月御. *Wang-chou* : conducteur de la lune. (離騷). *Hoai-nan-tse* l'appelle encore 纖阿 et donne à l'astre le nom de 夜光.

朝 †三暮四＝以術愚人. User de ruse pour jouer quelqu'un. Un éleveur de singes proposait un jour à ses bêtes de leur donner comme nourriture trois châtaignes le matin et quatre le soir. Voyant que cette combinaison leur déplaisait et les mettait en colère, il renversa ainsi la proposition : 與若芧朝四暮三, ce qu'elles acceptèrent avec joie. Le Saint, qui emploie sa prudence à gagner le peuple par ses faveurs, ressemble à l'éleveur de singes qui s'en sert pour tromper ses animaux. 聖人以智寵羣愚亦猶狙公之以智籠羣狙也. (列子黃帝篇). 若 vous, 芧 châtaignes *(tchou)*.

†歌墨子回車. Le philosophe *Mé-ti* 翟, arrivé près d'une ville qui s'appelait *Tchao-ko*, rebroussa chemin, parce qu'un pareil nom était contraire aux convenances qui défendent de chanter le matin. *Tseng-tse*, lui, ne voulut à aucun prix passer par le village de *Cheng-mou* 勝母曾子不入, car ce modèle de piété filiale se révoltait à la pensée qu'un fils fût *supérieur à sa mère*. (淮南子). Confucius refusa de boire à la fontaine du voleur 盜泉, et *Han-kao-tsou* fut indigné de voir un kiosque appelé 柏人. *Mé-ti*,

que sa mère, dit-on, mit au jour après avoir rêvé d'un oiseau, s'est aussi appelé 翟鳥墨 *Ti Niao Mé.*

朝六十依江左. Les six dynasties qui régnèrent à l'est du *Yang-tse* furent : 孫吳 *Ou,* famille *Suen* (222-280), 司馬東晉 (317-419), 劉宋 (420-478), 蕭齊 (479-501), 蕭梁 (502-556), 陳陳 (557-587). *Lieou Yu Té-hing Ki-nou* 劉裕德興寄奴 fondateur des *Song; Siao Tao-tch'eng Chao-pé* 蕭道成紹伯. fondateur des *Ts'i; Siao Yen Chou-ta* 蕭衍叔達, fondateur des *Liang; Tch'en Pa-sien Hing-kouo* 陳霸先興國, fondateur des *Tch'en.* La Capitale de ces diverses dynasties fut 建康 *Nan-king.* Avec les *Song,* famille *Lieou,* commence la période historique dite 南北朝. Les dynasties du sud furent les *Song,* les *Ts'i,* les *Liang,* les *Tch'en* et les *Soei :* cette dernière établie à 長安 eut pour fondateur *Yang Kien Na-louo-yen* 楊堅那羅延, descendant de *Yang Tchen* 震 Ministre des *Han.* Les Cours du nord étaient les *Wei* occidentaux (535-557) et les *Wei* orientaux (534-550), les premiers à *Si-ngan-fou* et les seconds à *Lo-yang.*

CLASSIF. 75. 木.

木一十焉能支大厦. Une seule pièce de bois pourrait-elle étayer un grand édifice? Les forces d'un seul ne suffisent pas. (世說新語). *Yuen Ts'an* prononça cette parole dans une circonstance mémorable. Fidèle aux *Song* (famille *Lieou)* il voulait, de concert avec 劉秉 *Lieou Ping,* mettre à mort *Siao Tao-tch'eng* 蕭道成, fondateur des *Ts'i;* mais celui-ci, averti du complot par *Tch'ou Yuen,* envoya contre lui 戴僧靜 *Tai Seng-tsing.* Au moment où *Yuen* allait périr, il dit à son fils *Tsoei* 最 qui lui faisait un rempart de son corps : «Je sais maintenant l'inutilité de mes efforts ; du moins je n'ai pas failli aux devoirs d'un sujet dévoué, ni toi à ceux d'un bon fils.» 我不失忠臣汝不失孝子. Cette scène donna lieu au dicton : 寧爲袁粲死不作褚淵生.

一十撐天. Soutenir *(tch'eng)* le firmament avec une pièce de bois : il n'est pas encore temps d'agir. *Wang Toen* 王敦 songeait à se révolter contre les *Tsin,* lorsqu'il rencontra le magicien *Ou Mong* 吳猛 à qui il raconta qu'il s'était vu en rêve transperçant le ciel avec un morceau de bois 一木破天. *Ou* lut dans cette action le caractère 未, ou 木 coupé en haut par 一, et l'engagea à ne point donner suite à son projet, les circonstances n'étant *point encore* favorables. (十二眞君傳).

三十. La cangue, les menottes et les entraves. (漢書司馬遷).

† 屑竹頭. Les moindres choses ont leur utilité. *T'ao K'an Che-hing* 陶侃士行, mandarin de 荆州, recommanda aux ouvriers employés à la construction des bateaux, de mettre soigneusement de côté la sciure de bois et les bouts de bambou. Tous louèrent plus tard sa merveilleuse prévoyance lorsqu'ils le virent, au moment du dégel, jeter sur le sol humide de son tribunal la sciure en question. Quant aux morceaux de bois, le Ministre 桓温 *Hoan Wen* en tira parti pour faire des chevilles dans son expédition contre 蜀. (晉書陶侃傳).

† 稼. Le phénomène présenté par les arbres couverts de neige, et appelé *mou-kia*, présage la mort d'un grand mandarin. 木稼達官怕. (舊唐書).

削†爲吏. Un morceau de bois taillé tenait lieu jadis de satellite. Il suffisait de le déposer à la porte du coupable, pour que celui-ci se rendît aussitôt au tribunal, portant entre ses bras ce gendarme d'un nouveau genre. 畫地削木. La prison fût-elle une simple raie tracée par terre, et le satellite un simple morceau de bois, l'homme de cœur rougirait encore de commettre une faute, passible d'une peine si légère et en apparence si peu honteuse. (漢書司馬遷傳).

用罌†渡軍. Le Général *Han Sin* 韓信 passa ses troupes sur des baquets *(yn)*. Il marchait contre 豹 *Pao*, Roi de 魏, qu'il vainquit et fit prisonnier grâce à ce stratagème, qui lui avait permis de faire débarquer ses soldats en un lieu où l'ennemi ne les attendait pas. (史記淮陰侯傳).

徙†立信. *Kong-suen Yang* de *Wei* 衛(公孫)鞅. Ministre de 秦孝公, sur le point de promulguer les nouvelles lois pénales élaborées par lui, craignit une trop forte opposition de la part du peuple. Il imagina donc le moyen suivant pour gagner les esprits et faire admettre son code. Il plaça une pièce de bois à la porte du sud, et fit annoncer que celui qui la transporterait *(si)* à celle du nord aurait cinq pièces d'or; mais personne ne voulut croire à cette proposition étrange. *Yang* promit alors une somme double, ce qui enfin décida qulqu'un à tenter l'aventure. Le Ministre tint exactement parole et cet acte lui concilia à tel point tout le monde, que l'acceptation de ses lois, pourtant très sévères, ne souffrit aucune difficulté. *Yang* fût créé Prince de *Chang*, d'où son nom de 商鞅. (史記商君列傳).

緣†求魚. Grimper sur un arbre pour y chercher des poissons : tenter une chose impossible. (孟子). — 當知木木水源. Il ne faut point oublier la racine de l'arbre et la source du cours d'eau : on doit reconnaître les bienfaits de ses parents. (左傳).

槁†死灰. Bois sec et cendre éteinte : personne sans désirs ni passions. (莊子).

†天署學士所居. Les tribunal où résident les Assistants du Secrétariat impérial porte, à cause de l'élévation et de l'étendue de sa voûte, le nom de ciel en bois 木天.

†槿朝開暮落. L'hibiscus fleuri le matin s'étiole le soir, image de la gloire humaine. 蕣榮不終朝, 蜉蝣豈見夕. «L'éclat de l'hibiscus *(choen)* ne dure pas un jour, et l'éphémère ne voit pas le soir.» (郭璞游仙詩). — 木樨. L'olea fragrans. 我愛木中犀, 不是凡花數. «Entre tous les arbustes j'aime l'osmanthe, car il n'est pas du nombre des fleurs communes.» (白桂花詩).

†蘭代父從軍. La jeune *Mou-lan* prit des vêtements d'homme et remplaça son vieux père sous les drapeaux. Elle ne quitta le service qu'au bout de douze ans, et cependant aucun de ses compagnons d'armes ne connut son sexe.

本

一†同氣. Les frères sortent de la même souche (孟子) et sont comme des branches poussant sur le même tronc et animées d'un même souffle 同氣連枝.

朱

†提. *Chou-che*, sous-préfecture relevant de 犍爲 (敘州府) au *Se-tch'oan*, dont le nom signifie argent de première qualité, parce que ce pays en fournissait, sous les *Han*. (漢書食貨志).

†陳一村而結好. Les *Tchou* et les *Tch'en* habitaient le même village et ne contractaient d'alliances qu'entre eux. Ce village composé seulement de ces deux familles, était distant de 100 *li* de 豐縣, sous-préfecture de 徐州. (白居易朱陳村詩).

†元璋. *Tchou Yuen-tchang Kouo-choei* 國瑞, fondateur des *Ming*. Né au pays de 濠 de parents pauvres, originaires de 句容, il entra jeune encore dans un monastère de bonzes, d'où il ne tarda pas à sortir pour embrasser la carrière militaire sous 郭子興 *Kouo Tse-hing*, en révolte contre la dynastie des *Yuen* 元. Sa valeur le mit à la tête de son parti et, après avoir vaincu 陳友諒, 明玉珍, 方谷珍 et 張士誠, les principaux tenants de la famille mongole, il se vit maître de l'empire. Il gouverna à *Nanking* de 1366 à 1399, avec le nom de règne 洪武, et le titre dynastique 太祖 ; il mourut laissant la couronne à son petit-fils

建文帝 ou 惠帝.

杞 †人憂天. Vaine frayeur. Un homme de *Ki* vivait dans une crainte continuelle de voir le ciel s'effondrer sur sa tête. Un ami, à qui il conta son cas, le rassura en lui disant que le firmament n'était que de l'air accumulé, et les astres de la lumière. La chute de corps si légers ne pourrait donc pas le blesser. Rassuré de ce côté, le peureux lui exposa qu'il redoutait encore de voir le sol s'affaisser sous ses pieds. L'ami l'engagea aussi à être sans inquiétude sur ce point, puisque partout il y a de la terre 亡處亡塊. (列子).

朽 老†自歎衰頹. Je suis un vieux bois pourri, dit-on en gémissant de se voir usé par l'âge.

束 †修 = 學俸. Dix morceaux *(chou)* de viande : salaire du professeur. (論語).

†先生祈三日之霖. Dans un moment de grande sécheresse qui désolait son district, l'excellent mandarin 束皙廣微 *Chou Si Koang-wei,* contemporain de 晉武帝 (265-290), demanda au ciel et en obtint une bonne pluie qui dura trois jours. (晉書束皙傳).

杖 九節†. Le bâton à neuf nœuds servant aux immortels. (杜甫). La sainteté et la sagesse sont une colonne et un bâton qui l'emportent sur le rotin vert aux neuf nœuds. 以聖賢爲拄杖優於九節蒼籐. (陸賈新語).

†家, †鄉, †國, †朝. A 50 ans on peut, chez soi, marcher appuyé sur un bâton, à 60, il est permis de s'en servir dans son pays, à 70, à la Capitale, et à 80, à la Cour. (禮記).

哀†. Le bâton de deuil. Entre les mains du fils, il indique l'abattement où celui-ci se trouve par suite de la mort de ses parents. Dans le Mémorial des Rites (禮問喪) il est dit que ce bâton doit être en bambou 苴杖 ou 竹杖 au décès du père, et en *elœococca vernicifera* 削杖 ou 桐杖 à celui de la mère. Le commentateur 孔穎達 donne pour raison de cette différence, que le bambou par ses nœuds apparents représente le principe mâle ou le père, tandis que l'autre essence, dont les nœuds sont cachés, symbolise le principe femelle ou la mère.

王父歿則嫡孫†期. A la mort du grand-père, le petit-fils né de la femme légitime *(ti-suen)* prend le bâton de deuil pour un an. (家禮). Mais si le fils ainé du défunt était déjà mort, ce serait à son petit-fils de mener le deuil 承重, m. à m. de succéder à la charge.

泣†. Pleurer sous le bâton. *Han Pé-yu* 韓伯兪, des *Han*, battu un jour par sa mère, se mit tout à coup à verser des larmes, ce qui ne lui était jamais arrivé dans les nombreuses corrections qu'elle lui avait infligées jusque-là. Elle lui demanda donc la raison de ses pleurs. «Ah! répondit l'enfant, c'est qu'aujourd'hui je me suis aperçu pour la première fois que la force abandonnait votre bras, et que je ne sentais plus les coups comme jadis.» (劉向說苑). Variante : 泣笞.

†以鳩形. Bâton dont le sommet est sculpté en forme de tourterelle. On l'offre au vieillard pour lui souhaiter que sa gorge ne s'obstrue jamais, avantage que l'on attribue à cet oiseau. (後漢書禮儀志).

杜 †預元凱. *Tou Yu Yuen-k'ai*, président de Ministère sous les 晉, si savant et si habile dans les affaires, qu'il donna lieu à l'expression 杜武庫 l'arsenal *Tou*.

†廣. *Tou Koang*, palefrenier de 劉景 *Lieou King*, prenait un si grand soin de ses bêtes, que son maître lui donna la main de sa fille en disant : «J'ai trouvé un coursier de prix dans mes écuries.» 廐中有騏驥. *Tou* s'éleva à la charge de Préfet, dans la suite. (蕭萬三十國春秋).

†宇. Le coucou. 何事有菰凝血色, 莫非杜宇酒啼痕. «Qu'est-ce que ce sang accumulé sur les herbes de la montagne? Peut-être les traces des gémissements avinés du coucou.» (唐詩). Le *Tou-yu* serait, d'après la légende, une métamorphose d'un personnage de ce nom, Roi de *Chou* sous le titre de 望帝. Il se retira dans la solitude, laissant son trône à 鱉靈 qui avait su faire cesser une inondation. Cf. 尙友錄.

†康. *Tou K'ang Tchong-ning* 仲寧, Ministre de *Hoang-ti*, à qui est attribué la gloire d'avoir le premier fabriqué du vin. *I-ti* 儀狄, autre Ministre du même monarque, partage avec lui l'honneur de cette invention. 何以解憂, 唯有杜康 «Seul le vin peut dissiper ma tristesse.» (魏武帝短歌行). *Tou* mourut, dit-on, le jour 酉, et, par respect pour sa mémoire, on s'abstient ce jour-là de faire des invitations, ou, selon d'autres, de faire du vin 造酒忌酉.

†如晦克明. *Tou Jou-hoei K'o-ming*, Ministre de 唐太宗 (627-650) créé 蔡公. Son nom est souvent accolé à celui de son collègue *Fang Hiuen-ling Kiao-suen* 房玄齡喬孫, du titre de 汧公. L'Empereur avait coutume de dire : «*Fang* et *Tou*

sont mes bras et mes jambes.» 房杜吾之股肱也. A leur mort on plaça les portraits de ces deux serviteurs dévoués de la dynastie dans la Galerie des Ministres fidèles nommée 淩烟閣.

† 暹魏侯. *Tou Sien,* Marquis de *Wei,* Ministre de 唐玄宗 (713-756). Son nom se joint à celui de 張燕公 *Tchang,* Duc de *Yen,* ou *Tchang Chouo* 說, Ministre de la même époque. *Tou,* renommé pour son esprit d'économie, s'en départait toutefois quand il s'agissait d'augmenter sa riche bibliothèque.

† 氏之寶田. Les trésors et les terres de *Tou Mong* 孟, des *Song,* c.-à-d. la loyauté et la piété filiale, les Livres canoniques et les Annales, car c'est ainsi que ce personnage les appelait. (合璧事類).

李 † 杜. Les deux poètes des *T'ang, Tou Fou* (712-770) et *Li Pé* (699-762), dont le nom est encore synonyme d'amitié intime.

† 密陳情. *Li Mi Ling-pé* 令伯, contemporain de 晉武帝, exposait à cet Empereur qui voulait l'élever à une haute dignité, que l'âge avancé de sa grand'mère 劉氏 réclamait sa présence, et le priait en conséquence d'agréer son refus.

† 亞子. Fils remarquable. *Tchou Wen* 朱温 apprenant la victoire de *Li Ya-tse,* disait : «Ce sont des enfants comme lui qu'il faudrait avoir, et vraiment *K'o-yong* son père revit en lui.» 生子當如李亞子, 克用為不亡矣. (朱子綱目). Cf. p. 83.

† 衛公興唐. *Li Tsing Yo-che* 靖藥師, créé Duc de *Wei,* contribua à la prospérité de la dynastie *T'ang,* en qualité de Ministre de 太宗 (627-650). Dans sa jeunesse, il avait coutume de dire : «L'homme de cœur, pour trouver la fortune, doit se faire un nom, car c'est ainsi qu'il acquerra richesses et dignités. Je ne puis donc me résoudre à être un simple lettré faiseur de périodes et de phrases.» 大丈夫遭遇......... 何至作章句儒.

† 沆持衡貴戚不寅緣而拜臺席. Quand le Ministre *Li Hang T'ai-tchou* 太初 était aux affaires sous 宋太宗 et 眞宗, telle était son incorruptibilité, que même les membres par alliance de la famille impériale n'osaient tenter de le gagner par des présents ou venir faire des courbettes à son tribunal. Il reçut le titre posthume de 太尉 et le nom posthume de 文靖. Un jour l'Empereur, le suivant de l'œil à sa sortie de l'audience, s'écriait : «Quelle dignité de manières, oui c'est vraiment un homme précieux!» 上目送之曰風度端凝眞貴人也.

†固不矜父爵. *Li Kou Tse-kien* 子堅 est resté le modèle de l'élève humble, car bien qu'il fût fils du Ministre 郃 *Ho*, des *Han* postérieurs, il ne s'enorgueillissait pas de la dignité de son père. On raconte même que pour passer inaperçu au milieu de ses condisciples, il prit un nom d'emprunt et n'allait qu'en cachette saluer ses parents dans leur tribunal. (後漢書李固傳).

†淵. *Li Yuen Chou-té* 叔德 fondateur des *T'ang*, sous le nom de 高祖 (620-627). Créé 唐王 par 煬帝, il résistait à son second fils 世民 *Che-ming* (plus tard 太宗), qui le poussait à la révolte; mais celui-ci profita d'un moment où son père était ivre, pour lui arracher enfin son consentement et appeler les soldats aux armes 刼父稱兵.

†吉甫. *Li Ki-fou Kong-hien* 共憲 et son fils *Té-yu Wen-jao* 德裕文饒, tous deux Ministres de la dynastie *T'ang* : ce dernier sous les règnes de 文宗 et de 武宗, et le premier sous celui de 順宗.

†廣. *Li Koang* surnommé le 飛將軍, Général de 漢文帝, vainqueur des *Hiong-nou* en plus de soixante-dix rencontres. Il déployait une telle adresse dans le maniement de l'arc, qu'on lui attribuait un bras aussi flexible que celui d'un singe 猿臂.

†林甫. *Li Lin-fou*, Ministre exécré du règne de 唐玄宗 (713-756). Sa méchanceté faisait dire de lui : «Il a un glaive dans le sein.» 腹中有劍.

道傍苦†. Être exposé aux vexations de tous. *Wang Jong Joei-tchong* 王戎濬仲, qui devint Ministre sous 晉惠帝 (290-307), se promenait dans son enfance avec des compagnons de son âge, lorsqu'un prunier situé sur le bord du chemin attira leurs regards. Tous alors de courir y cueillir des fruits, à l'exception du petit *Wang* qui s'apitoyait sur le sort du pauvre arbre. (世說新語). C'est ce même *Wang* qui avait soin de perforer les noyaux des prunes qu'il vendait, de peur que d'autres ne semassent chez eux une variété excellente qu'il était seul à posséder. 賣李鑽核. (Cf. ibid.).

†牧. *Li Mou*, vaillant Général de *Tchao* 趙 préposé à la défense des frontières du nord. On dit qu'à 鴈門 il défit une armée immense de *Hiong-nou*, dont plus de 100.000 cavaliers restèrent sur le champ de bataille, tandis que leur *Chan-yu* 單于 prenait la fuite. Cette victoire écarta ces barbares pour de longues années du royaume de *Tchao*. Ses services lui valurent le titre de 武安君. Sa mort, en 229 av. J.-C., fut la perte de son pays, qui dut

faire sa soumission au royaume de *Ts'in.*

杏†園. Le jardin des abricotiers, lieu où l'Empereur offrait un banquet aux nouveaux Docteurs, sous les *T'ang.* Ce festin s'appelait 探花宴, nom que l'on explique ainsi. Les deux plus jeunes lauréats étaient désignés pour courir à la recherche des plus belles fleurs fraîchement écloses de ce jardin 探花使; mais, si quelqu'un de leurs collègues de promotion réussissait à en trouver avant eux, on leur infligeait une légère punition. (摭言).

宣聖†壇. Le perspicace et le saint, Confucius, enseignait au tertre de l'abricotier. Ce monticule, situé à la porte *est* de la Capitale de *Lou,* dans un bois appelé 緇帷林, servait de lieu de réunion aux nombreux disciples du Philosophe, où, pendant que celui-ci jouait de la lyre, ceux-là chantonnaient des vers. (莊子). Le Maître de retour de *Tcheou* dans son pays natal, compta, dit-on, 3000 élèves à ses leçons, dont 72 seulement excellèrent dans les six arts libéraux. (史記孔子世家). *Hing-t'an* et *Tche-wei-lin* signifient maintenant chaire du professeur, classe. D'après la légende, la lyre de Confucius avait la vertu de hâter la floraison des abricotiers placés devant le tertre de la rivière *Se* 發泗水壇前之杏.

羣虎賣董仙之†. De nombreux tigres surveillaient la vente des abricots de *Tong Fong* 奉 l'immortel. Ce magicien, retiré sur le mont 廬山, donnait tout son temps aux malades, dont il n'exigeait, en retour de leur guérison, que des plants d'abricotiers, cinq pour un cas grave, et un pour une indisposition légère. Ses cures constantes lui procurèrent ainsi une vraie forêt, où il permettait d'aller cueillir des fruits, mais à condition de déposer dans ses greniers un panier de blé pour un panier d'abricots. Ceux qui voulaient prendre plus que leur dû étaient vite mis à la raison par des tigres. (神仙傳).

紅†. Allusion aux examens supérieurs de littérature. — 色杏花紅十里, 新郎君去馬如飛. «Sur dix *li* on ne voit que la couleur rosacée des abricotiers en fleurs; c'est l'époque où le jeune candidat se rend au concours sur son cheval qui vole.» (蘇軾詩). 此日郎君 les candidats.

松†柏節操 = 壽元耐久. Résistante est l'incorruptibilité (la verdeur) du pin et du bambou : longue est la durée de la vieillesse, compliment à un homme vigoureux encore, malgré son âge avancé 如松柏之茂. (詩小雅).

歲寒†柏. La vertu se montre dans les grandes épreuves.

歲寒然後知松柏之後彫也. (論語). D'autres arbres que le pin et le cyprès résistent à un froid peu intense; mais, s'il est excessif, ces deux essences seules n'en souffrent qu'un peu, quand les autres ont toutes dépéri.

青†白水 = 死生與其. Pour se jurer une amitié à la vie à la mort on emploie cette formule : Notre cœur gardera l'un pour l'autre la constance du pin toujours vert, et notre mutuelle fidélité aura la pureté de l'eau limpide. (廣絕交論).

†使者. L'encre. Un jour l'Empereur 唐明皇 aperçut de petits 道士 semblables à des mouches, sur son encre dite 龍香劑. Il voulait les chasser, quand tous se mirent à crier : Vive l'Empereur! puis ils ajoutèrent : «Nous sommes les esprits de l'encre ou les délégués du pin noir. Tout littérateur a sur son encre douze hôtes-dragons comme nous.» 臣卽墨之精黑松使者也凡世人有文者其墨上皆有龍賓十二. (雲仙雜記). Cette légende a donné lieu aux expressions 龍劑, 黑松使者, 龍賓, 青松子 signifiant toutes l'encre, de même que 松滋侯, 松烟.

†茂竹苞 = 制度得宜. Touffu comme le pin et solide comme les racines des bambous : ordonnance parfaite d'un édifice, dont les assises figurées par le bambou et la charpente par le pin possèdent une stabilité à toute épreuve. (詩小雅).

枘

†鑿 = 不相入. Être en désaccord. 圜鑿而方枘兮吾固知其鉏鋙. «Ciseau rond et manche carré, je le sais bien, ne vont pas ensemble *(tch'ou-yu)*.» (楚辭).

杯

†中蛇影 = 自起猜疑. Se faire des soupçons sans fondement. *Yng Chao* 應劭, des *Han*, raconte dans son ouvrage 風俗通, qu'un jour *Tou Siuen* 杜宣, Secrétaire de son grand-père *Lin* 郴, Gouverneur de 汲, buvant avec celui-ci, crut apercevoir un reptile au fond de sa tasse. L'illusion était due à l'ombre projetée par un arc suspendu au mur 壁上弩影. Toujours est-il qu'il en fit une maladie, dont il ne guérit, que lorsqu'on l'eut fait asseoir à son ancienne place. et constater la cause de ses craintes chimériques. Sous les *Tsin*, *Yo Koang* rendit ainsi la santé à un de ses amis tombé malade dans les mêmes circonstances 蛇影. (晉書樂廣傳).

柳

†汁染衣. Être reçu aux examens supérieurs de littérature. *Li Kou* 李固 passant sous un vieux saule s'entendit interpeller en ces termes : «Je suis l'esprit de cet arbre, et je teindrai tes habits de sa sève; mais aie bien soin de venir m'offrir en sacrifice des gâteaux de jujubes, quand tu auras revêtu

la robe verte des lauréats.» 吾柳神也,他日科第得藍袍後當以棗糕祀我. Variante : 汁柳及第.

徙†之神功. *Sié Pé-tsong* 薛伯宗 avait le pouvoir surnaturel de transporter aux saules les abcès des malades. C'est ainsi que ce médecin guérit 公孫泰 *Kong-suen T'ai.* On voyait alors se développer sur le tronc désigné par le magicien une excroissance qui se mettait à suppurer et entraînait la mort de l'arbre. (廣事類賦).

禁中臥†生枝,祥鍾漢代. Dans le palais impérial des *Han* un saule renversé se redressa un beau matin. et se couvrit de nouveau de branches verdoyantes, car les bons présages se réunissaient sur cette dynastie. On lut même sur les feuilles de l'arbre ces caractères prophétiques découpés par les vers : «*Ping-ki* neveu de l'Empereur 昭帝 lui succédera.» 公孫病已立. *Ping-ki* fut 宣帝. (漢書五行志).

靖節栽五†. *Tsing-tsié* planta cinq saules près de sa maison. *T'ao Ts'ien Yuen-liang* 陶潛元亮 ou *T'ao Yuen-ming,* dont le nom posthume est *Tsing-tsié,* aimait à s'appeler pour la raison susdite 五柳先生, de même que par goût de l'antiquité il prenait le titre de 羲皇上人. (晉書隱逸傳).

†宗元. *Lieou Tsong-yuen Tse-heou* 子厚 (773-819) poète de la dynastie *T'ang,* connu encore sous l'appellation de 柳柳州, parce que, pour avoir lancé une accusation contre 王叔文 *Wang Chou-wen,* il fut éloigné de la Cour et envoyé comme Gouverneur à *Lieou-tcheou.*

†腰. Hanches flexibles. Le poète 白居易 *Pé Kiu-i* possédait deux concubines, dont l'une chantait à ravir et l'autre dansait de même, qualités qui lui inspiraient ces vers : 櫻桃樊素口,楊柳小蠻腰. «La bouche de *Fan-sou* ressemble à la cerise et à la pêche, les hanches de *Siao-man* à l'orme et au saule.»

†絮才. Talent poétique de la célèbre 道韞. Son oncle *Sié* le Précepteur impérial 謝太傅 *(Sié Ngan* 安*)* demandait quelle métaphore représentait le mieux la neige. Le petit neveu 胡兒 *Hou-eul* la compara à du sel répandu dans l'atmosphère 撒鹽空中, mais *T'ao-yun* prit pour image les flocons du saule. (世說新語).

耦鍛†間. Les deux amis originaux 向秀 *Hiang Sieou Tse-ki* 秀子期 et *Ki K'ang* 康 forgeaient ensemble le fer sous les frais ombrages des saules. *Tchong Hoei* 鍾會 trouva *Ki* maniant son marteau sans faire nulle attention à lui 揚鎚若傍無人.

(世說新語). (1).

攀†贈行. Cueillir une branche de saule et l'offrir au partant, telle était la coutume entre amis, sous les *Han*. On se faisait la conduite jusqu'au pont de 霸橋 situé à l'est de *Tch'ang-ngan*, et là, on remettait au voyageur le rameau de la séparation 折柳贈別. (三輔黃圖). «La pluie matinale de la ville du *Wei* détrempe la poussière légère, et l'auberge est toute verdoyante des fraîches couleurs du saule. Je vous invite à vider encore une coupe, car lorsque à l'ouest vous aurez passé la barrière *Yang-koan*, votre vieil ami ne sera plus là.» 渭城朝雨浥輕塵. 客舍青青柳色新. 勸君更盡一杯酒, 西出陽關無故人. (王維詩). *Pa-k'iao* 霸橋 signifie aussi séparation des amis.

勞軍細†營. L'Empereur 漢文帝, qui était allé porter ses encouragements au camp de *Si-lieou*, alors sous le commandement de 周亞夫 *Tcheou Ya-fou*, s'en vit refuser l'entrée par les sentinelles, avant qu'on eût prévenu le Général de sa présence, et lorsque la permission d'entrer lui eut été accordée, on lui signifia que son cheval devrait aller au pas, tant qu'il serait à l'intérieur 按轡徐行. Une discipline si strictement observée fit la joie du monarque, qui ne tarit pas d'éloges sur *Ya-fou*, disant que les camps de 霸上 et de 棘門, le premier commandé par 劉禮 *Lieou Li*, et le second par 徐厲 *Siu Li*, qu'il venait également de visiter, n'étaient que jeux d'enfants comparés à celui du vrai Général 眞將軍. (史記周勃世家). *Si-lieou-yn* signifie couramment troupes bien disciplinées.

果

擲†盈車. Le jeune *P'an Yo Ngan-jen* 潘岳安仁. des *Tsin*, était si beau que lorsqu'il sortait dans les rues de *Lo-yang*, la lyre à la main, les femmes s'extasiaient à sa vue et lui jetaient des fruits plein son char. Elles crachaient, au contraire, sur *Tso Se T'ai-tch'ong* 左思太沖, quand elles l'apercevaient, tant sa laideur excitait leur dégoût. (世說新語).

東

盡†南之美. Le maître et ses hôtes doivent ressembler complètement à ces convives distingués du sud-est réunis au festin du 滕王閣, sous les *T'ang*. (王勃). Parmi les choses les plus remarquables du sud-est, on place les flèches de *Koei-ki*, qui désignent souvent en littérature de grandes qualités 東南之美有會稽之竹箭. (爾雅).

†主=†家. Le maître de maison. «Si on laisse *Tch'eng*

---

(1) Mayers, je ne sais sur quelle autorité, dit que 柳下鍛金 (al. 鉄) signifie alchimie, parce que *K'ang* s'adonnait à cette pratique en cet endroit. *Cf. Reader's Manual* p. 78 n°. 246.

maître de la route de l'est, les ambassadeurs ne pourront plus ni aller ni venir librement.» 若舍鄭以爲東道主,行李之往來供其乏困.(左傳僖).行李—使人;東道 a aussi le sens de *Tong-tchou*. Variante : 東翁.

柱 史†=巡按. L'inspecteur provincial d'autrefois était appelé *Tchou-che,* le Censeur 御史 inflexible comme une colonne. Aujourd'hui il n'existe qu'un *Siun-ngan* délégué par la Cour pour recevoir le tribut à *T'ien-tsin.* Ces inspecteurs nommés aussi 巡撫 recevaient les appellations honorifiques de 大柱史.侍御,驄馬.執法大夫,繡衣使者. Éloge de ce fonctionnaire : 繡衣柱史何昂藏,鉄冠白筆橫秋霜. «Quelle noble fierté chez l'inspecteur; sa censure ressemble à la gelée d'automne mortelle à toute végétation.» (李白贈潘侍御詩).

†後=科道. Derrière la colonne, titre employé sous les *Han,* et désignant une dignité analogue à celle du Bureau des Censeurs 六科 chargés du contrôle des six Ministères, et des Censeurs remplissant le même office à l'égard des quinze grandes divisions territoriales 十五道.

†石. Colonne avec sa base en pierre : appellation honorifique d'un grand mandarin, le soutien de l'état. (漢書霍光傳). 大柱國.

柑 雙†斗酒. Se promener au printemps. On demandait à *T'ai Yong Tchong-jo* 戴顒仲若, des *T'ang,* où il allait ainsi avec ses deux oranges et son pot de vin. «Écouter le loriot, répliqua-t-il, dont la voix purifiera mon oreille grossière, et mettra de la musique dans mon âme de poète.» 往聽黃鸝聲,此俗耳鍼砭,詩腸鼓吹.(雲仙雜記).

致江陵之†. Le magicien *Tong Yuen-sou* 董元素. pour satisfaire le désir de 唐宣宗. fit apparaître en un instant sur sa table des oranges de 枝江縣, dépendant de la préfecture de *Kiang-ling (Hou-pé).* On écrit aussi 甘 pour 柑. (異聞錄).

柏 †臺烏府. Le tribunal des Censeurs, parce que, sous les *Han,* celui du Censeur *Tchou Pouo* était planté de cyprès, sur lesquels de nombreux corbeaux se retiraient chaque soir. Ces oiseaux s'appelèrent 朝夕烏 à cause de leur habitude. (漢書朱博傳). Variante : 栢府烏臺.

†梁臺. La tour en bois de cyprès construite par 漢武帝 dans le palais 建章宮. Elle était surmontée d'une colonne en cuivre servant de piédestal à une statue d'immortel, qui tenait dans la main un vase destiné à recueillir la rosée 承露. Le précieux liquide

se buvait mélangé à des rognures de jade. (漢書郊祀志). 柏梁, 銅柱, 金莖, 承露盤, 仙人掌 autant d'expressions tirées de ce fait et employées dans les descriptions de la rosée.

† 舟操, 冰雪心. Ferme volonté de ne pas se remarier, analogue à celle que manifeste l'ode *Pé-tcheou* (詩鄘風), et foi sans tache : veuve résolue à ne pas convoler en secondes noces. 冰雪爲妾作心肝. 死者儻復生. 剖與頁人看. «Je te conserverai, dit l'épouse, un cœur aussi pur que la glace et la neige, et, si tu reviens à la vie, je te l'ouvrirai pour te le faire voir.» (古節婦吟). 柏操霜節 constant comme le pin, et immaculé comme la gelée, indique encore ces sentiments.

枯 † 勢若摧. Facilité extrême de vaincre. 鐫金石者難爲功, 摧枯朽者易爲力. «Réussir à creuser le métal et la pierre est difficile; mais il est facile de parvenir à briser un morceau de bois sec et pourri.» (漢書異姓諸侯王表). On dit encore 摧枯折腐. *Fou*, pourri.

桓 †† 武士. Un officier martial, vaillant comme le tigre et l'ours blanc 如虎如貔. (書牧誓).

† 石虔. *Hoan Che-k'ien*, surnommé 鎮惡 à sa naissance, parce qu'il ferait mentir et détruirait tous les mauvais présages annoncés alors par un devin. Il fut Général des *Tsin* orientaux. Son nom seul imprimait une telle terreur même aux génies malfaisants, qu'on attribuait à son image le pouvoir de chasser le démon de la fièvre. 石虔愈病夫之瘧.

桔 † 槔. Machine à puiser de l'eau, semblable au 吊水杆 ou pièce de bois dont l'extrémité opposée au seau est chargée d'un poids pour faciliter le puisage, comme le démontre ce texte : 不見夫桔槔, 引之則俯, 舍之則仰. (莊子天運). C'est donc à tort qu'on traduit par noria 翻車. Selon quelques-uns 子貢 *Tse-kong*, 鄧析 *Teng Si* selon d'autres, seraient les inventeurs du *Ki-kao*.

桁 † 楊雨潤. Alléger les tortures, m. à m. faire descendre sa miséricorde comme une pluie adoucissante sur les entraves (*hang*) et le carcan ou la cangue (*yang*). (莊子).

桎 † 梏. Menottes, ou plutôt, d'après un commentateur, pièces de bois dans lesquelles se passaient les mains des criminels. 中罪桎梏, 下罪梏. «La faute d'une gravité moyenne sera punie des *tche-kou*, et celle d'une gravité minime des *kou* seulement.» (周禮秋官). Un second commentateur rend *kou* par menottes et *tche* par entraves.

株 † 連 = 掛 告. Englober les autres dans une accusation ou un procès : envelopper plusieurs dans un châtiment : avec le tronc arracher tout ce qui y tient, comme les branches, les feuilles. 株 = 誅 déraciner, et, au figuré, causer la punition d'autres personnes. (釋 名).

守 † 待 兎 = 抱 拙 無 能. L'entêtement dans ses folles idées rend impuissant. Un paysan de *Song* trouva un lièvre qui s'était brisé la tête contre un tronc d'arbre. Aussitôt il abandonna ses outils et s'installa à demeure à cette place, dans l'espoir d'autres bonnes aubaines semblables. Sa folie en fit l'objet de la risée publique. (韓 非 子).

桂 攀 仙 †. Cueillir une branche de l'osmanthe des immortels : réussir aux examens. 一 枝 仙 桂 已 攀 援. (黃 韜). Variantes : 折 桂, 桂 林 一 枝.

伐 月 中 之 †. *Ou Kang* 吳 剛 fut condamné à couper l'osmanthe sans cesse renaissant de la lune. Il se vit infliger ce châtiment pour avoir manqué aux prescriptions que l'on doit suivre, quand on aspire comme lui à devenir immortel. (酉 陽 雜 俎). Les taches de la lune ou l'osmanthe sont dues à l'ombre de la terre projetée sur son satellite, disent les Chinois.

竇 氏 五 †. Les cinq osmanthes de la famille *Teou*, ou les cinq frères 儀 *I*, 儼 *Yen*, 侃 *K'an*, 偁 *Tcheng* et 僖 *Hi*, fils de *Teou Yu-kiun* 禹 鈞, contemporains des *Song* et tous célèbres lettrés. (宋 史 竇 儀 傳). On les appelait encore les cinq dragons 五 龍.

梟 放 † 囚 鳳. Lâcher le hibou *(hiao)* et emprisonner le phénix : dans la distribution des charges, ne pas avoir égard aux qualités. (後 漢 書).

案 眉 † 相 莊. L'écuelle *(ngan)* à la hauteur des sourcils montrait l'estime mutuelle : concorde parfaite entre époux. *Mong Koang* 孟 光, de 平 陵, district de 扶 風 au *Chen-si*, n'avait point encore manifesté le désir de se marier, malgré ses 30 ans, et comme ses parents en voulaient savoir la raison, elle leur répondit qu'elle ne prendrait jamais d'autre époux que le vertueux *Liang Hong Pé-loan* 梁 鴻 伯 鸞, son compatriote, resté comme elle célibataire. Celui-ci apprenant cette détermination demanda et obtint la main d'une femme dont les éminentes qualités et une grande force physique (elle soulevait un mortier en pierre 舉 石 臼) faisaient oublier la laideur. *Mong* au comble de ses vœux entra magnifiquement parée sous le toit de son nouvel époux, mais la froideur que lui montra *Liang* en cette circonstance lui fit comprendre qu'elle se trompait. Elle quitta donc ses beaux atours, et, grossièrement vêtue, se mit à vaquer aux travaux du ménage, ce qui lui valut de son mari le surnom de 德耀 *Té-yao*. Pauvres tous deux, ils gagnèrent le pays de 吳 et entrèrent au service de 皐伯通 *Kao Pé-t'ong*. Là, on remarqua que *Mong Koang* élevait l'écuelle à la hauteur de ses yeux 舉案齊眉, chaque fois qu'elle servait *Liang* à table, tant elle avait de respect pour lui. Plus tard ces époux modèles quittèrent le monde pour vivre dans la solitude du mont 霸陵山. (後漢書逸民傳). Variantes : 舉案齊眉, 齊眉, 梁鴻之案. Le caractère 案 ou 桉 est une ancienne forme de 椀 dont il a le sens.

桑 東隅†榆. Rétablir une affaire d'abord désespérée. L'Empereur 漢光武帝 félicitait ainsi le Général *Fong I* 馮異 de sa victoire sur les troupes de 樊崇 *Fan Tch'ong*. «A force de fatigues, vos officiers et vos soldats ont étouffé la rébellion des *Tch'e-mei*. Bien qu'au début vous ayez laissé tomber vos ailes (ayez été battus) à *Hoei-k'i*, vous avez enfin pu prendre votre essor (votre revanche) à *Meng-tche*. C'est bien là retrouver le soir l'objet perdu le matin.» 赤眉破平士吏勞苦, 始雖垂翅回谿, 終能奮翼黽池, 可謂失之東隅, 收之桑榆. (後漢書馮異傳). *Fong* avait subi un premier échec. L'est du mont *Heng* est le point du soleil levant, dit *Hoai-nan-tse*. 衡陽是謂隅中. *Tch'e-mei*, surnom donné à *Fan* et à ses partisans parce que, dit-on, ces derniers avaient les sourcils peints en rouge. Pour le sens littéral de 桑榆 cf. plus bas 桑榆暮景.

空†子. Le bonze s'appelle ainsi parce que, du fait de sa vocation, il n'a plus ni père ni mère et ressemble à *I Yn* 伊尹 né d'un mûrier. D'après la légende, la mère de ce Ministre, enceinte de lui, fut métamorphosée en cet arbre, dans le creux duquel il fut découvert par une fille du Prince 有侁 (莘) 氏. (呂氏春秋). Ainsi explique-t-on l'emploi de *sang* dans la figuration chinoise du mot pâli *samana* 桑門 religieux bouddhiste.

不畏祥†. «Si vous pratiquez la vertu, vous n'avez rien à craindre,» dit le Ministre 伊陟 *I Tche*, fils de 伊尹, pour rassurer l'Empereur 商太戊, effrayé à la vue d'un mûrier qui avait crû subitement dans son palais, prodige regardé par lui comme de mauvais augure. Le monarque suivit ce conseil, et l'arbre mourut au bout de trois jours. (通鑑).

†榆暮景=老景無多. Rayons du soleil couchant à la cime des ormes et des mûriers : déclin de l'âge. (後漢書循吏傳). Variantes : 桑榆行盡, 日在桑榆, 年近桑榆.

†梓. Pays natal. 維桑與梓必恭敬之. «Comment ne

respecterais-je pas les mûriers et les catalpes plantés par mon père.» (詩小雅). Variante : 梓里.

† 下有雉馴. Un excellent magistrat. *Lou Kong Tchong-k'ang* 魯恭仲康, mandarin de 中牟, administrait si bien son district que les sauterelles l'épargnèrent sous la période de règne 建初 (76-84). *Yuen Ngan* 袁安, Gouverneur de 河南. envoya un 仁恕椽 fonctionnaire chargé des causes criminelles constater la véracité du fait. Pendant que ce délégué causait avec *Lou* à l'ombre d'un mûrier, une faisane qui semblait apprivoisée s'approcha du groupe. Aussitôt il pria un enfant là présent de s'emparer de l'oiseau ; mais celui-ci s'en excusa sous prétexte que l'époque de la ponte approchait. A la vue d'une telle retenue, l'étranger s'écria : «Je trouve ici trois merveilles : préservation des sauterelles, transformation des bêtes sauvages elles-mêmes, et sentiments humains jusque chez les petits garçons.» 蟲不犯境此一異也, 化及鳥獸此二異也, 豎子有仁心此三異也. (後漢書魯恭傳).

† 維翰指麾定亂. *Sang Wei-han Kouo-kiao* 國僑, des 後晋 (936-947), avec ses gestes de commandement (à la tête des armées), apaisa les séditions. Ce personnage, si laid qu'il se faisait peur à lui-même, mais doué d'un grand cœur, avait une telle passion pour la gloire, qu'il quitta les livres pour les armes.

† 中探金環. Le petit *Yang Hou Chou-tse* 羊祜叔子, qui plus tard prêta son concours au fondateur des *Tsin*, trouva, à l'âge de cinq ans, un bracelet en or, sous les mûriers de la famille *Li* 李. Comme cet ornement y avait été perdu par un enfant de cette famille. mort quelques années auparavant, on conclut que *Chou-tse* était une incarnation du défunt. (晉書羊祜傳).

桃 以二†殺三士. Tuer trois héros avec deux pêches. *Kong-suen Tsié* 公孫接, *T'ien K'ai-kiang* 田開疆 et *Kou Yé-tse* 古冶子 manquèrent un jour de se lever sur le passage de 晏子 *Yen-tse*. Celui-ci résolut de se venger de cette impolitesse, et, connaissant leur courage téméraire, il pria le Duc *King* de *Ts'i* 齊景公 de proposer deux pêches à celui d'entre eux, qui l'emportait par ses prouesses. «Elles sont à moi, s'écria *Tsié*, car j'ai pris avec les mains seules un sanglier et un jeune tigre.» 一搏猏而再搏乳虎. — «Je les réclame, répliqua *T'ien*, pour avoir mis seul avec mes armes une armée entière en déroute.» 吾仗兵而卻三軍. — «Mais moi, s'exclama *Kou*, j'ai couru dans l'eau à la poursuite d'un monstre marin qui, portant dans la gueule le cheval attelé à gauche, qu'il venait de saisir, s'était précipité dans le courant extrêmement rapide de l'ile *Ti-tchou* du Fleuve Jaune, et je suis enfin parvenu à le tuer.» 黿銜左驂, 以入砥柱之流, 得黿而殺之. Les deux premiers braves cédèrent les fruits à l'auteur de ce dernier exploit, puis se tuèrent, honteux d'avoir été vaincus en courage. *Yé-tse* ne voulut pas rester au-dessous d'eux en cet acte encore, et imita leur exemple. (晏子春秋). 黿 *Yuen*, grande tortue.

†李不言,下自成蹊. Celui qui a de grandes qualités, attire naturellement à lui, comme le pécher et le prunier, au pied desquels le sentier se trace de lui-même, car bien qu'ils ne parlent pas, leurs fleurs et leurs fruits font venir les gens. Éloge du Général *Li Koang* 李廣, des *Han*. (史記李將軍傳).

以餘†啖君. *Mi Tse-hia* 彌子瑕, favori du Prince de 衛, lui offrit un jour un morceau d'une pêche délicieuse. Plus tard le Prince offensé par ce courtisan, disait de lui : «Voilà bien l'homme qui ne m'aimait qu'à demi, comme il le prouvait en ne me présentant qu'une moitié de fruit.» (韓非子).

王母蟠†以祝壽母. Le pêcher tortueux de *Si-wang-mou*, image employée pour souhaiter longue vie à la mère, car cet arbre ne fleurit que tous les 3000 ans et attend un laps de temps égal pour porter des fruits. (班固, 漢武故事). La mère du Roi de l'ouest, devancée par son messager le phénix bleu 青鸞 *(loan)*, vint offrir à l'Empereur *Han Ou-ti* sept pêches cueillies sur l'arbre merveilleux. Elle en mangea deux et donna les cinq autres au monarque; puis comme celui-ci voulait en mettre de côté les noyaux pour les semer, la fée lui fit remarquer que ce serait inutile, car cette terre ne pouvait les faire germer. En même temps désignant 東方朔 *Tong-fang Sou*, présent aux côtés de *Ou-ti*, elle l'accusa de lui avoir volé les trois pêches qui étaient déjà parvenues à maturité (1).

†符. Amulettes en bois de pêcher suspendues à la porte du logis et renouvelées le 1er de la 1ère Lune. Il est sur le mont 桃都山 un pêcher où juche un coq, qui par ses chants salue le soleil levant, tandis qu'à ses pieds les deux démons 鬱 *Yu* et 壘 *Lei* se tiennent en sentinelles, prêts à saisir tous les esprits mal-

(1) Voici un exemple de la façon dont le larcin imaginaire de *Tong-fang* peut inspirer un lettré. L'auteur des deux inscriptions parallèles suivantes se plaint de voir ses arbres fruitiers dévalisés par les passants.

二柳當門,家計遜陶潛之半.
雙桃鑰戶,人謀慮方朔之三.

«A l'entrée de ma maison ne se dressent que deux saules; car mon bien est inférieur de moitié à celui de *T'ao Ts'ien*. Deux pêchers poussent derrière la porte de mon jardin, fermée à clef; en effet, on projette, on médite le vol triple de *Fang Sou*.» Cf. 五柳先生 p. 171.

faisants. (括地圖). 總把新桃換舊符 «Partout on remplace les amulettes de l'année précédente par du pêcher nouveau, c.-à-d. c'est le premier de l'an.»

†李. Disciples. *Lieou Yu-si* félicitait en ces termes le Vice-président *Wang* à propos de la récente proclamation. 禮闈新榜動長安, 九陌人人走馬看, 一日聲名遍天下, 滿城桃李屬春官. «La nouvelle liste des Docteurs a remué *Tch'ang-ngan,* et par tous les sentiers les curieux accourent à cheval. En un seul jour ton nom fera le tour de l'empire, car les lauréats qui remplissent la ville t'appartiennent, à toi, Vice-président du Tribunal des rites, c.-à-d. te reconnaissent pour maître.» (劉禹錫寄王侍郎放榜詩). 禮闈 examen pour le Doctorat 會試.

†李在公門. Vous avez beaucoup d'élèves. *Ti Jen-kié* 狄仁傑, après avoir renversé l'Impératrice 武后, s'entendait dire : «Les hommes remarquables de l'empire se trouvent tous chez Votre Excellence.» L'interlocuteur faisait allusion aux nombreux mandarins qu'il avait proposés pour les plus hautes charges, et qui étaient devenus ainsi comme ses disciples. (資治通鑑). Aux pêchers et aux pruniers, arbres très utiles, on oppose le chardon 蒺藜 *tsi-li,* plante qui ne donne que des piquants. (韓詩外傳).

†夭. L'époque du mariage est arrivée. 桃之夭夭, 灼灼其華, 之子于歸, 宜其室家. «Les pêchers sont gracieux, et leurs fleurs brillent d'un vif éclat. Cette jeune fille qui se marie, conviendra à sa nouvelle famille.» *T'ao-yao* est le titre de l'ode 6e du 詩周南.

†葉女橫波眼. Regards voluptueux de *T'ao-yé,* concubine de 王献之 *Wang Hien-tche,* fils du calligraphe *Hi-tche :* m. à m. son œil lançait sa flamme de travers, et ressemblait à la barque qui, filant à toute vitesse, traverserait le *Kiang* sans recourir à la rame 渡江不用楫. (古今樂錄). D'autres protestent contre ce sens, et semblent dire que par ces vers, *Wang* souhaitait seulement à sa concubine de passer le *Kiang* rapidement. 波 = 目光.

桐 一家†木. Frères distingués comme les huit fils de 韓億 *Han I,* tous promus à la dignité de Ministres. L'un d'eux, 絳子華 *Han Kiang Tse-hoa,* occupa cette charge à la Cour de 宋神宗. Les pawlonias plantés devant leur maison les avaient fait nommer par le peuple 桐木樹韓家. (合壁類賦).

焦†. La lyre de *Ts'ai Yong.* Ce musicien, entendant chanter, sous l'action de la flamme, du pawlonia mis au feu par des gens de *Ou*, leur demanda de lui céder le morceau de bois. Il s'en fabriqua une lyre d'une sonorité remarquable, et comme l'extrémité de l'instrument conserva toujours les traces du feu, on l'appela 焦尾琴. (後漢書蔡邕傳).

翦†封弟. L'Empereur 成王 coupa un jour une branche de pawlonia, et la remettant à son frère 唐叔虞 *T'ang Chou-yu*, lui dit par manière de jeu. «Par cette tablette je te confère une principauté.» *Tcheou-kong* 周公 averti de la plaisanterie, fit observer au monarque, qu'il ne convenait pas de s'amuser en des choses de si grande importance. et *Tch'eng-wang* dut créer réellement *Chou-yu* Prince de 晉. (呂氏春秋). La branche de pawlonia tenait lieu de 珪 tablette dans l'antiquité.

梁†公反周爲唐. Le Duc de *Liang*, *Ti Jen-kié* 狄仁傑, changea *Tcheou* en *T'ang*, c.-à-d. rétablit la dynastie *T'ang* abolie par l'Impératrice 武后, dont l'ambition avait été jusqu'à prétendre fonder sa propre dynastie sous le nom de *Tcheou*. *Ou-heou*, pour s'attacher ce personnage, le nomma Ministre, lui fit cadeau d'une ceinture en peau de tortue et d'une robe de couleur pourpre, sur laquelle elle plaça douze caractères en or qui célébraient sa fidélité, le créa Duc de *Liang* et lui donna la première place de l'empire, 賜紫袍龜帶, 自製金字十二以旌其忠, 賜第一區. Ces faveurs exceptionnelles ne l'empêchèrent pas de remettre sur le trône de ses aïeux 復辟 le Roi de *Lou-ling* 廬陵王. *Ti* appelé encore 懷英 *Hoai-yn*, reçut le nom posthume de 文惠.

†張橋梓皆榮. Dans les familles *Liang* et *Tchang*, père et fils obtinrent également la gloire. 梁灝 *Liang I* et son fils 固 *Kou*, 張去華 *Tchang K'iu-hoa* et son fils 師德 *Che-té*, conquirent la place de 狀元 aux examens. Le même succès eut lieu pour 安德裕 *Ngan Té-yu* et son fils 守亮 *Cheou-liang*.

跳†之狀. Les soldats agiles et les voleurs ressemblent aux bêtes sauvages bondissant d'une poutre à l'autre. (莊子).

†上君子. Voleur. A une époque de famine, un voleur pénétra de nuit chez *Tch'en Che* 陳寔 et fut aperçu par celui-ci sur les poutres de la chambre. Aussitôt il appela ses fils et ses petits-fils, et en présence du pauvre hère, leur recommanda de ne pas contracter de mauvaises habitudes «comme le monsieur là-haut» A ces mots celui-ci descendit et demanda pardon à *Tch'en* qui, dans la crainte que la pauvreté ne l'amenât encore à succomber à la tentation, lui fit cadeau de deux pièces de soie. La nouvelle s'en répandit bien vite, et désormais on n'entendit plus parler de vol dans le pays. (後漢書陳寔傳).

†鴻宜祔要離旁. La place convenable pour la sépulture de *Hong Liang* (Cf. 案 p. 175) était à côté de celle de *Yao Li :* aussi à sa mort, son maître *Kao Pé-t'ong* 皐伯通 fit-il des démarches pour qu'il fût enterré en cet endroit. (後漢書逸民傳). *Yao* est ce patriote qui poignarda 慶忌 *K'ing Ki,* fils de 王僚 Roi de *Ou.*

繞†遏雲. Musique, mélodie ravissante. *Sié T'an* 薛譚 venu pour apprendre le chant sous la direction de 秦青 *Ts'in Ts'ing,* lui manifesta un jour son désir de partir, sous prétexte qu'il possédait enfin son art. *Ts'in* lui fit donc la conduite, mais avant de se séparer de lui, il entonna un air mélancolique dont les notes ébranlèrent les arbres et arrêtèrent les nuages. *Sié* comprit alors combien il lui restait encore à apprendre, et ne voulut plus quitter le maître. A ce propos celui-ci racontait à son élève, que jadis, à 雍門, *Han Ngo* 韓娥 réduite à mendier sa nourriture, fit entendre une voix si forte et si belle que, trois jours après son départ, les échos en restaient encore comme *enlacés* autour des poutres de la salle où on lui avait donné à manger. (列子).

桀 助†爲虐. Aider l'Empereur *Kié* à tyranniser : prêter à quelqu'un concours dans le mal. (史記田單列傳).

梅 雪†乍放而美人來. A peine les fleurs blanches comme neige du prunier Mume furent-elles écloses, qu'une belle femme apparut. *Tchao Che-hiong* 趙師雄, des *Soei,* endormi sous un arbre de cette espèce, sur le mont 羅浮山, crut voir une nymphe en rêve. Il apprit que c'était l'esprit qui préside à la floraison du prunier, dont la fleur a en poésie l'épithète de 美人. (龍城錄).

壽陽額†妝. Le 7 de la 1ère Lune la Princesse *Cheou-yang,* fille de 宋武帝, se reposait sous l'avant-toit de la salle 含章殿, quand une fleur détachée d'un prunier lui tomba sur le front, et y adhéra si fortement, que tous ses efforts pour l'en arracher demeurèrent inutiles. Cette légende explique l'origine d'un ornement féminin appelé 梅花妝. (初學記).

摽(al. 標)†. L'époque du mariage est déjà passée. 摽有梅其實七兮.... 其實三兮. «Les fruits du prunier tombent : il n'en reste plus que sept.... plus que trois, sur l'arbre» soupire la jeune fille, qui voit ses charmes s'évanouir peu à peu, sans qu'il se présente de fiancé. (詩召南).

折†逢驛使. Penser à un absent. *Lou K'ai* 陸凱 envoyait une branche de prunier à son ami *Fan Hoa* 范曄. à *Tch'ang-ngan*, avec ces vers : .... 寄與隴頭人, 江南無所有. 聊贈一枝春. «J'ai cueilli ce prunier que, par occasion du courrier, j'adresse à l'habitant du *Chen-si*. Faute de mieux au sud du Fleuve, je lui offre une branche de printemps.» (事類賦).

鹽 †. Le bon Ministre est comme le sel et les prunes avec lesquels on assaisonne une sauce, ou comme la levûre *(k'iu)* et la plante parfumée *pé* avec lesquelles on fabrique le vin exquis. 若作酒醴爾惟麴糵, 若作和羹爾惟鹽梅. (書說命).

梧 †葉落. La chute de la première feuille des douze que porte un *sterculia* merveilleux, indique l'époque du 立秋 commencement de l'automne, qui va du 7 au 23 août. Dans le cas d'une lune intercalaire on en voit pousser une treizième sur cet arbre. (王象晉, 羣芳譜).

梭 水†花. La fleur navette aquatique: le poisson, ainsi appelé par les bonzes qui, dans leur mépris pour la viande et le vin, donnent encore à celui-ci le nom de 般若湯, et à la poule celui de 穿(鑽)籬菜 légume qui perce les haies. (東坡志林).

梨 交†火棗. *Hiu Mou* 許穆, des *Tsin*, entré dans la grotte 華陽洞, y reçut les instructions de 紫微夫人, vingtième fille de *Si-wang-mou*, qui lui écrivit ensuite : «Vin de jade et sirop d'or. confiture de poires et jujubes de feu sont des remèdes d'immortalité.» 玉醴金醬......... 此飛騰藥也. (神仙傳).

†園子弟. Les comédiens formés par 唐明皇, qui lui-même très habile musicien, exerçait au chant sa bande composée de plusieurs centaines d'hommes et de femmes. Les répétitions avaient lieu au Jardin des poiriers, d'où l'appellation de 皇帝梨園弟子. (唐書禮樂志). C'est à tort que l'on fait dater de ce monarque les représentations, car elles existaient bien avant lui sous le nom de 優.

棠 甘†. Mandarin dont l'administration laisse un excellent souvenir. Le Prince *Chao* en tournée d'inspection dans les régions du sud pour y faire pénétrer l'influence civilisatrice du gouvernement de *Wen-wang*, s'assit un jour sous un cormier. Plus tard le peuple, en reconnaissance de ses bienfaits, entoura l'arbre d'un grand respect et défendit d'y toucher. 蔽芾甘棠勿翦勿伐召伯所茇. «Ce *kan-t'ang* à l'ombrage touffu *(pi-fei)* ne le taillez pas, ne le coupez pas, car sous lui le *Prince Chao* s'est reposé *(p'o)*». (詩召南). Variante : 棠蔭.

棟 † 梁. La maitresse poutre : l'homme qui par ses grandes qualités est le soutien du royaume et la défense de son prince 國之梁棟君之爪牙. (吳越春秋).

棣 † 華競秀 = 孟季齊芳. Les fleurs du prunier rivalisent de beauté : l'aîné et le cadet, les frères, s'embaument mutuellement par leur concorde. 常棣之華鄂不韡韡. «Les fleurs du prunier *(chang-ti)* ne se montrent-elles pas *(ngo)* éclatantes de beauté *(wei)*? ainsi en est-il des frères.» (詩小雅). Variante : 棣萼.

椒 獻 † 花之頌. Offrir ses souhaits de bonne année. Sous les *Ts'in*, l'épouse de 劉臻 *Lieou Tchen*, née *Tch'en* 陳氏, composa le compliment où, sous l'image des fleurs de l'arbuste à poivre *(tsiao)*, elle formulait en un style élégant des vœux de longévité. (晉書列女傳).

† 房. Les appartements du poivre et la salle de l'aide 掖庭 étaient habitées par l'Impératrice. (班固西都賦). L'édifice nommé 椒房殿 faisait partie du palais 未央宮. et portait ce nom parce que dans le crépissage de ses murs intérieurs entrait du poivre qui, avec une odeur agéable, possédait la vertu d'entretenir une douce chaleur et d'écarter les miasmes. (三輔黃圖). Selon d'autres, l'emploi de cette épice dans la circonstance, symbolisait la fécondité que l'on souhaitait à l'Impératrice, cet arbrisseau produisant en effet beaucoup de graines. L'ode 椒聊 du 詩唐風 exprime aussi cette idée.

梨 剖 †. Retrouver son fils. Un père dont l'enfant avait disparu rêva qu'il coupait une poire. Là-dessus il consulta un devin, qui conclut au retour de celui qu'il pleurait, car les 子 pepins visibles dans le fruit entr'ouvert présageaient cette bonne nouvelle.

烝 (al. 蒸) 哀 † 便失本眞. Cuites, les grosses et délicieuses poires de *Ngai Tchong* 仲 perdaient leur saveur naturelle, et il n'y avait que les imbéciles à ne pas les manger crues. (世說新語).

棱 摸 † (al. 稜) 持端 = 處事兩可. Saisir l'angle ou l'arête d'une pièce de bois *(leng)* de manière à en tenir les deux côtés : arranger une affaire en considérant les deux façons possibles de la traiter. Tel était le principe qu'exprimait le Ministre des *T'ang*, *Sou Wei-tao* 蘇味道, et qui lui avait valu le surnom de 摸稜手. (盧氏雜說).

† (al. 稜) 官 緊 職. Les Censeurs 拾 遺 (qui relèvent les fautes) s'appellent *Leng-koan*, les mandarins sévères, ou dont les remontrances risquent de blesser comme un angle saillant, et *Kin-tche*, les fonctionnaires dont le premier devoir est de donner de bons conseils. (舊 注 et 西 京 雜 記).

棗 † 如 瓜. Le magicien 安 其 *Ngan-k'i* mangeait des jujubes *(tsao)* aussi grosses que des cucurbitacées. (史 記 封 禪 書).

棘 聽 訟 在 † 木 之 下. Les procès se jugeaient sous les jujubiers sauvages *(ki)*, parce que cet arbre au bois rouge avec des épines à l'extérieur, enseignait aux magistrats que, sous des formes sévères, ils devaient cacher un cœur sincère 赤 心 uniquement animé du désir de connaître la vérité. (禮 玉 制). Pour cette raison encore, la Cour suprême de justice porte le nom de 大 棘. D'après le 周 禮 秋 官, l'endroit où se réunissaient les grands mandarins était planté de dix-huit jujubiers, dont neuf à droite et neuf à gauche, qui symbolisaient les différentes dignités. En face se dressaient trois sophoras *(hoai)*, images des trois Ministres. 左 九 棘 孤 卿 大 夫 位 焉, 右 九 棘 公 侯 伯 子 男 位 焉, 面 三 槐 三 公 位 焉. Ainsi s'expliquent les expressions 九 棘 et 列 棘 signifiant Cour de justice, et 槐 位 les places des sophoras 棘 垣 l'enclos des jujubiers, indiquant les diverses dignités des Ministres et des magistrats immédiatement inférieurs.

徹 † = 鄉 會 折 榜. Faire disparaître la haie d'épines : proclamer les nouveaux Licenciés et Docteurs. A l'époque des cinq dynasties (907-960), *Ho Yng Tch'eng-tsi* 和 凝 成 績, chargé des examens, s'apercevant que les arbustes épineux dont on avait entouré la place d'où se publiait la liste, n'obtenaient pas leur résultat, qui était d'en écarter les lauréats pour les empêcher de causer du désordre, prit sur lui d'ouvir cette barrière et de laisser aux candidats toute liberté de pénétrer à l'intérieur. A partir de ce moment, le calme le plus parfait régna parmi eux en cette occasion pourtant si émouvante (五 代 史 雜 傳).

鏖 戰 † 闈. Une lutte à mort *(ngao)* s'engage dans l'enceinte des jujubiers sauvages : les candidats entrent dans le *Kong-yuen* 貢 院 pour les examens. La coutume d'établir une haie de jujubiers sauvages, doublée de soldats montant la garde autour du local réservé aux examens, date de la première période de règne des *T'ang*. (杜 佑, 通 典). Le concours pour la Licence se dit 秋 闈, pour le Doctorat 春 闈 et 禮 闈 (1).

---

(1) Aujourd'hui, on se contente de disposer des épines sur le mur d'enceinte.

椀 七†風生,玉川子之嗜茶. *Yu-tch'oan-tse*, c.-à-d. *Lou T'ong* 盧仝, le grand buveur de thé, décrivait ainsi les diverses impressions que lui procurait cette précieuse infusion. «La première tasse ne fait qu'humecter les lèvres *(wen)* et le gosier, mais la seconde délivre de la tristesse de se trouver seul. A la troisième, je n'ai qu'à chercher dans mon esprit, jusque-là stérile, pour en tirer cinq mille volumes de belle littérature. La quatrième produit une légère moiteur, et permet aux ennuis de toute ma vie de se dissiper entièrement par les pores. A la cinquième, mon poil et mes os perdent leur lourdeur; à la sixième, j'entre en communication avec les immortels; quant à la septième, je ne puis l'achever, car alors j'éprouve sous les aisselles la sensation d'une brise légère et purifiante, qui va m'emporter vers les hauteurs.» 一椀喉吻潤,二椀破孤悶,三椀搜枯腸中有文字五千卷,四椀發輕汗平生不平事盡向毛孔散,五椀毛骨輕,六椀通僊靈,七椀喫不得也惟覺兩腋習習清風生.

楚 †娃宋艷. Belle femme. Au pays de *Tch'ou* la grâce féminine se dit *wa*, et *yen* dans celui de *Song*.

楮 †先生. Le papier. *Han Yu* parle des quatre amis *Mao Yng* 毛穎 de 中山 (le pinceau), *Tch'en Yuen* 陳元 (玄) de 絳 (l'encre), *T'ao Hong* 陶泓 de 宏農 (l'encrier). et Maitre *Tch'ou* de 會稽 (le papier), qui peuvent se présenter devant l'Empereur sans en avoir reçu l'ordre écrit. (韓愈毛穎傳). On doit écrire 褚先生, car l'imagination de l'écrivain en faisait le nom de famille *Tch'ou*. D'autres lettrés se sont amusés à donner au papier les titres honorifiques de 好時侯,楮國公,白州刺史 et 統領萬字軍, et l'appellent *Tch'ou Tche-pé Cheou-yuen* 楮知白守玄 de 華陰.

削玉爲†. Un artiste de *Song* taillait le jade (ou l'ivoire 象) en feuilles de *broussonetia papyrifera* d'une ressemblance si parfaite, qu'on les aurait dites un produit de la nature; mais comme chacune lui demandait trois ans de travail, son compatriote 列禦寇 *Lié Yu-k'eou*, c.-à-d. le philosophe *Lié-tse*, se moquait de cette habileté vaine. (列子說符). 韓非 et 淮南 ont également pris ce fait pour thème de dissertation.

楩 †楠勝大任. L'orme *(p'ien)* et le chêne *(nan)* peuvent supporter une lourde charge, et sont d'une grande utilité : travail sans fatigue ne procure que peu de mérite, tandis qu'une œuvre qui met du temps à s'exécuter, comme ces arbres à pousser, donne beaucoup de gloire. (淮南子).

A *Nan-king* cette corvée est réservée aux sages-femmes.

椿 大†以比嚴君. Le grand *cedrela* a son printemps tous les 8000 ans et son automne après un laps égal de temps : cette qualité en a fait l'image du père à qui l'on souhaite ainsi une longue vie. Un autre arbre appelé 冥靈 voit se succéder ces saisons pour lui tous les 800 ans. (列子).

†萱並茂. Le *cedrela* et l'*hemerocallis* sont tous deux en pleine vigueur : le père 椿庭 et la mère 萱堂 vivent encore et jouissent d'une robuste santé. L'*hemerocallis* a la vertu de faire oublier les chagrins, aussi par cette comparaison, le fils manifeste-t-il le désir de voir sa mère toujours gaie. 靈椿, 椿樹, 椿蔭 le père.

楓 †宸人君所涖(莅). Le palais aux liquidambars d'où l'Empereur gouverne. La résidence impériale *(chen)* a reçu ce qualificatif, parce que, sous les *Han*, beaucoup de ces arbres y poussaient. (何晏景福殿賦).

楊 †衡吟春色. *Yang Heng* chantait ainsi les beautés du printemps : «Le matin, ces vapeurs si denses, qui se résolvent en fines gouttelettes, ne sont pas le brouillard répandu dans l'espace éclairé; sous leurs couches épaisses s'accroît le vert feuillage des saules dans le palais, et jaillit (éclot) la fleur rouge des pêchers dans la rosée.» 霏霺復濛濛, 非霧滿晴空. 密添宮柳翠. 暗洩露桃紅. (楊衡詠春色詩). (1).

†氏銅盤. Neveu remarquable. Un jour que les enfants de la famille *Yang* se précipitaient sur des 柰實 prunes tombées de l'arbre, le petit *Yang Ngan Tsuen-yen* 楊愔遵彥 était resté tranquillement assis à sa place. Son oncle *Wei* 暐, témoin de la scène, pour le récompenser d'une telle retenue, lui construisit pour lui seul une maisonnette près d'une bambouseraie 竹林別室, où il le faisait servir sur un plateau en cuivre. Même faveur

(1) On cite encore comme modèle du genre cette description du printemps au sud du *Kiang*, par 寇平仲 *K'eou P'ing-tchong*.

波渺渺
柳依依
孤村芳草合
斜日杏花飛
輕烟淡抹青山外
却有人家懸酒旗.

«Les ondes s'étendent au loin et les uns sur les autres s'appuient les saules. Dans le hameau solitaire, les plantes odorantes foisonnent, et les fleurs du prunier voltigent sous le soleil incliné à l'ouest. De légères vapeurs frôlent doucement les flancs de la montagne bleue, et j'aperçois une maison où pend une enseigne d'auberge.»

était promise aux autres s'ils devenaient aussi sages que *Ngan*. (北齊書楊愔傳).

十烈婦. *Yang* l'héroïne. Son époux *Li K'an* 李侃, mandarin de la ville de 項城 au *Ho-nan*, sous la période de règne 建中 (780-784), songeait à s'enfuir devant les troupes aguerries du rebelle *Li Hi-lié* 李希烈; mais, animé par elle à faire son devoir, il lança ce belliqueux appel aux armes. «Celui qui atteindra un ennemi avec une tuile ou une pierre aura droit à mille sapèques; mais il en recevra dix mille, s'il cause sa mort avec une épée ou une flèche.» 以瓦石擊賊者賞千錢,以刀矢殺賊者賞萬錢. Cette proclamation eut pour effet d'attirer plusieurs centaines de braves sous les drapeaux de *Li K'an*, et leur courage sauva la place. L'Empereur récompensa le fidèle magistrat par la préfecture de 太平. (唐書列女傳). (1).

枯十生稊. Le vieux saule desséché produit des bourgeons: homme déjà âgé qui prend une femme jeune encore. (易大過).

穿十貫蝨. Archer habile. *Yang Yeou-ki* 養由基, de 楚, perçait à cent pas une feuille de saule, sans jamais rater son coup. (漢書枚乘傳). *Ki Tch'ang* 紀昌 reçut ce conseil de 飛衛 *Fei Wei*, son maître: «Apprenez d'abord à ne jamais cligner de l'œil, et vous saurez parfaitement tirer de l'arc.» Rentré chez lui *Ki* s'étendit donc sous le métier de sa femme, de façon à en recevoir les pédales presque dans les yeux. Après deux ans d'un entraînement pareil, même la pointe d'une alène dirigée contre son œil n'en provoquait pas de clignement. Il avertit *Fei Wei* du résultat

---

(1) La guerre sino japonaise a montré plus d'une fois, que l'esprit inventif des mandarins d'aujourd'hui aime à se retremper dans la lecture des stratagèmes anciens, et n'oublie pas que l'argent reste toujours le nerf du patriotisme. Voici, par exemple, à quel taux, le Sous-préfet de *Chang-hai*, conformément du reste aux instructions de son Vice roi, mettait les prouesses de ses subordonnés. 倭人來犯,漁團船隻如能集衆攻擊,獲一勝仗者,該漁團共賞銀三萬兩,獲一大勝仗者,共賞銀十萬兩,幫同水師各軍獲一勝仗者,賞銀一萬兩.一漁團等船如能燬一倭船或奪一倭船,大者,賞銀十萬兩,次者,賞銀五萬兩,船上除軍火歸官外,財物悉以充賞. «En cas d'attaque de la part des Japonais, les barques de pêche qui se réuniront pour les combattre, auront 30.000 taels à partager entre elles, si elles obtiennent un avantage ordinaire; 100.000, si elles remportent une grande victoire, et 10.000, si elles prêtent seulement leur concours à la marine militaire pour vaincre l'ennemi. — Les barques de pêche ou autres qui détruiront ou saisiront un navire ennemi, toucheront une somme de 100.000 taëls, pour un vaisseau de premier ordre, et 50.000, pour un de grandeur moyenne. Quant à ce que l'on trouvera sur les bateaux capturés, à l'exception des munitions de guerre, qui appartiendront au fisc, tout sera livré comme récompense aux auteurs de la prise.»

obtenu. mais celui-ci lui dit : «Cela ne suffit pas encore. Venez me trouver seulement quand un objet petit vous paraîtra grand. et qu'une chose imperceptible vous semblera distincte.» Sur ce, *Tch'ang* suspendit un pou *(ché)* à un crin. au midi de sa fenêtre, et se mit à le regarder fixement. Dans l'espace de dix jours l'insecte grossit peu à peu d'apparence, mais au bout de trois ans c'était comme une roue de char pour son œil. Alors saisissant un arc en corne de *Yen* et une flèche en roseau de *Sou,* il tira sur le pou, dont il transperça le cœur. sans couper le crin qui le retenait. *Fei Wei* reconnut enfin qu'il possédait son art à la perfection. 紀昌學射於飛衛;飛衛曰爾先學不瞬而後可言射矣;紀昌歸偃臥其妻之機下以目承牽挺.二年之後雖錐末倒眦而不瞬也,以告飛衛,飛衛曰未也視小如大視微如著而後告我,昌以氂懸蝨於牖南面而望之,旬日之間浸大也,三年之後如車輪焉,乃以燕角之弧朔蓬之簳射之,貫蝨之心而懸不絕,以告飛衛.飛衛曰汝得之矣.(列子湯問篇). 牽挺 pédales du métier à tisser, 氂 *li,* queue de bœuf sauvage, 簳 *kan,* flèche légère. Variante : 貫虱 *(ché).*

†椿廷壽. Les trois frères *Tch'oen Yen-cheou,* 播延慶 *Pouo Yen-k'ing,* 津羅漢 *Tsin Louo-han,* de la famille *Yang,* modèles classiques de l'intimité fraternelle. Non contents de passer ensemble toute la journée dans la grande salle de la maison, ils y couchaient encore pour n'être même pas séparés la nuit. (魏書楊播傳).

黃†厄閏. Le buis se rétrécit d'un pouce dans l'année qui compte une Lune intercalaire, autrement il grossit de la même quantité par an. 黃陽歲長一寸閏年倒長一寸. Le vrai lettré doit toujours faire des progrès, et ne pas imiter cet arbuste dans son défaut.

椽

乞揮如†筆. Prier un lettré de manier son grand pinceau : lui demander une composition. *Wang Siun Yuen-lin* 王珣元琳, un des mandarins de la Cour sur lequel 晉孝武帝 se reposait le plus. rêva qu'il recevait un pinceau aussi gros qu'un chevron *(tch'oan).* Il en conclut qu'un travail littéraire important l'attendait sous peu. En effet, la mort de l'Empereur survenue sur ces entrefaites, lui fournit l'occasion d'écrire des pièces funèbres. (晉書王珣傳).

楣

門†,唐貴妃榮施于父族. Linteau de porte, sert de qualificatif élogieux pour une fille. depuis que *Yang Koei-fei,* des *T'ang,* fit rejaillir tant de gloire sur son père et ses parents. *Yang Yu-hoan* 楊玉環, de 華陰, district de 宏農, fut d'abord concubine du Prince *Cheou* 壽王, fils de 唐玄宗; mais, ce monarque épris de sa beauté ne tarda pas à l'admettre dans son propre sérail. La 4e année de 天寶 (745), *Yuen-tsong* éleva cette femme au rang de *Koei-fei* 冊爲貴妃, lui assignant pour ses habits et autres besoins la moitié de ce que recevait l'Impératrice elle-même. A cette occasion 楊元(玄)琰 *Yang Yuen-yen*, père de la favorite, son cousin (selon d'autres son frère) 楊釗 *Yang Tchao*, auquel l'Empereur accorda plus tard le nom de 國忠, se virent appeler aux premières dignités. Ses trois sœurs reçurent respectivement les titres de Matrones de *Han*, *Kouo* et *Ts'in* 韓國, 虢國, 秦國三夫人. Tant de gloire donna lieu au dicton : « La naissance d'une fille ne doit point affliger, mais bien plutôt celle d'un garçon ; car tandis que celui-ci n'est même pas créé Marquis, celle-là devient Princesse du harem. » 生女勿悲酸, 生男勿喜歡; 男不封侯, 女作妃君. (樂史楊太眞外傳).

槐 鉏麑觸十. *Tch'ou Ni* préféra se briser la tête contre un sophora plutôt que de mettre à mort *Tchao Toen Siuen-tse* 趙盾宣子. Les sages remontrances que faisait ce Ministre au Duc *Lin* de *Tsin* 晉靈公 l'avaient rendu odieux à ce dernier, qui résolut de s'en défaire par le poignard. Il dépêcha donc *Tch'ou Ni* avec cette mission ; mais lorsque l'assassin, arrivé de grand matin chez sa victime, l'eût vue sommeillant dans ses habits de Cour 盛服假寐, et n'attendant que le lever du jour pour se rendre au palais, il se précipita contre un arbre et se suicida. (左傳宣).

晉公堂下植三十. Chez *Tsin-kong* se plantèrent trois *hoai*. *Wang Hou King-chou* 王佑 (al. 祐) 景叔 (1), dont les éclatants services n'avaient pas été récompensés par la charge de Ministre, s'en consolait en disant que quelqu'un de ses descendants parviendrait certainement à cette dignité, et comme gage de cette fortune future dans sa famille, il planta trois sophoras près de la grande salle de sa maison. Plus tard, en effet, son fils *Wang Tan* 王旦 se vit conférer ce poste, et fut créé Duc de *Tsin* (al. de *Wei* 魏). (宋史王旦傳). Ce détail avait fait donner à la famille l'épithète de 三槐王氏. D'après le 周禮秋官, les Ministres 三公 avaient pour symboles trois sophoras, et de là vient que 槐位 désigne leur dignité. Cf. p. 184.

榱 十題一建. Quand l'édifice m. à. m. la saillie des bardeaux sur la façade *(ts'oei-t'i)* est construit. 榱題 gouttière.

槃 十敦之壇. Le tertre où les Régulos sacrifiaient dans leurs assemblées de paix. Aux réunions de ces princes on déposait les offrandes sur des plateaux *(p'an)* et dans des vases

(1) On écrit souvent, mais fautivement, 王佑 *(al.* 祐*)*.

précieux *(toei)*. 若合諸侯則共珠槃玉敦. (周禮天官).

榮 †啓期行歌岱岳. *Yong K'i-k'i* se promenait en chantant sur la montagne de *Tai-yo* (泰山), où Confucius le rencontra et lui demanda ce qui faisait son bonheur. «J'ai trois sujets de joie 三樂, répondit-il : le premier, c'est que le Ciel m'a fait animal raisonnable ; le second, homme et non femme ; et le troisième, a permis que, enfant, j'échappasse à la mort (sortisse des langes) 免襁褓, et parvinsse jusqu'à l'âge de 95 ans. (孔子家語).

榻 下†相延. Descendre une couchette pour retenir un ami : le traiter cordialement. Quand *Siu Tche Jou-tse* 徐稚孺子. de 南昌, se rendait chez le Préfet *Tch'en Fan Tchong-kiu* 陳蕃仲舉, celui-ci, qui ne recevait pas d'autres visiteurs que ce sage lettré, lui préparait un petit lit *(t'a)* qu'il accrochait à son départ. (後漢書徐稚傳). Cependant la biographie de *Tch'en Fan*, insérée dans les mêmes Annales, raconte que lorsqu'il était Préfet de 樂安, il témoignait les mêmes égards pour un lettré d'une intégrité remarquable nommé 周璆 *Tcheou K'ieou*. Jusque-là *Tcheou* n'avait jamais voulu accepter d'invitation de son mandarin, et *Tch'en* obtint seul de lui qu'il vînt parfois à son tribunal, où 郡守置一榻去則懸之 ce Préfet disposait une couchette, qu'il suspendait en réserve pour le jour où il reviendait. (陳蕃傳).

樓 紅†夾道, 綠影垂窻. Étage rouge des deux côtés de la route, jeune fille de famille riche ; ombre des arbres verts sur la fenêtre, jeune fille de famille pauvre. «La fille de la riche famille à la grande maison rouge, porte une veste en soie légère brodée de fils *(liu)* d'or. Aperçoit-elle quelqu'un, elle n'a garde de joindre les mains par respect, cette gentille étourdie à peine entrée dans ses seize ans. Ni sa mère ni son frère n'ont encore fait d'ouvertures pour son mariage, et pourtant il se fera sans tarder. La fille de la pauvre famille à la fenêtre verte, elle, reste dans la solitude avec ses vingt ans passés, car son épingle à cheveux est une épine sans valeur, et ses habits n'ont point de perles. Bien des fois déjà elle a appris qu'on voulait sa main, mais le jour arrivé on hésite toujours. Voici que le chef de la famille a de nouveau réuni d'habiles entremetteurs, et servi les coupes précieuses remplies de vin. Or donc vous autres assis là autour de la table, cessez un moment de boire, et écoutez-moi chanter ces deux voies (façons d'agir) : La jeune fille riche se marie facilement, il est vrai, mais mariée tôt elle ne tarde pas à mépriser son époux ; la jeune fille pauvre trouve difficilement un époux, mais mariée tard elle est dévouée à sa belle-mère. J'apprends que vous cherchez une femme, hé bien! dans cette question qu'est-ce qui vous semble préférable?» 紅樓富家女, 金鏤繡羅襦, 見

八不斂手,嬌痴二八初,母兄未開口,已嫁不須臾.綠窗貧家女,寂寬二十餘,荆釵不直錢,衣上無珍珠,幾聞人欲聘,臨日又踟躕,主人會良媒,置酒滿玉壺.四座且勿飲,聽我歌兩途,富家女易嫁,嫁早輕其夫,貧家女難嫁.嫁晚孝于姑,聞君欲娶婦,娶婦意何如. (白居易秦中吟).

岑†齊末=不識高卑. Mettre l'extrémité d'un simple morceau de bois de niveau avec le faîte d'une tour élevée: ne pas discerner entre haut et bas, manquer de jugement. «Si, sans tenir compte de la partie inférieure (d'un édifice et d'un morceau de bois), on ne compare que leur partie supérieure, même celui-ci, n'eût-il qu'un pouce carré, pourra dépasser celui-là.» 不揣其本而齊其末方寸之木可使高於岑樓. (孟子). Le commentateur *Tchao K'i* explique ainsi ce passage : «De si petites pièces placées l'une sur l'autre s'élèveraient au-dessus de la tour.» 累積方寸之木,可使高於岑樓. Il ajoute que *tch'en-leou* signifie pic de montagne. (趙岐注).

何†所市皆濫惡之物. Tout ce qui se vendait à la maison des *Ho* était faux et mauvais. Le marché tenu tout contre la demeure de cette famille, située à la Capitale des *Song*, n'offrait que des marchandises frelatées, d'où vint la coutume d'appeler *Ho-leou* une chose fausse et sans valeur. (劉攽, 中山詩話).

†觀. Ermitage taoïste ou cabane 草樓 que 尹軌 *Yn Koei* se construisit sur le mont 終南山, sous le règne de 周穆王.

標 紫†黃榜. Trésors. *Siao Hong Siuen-ta* 蕭宏宣達, fils de l'Empereur 梁武帝, célèbre par sa passion de thésauriser, avait coutume d'indiquer d'une *affiche violette* chaque million qu'il entassait, et d'une *tablette jaune* chaque dix millions. Son argent occupait plus de trente chambres. *Wang Tsong* 王綜, de 豫章, se moquait de cette avarice dans une satire intitulée 錢愚論 *Folie de l'argent*. (南史梁宗室).

樂 †毅去燕. *Yo I* quitta le royaume de *Yen* à la mort de 昭王, qui lui avait accordé le titre de 昌國君, à cause de ses éclatants services sur les champs de bataille. Le départ de *Yo* fit perdre à cet état toutes les conquêtes que lui avait assurées le succès de ses armes. Retiré au pays de 趙 le fugitif fut créé 望諸君. Voir la belle réponse faite par lui à 燕惠王 qui l'invitait à revenir. Zott. IV. 196.

†府四歌. Les quatre chants de l'Académie de musique, composés pour célébrer les qualités de 漢明帝, alors qu'il n'était encore que Prince héritier. Leurs titres étaient : 日重光, 月重輪, 星重輝, et 海重潤. (崔豹古今注).

†昌破鏡之分. Le morceau du miroir échu en partage à la Princesse *Lo-tch'ang,* sœur de 後主叔寶 *Chou-pao* ou *Heou-tchou,* dernier Empereur des *Tch'en.* *Siu Té-yen* 徐德言 qui avait obtenu la main de cette Princesse, prévoyant que la chute imminente de la dynastie lui enlèverait son épouse, divisa en deux un miroir, dont il remit un morceau à celle-ci, tandis qu'il se réservait l'autre. Dans le cas où le fil de l'amour qui liait les deux époux ne serait pas brisé 情緣未斷, ce devait être le gage qui leur permettrait de se reconnaître à leur première rencontre. *Lo-tch'ang,* arrachée à son mari, fut bientôt en effet donnée à 楊素 *Yang Sou,* Duc de *Yué* 越公. Or un jour que *Siu* se promenait à la Capitale, il vit un 蒼頭 vieux domestique exposer en vente le fragment gardé par *Lo-tch'ang.* Aussitôt il composa ces vers : «Miroir et femme étaient partis, et voici que le premier revient sans la seconde. Je ne verrai donc plus l'ombre de mon épouse belle comme *Heng-ngo,* et c'est en vain que me reste le miroir *(ming-yué)* brillant.» 鏡與人俱去, 鏡歸人不歸, 無復姮娥影, 空留明月輝. Cette strophe parvenue à la connaissance de la Princesse lui brisa le cœur. et *Sou* ne put sécher ses larmes qu'en la rendant à son premier époux. (太平廣記). 破鏡, 合鏡 signifient époux séparés, époux réunis de nouveau.

樹 獨立大†下. Se tenir à l'écart sous un grand arbre. Pendant que tous ses collègues vantaient leurs exploits, le Général 馮異 *Fong I* restait seul sans rien dire, aussi les soldats le surnommèrent-ils 大樹將軍.

†靜而風不息,皐魚增感. L'arbre ne bouge pas et pourtant le vent souffle toujours : cette pensée augmentait la douleur de *Kao-yu,* Ce personnage de l'époque 春秋. rentré chez lui d'une mission à l'extérieur, n'y trouva plus sa mère qui venait de mourir. Après avoir exprimé par cette image, devant Confucius, son désir (風) de nourrir sa mère (樹), et sa douleur de ne pouvoir le faire, il s'arracha la vie. (韓詩外傳).

貢†分香. L'arbre du Doctorat répand une bonne odeur : présager les plus hautes dignités aux nouveaux lauréats. (般文圭啓).

橋 是†是梓. L'un est le pin, l'autre le catalpe : père et fils. *Pé-k'in* 伯禽 et son frère *K'ang-chou* 康叔, en trois visites consécutives à leur père 周公, furent battus par lui. *Pé-k'ing* ne s'expliquant pas le motif de cette correction paternelle, le demanda à 商子, qui lui dit d'aller considérer les pins et les catalpes de la montagne du sud. Les deux frères s'y rendirent et, de retour, rapportèrent à *Chang-tse* qu'ils y avaient vu les pins dressant leur cime élevée et les catalpes inclinant la leur : « Eh bien! répondit *Chang-tse*, les premiers sont l'image des droits du père et les seconds des devoirs des enfants.» 賢橋梓 Père et fils également sages.

橫 † 渠講易,每擁皐 (al 臯) 比. Chaque fois que maître *Hong-k'iu* (張載 *Tchang Tsai*. Cf. p. 39) commentait le Livre des Mutations, il prenait *(yong)* la peau de tigre sur laquelle il s'asseyait. Il vit un jour venir aux leçons, qu'il donnait dans la Capitale des *Song*, les deux frères *Tch'eng Ming-tao* 程明道 et *Tch'eng I-tch'oan* 程伊川. Leur connaissance de l'ouvrage en question l'étonna tellement, qu'il congédia ses nombreux élèves, en leur recommandant de s'adresser désormais à ces deux étrangers. *Tchou Hoei-wong* 朱晦翁 *(Tchou Hi)* admirateur de *Hong-k'iu* en composa cet éloge, qui rappelle les phases diverses de la vie du commentateur : «Dans sa jeunesse il prit goût aux ouvrages de *Suen* et de *Ou* (Cf. p. 91 et 42) sur la stratégie (1), et sur ses vieux jours il renonça aux systèmes philosophiques de Bouddha et de *Lao-tse*. Vaillamment il ramassa sa peau de tigre, quand il connut les deux *Tch'eng*, lui qui n'avait plus qu'un changement à subir pour atteindre la vraie doctrine (2).» 蚤悅孫吳,晚逃佛老.勇撤皐比,一變至道. *Kao-pi* est tiré du 左傳 et signifie 虎皮 peau de tigre. 擁 (坐) 皐比, maître d'école.

† 行介士. Le lettré à cuirasse qui marche de côté : le cancre, appelé encore 郭索. Dans 抱朴子 il est nommé 無腸公子, de même que le dragon y est qualifié de 雨師, et le poisson de 河伯.

機 斷 † 而勗學. Animer *(hiu)* à l'étude en coupant la toile sur le métier. *Yo Yang-tse* 樂羊子, parti au loin pour suivre les leçons d'un maître, était rentré chez lui après un an seulement d'absence. Mais dès que sa femme le vit de retour, elle saisit un couteau et courant à son métier 引刀趨機, elle lui dit qu'interrompre ses études équivalait à couper cette toile. *Yang-tse* comprit la leçon, reprit ses livres et ne reparut plus sous son toit avant d'avoir acquis cette science profonde, qui lui permit de servir utilement 魏文侯 (423-386). (後漢書列女傳). *Mong-tse* 孟子 encore enfant revenait un jour de classe, quand sa mère le questionna sur son progrès dans les études.

---

(1) *Hong-k'iu* débuta par l'étude de l'art militaire, mais, sur les conseils de 范仲淹 *Fan Tchong-yen*, il se mit à méditer les Livres classiques, et finit par devenir un des pères du Confuciisme des *Song*.

(2) 逃楊必歸於儒 «Qui quitte l'école de *Yang* embrasse nécessairement celle des lettrés.» (孟子). 魯一變至於道 «Une seule amélioration pour *Lou*, et ce royaume atteint la perfection.» (論語).

L'écolier lui répondit qu'il ne travaillait quc modérément. A ces mots elle coupa la chaîne tendue sur son métier, en disant : «Ta négligence, mon enfant, ressemble à l'action que je viens de faire.» 子之廢學若吾斷斯機矣. Désormais l'application du futur Philosophe ne laissa plus à désirer. (劉向, 列女傳).

†杼一家. Style propre à chaque écrivain. Le célèbre lettré *Tsou Yong Yuen-tchen* 祖瑩元珍 avait coutume de dire en critiquant les copistes serviles : «La belle composition doit être tisséc sur le métier et de la navette *(tch'ou)* d'un chacun, car l'auteur doit se faire sa manière à lui, et ne pas vivre de la vie des autres.» 文章須自出機杼, 成一家風骨, 何能共人同生活也. (魏書祖瑩傳). Variante : 機柚 ensouple.

樗 †櫟無用之散材. *Tch'ou (ailanthus glandulosa)* et *li* sont des arbres inutiles qui ne fournissent que des matériaux de rebut. «Ce *li*, bois à rejeter! et c'est à cause de son inutilité qu'il a pu parvenir à cette vieillesse.» 散木也無所可用故能若是之壽. Parole de 匠石 ou 匠伯 à la vue d'un magnifique arbre de cette espèce qui ombrageait un autel. (莊子). Var. 樗散.

†蒲之戲 = 雙陸. Le jeu de *tch'ou-p'ou:* jeu du double six, appelé encore 博, 陸博 et 擊博, et dont l'invention est attribuée à 烏曹 Ministre de *Hoang-ti*. On dit cependant que le *tch'ou-p'ou* diffère du *choang-lou* en ce que le premier se joue avec cinq pièces et le second avec six. *Tch'ou-p'ou* doit s'écrire 樗蒱.

檜 老†參天. Le genévrier *(koei)* séculaire dresse sa cime jusqu'au ciel, image du lettré qui doit aussi dominer le vulgaire. (李紳詩).

檀 †越†那, 僧家稱施主. *T'an-yué* et *T'an-no,* noms que les bonzes donnent à leurs bienfaiteurs ou fondateurs. *T'an,* mot sanscrit signifiant miséricorde 惠. Dans le 楞嚴經注 on trouve cette phrase : 梵語檀波羅蜜, 華言布施, 布施能越生死此岸到菩提彼岸. «L'expression sanscrite *T'an Po-louo-mi (Dana Paramita)* se traduit en Chinois par faire l'aumône, or l'aumône fait passer ce rivage de la vie et de la mort et atteindre *P'ou-ti* ou l'autre rivage.» D'après la doctrine ésotérique du Bouddhisme, la charité est le premier des dix *Paramita* qui permettent de parvenir à la vraie sagesse *P'ou-ti (Boddhi)*. *T'an-no (Dana)* s'écrivait jadis 陀那鉢底. (善覺要覽). Parmi l'un des premiers *T'an-yué* de la secte on cite spécialement 波斯匿王 le roi *Po-se-gni* (Prasenadjit). Cf. 後漢書西域傳章懷太子注.

檮 †杌窮奇. *T'ao-ou* et *K'iong-k'i*, deux monstres dont le nom est synonyme de cruel, tyran. Le fils de 顓頊氏 est comparé au premier, et celui de 少皞氏 au second. (左傳文).

櫝 買†還珠. Acheter l'écrin *(tou,* armoire) et rendre la perle : ignorer la valeur des choses. Un habitant de 楚 plaça dans un écrin en bois précieux et magnifiquement orné une belle perle qu'il voulait vendre. Un acquéreur de 鄭 se présenta; mais, après avoir acheté le tout, il rendit la perle comme inutile, ne gardant pour lui que la petite boite. (韓非子).

橘 †中之樂＝象棋. Le plaisir de l'orange *(kiu)*: le jeu d'échecs 象戲. Un habitant de 巴邛 aperçut sur un oranger deux fruits immenses que la gelée avait épargnés. Il les cueillit et découvrit à l'intérieur de chacun d'eux deux vieillards s'amusant aux échecs. L'un des joueurs disait : «Dans ces oranges on ne goûte pas un moindre bonheur que sur le mont *Chang*, où se retirent les solitaires.» 橘中之樂不減商山. (太平廣記).

檄 傳†而定. Tout arranger par la simple publication d'un message *(hi)* : vaincre facilement. *Han Sin* 韓信 disait à *Han Kao-tsou* que s'il ne s'abaissait pas à imiter la vulgaire bravoure et la clémence féminine 匹夫之勇婦人之仁 de *Hiang Yu* 項羽, il lui suffirait d'un ordre pour triompher de ses rivaux. (史記淮陰侯傳). *Hi,* planchette de deux pieds de haut dont l'envoi équivalait à un ordre impérial. Dans un cas très pressé on y fixait des plumes 羽檄.

奉†而喜. Accepter le décret de promotion avec joie. *Tchang Fong* 張奉 rendit un jour visite à *Mao I* 毛義, dont la piété filiale l'avait ravi d'admiration. Pendant qu'ils étaient ensemble, *Mao* reçut un ordre, qui lui conférait une dignité, et en témoigna la plus vive allégresse. *Tchang,* choqué d'un pareil sentiment chez un homme si vertueux, le quitta aussitôt : mais le voyant plus tard, à la mort de sa mère, donner sa démission et décliner toutes les offres d'emploi, il comprit que seul le désir de faire plaisir à celle-ci l'avait décidé à entrer en charge. (後漢書).

櫛 †風沐雨＝風塵勞苦. Peigné par le vent et lavé par la pluie, signifie fatigues d'un voyage. (莊子). — 巾櫛. Serviette et peigne : toilette du matin.

櫬 天上垂玉†. Du ciel descendit un cercueil *(tch'en)* précieux quand mourut *Wang Kiao* 王喬 mandarin de *Ché* 葉令脫凡塵, m. à m. quand il secoua la poussière commune (expression bouddhique signifiant décéder). A ce prodige *Wang* s'écria. «Le roi du ciel 天帝 m'appelle»; puis il fit ses ablutions, se revêtit de ses plus beaux habits, et se coucha dans le cercueil pour attendre la mort. (後漢書方術傳). On fait de *Wang* l'immortel 王仙人 un contemporain de 漢明帝.

權†量衡度軒轅之立規. Les mesures de poids, de capacité, la tige de la balance, et les mesures de longueur sont des règles établies par *Hien-yuen (Hoang-ti).* Il basa son système sur le rapport du grain de millet noir au tube 黃鐘, dont 伶倫 *Ling-luen* tira la note fondamentale de sa gamme. C'est ainsi que la longueur du *Hoang-tchong* ayant été trouvée égale à 90 de ces grains juxtaposés dans le sens de leur largeur, il statua qu'un grain ferait un 分, dix 分 un 寸, dix 寸 un 尺, dix 尺 un 丈, et dix 丈 un 引, le tout compris sous la dénomination générale de 五度. Puis il constata qu'il fallait 1200 grains pour remplir la cavité 龠 *yo* du tube. Deux (al. dix) fois cette contenance constitua un 合 *ko* (合 (al. 十) 龠爲合), dix *ko* un 升, dix *cheng* un 斗, et dix *teou* un 斛 *hou,* l'ensemble appelé 五量. Le poids de ces 1200 grains fut évalué à 12 銖, dont le double donna l'once 兩, 16 *liang* une livre 斤, 30 *kin* un 鈞, et quatre *kiun* un 石 *che* ou *tan.* Cette dernière série vient sous le nom de 五權. (漢書律歷志). 衡 est le fléau de la balance, tandis que 權 est le poids équilibrant que l'on fait glisser sur le long bras, à des distances variables du point de suspension.

欒†布爲奴. *Loan Pou,* des *Han,* réduit par la pauvreté à la condition des esclaves, fut racheté par *Yué P'eng* 越彭, qui l'admit dans son intimité et en fit même son toparque. *Yué,* tombé plus tard en disgrâce, fut décapité, et on exposa sa tête avec défense expresse de la toucher, sous les peines les plus sévères. Mais *Loan,* de retour d'une mission à l'extérieur, ne tint aucun compte de l'édit impérial. Le souverain, à la vue d'un tel attachement à son bienfaiteur chez *Loan,* lui fit grâce de la vie. Ses exploits militaires lui valurent le titre de 鄃侯, et à sa mort on lui érigea un autel sous le nom de 欒公社. (史記欒布傳).

CLASSIF. 76. 欠.

欲†左左†右右. L'Empereur 成湯 montrait son humanité même à l'égard des animaux sauvages; car ayant remarqué à la chasse, que les filets avaient été disposés de manière à couper la fuite aux bêtes, il ordonna en ces termes de leur laisser un passage des deux côtés : «Celles qui voudront la gauche, prendront la gauche, et la droite, celles à qui la droite plaira.» Cf. 幸開湯 (網).

欺 不†之語. Allusion au nouveau lauréat. *Kia Yen* 賈黯 reçu premier aux examens alla rendre visite à 范文正 *Fan Wen-tcheng* (范仲淹) qui lui donna le conseil de ne pas se prévaloir de son succès pour mépriser les autres. (聞見錄).

歐 †陽修. *Ngeou-yang Sieou Yong-chou* 永叔 (1017-1072) de *Lou-ling*, d'où son appellation de 廬陵氏. Il aimait à prendre les surnoms de 醉翁 et de 六一居士 (Cf. p. 1). Ce grand écrivain de la dynastie *Song* débuta par l'étude des œuvres de 韓文公 *(Han Yu)*, modèle qu'il égala lui-même plus tard, d'après le témoignage du Solitaire de *Tong-pou* 東坡居士(蘇軾). La liberté de sa parole, alors qu'il était membre du Bureau de la Censure 知諫院. attira sur lui la disgrâce impériale et occasionna son envoi comme Préfet à 滁州, où il répara le kiosque 醉翁亭. Mais cet exil ne fut que transitoire, et son savoir littéraire ainsi que son habileté administrative furent récompensés par la vice-royauté de *Nan-king*, les titres et les dignités de 龍圖閣直學士 (1) Adjoint au Ministère, 樞密副使 (2) Adjoint au Conseil de l'empire, et de 參知政事 (aujourd'hui 協辦大學士) Adjoint au Grand Secrétariat. Il occupa aussi la charge de Président des examens, et se dévoua dans cet emploi à corriger le mauvais goût de l'époque 險僻. Sur l'ordre de l'Empereur, il travailla à la rédaction des nouvelles Annales des *T'ang*, pendant que de son initiative personnelle il composait les Chroniques 五代史記. Créé 袞國公 il reçut le nom posthume de 文忠.

歘 †火. *Tch'oua-houo*, un des génies de la foudre.

CLASSIF. 77. 止.

步 †虛聲. Voix de ceux qui marchent dans le ciel : chant des prières taoïstes. 步虛吟眞聲. (李白). On raconte que, sur une montagne, *Se* Roi de *Tch'en* 陳思王 (曹植 dont le titre princier est 陳王 et le nom posthume 思文) entendit les voix lointaines et pourtant distinctes des immortels. De là

---

(1) Les *Tche-hio-che*, du moins actuellement, dépendent d'un 大學士, et ont dans leurs attributions de *s'occuper alternativement (tche)* des affaires de l'État.

(2) Dans le *K'ang-hi-tse-tien* on identifie *Tch'ou-mi* avec une sorte de Ministère de la Guerre, mais je pense que de ce Bureau relevaient déjà toutes les questions ayant trait au gouvernement en général.

vint que les taoïstes désignèrent leur psalmodie par *pou-hiu-cheng*. (異苑).

七†奇才. Talent merveilleux capable d'improviser des vers dans l'espace de temps requis pour faire sept pas 七步成詩. La strophe qui sauva la vie à 曹植子建 *Ts'ao Tche Tse-kien* ne lui prit que ce temps. Cf. 煮(萁). *Tse-kien*, dont la facilité est restée proverbiale, forme avec 陳琳 *Tch'en Lin*, 王粲 *Wang Tsan*, etc., la pléiade littéraire connue sous le nom de 鄴下七才子 ou des sept génies de la période de règne *Kien-ngan* 建安七才子. De 柳公權 *Lieou Kong-kiuen*, des *T'ang*, on dit 三步成詩, et 十步成詩 de 王勰 *Wang Hié*, de 彭城. contemporain des 後魏.

†亦步趨亦趨. «Quand il marche, je marche; quand il hâte le pas, je le hâte.» Ainsi *Yen Yuen* 顏淵 exprimait sa fidélité à se modeler sur Confucius. Le disciple ajoutait : «Mais quand le Maître s'élance à toute vitesse *(pen-i)*, il échappe même à la poussière qu'il soulève, aussi le regard fixe *(tch'eng)*, *Hoei* doit-il rester bien loin en arrière.» 夫子奔軼絕塵而回瞠若乎其後矣. (莊子).

武†經. Les ouvrages militaires classiques au nombre de sept, ainsi intitulés : 六韜 attribué à 姜太公, 孫子, 吳子. 司馬法 les principes stratégiques du *Se-ma* Généralissime 穰苴, 三略 par 黃石公, 尉繚子, et 問對 par 李衛公. A la p. 157 à 七書, j'ai indiqué 唐太宗 comme septième auteur; sans doute que par flatterie on attribuait à cet Empereur l'œuvre du Général 李靖 *Li Tsing*, qui aida son père à fonder la dynastie *T'ang*, et reçut le titre de 衛國公.

大†. Bœuf, m. à m. dont *l'empreinte des pieds* est *grande*. 一元大武 appellation du bœuf des sacrifices. (禮曲禮). 元 équivaut à la numérale 頭.

無用†之地. Héros à qui manque l'occasion de déployer sa valeur ou de se servir de ses armes.

†王廉財廉色. Le Roi *Ou-wang* se montra modéré à l'endroit des richesses et des femmes; car devenu, par sa victoire sur le tyran 紂 *Tcheou*, maître des trésors et des concubines des ennemis, il les rendit à leurs anciens propriétaires. (劉向, 說苑).

†侯輔漢於蜀. *Ou-heou*, *Tchou-ko Liang K'ong-ming* 諸葛亮孔明 (181-234), de 琅琊, prêta son concours à la branche dynastique des *Han*, qui régna sur *Chou*, à l'époque des Trois Royaumes. Il vivait retiré à 南陽, loin des troubles qui signalè-

rent la chute des *Han* orientaux, se comparant à 管仲 *Koan Tchong* et à 樂毅 *Yo I*, quand 先主 c.-à-d. 劉備 *Lieou Pei*, à qui son lieutenant 徐庶 *Siu Chou* l'avait désigné comme un 臥龍, se rendit trois fois à sa chaumière 三顧草廬 pour l'inviter à se mettre à son service. *Tchou-ko* accéda enfin aux instances du héros, qui lui donna le commandement de ses troupes. Ses services lui valurent de son vivant le titre de 武鄉侯 et après sa mort celui de 忠武侯. A la mort de *Pei*, il se vit confier la tutelle de 斗 *Teou*, son fils et successeur sous le nom de 後主. L'alliance avec le royaume de *Ou*, qu'il battit plusieurs fois, ainsi que celui de *Wei* gouverné par la famille *Ts'ao* 曹魏, et des expéditions victorieuses contre les barbares 蠻 sont les principaux exploits de ce guerrier légendaire, dont l'éloge est formulé en ce peu de mots : 三代以下一人而已. Le 古文 donne ses deux rapports à l'Empereur intitulés 前後出師二表. On attribue à *K'ong-ming* l'invention du pain et d'automates inexplicables nommés 木牛流馬. Cf. 牛.

十林. Le *Tché-kiang*, nommé 越國 à l'époque 春秋, 會稽郡 sous les *Ts'in*, 揚州 sous les *Han* (comme dans le 書禹貢), 江南東道 sous les *T'ang*, 浙東西路 sous les *Song*, 浙江等處行中書省 sous les *Yuen*, et enfin 浙江等處布政使司 sous les *Ming*. *Ou-lin* est encore le nom particulier de 杭州 et s'écrivait jadis 虎林, mais reçut sa modification actuelle à cause d'un nom d'Empereur de la dynastie *T'ang*. Autres appellations : 兩浙 et 臨安.

十陵漁郎. Le pêcheur de *Ou-lin*, dont parle 陶淵明 *T'ao Yuen-ming*, dans son 桃花源記, découvrit un jour un lieu mystérieux, où vivaient des sages qui disaient s'y être retirés pour échapper aux bouleversements de la dynastie *Ts'in* 秦. Revenu sur la terre il en avertit les mandarins, et l'on fit des tentatives inutiles pour se mettre de nouveau en communication avec ces immortels.

歲 虛延十月. Inutilement je prolonge mes mois et mes années : je suis confus de faire si peu de progrès. (抱朴子).

歸 忘十. Flèche. Le Roi de *Tch'ou* en possédait d'ainsi appelées, qu'il décochait avec son arc nommé 繁弱.

CLASSIF. 82. 毛.

毛 柔十. Poils souples : nom donné primitivement à la brebis destinée au sacrifice. (禮曲禮). — 不毛之地.

Terre improductive. (公羊傳). — 吹毛求疵. Souffler les poils pour chercher le mal : examiner jusqu'aux plus petites fautes. (韓非子). On traduit encore par : Écarter le poil de l'habit pour trouver le défaut de la couture.

安用†錐 = 棄文就武. De quelle utilité peut bien être le pinceau de trois pouces de long 三寸錐? Quitter la littérature pour la carrière des armes ou le commerce. *Hong Tchao* 宏肇 manifestait par ces mots son désir de servir son pays avec la grande lance et la longue épée 長槍大劍, au lieu de rester à son bureau occupé simplement à écrire. Mais *Wang Tchang* 王章 le 三司使 (auj. 倉場侍郎) Intendant en second des Greniers publics, le calma par la simple remarque qu'il était besoin aussi de lettrés pour faire des descriptions militaires. (五代史宏肇傳).

†詩. Le Livre des Vers, ainsi nommé parce que les deux *Mao* 二毛, des *Han*, l'enrichirent de notes. L'un, 毛亨 *Mao Heng* ou 大毛公. de 魯, y joignit le 詁訓傳, et l'autre, 毛萇 *Mao Tch'ang* ou 小毛公, de 趙, en rédigea les 小序. Celui-ci prétendit même donner l'œuvre de Confucius, telle que le Philosophe l'avait transmise à son disciple 卜商 *Pou Chang*, après avoir recueilli, parmi un grand nombre de pièces antiques, les 305 Odes que renferme aujourd'hui cet ouvrage. A l'époque de l'incendie des livres il en comptait 311, et il a conservé fidèlement les titres de celles que l'on n'a pas pu reconstituer. Voici les diverses classifications qui ont cours à propos du Livres des Vers : 1/ 六義 (al. 詩) trois genres d'inspiration et trois figures de style, à savoir : 風 mœurs. 雅 éloges, 頌 chants de louange, 比 allégories appliquées, 興 allégories non appliquées, et 賦 descriptions; 2/ 四始 les poésies placées en tête de chacune des quatre divisions du classique; 3/ 十五國 les quinze royaumes dont les ballades ont fourni la matière de la première partie; 4/ 二雅 les petits et grands éloges; 5/ 三頌 les chants de louange des dynasties *Tcheou* et *Chang*, et du pays de *Lou*; 6/ 二南, le 周南 et le 召南 dits 正風, parce que l'on y chante des mœurs pures, de même que dans le 正小雅, de l'ode 鹿鳴 à l'ode 菁莪, et dans le 正大雅, de 文王 à 卷阿. Ces compositions que *Tcheou-kong* aurait mises en musique, datent des règnes des vertueux souverains 文, 武 et 成. Les autres formant le 變風, 變小雅 et 變大雅 révèlent une époque déjà corrompue.

CLASSIF. 85. 水.

水 覆†難收. L'eau répandue se recueille difficilement. L'amour de l'étude qui animait *Tchou Mai-tch'en Wong-*

tse 朱買臣翁子, de 吳, contemporain des *Han,* fit craindre à sa femme de les voir tous deux tomber dans la misère; car il lisait même en portant des fagots 擔束薪誦書. Elle demanda donc à divorcer, malgré l'assurance que lui donna *Tchou,* que bientôt son application serait récompensée par des honneurs et des richesses. Quelques années, en effet, après la séparation, il fut élevé à la charge de Gouverneur de 會稽. La transfuge, à cette nouvelle, fit des instances pour réintégrer le domicile conjugal, mais le mandarin lui répondit qu'il la reprendrait, quand elle pourrait ramasser l'eau versée à terre C'en fut assez pour la décider à se pendre. (漢書朱買臣傳). Variante : 買臣之妻因貧求去.

君子之接如†. L'amitié du sage, empreinte de simplicité en même temps qu'inaltérable, est comme l'eau pure. 交淡於水. Le vin nouveau 醴 est, au contraire, l'image des relations entre les gens peu vertueux, car comme lui, elles plaisent d'abord, mais finissent bien vite par se corrompre.

白†眞人. L'homme parfait de *Pé-choei,* surnom donné à 劉秀文叔 *Lieou Sieou Wen-chou,* fondateur des *Han* postérieurs, parce qu'il naquit au pays de 白水, dans le 南陽. *Lieou,* descendant de 漢景帝, prit avec 縯 *Yen,* son frère, les armes contre l'usurpateur *Wang Mang.* Vainqueur de ce dernier, il fit asseoir 劉玄 *Lieou Yuen* sur le trône, lui donnant pour nom de règne 更始; mais après la défaite des bandes des rebelles 銅馬 et 赤眉, il ceignit lui-même la couronne, et prit le titre dynastique de 光武帝, avec 洛陽 pour Capitale. La position orientale de cette ville par rapport à 長安, siège du gouvernement des *Han* antérieurs, fit appeler 東漢 la branche établie par *Wen-chou.*

冰 †人. Entremetteur. Ses démarches se disent 氷言, 氷語. Cf. p. 20.

汞 煉†. Purifier le mercure *(hong)* par le feu pour s'en faire un remède d'immortalité, comme font les taoïstes.

池 †魚被害=無辜牽連. Poissons du fossé atteints par le malheur : innocents enveloppés dans la même calamité que celui qui en a été la cause. Le Généralissime *Hoan* 桓, des *Song,* condamné à mort, avait jeté dans un bassin une magnifique perle qu'il possédait. On mit à sec la pièce d'eau, mais sans obtenir d'autre résultat que la mort des poissons qu'elle renfermait, et qui partagèrent ainsi le sort de *Hoan.* (呂氏春秋). Le proverbe 城門失火禍及池魚 signifie, que l'incendie de la porte de la ville est mortel pour les poissons des fossés, complétement vidés en y puisant l'eau nécessaire pour éteindre le feu. Selon quelques-uns 池仲魚 *Tche Tchong-yu* serait un homme qui périt dans les flammes allumées par l'imprudence des voisins 仲魚燒死. (風俗通).

湯†. Fossés bouillonnants : ville imprenable. 邊地之城必將嬰城固守，皆爲金城湯池不可攻也. «Les villes voisines s'entoureront à coup sûr de murailles qu'elles défendront résolûment, et alors, ces fortifications solides comme fer et ces fossés d'eau bouillante résisteront à toute attaque.» (後漢書蒯通傳). *Yn* 嬰城, s'entourer de murs comme d'une corde. 湯 prononcé *chang* signifie aussi *vagues soulevées*. Var. 金湯.

†塘春草. Sur les bords de l'étang poussent des plantes printanières. Ce vers s'emploie pour exprimer la bonne harmonie entre frères et amis; car il est dû à la charitable inspiration du poète 謝惠連 *Sié Hoei-lien,* apparaissant en songe à son cousin 謝靈運 *Sié Ling-yun,* qui put, grâce à ce secours inespéré, achever sa poésie. (南史謝惠連).

汪 †踦是童. *Wang K'i* n'est qu'un enfant, mais comme il est mort les armes à la main pour la défense des autels de la patrie 執干戈以衛社稷, il convient que ses funérailles soient cellès d'un homme fait. Tel fut le conseil donné par Confucius. 戰于郎重 (sc. 童) 汪踦死焉. «Au combat de *Lang,* tomba le jeune *Wang K'i.*» (禮檀弓下).

江 †東之羅隱. *Louo Yn* de l'est du Fleuve Bleu : candidat malheureux aux examens supérieurs. Un homme du *Tché-kiang* demandait à un messager du *Kiang-nan* des nouvelles de *Louo Kiang-tong* 羅江東. L'étranger remarquant que son interlocuteur se montrait fort étonné de ce qu'il ne fût pas mieux renseigné sur le compte de ce personnage illustre, se tira d'embarras par ces mots : «Mais ce nom-là n'a jamais paru sur la liste d'admission 金榜無名.» (計有功唐詩紀事).

†淹賦就，更聞南浦之歌. Quand la description intitulée 別賦 eut été achevée par *Kiang Yen,* on entendit encore le chant de *Nan-p'ou.* Dans ce morceau de littérature il est question d'amis qui se séparent pour un voyage. Cf. p. 31.

†湖散人＝無繫累者. L'homme libre des fleuves et des lacs : débarrassé de soucis. Après son échec aux examens, *Lou Koei-mong Lou-wang* 陸龜蒙魯望, des *T'ang,* vivait retiré à 甫里, au pays de 松江, et son bonheur était de parcourir la région sur sa barque, avec ses livres et ses engins de pêche. Ses goûts solitaires lui avaient fait prendre le surnom de 江湖散人. Il était connu encore sous les appellations de 天隨子 et 甫里先生. (唐書隱逸傳).

渡†八十萬. Les 800.000 h. avec lesquels *Ts'ao Ts'ao* passa le *Kiang* furent défaits par le Général 周瑜 *Tcheou Yu* du royaume de *Ou*.

†東八千子弟. *Hiang Yu* 項羽, après sa désastreuse campagne au pays de 烏江, arrivé au bord du *Yang-tse*, fut invité par le passeur à profiter de sa barque pour regagner l'est du Fleuve, d'où il était parti avec 8.000 jeunes gens. Mais le vaincu lui dit : «Je n'ai pas le courage de revoir ce pays 無面見江東, où m'attendent les plus sanglants reproches de la part de ceux dont j'ai conduit les fils et les frères à la mort.» Puis il s'arracha la vie.

† 花. Lettré remarquable. Le pinceau de 江淹 *Kiang Yen* produit des fleurs. Cf. (筆) 生花.

†郎五色. Lettré remarquable : le pinceau multicolore du jeune *Kiang*. Cf. ibid.

汗 反†=背誓. Sueur rentrée : violer un pacte, manquer à sa parole. (漢書劉向傳). — 汗顏. Transpirer du visage : concevoir de la honte d'une action. Un malade à la recherche d'un sudorifique, éprouva une telle humiliation de ne pas en trouver, que ce sentiment produisit en lui une sueur abondante. (嵇康養生論). Variante : 汗甲. — 汗簡. Bambou desséché au feu et prêt à recevoir des caractères.

汾 †水歌. Le chant de la rivière *Fen* décrivant l'automne, sert d'allusion à cette saison. L'Empereur 漢武帝 traversait le *Fen*, quand subitement inspiré il improvisa cette poésie : «Le vent d'automne se lève et les blancs nuages volent. Les plantes jaunissent et s'effeuillent, et les canards sauvages regagnent le sud. Voguant sur nos grandes barques nous passons le *Fen*, et coupons le courant en travers, soulevant de blanches vagues.» 秋風起兮白雲飛, 草木黃落兮鴈南歸, 泛樓船兮濟汾兮, 橫中流兮揚素波.

†陽恢復二京. Le Prince de *Fen-yang*, *Kouo Tse-i Tchong-ou* 郭子儀中武 rétablit c.-à-d. reprit les deux Capitales des *T'ang* sur les rebelles. Ce grand Général et Ministre de la dynastie étouffa la révolte de 安史 (*Ngan Lou-chan* 祿山 et *Se Se-ming* 思明), et reçut le titre de 汾陽王 de 唐德宗 (780-805), qui lui décerna en outre l'appellation honorifique de 尙父, avec un 鉄券 diplôme en fer et en forme de tuile, magnifiquement orné et mentionnant ses éminents services. On dit de lui que la paix ou le bouleversement de l'empire était comme

attaché à l'emploi ou au rejet de sa personne 身係天下安危. Le bonheur domestique de *Kouo Tse-i* faisait aussi l'objet de l'admiration populaire, et sa nombreuse famille composée de huit fils et de sept gendres, était regardée comme la récompense de sa vertu. Il eut la gloire de donner, dans la personne d'une de ses petites-filles. une Impératrice à la Chine, l'épouse de 唐憲宗. A sa mort à l'âge de 85 ans, il reçut l'appellation posthume de 忠武.

沈 實†. *Che-chen* que *Tse-tch'an* 子產 disait être l'esprit de la constellation *Chen* 參神, ne cause point de maladie, non plus que *T'ai-t'ai* 臺駘, génie du *Fen* 汾神. (左傳昭).

沙 含†射影. Avec la bouche lancer du sable sur l'ombre du passant : nuire à qulqu'un par des manœuvres secrètes. Le Livre des Vers cite des esprits malfaisants 爲鬼爲蜮 appelés encore 射工, qui sont toujours aux aguets pour frapper de cette sorte l'ombre humaine projetée dans l'eau. Le malheureux atteint ne tarde pas à tomber malade.

†門稱釋始於晉道安. *Ché* désigne les bonzes depuis *Tao-ngan* des *Tsin*. Antérieurement les sectateurs de Bouddha prenaient le nom du maître qui les instruisait dans les systèmes du réformateur indien. C'est ainsi que 支道安 *Tche Tao-ngan* changea son nom de famille 關 *Koan* contre celui de *Tche* dont il suivait les leçons. Mais à cette époque, les adeptes résolurent de ne plus se désigner que par *Ché* première syllabe de *Ché-kia* 釋迦 *Chakia-mouny*. (葉夢得, 石林詩話). *Cha-men* 沙門 se traduit par 息 *repos*, parce que le bouddhisme a la prétention de faire parvenir au 無爲 *nirvana* par la répression des passions. (章懷太子注).

汲 †引. Aspirer et attirer : patronner quelqu'un, s'interposer pour lui faire obtenir une faveur. (劉向傳).

泌 †水樂饑. Joyeux à la fontaine malgré la faim : heureux de vivre dans la solitude. 泌之洋洋可以樂饑. (詩陳風).

泮 入†. Pénétrer dans le palais à la pièce d'eau semi-circulaire : obtenir le degré de bachelier. 思樂泮水言采其芹. «Oh! le plaisir à la pièce d'eau *P'an*, où nous cueillons le cresson.» (詩魯頌). La résidence réservée à l'Empereur et appelée 辟雍 (al. 廱) était entourée d'un fossé de forme parfaitement ronde, tandis que celui qui baignait le palais des princes était en demi-cercle. Cet édifice servit à l'enseignement des arts libéraux. Variantes : 泮水, 泮宮, 遊泮, 遊泮沼.

河 †潤. Le fleuve et la mer arrosent mille *li* de pays : formule de gratitude. 河海潤于千里. (公羊傳僖). 河潤九里澤及三族. (莊子). 三族, père, fils et petit-fils.

†潤百里海潤千里. Les bienfaiteurs ordinaires ressemblent à une rivière qui n'arrose que cent *li*; mais ceux qui accordent de grandes faveurs sont symbolisés par la mer, dont les eaux en baignent mille.

三†領袖. Le col et la manche (le guide) des Trois *Ho* 河南, 河東 et 河內. L'Empereur 魏世祖 après avoir entendu discourir 裴駿龍 (al. 神) 駒 *P'ei Tsiun Long-kiu* sur les affaires, en fit l'éloge devant *Ts'oei Hao* 崔浩; mais celui-ci renchérit encore sur son souverain, en décernant à *Tsiun* le qualificatif de l'allusion. (魏書裴駿傳).

†清海晏, 寰宇昇平. Fleuve (Jaune) limpide et mer calme : paix universelle (1) dont ces phénomènes sont l'indice; ils annoncent aussi la naissance d'un sage (2).

黃†淸, 包拯寡色笑. *Pao Tcheng Hi-jen* 包拯希仁 se déridait si rarement que son sourire rappelait la limpidité du Fleuve Jaune, dont les eaux ne deviennent pures que tous les mille ans. (宋史包拯傳). Le Ministre *Pao* 包龍圖 est resté dans l'imagination populaire le type de la sévérité, ne connaissant d'autre règle que les ordres de l'Empereur. On l'appelait 包待制, et sa conduite inflexible avait de son temps donné lieu au proverbe : «Les cadeaux aux mandarins pour les corrompre ne réussissent pas, car nous avons le Ministre *Pao*, un vrai Pluton.» 關節不到, 有閻羅包老.

†陽一縣花. La sous-préfecture de *Ho-yang* était toute fleurie : éloge d'un mandarin. *P'an Yo Ngan-jen* 潘岳安仁, des *Tsin*, avait fait planter tant de pêchers dans le pays de sa juridiction que le nom de 花縣 lui en resta.

†馬負圖. Sous le règne de 伏羲 un dragon-cheval 龍馬 sortit du Fleuve Jaune, portant sur son dos le tableau du Grand Extrême 太極圖, où l'on voyait indiqués les 55 points, dont les combinaisons représentaient l'action des principes mâle et femelle.

---

(1) Un excellent gouvernement a pour effet de calmer les vagues des fleuves et de la mer 河海夷晏. (陸倕, 漏刻銘).

(2) Tous les dix siècles il surgit un saint, et son apparition a pour signes avant-coureurs la combustion de 丹邱 et la pureté du 黃河. (初學記).

Le monarque en conçut l'idée des huit trigrammes. (書 顧 命, 孔 安 國 傳). Variantes : 河 圖. 龍 圖.

泉 廉†讓 水. La fontaine de la modération et l'eau de la déférence. *Fan Pé-nien* 范柏年 se vantait devant l'Empereur 宋明帝 d'habiter le pays de *Liang-tcheou* où tout était parfait, car l'on n'y trouvait que «torrent de l'esprit littéraire, et village de l'esprit militaire, source réfrénant les désirs, et onde procurant l'obséquiosité.» 梁 州 惟 有 文 川 武 鄉, 廉 泉 讓 水...... 居 廉 讓 之 間. Quant à la fontaine de la cupidité 貪 泉, il ne fallait pas l'y chercher. (南 史).

法 †喜 爲 妻 智 度 爲 母. La joie de la règle bouddhique est l'épouse de Bouddha et du bonze, la prudence leur mère. Mot de 維 摩 *Wei-mo* patriarche de la secte.

波 †羅 = 彼 岸. *Po-louo* signifie *l'autre rivage* ou la *claire vision* 覺 悟 et le *nirvana* 涅 盤, terme des aspirations du bouddhiste. L'expression complète est 波 羅 蜜 多 *paramita* avec son équivalent chinois '到 (岂) 彼 岸 *atteindre le rivage* de la transformation complète. (世 説, 劉 標 注) Cette vie mortelle 生 死 se dit 此 岸 par opposition à l'autre. On rend encore *paramita* par moyen de salut. Cf. p. 194.

泥 丸†封 函 關 = 憑 險 自 持. Boucher le passage de la vallée *Han* avec une boulette de terre : dans le danger avoir confiance en soi. *Wang Yuen* 王 元 disait à 隗 囂 *Wei Hiao*, compétiteur de 光 武 帝 : «Laissez-moi avec une seule boulette de terre fermer la barrière de *Han*, car voici le bon moment entre tous de conquérir l'empire.» 元 請 以 一 丸 泥 爲 大 王 東 封 函 谷 關, 此 萬 世 一 時 也. (後 漢 書 隗 囂 傳).

泰 † 階 星 平. Les étoiles de la constellation *T'ai-kiai* sont sur le même plan; indice d'une grande paix. 願 陳 泰 階 六 符 以 觀 天 變. «Désirer disposer les six étoiles de bon présage des *T'ai-kiai* afin que paraisse le céleste changement.» (漢 書 東 方 朔 傳). La constellation *Degrés du point extrême* est identifiée avec la constellation 三 台 (Cf. p. 38), dont chaque 階 degré est formé de deux étoiles. Images de l'Empereur, des mandarins et du peuple, les *T'ai-kiai* bien ordonnés (ce qui arrive quand le *Yn* et le *Yang* s'accordent parfaitement) ne peuvent que désigner la paix.

†水 泰 山 = 岳 母 岳 父. Rivière et montagne de *T'ai* : belle-mère et beau-père. Cf. p. 105.

洪 † 都. *Hong-tou,* le *Kiang-si,* appelé encore 九江 sous les *Ts'in,* 豫章 sous les *Han,* et 吳皐 sous les cinq dynasties.

† (al. 鴻) 荒之世野處穴居. A l'époque du désordre universel, ou dans les temps préhistoriques de l'état sauvage, les hommes vivaient dans les déserts et habitaient dans des cavernes. (易繫辭).

洛 怒 † 神賦. S'irriter contre la description de la nymphe de la rivière *Lo.* Un jour que sous les *Tsin, Lieou Pé-yu* 劉伯玉 admirait devant son épouse, née *Toan* 段氏, la beauté de la nymphe mise en scène dans cette composition de 曹植 *Ts'ao Tche,* celle-ci en conçut tellement de dépit qu'elle courut se noyer. L'endroit témoin de sa mort s'appela dans la suite le *Gué de la femme jalouse* 妬婦津.

† 陽紙貴=競尙佳章. Le papier renchérit à *Lo-yang :* estimer, louer à l'envi un beau morceau de littérature. *Tso Se T'ai-tch'ong* 左思太沖 mit dix ans à composer sa description intitulée 三都賦, et alla même jusqu'à accepter la place de 秘書郎 (auj. 校理) Secrétaire du conseil d'État 內閣, dans l'unique but d'acquérir les connaissances qu'exigeait la perfection de son travail. Cependant à son apparition, le chef-d'œuvre ne reçut pas du public lettré l'accueil enthousiaste qu'en attendait l'auteur. Mais l'opinion lui fut gagnée quand on vit des hommes tels que 皇甫謐 *Hong-fou Mi* y ajouter une préface, 張載 *Tchang Tsai* enrichir de notes explicatives la partie 魏都, et 劉逵 *Lieou Koei* les parties 吳蜀, et enfin 衛瓘 *Wei Kiuen* en rédiger une brève interprétation. L'engouement fut tel surtout, quand on entendit l'éloge qu'en faisait 張華 *Tchang Hoa,* que de tous côtés on se mit à le copier de façon à occasionner une hausse dans le prix du papier à la Capitale. (晉書文苑傳).

京 † 化緇衣, 騷人琢句. A *Lo-yang* la Capitale les habits deviennent gris, tant le vent y soulève de poussière, dit la phrase si bien polie du poète *(sao-jen).* 京洛多風塵, 布衣化爲緇. (晉, 陸機詩).

† 龜呈瑞. La tortue de la rivière *Lo* présenta de bons présages. Cet animal merveilleux 神龜 fut envoyé par le ciel au Grand *Yu,* quand il eut réglé le cours des eaux, et sur sa carapace étaient distribués dans un certain ordre des points, dont l'arrangement symbolique instruisit ce monarque des neuf *espèces* ou divisions de la *grande Règle* 洪範九疇. (書洪範, 孔安國傳). 洛書, les figures de la rivière *Lo.*

洲 十†眞修所居. Les dix continents habités par les immortels. parvenus à ce degré par la *vraie perfection*. Ce sont : 環洲, 玄洲, 長洲, 元洲, 流洲, 炎洲, 生洲, 祖洲, 鳳麟洲, et 聚窟洲.

洗 †三. Le troisième jour 三朝 après la naissance, lorsqu'on lave l'enfant.» Variante : 洗兒.

浣 三†. Les trois décades 三旬 de la lune : 上浣 ou 上旬, 中浣 ou 中旬, et 下浣 ou 下旬. Sous les *T'ang* les mandarins de la Cour recevaient tous les dix jours une certaine somme destinée à faire face aux dépenses du bain, qu'ils devaient prendre en cette cironstance. 九日驅馳一日閒 «Un jour de repos après neuf jours de presse. Variante : 三澣, 上中下澣 (*hoan*). (韋應物詩).

†花溪上草堂, 杜公樂地. La maison en paille sur le bord du torrent *Hoan-hoa*, à 成郡, était une des deux charmantes résidences du poète 杜少陵 (*Tou Fou* 甫). L'autre s'élevait près de 萬里橋. La famille *Tou* habita *Chao-ling* près de 長安縣.

涇 辨†渭之清濁. Distinguer l'eau trouble de la rivière *King* des ondes limpides de la rivière *Wei*, 清渭濁涇 : savoir discerner les choses. 涇以渭濁, 湜湜其沚. «Le *King* qui reçoit le *Wei* en paraît plus trouble; mais combien pur (*tche*) est ce dernier autour de l'ilot.» (詩邶風). 不分涇渭, manquer de jugement.

海 滄†桑田＝世代更變. Tantôt mer immense, tantôt champs de mûriers : les changements qui accompagnent les générations; les vicissitudes de ce monde. Le génie taoiste *Wang Fang-p'ing* 王方平, descendu chez son disciple 蔡經 *Ts'ai King*, envoya quérir la fée 麻姑 *Ma-kou* (Cf. 撒(米)成珠) qui apparut dans la fraîcheur de la jeunesse. «Pourtant, dit-elle à son frère *Wang* qui s'en étonnait, depuis que je suis à ton service, j'ai vu déjà trois fois la mer orientale transformée en plantations de mûriers.» 接待以來已見東海三爲桑田. (神仙傳). Une autre légende raconte qu'un vieillard habitant sur la rive, avait eu soin de déposer chez lui un bambou, chaque fois qu'intervenait un bouleversement analogue. Or, le cas était arrivé si souvent, que sa maison était pleine de ces éclisses 籌已滿屋. Variante : 滄桑之變.

銀†. Les yeux. 凍合玉樓寒起粟, 光搖銀海眩生花. «Le froid fait contracter les épaules. et gelées elles ont des frissons, m. à m. la peau s'y soulève comme en grains de millet; l'éclat de la neige impressionne la vue, et éblouie elle voit trouble.»

(蘇軾雪詩). *Yu-leou* et *yu-hai*, expressions taoïstes. 肩聳玉樓目澄銀海. «Les épaules se dressent *(song)* comme un ge de jade, et les yeux sont limpides *(tch'eng)* comme une mer d'argent.»

†涵 = 包容. Semblable à la mer qui embrasse tout dans son sein : patronner, protéger. (漢書敍傳). — 海若. Esprit de la mer. — 愛欲海. La luxure.

†不揚波. La mer ne soulève pas de vagues : indice que la Chine possède un saint. Les ambassadeurs de l'Annam 越裳氏重九譯, m. à m. que l'on comprenait *moyennant neuf inte-prètes,* venus à la Cour des *Tcheou*, disaient à 周公, qu'ils avaient entrepris leur long voyage pour avoir le bonheur de contempler le saint roi de la Chine, dont l'existence leur avait été signalée par le calme des flots et des vents, qui durait depuis trois ans. 天不迅風海不波溢. (韓詩外傳).

以蠡測†. Vouloir mesurer la mer avec une coquille d'huître *(louo)* : esprit borné. 蠡 se traduit encore par *gourde* et se prononce alors *li*. On dit dans le même sens : 以筦闚天.........以筳撞鐘. «Considérer le ciel par un tube,.........et frapper une cloche avec un léger morceau de bambou.» (漢書東方朔傳).

流 中†砥柱. Inébranlable comme le *Ti-tchou* au milieu du courant. *Ti-tchou,* écrit aussi 底柱, est un rocher situé dans le Fleuve Jaune. (書禹貢, 孔安國傳).

細†益滄海之深. Le petit ruisseau augmente la profondeur de la mer immense. et le mont *T'ai* doit sa hauteur à ce qu'il ne refuse pas de terre 泰山不讓土壤故能成其大. Par ces métaphores le Ministre *Li Se* 李斯 dissuadait l'Empereur 始皇帝 d'expulser les étrangers, dont les services pouvaient être de quelque utilité à leur patrie d'adoption. (諫逐客書).

混 †沌初開乾坤始奠. Dès que se dissipa le chaos, le ciel et la terre commencèrent à se fixer. La matière primitive, sortie enfin de son long repos, se divisa, et ses molécules plus subtiles s'élevèrent pour former le firmament, tandis que les plus grossières se condensèrent pour constituer le sol. Avant cette période d'évolution la monade initiale ressemblait à un œuf, dans lequel naquit *P'an-kou* 盤古 (al. 固), le premier être vivant. D'après le philosophe *Lié-tse,* l'homme serait le résultat d'un heureuse combinaison de ces atomes aériformes. Cf. 列子天瑞篇. L'origine du légendaire *P'an-kou* l'a fait désigner par le nom de 混沌氏 *Hoen-toen-che*.

淚 墮†碑. La pierre tombale qui fait verser des larmes. *Yang Hou* 羊祜, des *Tsin*, avait laissé un si bon souvenir dans le peuple, par sa bénigne administration, que l'on pleurait à la seule vue de son tombeau situé sur le mont 峴, à 襄陽.

太眞†紅如血. Lorsque la concubine 貴妃楊氏 *Yang T'ai-tchen*, quitta la maison paternelle pour entrer au sérail, les larmes abondantes qu'elle répandit avaient la couleur du sang, et se congelaient au fur et à mesure qu'elles coulaient,

†垂玉筯. Les larmes tombent semblables à de précieux bâtonnets. *Iu-tchou*, larmes.

淸 †白傳家. Laisser à sa famille un nom sans tache. On conseillait à *Yang Tchen* 楊震 de songer à la fortune de ses enfants; mais il répondit que le meilleur héritage qu'il pouvait leur léguer était sa réputation de mandarin intègre 淸白吏.

一†一寧 Allusion au souverain. L'Empereur 晉武帝 consultant les sorts sur son règne, en reçut pour toute réponse *un*. *Wang Jong Siun-tchong* 王戎濬仲, à qui il confiait la perplexité où le jetait l'interprétation de ce chiffre, le rassura en lui montrant le bon présage qu'il renfermait; car, disait-il, grâce à *un* (ou à l'harmonie entre les éléments) le ciel est pur et la terre calme 天得一以淸, 地得一以寧. *Siun-tchong*, qui devait devenir Ministre, avec le titre nobiliaire de 安豐侯, s'attira l'éloge de traiter de choses nécessaires en peu de mots 簡要.

†濁激揚. Élever l'onde limpide (les vertueux) et repousser l'eau sale (les vicieux) 揚淸波激濁流. (抱朴子). *Wang Koei* 王珪 disait à 唐太宗 : « Pour ce qui est de mettre en avant les bons et d'écarter les mauvais, je l'emporte un peu sur les divers personnages dont je viens de parler. » 至於激濁揚淸,臣於數子亦有微長. (唐史).

†明. Le 106e jour après le solstice d'hiver 冬至. — 淸修. Se perfectionner dans la pureté.

淑 †慝殊途. Bien différente est la voie des bons et des méchants. (書畢命).

淮 †南爲腐. *Lieou Ngan* 劉安, petit-fils de *Han Kao-tsou* et Roi de *Hoai-nan*, fut le premier à réduire le soya en pâte laiteuse 乳脂 pour fabriquer le 豆腐. (本草集解). L'alchimiste 淮南王安 ou 淮南子 mourut en 122 av. J.-C.

†陽一老不就聘. Seul le vieillard de *Hoai-yang*, nommé *Yng Yao* 應曜, ne se rendit pas aux invitations de la Cour, tandis que quatre autres solitaires du mont *Chang*, également avancés en âge, auxquels on proposait des charges dans la même occasion, s'empressèrent de les accepter. Cette diversité de conduite donna lieu au dicton : 商山四皓不如淮陽一老. (廣事類賦).

臥治†陽. «Tu administreras, même en dormant, la préfecture de *Hoai-yang*,» disait 漢武帝 à 汲黯 *Ki Yen* qui faisait difficulté d'accepter ce poste. (史記汲黯傳).

涿 †鹿野中,雲彩分華蓋. Dans les plaines de *Tchouo-lou*, un beau nuage s'étendit comme un baldaquin fleuri au-dessus de 黃帝, tant que dura le combat engagé contre le rebelle 蚩尤 *Tche-yeou*.

涎 見食垂†=有欲炙之色. A la vue d'un mets laisser couler sa salive *(yen, sien* ou *ts'ien)*: paraître désirer le rôti. *Kou Yong* 顧榮, des *Tsin*, dans un repas à *Lo-yang*, remarqua un servant qui jetait des yeux d'envie sur la viande destinée aux convives. *Kou* lui en donna aussitôt un morceau, et plus tard cet homme lui témoigna sa reconnaissance, en l'arrachant au danger en plusieurs occasions. (世說新語). 垂涎 et 欲炙 ardent désir en général.

涵 †養純粹. Tout nourri (de la vraie sagesse), être simple et pur *(choen-soei)* comme l'or fin, doux et moelleux comme le bon jade. Éloge de 程明道 *Tch'eng Ming-tao*. 充養有道,純粹如精金,溫潤如良玉.

淄 †澠之滋可辨. Avoir un palais délicat, comme *I Ya* 易牙 qui, au témoignage de Confucius, aurait pu distinguer au goût l'eau de la rivière *Tche* de celle de la rivière *Cheng*. (呂氏春秋).

溫 不存†飽之志. «Je ne borne pas mon ambition à avoir de quoi me vêtir chaudement et me rassasier,» répondit 王曾 *Wang Ts'eng* à l'Académicien 劉子儀 *Lieou Tse-i*, qui, pour le féliciter de son succès aux examens, lui avait dit que désormais il ne manquerait de rien. (宋史王曾傳).

†岐. *Wen K'i Fei-k'ing* 飛卿, de l'ouest de la *Hoai* 淮, est resté le type classique du lettré malheureux aux examens. Ce contemporain des *Song* s'appelle encore *Wen T'ing-yun* 庭筠.

友愛宜法†公. On doit imiter l'affection fraternelle du Duc de *Wen* ou *Se-ma Koang,* qui traitait son frère 伯康 *Pé-k'ang* presque octogénaire, avec le respect dû à un père et la tendresse due à un enfant. Il prévenait jusqu'à ses moindres besoins. (朱子, 小學).

湖 獻泛†之圖. Offrir un tableau représentant le vieillard voguant sur les lacs : inviter à déposer sa charge. Au jour anniversaire de sa naissance, tous présentaient à 陳恭公 *Tch'en Kong-kong,* l'image de l'étoile de la longévité 老人星圖 figurée sous les traits d'un vieillard. Seul, son neveu *Che-tchen* 世珍 lui fit cadeau d'un dessin, où l'on voyait le vieux 范蠡 *Fan Li* c.-à-d. 陶朱公 *T'ao Tchou-kong* sur sa barque. C'était une invitation muette à *Tch'en* de rentrer dans la vie privée, et il s'y rendit aussitôt en quittant son poste de 亳州. On sait que *Fan Li,* pris du désir de la retraite, s'enfuit de la Cour, après la conquête du royaume de *Ou* et l'élévation (496 av. J.-C.) de 句踐, Prince de 越, son pays, à la dignité d'Archonte.

†海之士. Homme au cœur magnanime, comme *Tch'en Yuen-long* 陳元龍, des *Han.* (魏志).

湯 揚†止沸, 不如去火抽薪. Au lieu de remuer la soupe pour l'empêcher de bouillir, il vaut mieux arrêter le feu en enlevant le combustible. (呂氏春秋)

游 †夏不能贊一辭. *Tse-yeou* et *Tse-hia,* dont la spécialité à l'école de Confucius était le savoir littéraire, ne trouveraient même pas un mot à ajouter à votre composition. Compliment à un lettré.

渭 †陽之情. Les sentiments affectueux du nord de la rivière *Wei* : égards pour un oncle maternel. Le Prince héritier de *Ts'in* 秦, plus tard 秦康公, accompagna son oncle 重耳, fils du Roi de *Tsin* 晉, jusqu'au nord de la rivière *Wei.* (詩秦風).

†水赤. Les eaux de la rivière *Wei* devinrent rouges; phénomène par lequel le ciel condamnait la cruauté de 衛鞅 *Wei-yang* à l'égard des prisonniers. (史記商君傳).

†川躍鯉. La carpe sautait dans la rivière *Wei.* Allusion à la pêche à laquelle se livrait 子牙 *Tse-ya (Kiang T'ai-kong)* lors de sa rencontre avec le Roi *Wen-wang.* *Tse-ya* fut le Ministre excellent annoncé au vertueux monarque par un ours volant, qu'il avait vu dans ses rêves 夢飛熊, présage, au reste, que 散

宜生 *San I-cheng* lui avait interprété dans ce sens. Variante : 渭濱垂釣. pêcher à la ligne sur le bord du *Wei*. Comme *Tse-ya* avait déjà 80 ans au moment où *Wen-wang* le découvrit, on désigne cet âge en littérature par la phrase 渭濱垂釣之年.

滇 十池. *Tien-tche*, le *Yun-nan* appelé encore 古滇 ou 滇國. Cette région placée au sud du 梁州 auquel le 禹貢 fait mention, était le 益州 des *Han*, le 南詔 des *T'ang*, et le 大理 des *Song*. Son nom de 雲南 lui vient d'un beau nuage que 漢武帝 aurait observé flottant au midi, du côté de ce pays.

滅 十裂. Fait sans soin. *Tse-han* disait : «Gardez-vous de négligence dans le gouvernement, autrement il vous arriverait ce qui m'advint jadis quand je labourais : j'avais biné d'une façon défectueuse, aussi la récolte laissa-t-elle à désirer.» 子罕曰昔予耕而滅裂之其實亦滅裂. (左傳).

不十不生. Ni s'éteindre, ni naître : l'indifférence absolue du bouddhiste. Si le cœur n'est nullement touché par les choses de ce monde, il n'y a pas de convoitise à réprimer en lui. (傳燈錄).

滑 十稽. *Kouo-ki*, vase dont le vin s'écoule sans cesse : beau parleur. *Tong-fang Sou* 東方朔, des *Han*, et *Choen-yu K'oen* 淳于髡, des *Tcheou*, ce dernier contemporain de 齊威王 (378-332), sont toujours cités comme types de l'homme qui n'est jamais à bout d'arguments.

漢 渴睡十. Celui qui a grande envie de dormir. *Hou Tsiu* 胡且 professait du mépris pour *Liu Mong-tcheng Wen-mou* 吕蒙正文穆 à la suite de son échec aux examens. Cependant comme preuve du grand talent du candidat malheureux, on lui cita ce vers composé par *Liu* : «J'ai fait avancer jusqu'au bout la mèche de ma lampe maintenant froide (éteinte); mais le sommeil ne me vient pas.» 挑盡寒燈夢不成. «Inspiration de dormeur!» repartit *Hou*. *Liu* plus heureux dans une session suivante se hâta d'annoncer son triomphe à son détracteur en ces termes : 渴睡漢狀元及第. (歐陽修, 六一詩).

漏 奉十沃焦. Secourir celui qui se trouve dans une nécessité extrême. «Prendre une cruche (*wong*) qui coule pour arroser la marmite surchauffée.» 奉漏甕沃焦釜. (史記).

溪 十壑. *K'i-ho*, lit de torrent : insatiable. La mère de 叔魚 le voyant si difforme à sa naissance, prononça ces mots : «Le torrent peut encore se remplir, mais cet enfant ne sera jamais satisfait.» 谿壑可盈是不可饜也. (國語晉語).

潭 †府=仕宦之家. Palais profond *(t'an)* : demeure d'une famille mandarinale. 潭潭府中居. (韓愈).

潘 †楊之好. La bonne alliance des *P'an* et des *Yang* : familles unies par le mariage. L'expression vient de l'élégie que composa *P'an Yo* 潘岳, des *Tsin*, à l'occasion de la mort de *Yang King* 楊經, dont il avait épousé la tante. L'auteur y disait : 藉三葉世親之恩而子之姑予之伉儷也. «Je jouissais de la faveur d'être ton parent par alliance au troisième degré, etc.»

澤 麗†以相滋. Les lacs grossissent leurs eaux en les unissant *(li)* : amis de même sentiment. (易經). —— 豐澤 Pluie fertilisante. (文選).

瀑 †布嶺頭懸. «La cascade *(pao-pou)* ou le torrent pend au sommet de la montagne, et l'on dirait la voie lactée descendant du neuvième ciel.» 疑是銀河落九天. (李白).

瀘 孤軍渡†. Lors de son expédition contre 孟獲 *Mong Houo* (Cf. 七擒 p. 140) l'armée solitaire de *Tchou-ko Liang* passa la rivière *Lou*, et comme cette opération s'effectua à la 5e Lune, elle sert à désigner cette époque de l'année. (蜀志諸葛亮傳).

灘 七里†. Les bas-fonds *(t'an)* ou la rive de sept *li*, au *Tché-kiang*, où *Yen Koang Tse-ling* 嚴光子陵, ami de 漢光武帝 (25-58), se livrait au plaisir de la pêche, après sa retraite des affaires. L'endroit s'appela aussi 嚴陵瀨.

灞 †橋. Le pont de *Pa*, situé à l'est de *Tch'ang-ngan*. Sous les *Han*, l'ami partant pour un voyage était conduit jusque-là. *Pa* s'écrit encore 霸. Cf. p. 172.

潦 †草塞責. Grossièrement et négligemment : composition faite sans soin. *Liao*, cours d'eau dont on ignore la source et, par métaphore, dissertation superficielle. *Ché-tché*, remplir vaille que vaille son office. *Pien Tchoang-tse* 卞莊子, par piété filiale pour sa mère, avait trois fois lâché pied sur le champ de bataille. Mais à la mort de celle-ci, comme il n'avait plus de raison de s'épargner, il prit part à la première expédition qui eut lieu, et y déploya son grand courage naturel. Dans un combat, il coupa la tête à trois ennemis et les offrit à son Général comme pour réparer quelque peu sa triple désertion 以三甲首塞三北. Puis, sourd à toutes les instances qu'on lui faisait de se ménager. il s'élança dans la mêlée où il périt; mais non avant d'avoir tué encore 70 ennemis. Ce n'était là, disait-il, que remplir à peine son devoir 塞責.(韓詩外傳).

CLASSIF. 86. 火.

火 **解衣抱** †. Les habits entr'ouverts embrasser du feu: être soi-même le cause de son malheur. *Ts'oei Hao* 崔浩, Ministre des *Wei,* disait à son Prince : «Au *Koan-tchong* Chinois et Barbares vivent mêlés les uns aux autres, et les mœurs y sont rudes, si donc *Lieou Yu* introduit la civilisation avancée des pays de *King* et de *Yang* dans les contrées de *Han Ts'in,* ne sera-ce pas agir comme celui qui attirerait des flammes sur sa poitrine nue, ou lancerait le filet pour saisir un tigre.» 關中華戎雜錯,風俗勁悍,劉裕欲以荆揚之化施之函秦,此無異解衣包火.張羅(1)捕虎.(朱子綱目).

† 樹銀花合. Sur l'arbre de feu s'unissent les fleurs d'argent : la fête des lanternes. (蘇味道,元夕詩). L'Empereur 唐睿宗 fit dresser pour les illuminations de cette époque de l'année, un mat de 25 pieds de haut auquel on suspendit 50.000 lanternes.

明如觀 †. Voir parfaitement le vrai côté des hommes et des choses. 不惕予一人予若觀火. «Sans aucune crainte de moi, votre Empereur, vous cherchez à me tromper; mais je vois tout aussi clair que flamme.» (書盤庚).

流 †. La 7ᵉ Lune. 七月流火九月授衣. «A la 7ᵉ lune la constellation du feu ou Antarès du Scorpion commence à décliner, et à la 9ᵉ Lune on distribue des habits contre le froid.» (詩豳風).

吐 † 祛寒. *Ko* l'immortel 葛仙 ou 葛仙翁, appelé encore *Ko Yuen Hiao-sien* 葛元孝先, chassait *(k'iu)* le froid en lançant du feu par la bouche. C'est ainsi qu'il réchauffa tous ses hôtes, en hiver. (神仙傳).

---

(1) 張羅 s'emploie souvent dans le sens allégorique de patronner, aider quelqu'un à obtenir une faveur. Par ces mots on semble prier celui à l'intervention de qui l'on s'adresse de *jeter ses filets* pour attirer une place ou de l'argent sur soi. 張羅面孔, sauver la *face* à quelqu'un. On trouve l'expression dans les 史記, à propos de 翟公. Tant que ce personnage fut en faveur, sa maison ne désemplit pas de visiteurs; mais quand il fut tombé dans la disgrâce, il n'y eut plus que les moineaux à connaître sa résidence, et leur nombre y était si grand qu'on pouvait les chasser au filet 門外可設雀羅.

† 浣服. Habits en *houo-hoan*. L'Empereur 晉惠帝 en ayant reçu une fois des pays étrangers, se fit faire une robe de cette étoffe *se purifiant au feu* qu'il supposait très rare, mais *Che Tch'ong* 石崇 habilla aussitôt ses nombreux esclaves comme le monarque, à la grande confusion de ce dernier.

灰 撒冷 †. Le poète *Li I* 李益, des *T'ang*, répandait de la cendre éteinte aux différentes issues des appartements de ses femmes. Sa nature soupçonneuse à l'excès lui valut l'épithète de 妒痴. (舊唐書李益傳).

炎 † 帝. *Yen-ti* ou *Chen-nong* 神農 donna de l'essor au commerce (achat par échange) et inventa le manche et et le soc de la charrue 興貿易制耒耜. Il possédait la vertu de l'élément *feu*, d'où son qualificatif *Yen*. (易繫辭). —— 炎漢. La dynastie *Han* et son fondateur *Lieou Pang* 炎劉 portent aussi le qualificatif *d'embrasé* pour le même raison. —— 炎涼. Le monde 世態 est changeant, tantôt bon et tantôt mauvais. (宋書).

烏 † 號 繁 (al. 蕃) 弱. *Ou-hao* et *Fan-jo*, appellations des arcs. Le *maclura* 柘 *(tché)* et le mûrier dont on fabrique ces armes font, dit-on, *croasser les corbeaux*; car leurs branches flexibles se redressent brusquement dès que ces oiseaux les quittent, et les fouettent de manière à leur arracher des cris. (說苑). Une circonstance de la mort de *Hoang-ti* est encore donnée pour origine à ce mot. L'Empereur après avoir extrait du cuivre du mont 首山, et fondu au pied du mont 荊山 des brûle-parfums, emblèmes du pouvoir, partit dans les airs cramponné à la barbe d'un dragon 攀龍之胡 ou à cheval sur le monstre. Cependant il se débarrassa de sa robe, et la laissa tomber à terre avec son arc, que le peuple témoin de la scène ramassa en poussant des cris de détresse 烏號. (史記封禪書 et 子華子). 分魯公以大路大旂夏后氏之璜封父之繁弱. «Le Duc de *Lou* reçut en partage un grand char, un grand étendard orné de dragons, la pierre *Hoang* des Empereurs de la dynastie *Hia*, et l'arc *Fan-jo* de *Fong-fou*, Régulo de l'antiquité.» (左傳定).

† 啼夜半. Le croassement des corbeaux au milieu de la nuit présagea la grâce prochaine de 王義慶 *Wang I-k'ing*, cassé de sa charge pour avoir montré trop de sympathie pour 王義康 *Wang I-k'ang* qui s'était attiré la haine de l'Empereur. En souvenir de ce prodige *I-k'ing* composa le chant 烏夜啼曲. (舊唐書樂志).

† 曹作博. *Ou-ts'ao*, Ministre du tyran 夏桀, est l'inventeur du jeu *Pouo*, dont les six pièces, noires d'un côté et blanches de l'autre, se jetaient comme des dés. Les joueurs s'appellent *Ou-*

ts'ao par allusion à ce personnage.

烟 凌†閣. Le pavillon qui surplombe les nuages : la Galerie des Ministres fidèles construite par 唐太宗 et où il plaça les portraits de vingt-quatre personnages célèbres. (唐太宗紀).

烈 九†君. Le Prince aux neuf mérites : génie du saule. Ainsi s'appela l'être mystérieux qui, après un premier échec aux examens, promit le succès à 李固言 *Li Kou-yen,* futur Ministre de 唐玄宗, à la condition qu'il vint lui offrir en reconnaissance un gâteau de jujubes. (雲仙散錄). Cf. p. 170.

無 三†. La triple impartialité qui doit être le caractère du gouvernement impérial. «Que le monarque ressemble au ciel recouvrant tous les hommes indistinctement, à la terre les portant également tous, et au soleil et à la lune dont la lumière n'a point de privauté.» 天無私覆, 地無私載. 日月無私照, 奉斯三者以勞天下此之謂三無私. (禮孔子閒居).

熊 †虎將. Général vaillant comme l'ours et le tigre. (吳志周瑜傳).

†羆之士. Officiers braves comme l'ours. (書牧誓).

†非清渭. N'être pas présagé par l'ours de la limpide rivière *Wei,* et cependant ne se voir élevé que fort tard aux dignités. *Tchao P'ing-chou* 趙平叔, demeuré longtemps dans une position inférieure à 連 (al. 漣, 褳) 水, sortit enfin de son obscurité; mais, quand il avait déjà presque atteint l'âge avancé où, 姜太公 répondit à l'appel de 文王. A ce propos on composa ces vers : «*Tch'ao* n'était pas *Kiang T'ai-kong*, annoncé à *Wen-wang* par un ours vu en rêve, comment donc n'a-t-il rencontré la fortune que si tard? Semblable à *Tchou-ko Liang,* le dragon dormant de *Nan-yang,* il est parti et ne revient plus.» 熊非清渭逢何暮, 龍臥南陽去不還. En souvenir de sa promotion tardive, sa grande salle fut nommée 豹隱堂, par allusion au léopard qui, voilé par un brouillard épais, apparait enfin quand celui-ci s'est dissipé. (中山詩話). Cf. p. 212 渭, et 198 武.

夢†夢羆. Rêver d'un ours est l'heureux présage de la naissance d'un garçon, car cet animal se rattache au principe mâle. 吉夢維何, 維熊維羆. (詩小雅).

燈 河†呵護. Les feux du lac prirent la défense de 尤袤 *Yeou Meou,* de 無錫. Ce personnage, contemporain des *Song,* venait de perdre son père 時亨 *Che-heng,* très lié pen-

28

dant sa vie avec un bonze du *Fou-kien,* qui lui avait indiqué un sol excellent pour sa tombe. Or, pendant que le fils veillait dans la cabane funèbre, il aperçut des lueurs rouges sur le lac voisin, et entendit des voix, qui lui criaient d'enlever de ce lieu sacré la dépouille paternelle. Mais un esprit plaida la cause de *Meou,* en disant que sa piété filiale et les vertus du défunt méritaient cette place de choix pour une sépulture. Aussitôt les feux s'éteignirent et le silence se fit. (廣事類賦).

古冢漆†. La lampe pleine d'huile du sépulcre antique. *Chen Pin Tse-wen* 沈彬子文, des *T'ang,* adonné à la magie, avait exprimé le désir d'être enterré au pied d'un grand arbre proche de sa demeure. A sa mort donc, comme on lui creusait une fosse à l'endroit indiqué, on y découvrit une vieille tombe avec une lampe portant sa coupe d'huile 漆一盞. Une inscription mystérieuse disait à quelle fin elle avait été déposée là : «Cette lampe toute prête n'a pas encore été allumée, car on la réservait pour l'inhumation de *Chen Pin.*» 漆燈猶未爇, 留待沈彬來. (江南野史).

梵堂長明†. La lampe de la clarté constante qui, dans un temple bouddhique de 江寧縣, brûla sans entretien depuis les *Tsin* jusqu'aux *T'ang.* La légende suivante la fait désigner encore par le qualificatif 長明公. *Yang Tchen* 楊稹 rencontra un soir dans la bonzerie 石鑿寺 (al. 照應寺), une belle femme tout habillée de rouge 紅裳女子, qui lui dit descendre de 燧人氏, l'inventeur du feu, et avoir reçu de l'Empereur les titres de 長明公 et de 西明夫人. *Yang* la prit pour concubine; mais sa nourrice avertie de la présence de cette personne étrange, qui venue le soir disparaissait le matin, la poursuivit une nuit jusque dans son alcôve. Là elle ne trouva qu'une lampe, qu'elle se hâta d'éteindre, et depuis lors l'esprit ne reparut plus. (太平廣記).

青凝†. Veilleuses placées devant le lit de 寧王, et que des statues portaient dans la main. Le palais de 申王 possédait une statue en bois de sandal portant également un flambeau et appelée 燭奴. L'expression s'emploie maintenant pour les chandeliers.

煬†帝弑父篡位. *Yang-ti* (605-617), des *Soei,* commit un parricide pour usurper le trône. Cet Empereur, connu d'abord sous le nom de *Yang Koang* 楊廣, et créé Prince de *Tsin* 晋王 par son père 隋文帝, ambitionnait la couronne échue de droit à son frère *Yong* 勇. Par ses calomnies il sut gagner à sa cause sa mère, l'Impératrice *Tou-kou* 獨孤后, et réussit ainsi à circonvenir *Wen-ti,* qui le proclama 東宮 Prince héritier. Mais, comme le pouvoir se faisait trop attendre, il confia à

Tchang Heng 張衡 la mission de hâter la fin de son père déjà gravement malade. Son premier acte en s'emparant du sceptre fut d'envoyer à Yong l'ordre de se tuer; puis commença le règne que des orgies inouïes et de fastueuses dépenses ont fait un des lieux communs de la littérature. Le Sardanapale chinois périt enfin de la main de 宇文化及 *Yu-wen Hoa-ki,* qu'avait révolté la conduite indigne de son souverain, abruti par le vin et les femmes.

燕 †頷虎頭. Menton d'hirondelle et tête de tigre furent les traits que le physiognomoniste trouva à *Pan Tch'ao* 班超. et qui lui permirent de prédire la gloire réservée à ce héros (32-102 apr. J.-C.). Les exploits de *Pan* lui valurent en effet le titre de 定遠侯, d'où son nom de 班定遠.

†翼詒謀乃稱裕後之祖. «Assurer paix et repos à son fils en laissant d'excellents conseils à ses petits-fils,» cette citation indique le grand-père, qui comble de biens ses descendants; car si sa sollicitude atteint jusqu'à ses petits-fils, il épargne toute inquiétude à son propre fils. 詒厥孫謀以燕翼子. (詩大雅). 以義制事垂裕後昆. (書仲虺之誥).

†燕投懷. Une hirondelle de jade vola sur le sein de la mère de 張說 *Tchang Chouo.* Après avoir fait ce rêve, elle mit au monde *Chouo,* dont ce prodige annonçait l'élévation future à la dignité de Ministre des *T'ang.* (天寶遺事).

†入他家=基業易主. Hirondelles pénétrant chez d'autres familles : héritage changeant de propriétaire. 舊時王謝堂前燕, 飛入尋常百姓家. «Les hirondelles qui jadis prenaient leurs ébats devant la demeure de *Wang Tao* 導 et de *Sié Ngan* 安, voltigent maintenant dans la maison de gens du peuple, installés à la place de ces grands Ministres des *Tsin.*» (劉禹錫烏衣巷詩).

†石爲玉什襲緹巾之中 Un homme de *Song* prit une pierre de *Yen* pour du jade, et l'enveloppa, enroulée *dix* fois, dans des étoffes rougeâtes *(t'i).* Un étranger de *Tcheou* se présenta pour admirer cette rareté, que le maître de la maison avait reçue sous son toit, avec tous les respects dûs à une chose sainte; mais à sa vue il eut toutes les peines à s'empêcher de rire. Puis comme il tentait de désabuser l'individu, celui-ci lui répliqua : «Tu parles comme le marchand qui voudrait tromper un homme du métier, *lit.* soigner ou relever son cœur.» 商賈之言豎 (al. 醫) 匠之心. (後漢書注). Le mont 燕山 possédait des pierres appelées 嬰石, 符彩 ou 嬰帶, qui imitaient le jade.

†巢幙上棲身不安. L'hirondelle nichée sur une tente n'est pas à son aise. *Suen Lin-fou* 孫林父, de 衛, s'était ren-

fermé dans la ville de 戚 pour échapper au juste courroux de son Prince. Sur ces entrefaites. *Ki-tcha* 季札, de *Ou,* passant par cette place, y entendit les sons d'une cloche, et s'écria : «En une situation si critique, peut-on se récréer en faisant de la musique?» 猶燕之巢於幕上而可樂乎.(左傳襄).

†雀豈知鴻鵠志. L'hirondelle et le passereau sauraient-ils connaître les sentiments de l'oie et du cygne? Les pensées de l'homme supérieur échappent à un esprit vulgaire. *Tch'en Cheng Tche* 陳勝涉 s'écria, un jour qu'il travaillait aux champs : «Quand je serai riche et élevé je n'oublierai par ces fatigues.» Un de ses compagnons accueillit par un éclat de rire l'expression de pareilles visées ambitieuses chez un paysan. Mais *Tch'en* lui répondit par le mot de l'allusion, et plus tard, en effet, il profita des troubles de la dynastie *Ts'in* 秦 pour prendre le titre de 陳王. (史記陳涉世家).

怡堂†雀. En toute sécurité sur la maison, l'hirondelle et le moineau se livrent à leurs ébats; car ils ne prévoient pas l'incendie qui va bientôt les atteindre 燕雀怡然不知禍之將及. Vivre dans l'insouciance de malheurs imminents. (吳志薛綜傳, 裴松之注).

†賀. Compliments offerts à l'occasion de l'achèvement d'une maison. 湯沐具而蟣蝨相弔,大廈成而燕雀相賀. «Quand l'eau chaude pour le bain est prête, la vermine *(k'i-ché)* se fait des condoléances, et quand un grand édifice est terminé,les hirondelles et les moineaux se félicitent mutuellement.» (淮南子).

石†飛. Le vent se lève. Au pays de 湘, sur le mont 零陵山, il existe des pierres qui se transforment en hirondelles 石鷰, dès que la pluie d'orage les a touchées. (北齊書樊遜傳).

†王定鼎北平. Le Prince de *Yen,* nommé *Ti* 棣, et quatrième fils du fondateur des *Ming,* établit le siège du gouvernement à *Pé-p'ing* ou *Pé-king.* Le magicien *Yuen Ki* 袁珙 lui présagea, dans une auberge de *Tch'ang-ngan,* sa prochaine élévation au trône. Fort de ce pronostic il leva des troupes, renversa l'Empereur 建文 (惠帝). prit comme nom de règne 永樂 (1403-1425), et choisit *Pé-king* pour Capitale.

燧†人四佐. Les quatre auxiliaires de *Soei-jen,* un des ancêtres fabuleux du peuple chinois, sont : 明由. 必育, 成博 et 隕邱. Ce monarque apprit le premier aux hommes à produire du feu en perforant le bois par un mouvement rapide. 燧人氏鑽木取火. (韓非子). Selon 管子, il faudrait faire honneur de cette invention au mythe *Hoang-ti.*

CLASSIF. 88. 父.

父 王†. L'auguste père : le grand-père paternel. La grand'mère se dit 王母. (爾雅). —— 諸父. 而父. Les oncles paternels. Le frère aîné du père, personnifiant pour ainsi dire la descendance directe, est désigné par 世父.

是†是子. Père et fils se ressemblant par de grandes qualités. *Che Fen* 石奮, mandarin de la Cour de 漢景帝, et son fils aîné 建 *Kien,* parvenu lui aussi aux premières dignités, méritèrent cet éloge. (揚子).

天下無不是底†母. En ce bas monde il n'est ni père ni mère qui ait tort, ou à qui un bon fils puisse donner tort. Ce principe réglait la conduite du vertueux *Choen* 舜, à l'égard de son père. le cruel *Kou-seou* 瞽瞍. et une manière différente d'agir est le point de départ des parricides et des régicides. (朱子小學). 底 équivaut à la particule 的 de la langue mandarine.

†執. Ami du père. «En rencontrez-vous un, ne lui adressez pas la parole, qu'il ne vous ait interrogé, et ainsi vous agirez en bon fils.» 見父之執不問不敢對, 此孝子之行也. (禮曲禮). Var. 執友.

CLASSIF. 89. 爻.

爽 †約. Manquer à sa parole. 爽 = 差.

CLASSIF. 90. 爿.

牀 †頭金盡. Si l'or vient à faire défaut au chevet du lit (l'oreiller remplit parfois en Chine l'office de caisse), l'homme de cœur en est honteux; car il sait qu'il est utile d'en avoir au moins un peu. 床頭黃金盡, 壯士無顏色. (張籍詩).

登七寶†. Sous la période de règne 天寶, l'Empereur 唐明皇 entendant célébrer le génie poétique de *Li T'ai-pé* 李太白, le manda à la Cour, où il le reçut magnifiquement. Il le fit même monter sur le lit impérial aux *sept choses précieuses,* et lui servit à manger de ses augustes mains. (李陽冰).

牆變起鬩†. Même en cas de dissension intestine entre eux, les frères s'entendent pour repousser les attaques injurieuses des personnes étrangères à la famille. 兄弟鬩于牆外禦其侮. (詩大雅).

CLASSIF. 91. 片.

片†晌. Un instant, m. à m. une parcelle de temps aussi brève que celle qui marque le milieu de la journée.

版玉†. Tablette de jade : pousse de bambou (蘇東坡) et papier.

牖†下置尸史魚正君. *Che Yu* corrigea son Prince en ordonnant de placer son cadavre près de la fenêtre. Avant de rendre le dernier soupir, il avait fait cette recommandation à son fils, sous prétexte que cette place peu honorable lui convenait seule, puisque par ses avis il n'avait pu décider le Duc 靈公, son maître, à déposer l'indigne 彌子瑕 *Mi Tse-hia* pour lui substituer 蘧伯玉 *K'iu Pé-yu*. Cette dernière parole rapportée à *Ling-kong* obtint le résultat vainement cherché par *Yu* de son vivant. (孔子家語).

CLASSIF. 93. 牛.

牛吳†喘月. Craintes sans fondement ou exagérées. Les bœufs de *Ou* soufflent à l'apparition de la lune, la prenant pour le soleil, sous les rayons brûlants duquel ils ont travaillé tout le jour. (世說新語, 劉孝標注).

執†耳＝主盟. Tenir l'oreille du bœuf : présider aux assemblées des Régulos, où ces Princes feudataires prêtaient serment en buvant du sang mêlé au vin, ou même en s'en frottant les lèvres.

椎†饗士. Égorger des bœufs et les servir à ses soldats. Le Général *Wei Chang* 魏尙, des *Han*, gagna ainsi la confiance de ses troupes cantonnées à 雲中, et décupla leur courage pour leurs luttes avec les hordes des *Hiong-nou*. (史記馮唐傳).

函谷跨†, 李耳演道德之秘. Sur son bœuf au poil noirâtre 靑牛, à la barrière de *Han-kou, Li Eul (Lao-tse)* livra les secrets de la Voie et de la Vertu. Le Philosophe, prévoyant la chute de la dynastie *Tcheou,* quitta la Cour et se dirigea vers l'ouest en pauvre équipage. Arrivé au passage de 西關 ou 函谷關, et au moment d'entrer dans le pays de 大秦, il fut arrêté par le mandarin préposé à la garde de cette porte de l'empire. Un nuage empourpré, flottant du côté de l'est 紫氣東來, avait annoncé au fonctionnaire la venue prochaine d'un sage. Il se posta donc en observation 物色, et dès que le fugitif parut, il ne consentit à le laisser passer avant qu'il ne lui eût légué un ouvrage de sa composition. Pour obéir aux désirs du garde-barrière, *Li Eul* dicta, séance ténante, le *Tao-té-king,* ouvrage auquel on attribue cette origine légendaire. (皇甫謐, 高士傳). 紫氣 désigne en littérature la visite d'un ami ou d'une personne distinguée.

金†路五丁鑿, 破蜀空虛. Le chemin des bœufs d'or ayant été percé dans la roche par cinq hommes vigoureux, la défaite de *Chou* fut chose aisée. *Hoei,* Roi de *Ts'in* 秦惠王, désirait se rendre maître de ce pays; mais une montagne lui en barrait l'entrée. Il recourut donc au stratagème suivant pour se faire ouvrir une voie, qui lui en facilitât l'accès. Cinq bœufs en pierre furent taillés par ses ordres, et sous la queue on leur plaça de l'or. Des gens de *Chou* qui aperçurent ces animaux, leur croyant la vertu de produire de ce précieux métal, coururent en avertir leur souverain. Celui-ci dépêcha aussitôt 1000 hommes, et spécialement cinq individus d'une force extraordinaire, avec mission de percer une route, pour introduire ces bœufs à trésor. Les troupes de *Ts'in* pénétrèrent par cette voie et s'emparèrent de *Chou.* (蜀王本紀). 五丁不鑿金牛路, 秦惠何由得併吞. (胡曾, 金牛驛詩).

烏†白馬. Serment d'amitié. Les trois héros 劉備 *Lieou Pei,* 關羽 *Koan Yu* et 張飛 *Tchang Fei* se jurèrent un attachement inviolable dans le jardin des pêchers 桃園, en sacrifiant un bœuf noir à la terre et un cheval blanc au ciel. (後漢書).

丙吉問†調燮大體. *Ping Ki Tse-yang* 子陽, Ministre de 漢宣帝 (73-48), s'informait des bœufs dans l'intention de mettre l'harmonie entre les deux grands principes. Entendait-il ces animaux mugir, il en demandait aussitôt le motif; car ayant pour fonction, disait-il, de régler le *Yn* et le *Yang* pour les amener à un juste tempérament *(t'iao-sié),* il devait toujours être sur le qui-vive, afin de saisir les moindres indices d'un changement dans le temps. Mais voyait-il un homme mort ou blessé, il passait son chemin sans poser de question, sous prétexte que cela relevait de mandarins particuliers. L'habileté de *Ping* dans la direction des affaires lui valut le titre de 博陵侯.

以火†奔敵. *T'ien Tan* 田單, de 齊, mit en déroute

l'ennemi avec des bœufs à la queue enflammée. Les troupes victorieuses de 燕 vinrent mettre le siège devant 即墨, défendu par *T'ien,* et une des deux dernières places, dont la chute allait assurer aux envahisseurs la libre possession du royaume de *Ts'i.* Mais *T'ien* réussit à se procurer un millier de bœufs, qu'il peignit en dragons. Puis il leur attacha aux cornes des armes bien tranchantes; enveloppa de roseaux leurs queues enduites de graisse, et y mit le feu. Ce troupeau lâché sur les assiégeants, et suivi de *T'ien* à la tête de cinq mille braves, qui tous portaient un baillon entre les dents 銜枚, sema la panique dans l'armée ennemie. Cette première victoire fut le point de départ de nombreux triomphes, et le royaume de *Yen* dut abandonner les quelque soixante-dix places, dont s'était emparé *Yo I* 樂毅, son Général. (史記田單傳). Variante : 爇牛尾以衝燕.

中秋過†渚磯頭,彥伯詩彰藻拔. Le 15 de la 8e Lune, *Sié Chang* 謝尙 passait près des récifs de *Nieou-tchou-ki,* où 袁宏 *Yuen Hong Yen-pé* versifiait d'un style fleuri et choisi. Le mandarin *Sié* jouissait en cet endroit d'un beau clair de lune, quand la voix harmonieuse du marinier *Yuen,* qui chantait des sujets historiques 詠史, vint frapper son oreille. Il l'invita aussitôt à monter sur sa barque, et passa toute la nuit 申旦 à converser avec lui, De cette rencontre data la renommée littéraire depuis lors toujours grandissante de *Yen-pé.* (晉書文苑傳).

†眠地. Emplacement excellent pour une sépulture. *T'ao K'an* 陶侃 sur le point d'enterrer sa mère, s'inquiétait de la disparition de son bœuf. Un étranger vénérable lui dit avoir aperçu l'animal couché sur la montagne en face, et ajouta qu'une tombe placée en cet endroit lui assurerait, par la vertu qu'y possédait le sol, l'élévation à la dignité de Ministre. Il lui indiqua encore une montagne d'une vertu un peu inférieure. *T'ao* se réserva le premier emplacement, tandis qu'il cédait le second à 周訪 *Tcheou Fang* pour y inhumer les siens. *Fang,* en effet, ne parvint plus tard qu'à la charge de Préfet. (晉書周訪傳).

椎†祭墓不如雞豚逮存. «Au lieu d'égorger un bœuf en sacrifice au tombeau de ma mère, j'aurais préféré la posséder encore et ne lui offrir qu'un poulet ou qu'un porc.» Mot de 曾子, type classique de piété filiale. (韓詩外傳).

王章未遇,夫妻臥†衣. *Wang Tchang Tchong-k'ing* 仲卿, avant sa promotion, couchait avec sa femme sous une couverture grossière. Tombé malade au cours de ses études à *Tch'ang-ngan,* il se lamentait sur son misérable grabat; mais enfin la fortune vint, et il se vit nommer Préfet de la Capitale. Son épouse lui conseilla à cette occasion de mettre des bornes à son ambition, et de ne point oublier les larmes versées jadis sous la pauvre couverture. (漢書王章傳). Le 牛衣 fait avec du chanvre se dit encore 龍具.

甯戚飯†而取上卿. *Ning Ts'i* donnant à manger à son bœuf fut élevé à la dignité de Ministre. *Ning* qui ambitionnait une place à la Cour de 齊桓公, recourut au moyen suivant pour se faire connaître de lui. Il se rendit à la Capitale avec une charrette, et profita du moment où ce Duc de *Ts'i* vint la nuit ouvrir la porte de la ville aux étrangers, pour chanter ainsi en frappant sur les cornes de sa bête : «Splendide est la montagne du sud et brillantes ses pierres blanches. Hélas! que ne suis-je né au temps où *Yao* léguait son trône à *Choen*. Je ne porterais pas alors cette robe courte et ces habits simples, qui ne me descendent qu'à mi-jambe. Que la nuit est longue, quand donc luira l'aurore?» 南山矸白石爛, 生不逢堯與舜禪, 短布單衣適至骭. 長夜曼曼何時旦. *Hoan* s'empressa d'utiliser les talents de cet étranger si extraordinaire. (呂氏春秋 et 藝文類聚). Le chant 扣 (al. 叩, 擊) 角歌 est quelquefois mentionné en littérature.

委靡如†馬走. Courbé et accablé comme un conducteur de bœufs et de chevaux. Mot de 太史公. 走　僕.

七夕女†渡河. Dans la nuit du 7 de la 7e Lune, la tisseuse 織女 passe la voie lactée pour se rendre chez le bouvier 牽牛. Ces deux constellations, dont la première (女) appelée encore 天孫 fait partie de la Lyre, et la seconde (牛 ou 河鼓) de l'Aigle, ne sont visibles en même temps qu'une fois par an. La légende suivante donne la raison de ce phénomène. L'Empereur céleste permit à la tisseuse de s'allier au bouvier; mais à partir de ce mariage, la jeune fille, qui dans son activité oubliait auparavant de faire même sa toilette, suspendit tout travail. Irrité de sa paresse, le dieu lui ordonna de reprendre sa place primitive à l'est de la voie lactée, avec l'injonction expresse de ne voir son mari que le 7 de la 7e Lune. Cette nuit-là les pics sont occupées à combler la voie lactée, à l'endroit où doit passer la tisseuse; et ainsi s'explique l'air abattu que l'on remarque le lendemain chez ces oiseaux, dont la tête a été en partie dépouillée de ses plumes. Les deux constellations désignent en littérature les époux qui ne se voient que rarement. 牽牛織女遙相望, 爾獨何辜限河梁. (魏文帝燕歌行).

†溲馬勃. Urine de bœuf et crotte de cheval peuvent servir à faire des remèdes : les choses les plus viles ont leur utilité. 赤箭青芝 .... 敗鼓之皮俱收. (韓愈進學解).

老†舐犢. La vieille vache lèche son veau *(che-tou)* : affection des parents pour leurs enfants. *Ts'ao Ts'ao* 曹操 rencontrant *Yang Piao* 楊彪, dont il venait de mettre le fils *Sieou* 修 à mort, lui demanda la raison de son abattement. *Piao* répondit : «Que je regrette de n'avoir pas eu la perspicacité de *Kin Je-ti* 金日磾; car à son exemple, j'aurais moi-même arraché la vie à mon fils, que je savais vous avoir offensé. Cependant j'éprouvais pour lui l'attachement de la vache pour son petit.» (後漢書楊彪傳).

金†承石馬之宗. Le bœuf d'or succéda aux ancêtres des chevaux de pierre, jeu de mots signifiant qu'un bâtard de *Nieou Kin* fonda la dynastie des *Tsin* orientaux, à la chute de celle des *Tsin* occidentaux, famille *Se-ma* 司馬. L'Empereur 元帝 était né du commerce illégitime d'une concubine de 恭王 avec un officier subalterne nommé *Nieou Kin*. Quand 劉石 *Lieou Che* eut renversé les deux derniers représentants des *Tsin* occidentaux, *Yuen-ti* prit les armes et s'empara du trône avec 建康 *(Nan-king)* pour Capitale. Il prétendit descendre de *Se-ma I* 懿, souche de la dynastie disparue; mais la tradition lui prête l'origine susdite. L'expression 石馬 fait allusion à une pierre trouvée sous le règne de 魏明帝 et sur laquelle étaient gravés sept chevaux et un *bœuf*. De *Se-ma I* à 愍帝 on compte sept princes, dont quatre seulement ceignirent la couronne impériale. Variante : 弱晉以牛易馬, les *Tsin* affaiblis changèrent leur nom de famille *Se-ma* en celui de *Nieou*.

孔明造木†以輔後主. *Tchou-ko Liang K'ong-ming* inventa les véhicules appelés *bœufs de bois* pour secourir l'Empereur *Heou-tchou*. La 9e année de 建興, il construisit ces automates à l'occasion d'une expédition militaire, et trois ans plus tard il en imagina d'autres connus sous le nom de 流馬. Ils servirent pour le transport des provisions destinées à l'armée. (蜀志諸葛亮傳).

牝†雞司晨. Poule se chargeant, à la place du coq, d'annoncer l'aurore : désordre dans le ménage où la femme commande. 牝雞之晨惟家之索. «Le chant matinal de la poule est la ruine de la famille.» (書牧誓).

牧†豕奴. *Wei Ts'ing Tchong-k'ing* 衛青仲卿 commença par être porcher. De cette humble condition où l'avait réduit la haine des siens, il s'éleva à la dignité de Général, en l'an 128 av. J.-C., et vit plus tard ses victoires sur les *Hiong-nou* récompensées par le titre de 長平侯. *Wei* prit le nom de famille de sa mère, une ancienne concubine du Prince de 平陽侯. (史記衛將軍列傳). Le Ministre *Kong-suen Hong* 公孫宏, créé 平津侯, se livra aussi d'abord à ces humbles occupations. (史記平津侯傳).

物 英†試啼聲. Un enfant remarquable se reconnaît à ses vagissements. *Wen K'iao* 温嶠. des *Tsin,* entendant les cris du futur Ministre *Hoan Wen* 桓温, alors que celui-ci n'avait encore qu'un an, conclut à la supériorité du bébé. En souvenir decet horoscope, le père de *Hoan* lui donna le nom de *Wen.*

†故 Défunt. Une idée superstitieuse fait qu'au lieu de désigner directement le mort, on ne fasse allusion qu'aux *objets* qui étaient à son usage et qui pour lui sont maintenant *passés.*

尤†=娉婷. Chose extraordinaire : belle femme *(p'ing-t'ing)* capable de nuire aux hommes par ses charmes. «夫有尤物足以移人. (左傳). —— 物極則反. Les choses poussées à l'extrême sont bouleversées : grands maux. (宋語).

三†. Trois sortes de victimes : le chien, le porc et la poule. 出此三物以詛爾斯 «Apporte ces trois animaux pour confirmer ton serment *(tchou).*» (詩爾雅). Le porc était réservé aux serments des princes, le chien à ceux des ministres et la poule à ceux du peuple. L'expression signifie encore les *trois choses* dont il faut instruire le peuple, ainsi détaillées : les six vertus, les six actions, et les six arts. 一曰六德二曰六行三曰六藝. (周禮地官).

犀 然†照見水族. Allumer une corne de rhinocéros 燃犀角 pour éclairer les habitants des ondes. Ainsi *Wen K'iao* 温嶠 put observer les monstres cachés au fond du gouffre de 牛渚磯. Mais *Wen* eut à se repentir de sa curiosité: car la nuit suivante ils lui apparurent en songe, et lui reprochèrent d'avoir osé, lui fils de la lumière, plonger un regard indiscret dans leur ténébreuse demeure. Dix jours après, le téméraire mourait. (晉書温嶠傳).

犢 去官之†. Le veau du mandarin partant. La vache que *Che Miao Tè-wei* 時苗德冐 attelait à son char, vêla pendant qu'il était Gouverneur de 壽春, sous les *Han.* Quand il dut quitter ce poste, il laissa l'animal à ses anciens subordonnés, sous prétexte qu'étant né au cours de son administration, il leur appartenait de droit. En mémoire d'un magistrat si excellent, la bête fut appelée 時公犢.

犁 †牛之子. Fils excellent d'un père mauvais. «*Tchong Kong,* disait Confucius faisant son éloge, est comme le petit d'une vache au pelage varié *(li),* mais qui, lui, est tout roux *(sing)* et possède de belles cornes. Quand même on ne voudrait pas de l'animal pour les sacrifices, les esprits des montagnes et des fleuves le rejetteraient-ils?» 子謂仲弓曰犂牛之子騂且角，雖欲勿用，山川其舍諸.(論語). Sous les *Tcheou* on immolait seules des victimes de couleur rousse.

CLASSIF. 94. 犬.

犬百同牢. Cent chiens dans le même chenil. *Tch'en King* 陳競, des *T'ang*, faisait régner une si parfaite harmonie parmi sa très nombreuse famille, que les chiens eux-mêmes prenaient modèle sur leur maître. Ainsi, à l'heure du repas, en l'absence d'un seul d'entre eux, les autres n'osaient pas toucher à leur nourriture. Témoin d'une pareille concorde qui atteignait même les animaux, l'Empereur 唐太宗 fit cadeau à *King* d'une tablette d'honneur portant ces quatre caractères : 義門陳氏 *Famille Tch'en à la maison parfaite*. On raconte qu'un nommé *Tch'eng* 澄, du *Fou-kien*, reçut de l'Empereur 明太祖 une inscription analogue, en récompense de l'union qu'il entretenait parmi les siens.

素犬丹雞. Chien blanc et coq rouge étaient les victimes immolées par ceux qui se juraient une inviolable amitié, dans le pays de *Yué* 越. La formule suivante d'engagement accompagnait le sacrifice : «Si jamais nous venions à nous rencontrer, disaient les contractants, toi en char et moi avec le chapeau en roseaux du paysan, tu devras descendre pour me saluer; si, au contraire, tu portais alors le parapluie tandis que je serais à cheval, je devrai mettre pied à terre par affection pour toi.» 君乘車我戴笠他日相逢下車揖，君戴簦我跨馬他日相逢爲君下.(古逸詩越謠歌).

蜀犬吠日. Les chiens de *Chou* aboient contre le soleil, qu'ils sont peu habitués à voir, à cause des brouillards continuels de ce pays : esprit borné, critique ignorant. (柳文). Cf. p. 140.

陶犬瓦雞. Chien et coq en terre cuite : personne inutile; car elle ressemble au premier qui ne donne point l'éveil pendant la nuit, et au second qui ne rend pas le service d'annoncer l'aurore. 陶犬無守夜之警瓦雞無司晨之益.(金樓子).

跖犬吠堯. Le chien du brigand *Tche* aboie contre *Yao*, uniquement parce que ce n'est pas son maître. Ainsi s'excusait *Tiao Pou* 貂勃 qui détestait *T'ien Tan* 田單 et à qui celui-ci demandait le motif de son aversion. 跖之狗吠堯非貴跖而賤堯也，狗固吠非其主也.(戰國策齊策).

吳隱之婢賣†. L'esclave de *Ou Yn-tche Tchou-mei* 處默 allait vendre un chien, pour subvenir aux frais nécessités par le mariage de la fille de son maître. *Sié Che* 謝石 sachant *Yn-tche* très pauvre lui procura un poste, et de plus voulut fournir le trousseau de sa fille sur le point de se marier. Or, pendant que sur ses ordres on transportait les cadeaux chez *Yn-tche*, on vit sortir une domestique conduisant un chien au marché. Cette rencontre prouvait bien l'extrême dénuement de *Ou*, et l'opportunité du secours accordé par *Sié* à son ami. (晉書良吏傳).

羆敵†. Un grand ours *(p'i)*. dans sa lutte avec une meute de chiens, succombe sous le nombre: ainsi en est-il de celui qu'une multitude de méchants accable. (陳師道羆說).

狄 †兼謨有祖風. *Ti K'ien-mou* avait les qualités de son aïeul *Ti Jen-kié*, Duc de *Liang* 狄仁傑梁公; aussi occupa-t-il une haute position à la cour de 唐文宗 (827-847).

†天使可列雲長. *Ti Ts'ing* 青 l'Ambassadeur, contemporain des *Song*, était comparable par sa bravoure à *Yun-tch'ang* ou *Koan Yu* 關羽 le Mars chinois. L'Empereur recevant son portrait en prononça cet éloge. (舊注).

狗 叱 †. Manquer d'égards pour un hôte. «Devant un visiteur distingué gardez-vous de crier *(tché)* contre le chien.» 尊客之前不叱狗. (禮曲禮).

†出竇登第休徵. Le chien sauvage se précipitant hors de son terrier fut l'heureux présage d'une promotion. *P'ei Yuen-tche* 裴元質, sur le point de se présenter aux examens, rêva qu'il transperçait d'une flèche une bête semblable, au sortir de son trou. Le devin consulté interpréta le songe en faveur du succès; car, disait-il, tous les éléments du caractère 第 étaient figurés dans cette action. La classifique *bambou*, c'est la flèche atteignant son but, comme l'indique la ligne droite du milieu. Quant à l'arc 弓 sa forme aussi y est clairement visible. (太平廣記).

†竇大開. Bouche grande ouverte comme l'entrée d'un trou à chien : moquerie à l'adresse d'un édenté. Comme on plaisantait en ces termes le petit 張玄祖 *Tchang Hiuen-tsou*, qui à huit ans n'avait pas de dents, le malin répliqua que c'était une ouverture pour celui qui le taquinait. (世說新語).

†尾續貂. Queue de chien attachée à une fourrure de martre zibeline *(tiao)* : personne indigne de sa haute position. *Luen*

Roi de *Tchao* 趙王倫, après son usurpation sur les *Tsin*, éleva aux dignités des gens de condition vile, et à ce propos le dicton suivant eut cours : 貂不足,狗尾續. (晉書趙王倫傳). Le lettré qui aura collaboré à la composition d'un autre, se servira de cette expression pour désigner son travail.

屠†輩. *Fan K'oai* 樊噲, un des principaux partisans de *Han Kao-tsou*, exerça d'abord le métier de tueur de chiens. Ses éclatants services lui méritèrent le titre de 舞陽侯. (史記樊噲傳).

†盜. Voleur en petit. 小盜者狗. 大盜者爲諸侯. (莊子). *Mong Tch'ang-kiun* 孟嘗君 jeté en prison par 秦昭王 *Tchao* Roi de *Ts'in*, pria la favorite du Prince d'intervenir en sa faveur; mais celle-ci réclama pour prix de ses démarches une pelisse en peau de renard blanc, semblable à celle qu'il avait donnée à son royal maître. *Mong* ou 田文 *T'ien Wen* n'en possédant plus, conta son embarras à ses nombreux clients. Or parmi ceux-ci se trouvait un habile escroc qui, déguisé en chien, réussit à pénétrer jusque dans le trésor du Roi, d'où il enleva la fourrure précédemment offerte par son patron. Grâce à ce larcin, *Mong* recouvra sa liberté et échappa à la mort. (史記孟君列傳).

狐 †假虎威. Renard s'attribuant l'effroi causé par le tigre : méchant qui nuit, fort de l'appui des autres. Le Roi *Siuen* de *Tch'ou* 楚宣王 demandait ce qu'il en était de son Général *Tchao Hi-siu* 昭奚恤, que l'on disait la terreur des pays du nord. *Kiang I* 江乙 répondit par cet apologue. Un tigre en quête d'une proie prit un renard, qui lui tint aussitôt ce langage : «Gardez-vous bien de me dévorer; car l'Empereur céleste m'a établi roi des animaux, et si vous me mangez vous irez contre sa volonté. Si vous doutez de la véracité de mes paroles, mettez-vous seulement derrière moi, et vous verrez qu'à ma simple vue toutes les bêtes sauvages prendront la fuite.» Le tigre se prêta à ce désir, et, tout étonné de constater la réalité du fait, il attribuait à l'apparition de son compagnon, la terreur qui s'emparait des fauves. Ainsi en est-il de *Tchao*, repartit *Kiang*. Ce n'est pas lui que les ennemis craignent; mais bien le million de soldats qu'il a sous ses ordres. (戰國策楚策).

†裘三十年. On exalte l'économie de *Yen-tse* 晏子, qui, trente ans durant, porta la même peau de renard. (禮檀弓).

†疑. Hésitant comme le renard. (楚辭離騷). Les attelages ne passent sur le Fleuve gelé, que lorsqu'on a constaté que le renard a osé s'aventurer sur cette glace; car dans sa

prudence, il s'y hasarde seulement quand il a découvert que toute l'eau est prise. Cette façon d'agir a donné naissance à l'expression *doutes de renard*. (水經注).

九尾†. Renard à neuf queues : flatteur rusé et méchant. *Tch'en P'ong-nien* 陳彭年, Ministre de 宋眞宗, s'attira cette épithète. (商略, 續綱目). Une personne de ce genre s'appelle encore 兩腳狐. D'après le 山海經, l'apparition du renard à neuf queues, du pays de 青邱, est un présage de paix universelle.

城†社鼠. Renard des murailles et rat des autels : personne qui tire parti des circonstances pour nuire. La chasse faite aux animaux réfugiés en ces deux endroits pourrait amener la destruction des murs et des tertres, aussi ne s'y livre-t-on pas. 未嘗見稷狐見攻;社鼠見燻. (說苑). Var. 城狐不掘,社鼠不熏.

軍中帽†. Dans les camps, *Chen K'ing-tche* 沈慶之, des *Song*, portait toujours un bonnet en peau de renard, à cause de ses fréquentes névralgies, et ce fut ainsi coiffé que le trouvèrent les barbares vaincus par lui, quand ils vinrent lui faire leur soumission. Dès lors ils lui donnèrent le surnom de 蒼頭公. (宋書沈慶之傳).

狡

†兎三穴誚貪夫之巧營. Les trois gîtes du lièvre rusé; expression par laquelle on se moque des plans ingénieux de l'homme cupide. *Fong Hiuen* 馮煖, client de *Mong Tch'ang-kiun* 孟嘗君, lui disait : «Laissez-moi vous creuser deux autres gîtes; car n'en possédant qu'un seul, il vous est impossible de dormir à votre aise, c.-à-d. de vivre sans inquiétude.» 今君有一窟未得高枕而臥;請爲君復鑿二窟. (戰國策齊策).

狼

†狽. Comme les deux animaux appelés *Lang* et *Pei*, se prêter assistance dans l'embarras. Le *Pei* ne peut avancer qu'appuyé sur le *Lang*, parce que ses deux pattes de devant sont excessivement courtes. Aussi est il réduit à demeurer en place si cet aide vient à lui faire défaut. (酉陽雜俎).

猫

得力於†兒狗子. Devoir les faveurs aux chats et aux chiens. *Lou Yen-suen* 盧延遜 avouait être redevable de ses dignités à ces animaux dont, il s'était inspiré dans ses poésies. C'est ainsi que les vers suivants lui valurent sa première charge : «Un renard bondit sur la grand'route et passa. Un chien heurta la porte d'une boutique et l'ouvrit.» 狐衝官道過,狗觸店門開. Plus tard *Kien*, Prince de *Chou* 蜀王建, le fit monter en grade, pour avoir constaté par sa propre expérience la réalité de l'idée exprimée en cet autre dystique : « Le millet éclate et brûle le tapis, le chat saute et renverse les plats.» 粟爆燒氈破. 猫跳觸鼎翻. (太平廣記).

狴 †犴. La prison. Le *P'i-ngan* est un bouledogue du pays de 胡地, qui fait un excellent chien de garde. Son image se peint sur la porte de la prison, sans doute pour signifier que les cachots et les fidèles *P'i-ngan* jouent un rôle à peu près analogue à l'égard des voleurs, leur disant chacun à sa façon de ne pas céder à la tentation.

猶 †豫喻人之不決. Le *Yeou* et le *Yu*, deux animaux dont l'identification est très controversée, mais que l'on traduit plus généralement le premier par *singe* et le second par *éléphant*, désignent l'indécision d'une personne. Var. 猶與, inquiet, hésitant. (禮曲禮 et 離騷).

猣 †猣之尾堪却煙嵐. La queue du *Tsong-tsong* (animal fabuleux) a la vertu de neutraliser les émanations malsaines des montagnes *(lan)*.

猱 教†升木 = 唆惡爲非. Apprendre au singe *(nao, neou)* à grimper sur l'arbre : exciter *(souo)* le le méchant à faire le mal. Dans les deux cas la chose est toute naturelle. (詩小雅).

猴 沐†冠帶. Singe *(mou-heou)* portant toque et ceinture : personne vile, inconstante. (史記項羽本紀). —— 彌猴江. *Mi-heou-kiang*, lieu de délices où parviennent les fidèles sectateurs du bouddhisme.

猩 †猩能言不離走獸. Le *Sing-sing* est doué de l'usage de la parole, et pourtant c'est un quadrupède; mais l'homme sans manières n'a-t-il pas aussi le cœur d'une vraie brute? (禮曲禮). Le 山海經 donne au *Sing-sing* un visage humain avec un corps de porc, et lui attribue les vagissements d'un enfant.

猿 †獻玉環. Le singe offre un bracelet de jade. L'épouse de *Suen K'o* 孫恪 se métamorphosa en singe après avoir fait ce présent à une idole. (太平廣記).

†臂. Habile archer. *Li Koang* 李廣, et *T'ai-che Ts'e* 太史慈 maniaient l'arc avec une telle dextérité, que l'on croyait leur épaule conformée comme celle du singe.

獅 河東†吼. La lionne du *Ho-tong* rugit *(heou)* : le mari craint sa femme. *Sou Tong-pou* 蘇東坡 visitant son ami *Tch'en Tsao Ki-tch'ang* 陳慥季常. à 岐亭 du 廣州. fut plus d'une fois témoin des scènes violentes que lui faisait son épouse, née *Lieou* 柳氏. Il s'en moquait en ce quatrain : «Le solitaire de *Long-kieou* (surnom littéraire de *Tch'en*) est vraiment à plaindre. Il passe la nuit sans dormir. s'entretenant du *vide* et de la *réalité* (ou de sujets bouddhiques). Mais subitement se font entendre les rugissements de la lionne du *Ho-tong*, et le bâton s'échappe de la main et le cœur est troublé.» 龍邱居士亦可憐. 談空說有夜不眠. 忽聞河東獅子吼, 拄杖落手心茫然. (洪邁容齋). L'expression *Che-heou* fait allusion aux cris que poussa 牟尼佛 Bouddha à sa naissance, en indiquant du doigt le ciel et la terre. (傳燈錄). Var. 季常之懼.

獍 †梟. Le *King* et le *Hiao* sont l'image du fils dénaturé; car le premier de ces animaux dévore son père, et le second sa mère. (前漢書郊祀志).

獵 涉†不精, 是多學之弊. Ne point approfondir est le défaut de ceux qui étudient (lisent) beaucoup. «*Kia Chan* parcourait les livres comme on patauge à la chasse *(ché-lié)*, aussi ne pouvait-il être un bon lettré.» 賈山涉獵書記不能爲醇儒. (漢書賈山傳).

獷 楚†韓盧. Les chiens *K'oang* de *Tch'ou* et *Lou* de *Han* étaient très renommés. Variante : 韓盧, 楚獷, 楚茹黃. Comme races canines célèbres on cite encore les *Yu* de *Yn*, les *Ngao* de *Tsin* et les *Ts'io* de *Song* 般虞晉獒宋鵲.

獹 馳韓†搏蹇兎. Lancer le chien noir de *Han* à la poursuite d'un lièvre boiteux : victoire facile. «Avec des soldats valeureux comme ceux de *Ts'in*, des chars et des cavaliers nombreux comme les siens, réprimer les Princes vassaux, sera chose aussi aisée que de faire prendre un lièvre estropié par un *Lou* de *Han*.» 以秦卒之勇車騎之衆. 以治諸侯譬若馳韓盧而搏蹇兎. Mot de *Fan Tsiu* 范雎 à *Tchao*, Roi de *Ts'in* 秦昭王. (史記范雎列傳).

玁 †狁侵周, 方叔一月奏三捷. Lors de l'invasion des *Hien-yun*, barbares du nord. sur le territoire des *Tcheou*, *Fang-chou* put en un seul mois annoncer au Prince trois victoires. Dans le 詩小雅 on mentionne encore les *Man-king* 蠻荆 comme vaincus par ce Général.

獄折†致刑. Le jugement des causes criminelles et l'application des peines réclament un mandarin sérieux. (易豐卦).

鬻†者門如湯沸. A la porte du vendeur de procès il y avait comme un torrent bouillonnant, c.-à-d. le tribunal de 李義府 *Li I-fou,* qui trafiquait de la justice, sous les *T'ang,* était assiégé par une foule de gens intéressés. (唐書姦臣傳).

CLASSIF. 96. 玉.

玉†燭. Chandelle précieuse : l'harmonie des saisons. On nomme 燭龍 l'esprit du mont 鍾山. La torche que ce dragon tient dans la gueule règle les jours et les nuits par son apparition ou son occultation, et l'hiver et l'été par l'accroissement ou la diminution de sa flamme. Le désordre dans les saisons est dû aux variations intempestives de cette lumière. D'après le 爾雅, le printemps 靑陽, l'été 朱明, l'automne 白藏 et l'hiver 元英 se succèdent-ils régulièrement avec leur influence propre, c'est ce qu'on appelle 玉燭. L'expression désigne aussi la vertu du Prince, belle comme le jade et brillante comme la lumière.

豐年†, 荒年穀＝人品之可珍. Précieux comme le jade en une année fertile, ou le grain en une année stérile : personne recommandable par ses qualités. La première épithète fut décernée à *Yu Liang Wen-k'ang* 庾亮文康, et la seconde à *Yu I Tche-kong* 庾翼稚恭, personnages de l'époque des Trois Royaumes. (世說新語). *Liang* reçut le nom posthume de *Wen-k'ang*.

食如†, 薪如桂. La nourriture est aussi chère que le jade, et le combustible aussi cher que l'osmanthe. Mot de 蘇秦 *Sou Ts'in* au Roi de *Tch'ou*. (戰國策楚策).

†成＝贊襄其事. Le jade est parfaitement poli, signifie aider à conclure une affaire : affaire très bien terminée. — 頁玉精金 L'homme parfait ressemble au jade excellent et à l'or sans alliage. — 自玉. Veiller sur sa santé, *lit.* apprécier son corps. (詩大雅). — 分寶玉. Le Roi 武王 pour témoigner son affection à ses parents, leur distribua des pierres précieuses. 時庸展親. (書旅獒). — 玉石俱焚. Le jade et le rocher sont également calcinés, quand la montagne prend feu : bons et mauvais enveloppés dans le même malheur. 火炎崑岡玉石俱焚. (書經). — 攻玉端藉他山. Pour polir le jade il faut absolument recourir aux pierres

de ces montagnes : les amis se perfectionnent au contact l'un de d'autre. (詩經). —— 冠玉 Beau de visage, *lit.* porter un chapeau orné de jade.

衒卜求售 = 枉道干主. Colporter *(hiuen)* son jade pour le vendre : par des moyens indignes, *lit.* en courbant les vrais principes, capter la faveur d'un supérieur. 抱昭華欲衒鬻 «Portant sur son sein la pierre *Tchao-hoa,* courir à la recherche d'un acquéreur.» (楚辭). 卞和衒玉以耀世. «Le célèbre connaisseur en pierres fines, nommé *Pien Ho,* s'acquit une brillante renommée. en vendant le jade.» Par ces derniers mots on essayait d'amener *Ts'in Mi* 秦宓 à sortir de la solitude. où il persistait à enfouir ses qualités. (蜀志秦宓傳). Voir aussi dans le 論語 la réponse de Confucius à son disciple *Tse-kong,* qui lui insinuait qu'il ne devait pas priver ainsi le public de son habileté administrative. 有美玉於斯. etc.

瘞 (al. 埋) †. Enfouir *(i)* une pierre précieuse : inhumer quelqu'un. *Ho Tch'ong* 何充. dit encore 何揚州. exprimait ainsi sa douleur au moment de l'enterrement de *Yu Wen-k'ang* 庾文康 : «On va donc descendre cet arbre précieux en terre. Hélas! qui n'en serait ému?» 埋玉樹著土中使人情何能已. (世說新語).

卜庇嘉穀. Le jade (mis en terre dans les sacrifices pour obtenir d'abondantes moissons) protège ou assure de belles récoltes. (國語).

藍田種† = 雍伯之緣. Le fait du jade semé à *Lan-t'ien* rappelle la bonne fortune (le mariage) de *Yong-pé.* D'après le 搜神記, voici cette légende ressassée sous le pinceau du lettré. *Yong-pé* (nommé encore 翁伯. ou 陽翁伯) se distinguait par une rare piété filiale. Il en donna surtout une preuve en enterrant ses parents sur le sommet du mont 無終山. où. à quarante *li* de hauteur. l'absence complète de toute humidité garantissait l'incorruptibilité à leurs ossements. Mais ce manque d'eau si favorable aux morts faisait le tourment des vivants. qui tentaient l'ascension de ce pic élevé. Pour y remédier *Yong-pé* leur fournissait de quoi étancher leur soif. Parmi les visiteurs ainsi rafraichis, il y en eut un qui, voulant témoigner sa reconnaissance à *Yong-pé,* lui remit un boisseau de petits cailloux. Il lui recommandait en même temps de les semer, lui promettant qu'il récolterait à leur place une moisson de jade. Sur ces entrefaites. *Yong-pé* demanda la main d'une jeune fille de la famille *Siu* 徐氏, de 北平; mais on mit comme condition à la réalisation de ses vœux un cadeau de deux tablettes de jade 白璧一雙. Aussitôt il courut à son champ, où il en ramassa cinq, et une femme distinguée fut le prix d'un pareil trésor. *Lan-t'ien*, district de *Si-ngan-fou*, était célèbre par ses belles pierres de jade, dit le 漢書地理志. Les expressions 玉田, 藍田, 種玉 désignent couramment les négociations d'un mariage.

†樹芝蘭. Arbre de jade et orchidée sont l'image de frères distingués. *Wang Yuen* 王玄, des *Tsin*, disait à son oncle, le Ministre *Sié Ngan* 謝安, qu'une famille devait désirer de voir pousser dans son jardin des plantes pareilles, c.-à-d. de posséder des enfants remarquables. (世說).

†昆金友. Aîné comparable au jade et cadet semblable à l'or : frères excellents. L'éloge fut fait des deux *Wang Ts'iuen* et *Wang Si* : 銓錫二王可謂玉昆金友. (南史王銓傳).

†牒 = 帝冑之譜. Le cahier *(tié)* de jade : le livre généalogique des membres de la famille impériale. (韓文). Le Bureau qui en a la charge ou le 宗人府 s'appelle 玉牒所.

†璽 = 傳國寶. Le sceau *(si)* de jade ou impérial se dit aussi la chose précieuse de la transmission du trône. Le premier 傳國璽 date de *Ts'in Che-hoang-ti* qui le fit en jade de 藍田山, et sur lequel se lisait l'inscription suivante composée par *Li Se* 李斯 : 受命于天旣壽永昌. Sous les *Han* on comptait six sceaux impériaux, qui s'imprimaient sur de la terre rouge de *Ou-tou* 武都紫泥封. mais aujourd'hui leur nombre est de vingt-cinq.

陸士衡之積†. Le trésor de jade de *Lou Ki* 機 *Che-heng*, c.-à-d. ses compositions littéraires. comparées encore à des escarboucles qui. la nuit, scintillent dans un jardin ténébreux 元圃. (晉書陸機傳).

火†辟寒. Le jade de feu garantissait du froid. L'Empereur 唐武帝 reçut des tribus du 扶餘, établies entre les rivières Hourka et Soungari, une pierre précieuse, qu'il suffisait de placer dans une chaufferette en hiver, pour éprouver une douce chaleur. (蘇鶚,杜陽雜篇).

不愧片箋片†. Mériter cet honneur que chacune de ses pages *(tsien)* vaut une tablette de jade. Éloge décerné à la narration intitulée 少室山記, et composée sous les *T'ang*, par *Li K'iao* 李嶠. (計有功, 唐詩紀事).

王 †導茂弘. *Wang Tao Meou-hong*, Ministre de 晉元帝 (317-323). Décoré du titre de 仲父, il mérita par sa façon d'administrer la qualification de Distingué 風流. Après sa mort il reçut le nom de 文獻.

†茂宏呼何充以麈尾. *Wang Tao* 導 *Meou-hong*, avec son émouchoir en queue de grand cerf *(tchou)* faisait signe à *Ho Tch'ong Tse-tao* 次道, son neveu, de venir s'asseoir à ses côtés, afin de jouir de sa conversation. Les relations intimes qui existaient entre ces deux personnages, sont le modèle de celles que des parents devraient toujours conserver. (晉書何充傳).

†祥休徵. *Wang Siang Hieou-tchen*, mandarin célèbre sous les *Tsin*. Il reçut de *Liu K'ien* 呂虔 une épée magique, qui garantissait à son possesseur l'élévation aux dignités. A sa mort il la légua à son frère *Wang Lan Yuen-t'ong* 王覽玄通, parvenu comme lui dans la suite aux premières dignités. *Wang Siang* est un des vingt-quatre types classiques de la piété filiale, représentés dans l'imagerie populaire accomplissant l'acte parfois niais, malpropre, ou même criminel, qui leur a valu d'être proposés pour modèles à la postérité. Un jour d'hiver, sa marâtre 繼母, née *Tchou* 朱氏, éprouva le désir d'avoir du poisson frais. *Wang*, oubliant les mauvais traitements qu'elle ne lui épargnait guère, se rendit aussitôt sur le bord de la rivière gelée et, se dépouillant de ses habits 解衣臥冰, se coucha nu sur la glace, pour essayer de la fondre par la chaleur de son corps. Mais à l'instant la glace se brisa d'elle-même et livra passage à deux carpes, qui sautèrent sur la rive. 冰忽自解雙鯉跳出. (晉書王祥傳).

†濟武子. *Wang Tsi Ou-tse*, riche personnage de la dynastie *Tsin*, type classique du gourmet raffiné. L'Empereur 晉武帝 s'asseyait à sa table. (世說新語).

†衍持麈拂. *Wang Yen I-fou* 夷甫 tenait solennellement à la main le chasse-mouches au manche de jade, quand il dissertait sur les questions mystérieuses du taoisme. (世說新語).

†旦子明. *Wang Tan Tse-ming*, au nom posthume 文正, Ministre de 宋眞宗 (998-1023). Ce mandarin incomparable ne se défendait jamais quand on l'accusait, fût-ce à tort; mais si une tierce personne était calomniée, il prenait en main sa cause, au risque d'indisposer l'Empereur contre lui.

†元琛. *Wang Yuen-tchen* est célèbre par une espèce de pavillon appelé 迎風館, qu'il se fit construire et qu'il orna de phénix et de dragons d'un beau travail artistique.

†翦. *Wang Tsien*, un des Généraux dont la valeur assura à *Ts'in Che-hoang-ti* la possession de la Chine. Son premier triomphe fut la soumission du royaume de *Tchao* 趙, dont il tua le

Généralissime *Li Mou* 李牧 (229 av. J.-C.). Il vainquit ensuite ceux de *Yen* 燕 et de *Wei* 魏. Puis *Che-hoang*, dont les troupes sous les ordres de *Li Sing* 李信, avaient été battues une première fois par celles de *Tch'ou* 楚, lui confia la mission de réparer cet échec par la conquête du pays. Il partit donc à la tête de 600.000 hommes; mais avant d'en venir aux mains, il voulut lasser la patience de ses soldats, les condamnant à l'inaction derrière leurs retranchements. Quand il les vit brûlants du désir de se mesurer avec l'ennemi, il livra une grande bataille qui fut couronnée d'un plein succès. Le Général *Hiang Yen* 項燕, de *Tch'ou*, y fut tué, et son Roi 負芻 fait prisonnier. (史記白起王翦列傳).

† **霸慚貴客**. *Wang Pa* rougit devant un visiteur distingué. Son ami *Ling-hou Tse-pé* 令狐子伯, parvenu à la dignité de Ministre, tandis que lui était resté dans l'obscurité, l'envoya un jour saluer par son propre fils, en grand équipage. *Pa*, entouré de son humble famille, ne put s'empêcher de manifester une certaine honte en présence du visiteur, ce dont sa femme le reprit vertement. (後漢書列女傳).

† **商子威**. *Wang Chang Tse-wei*, Ministre de 漢成帝 (32-6). Une si grande dignité reluisait en toute sa personne, que sa vue seule en imposait aux ambassadeurs, dont un disait de lui: 眞漢相矣. On attribue encore ce dernier mot à l'Empereur lui-même.

† **僧虔後嗣半爲龍** La moitié des fils de *Wang Seng-k'ien* étaient des dragons. Les qualités un peu inférieures des autres les faisaient comparer à des tigres et à des léopards. (南齊書王僧虔傳).

† **陽畏途**. La route fit concevoir des craintes à *Wang Yang*. Ce personnage des *Han*, se rendant à son nouveau poste de 益州, eut à passer par un endroit très dangereux, situé à 邛郲 et appelé 九折阪 *la pente aux neuf détours*. La vue de ce vrai casse-cou, qu'il lui faudrait suivre souvent, lui fit craindre de ne pouvoir conserver indemne *la substance reçue de ses parents* 先人遺體. Il prétexta donc une maladie pour quitter un poste, où il était exposé à violer un devoir fondamental de la piété filiale. Son successeur *Wang Tsuen* 王尊 connaissait ce fait; mais arrivé au point de la route, qui avait fait trembler *Yang*, il s'élança bravement en avant. Le premier, font observer les Annales, était un bon fils, et le second un fonctionnaire dévoué! (漢書王尊傳).

† **凝妻被牽,斷臂投地**. L'épouse de *Wang Yng*, pour avoir été tirée par le bras, se le coupa et le jeta à terre. Cette femme rentrait dans son pays, conduisant son enfant et portant les restes de son mari, mort au prétoire de 虢州, où il occupait la

place de Secrétaire du Percepteur. Arrivée à 開封府, elle demanda l'hospitalité dans une hôtellerie, mais le maître de céans la saisit par le bras et la poussa rudement hors de sa maison. La délicatesse de sa vertu lui inspira aussitôt la résolution d'amputer avec une hache ce membre touché par un étranger. Le Gouverneur de *K'ai-fong,* mis au courant de cet acte héroïque, entoura de soins la mutilée volontaire, tandis qu'il faisait bâtonner le brutal qui en avait été l'occasion. (五代史馮道傳).

†右軍分甘自虞, Le calligraphe *Wang Hi-tche,* du titre de *Yeou-kiun Tsiang-kiun* 將軍, est le modèle des grands-papas, car il prenait plaisir à distribuer des friandises à ses petits-fils. (晉書王羲之傳). *Wang* se dit encore 王參軍 ou le Secrétaire.

†良造父皆馭駕最精. *Wang Liang Pé-lo* 伯樂 et *Tsao-fou* étaient tous deux de très habiles conducteurs de chars. Le premier est mentionné dans *Mong-tse* en ces termes : «*Tchao-kien-tse* ordonna à son cocher *Wang Liang* de conduire *Hi* son favori.» 趙簡子使王良與嬖奚乘. *Tsao-fou* était au sevice de l'Empereur 周穆王. (穆天子傳 et 荀子). 伯樂, connaisseur en chevaux.

†墨. *Wang Mé,* artiste célèbre de l'antiquité. Pour obtenir le plus beau tableau, il lui suffisait, dit-on, de jeter sans ordre ses couleurs sur la soie blanche. (類說).

†粲. *Wang Ts'an Tchong-siuen* 仲宣. savant lettré de l'époque des Trois Royaumes. *Ts'ai Yong* 蔡邕 l'avait en si haute estime, qu'un jour, apprenant son arrivée, il se hâta de courir à la porte pour le recevoir; mais dans sa précipitation il mit ses socques à l'envers 倒屣. De là vient que cette dernière expression signifie : empressement à accueillir un ami.

刑而†. Devenir Roi après avoir enduré un supplice. *Yng Pou* 英布, encore jeune, entendit un physiognomoniste lui prédire qu'il porterait un jour le titre de Roi, mais non sans avoir subi auparavant une condamnation. La menace lui fit prendre pour nom de famille *K'ing, marqué d'une note infâmante* 黥, dans l'espoir de détourner de lui ce malheur. L'Empereur *Han Kao-tsou* le créa plus tard 九江王. (史記). Le nom du héros est parfois écrit à tort avec le caractère 黔 *K'ien.*

†仁裕爲詩窖. Le poète *Wang Jen-yu,* et non 高仁裕, fut surnommé par les gens de 蜀, *la cave (kiao) aux vers,* à cause de sa fécondité. Il rêva un jour qu'il s'ouvrait le ventre et le lavait avec les eaux du *Kiang* 以西江水滌腹胃, dont le gravier lui parut se changer en caractères de forme antique. A partir de ce songe, l'inspiration se développa chez lui d'une façon extra-

ordinaire, et lui permit d'écrire plus de dix mille poésies. (陶岳, 五代史補).

† 猛捫蝨. *Wang Mong King-lio* 景略, de 北海. écrasait ses puces, tout en conversant avec *Hoan Wen* 桓温 sur les événements du jour. *Wang* vivait retiré à 華陰山. mais apprenant l'entrée de *Hoan* dans le pays de *Ts'in* 入關, il quitta sa solitude et, grossièrement vêtu, vint lui exposer ses vues politiques. Durant tout l'entretien, cet homme que *Fou Kien* devait prendre pour Ministre en 372 ap. J.-C.. se livra à cette besogne répugnante. sans égards pour ses voisins 旁若無人. (晉書苻堅載記).

† 裒哀父, 門人因廢蓼莪詩. *Wang P'eou Wei-yuen* 偉元 se désolait tellement de la mort de son père, que ses disciples effacèrent du Livre des Odes celle qui est intitulée : *Elle pousse, la petite armoise.* Son père *Wang I* 儀, coupable seulement d'avoir dit la vérité à *Se-ma Tchao* 司馬昭, Ministre de *Wei* et du titre impérial posthume 文帝 (*Tchao* n'était que le père du fondateur des *Tsin* occidentaux), fut mis à mort par celui-ci. Là-dessus *P'eou* se retira dans la vie privée, et occupa ses loisirs à l'enseignement: mais ses 受業者 élèves ayant remarqué que leur maître versait un torrent de larmes, chaque fois que l'ode *Liao-ngo,* où un fils exprime sa douleur de la perte de ses parents, lui tombait sous les yeux. la retranchèrent du livre. (晉書孝友傳). Le même fait est cité de *Kou Hoan* 顧歡. (南齊書高逸傳).

† 修哭母, 鄰里遂停桑柘社. *Wang Sieou Chou-tche* 叔治 pleurait sa mère, aussi ses voisins suspendirent-ils les sacrifices à la terre, qui avaient lieu au printemps. *Sieou* n'avait encore que sept ans, quand il perdit sa mère; mais le souvenir de la défunte était si vif en lui que, au jour anniversaire de sa mort, qui coïncidait avec le jour 社日, marqué par le cinquième 戊 après le 立春 commencement du printemps, il ne pouvait contenir sa douleur. Ses bons compatriotes l'ayant su s'émurent de pitié, et pour lui faire oublier son chagrin résolurent d'omettre les cérémonies habituelles à cette époque de l'année. (魏志王修傳). *Sang-tché* indique le printemps, d'après ce vers : «L'ombre des mûriers et des *maclura* s'incline (s'allonge). et l'on cesse la cérémonie printanière du *Ché.*» 桑柘影斜春社散. (王駕社日詩).

珊

† 瑚樹塞滿齊奴之室. Les branches de corail (*chan-hou*) remplissaient la maison de *Che Tch'ong Ki-luen* 石崇季倫, dont le petit nom était *Ts'i-nou.* Son rival en opulence. *Wang K'ai* 王愷, venait de recevoir de l'Empereur 晉武帝 (263-290), son gendre, un corail mesurant plus de deux pieds de long. et s'était empressé de le montrer à *Ts'i-nou.* Celui-

ci s'amusa à frapper de son *Jou-i* 如意 (1) en fer cette pièce rare et la brisa; puis il lui en fit apporter sur-le champ plusieurs de dimensions encore plus extraordinaires. (世說新語).

珍 † 羞 = 御食. Les précieux mets : la nourriture de l'Empereur, et. par extension. des riches. Sous les *T'ang* et les *Ming* il existait deux Bureaux. l'un appelé 光祿寺 et l'autre 珍羞署, tous deux chargés de la table impériale et de l'ordonnance des sacrifices.

席 †. La perle de la natte : le lettré. 儒有席上之珍以待聘. (禮儒行).

班 † 門弄斧. Manier la hache à l'atelier de *Pan* : s'exposer au ridicule comme le maladroit qui irait étaler son savoir-faire devant cet habile ouvrier. Les admirateurs de *Li T'ai-pé* 李太白 aimaient à écrire des vers sur sa tombe; mais un malin les guérit de cette manie par le quatrain suivant : «Cette poignée *(p'eou)* de terre au bord du *Tsai-che-kiang* est le tumulus de *Li Pé,* dont la gloire poétique brilla dans l'antiquité. Les visiteurs qui tracent ici leurs deux lignes. semblent vouloir remuer la grande hache devant la porte de *Pan* de *Lou.*» 采石江邊一抔土, 李白詩名耀千古, 來的去的寫兩行. 魯班門前掉大斧. (蓬軒別記). *Pan,* écrit aussi 般, est le surnom de *Kong-chou-tse* mentionné dans *Mong-tse*. et fêté par les menuisiers et les maçons comme leur patron. 離婁之明公輸子之巧不以規矩不能成方員. «Si *Li-leou,* malgré son regard perçant, et *Kong-chou-tse,* avec toute son adresse, ne se servaient pas de compas et d'équerre, il leur serait impossible de faire un objet carré ou rond.» (孟子).

今之 † 馬. Un lettré comparable par son talent à *Pan Kou Mong-kien* 班固孟堅 et *Se-ma Ts'ien* 司馬遷. *Pan,* qui

(1) *Jou-i «A vos souhaits»* est le nom d'un objet superstitieux dont la possession garantit toute prospérité. Il consiste communément en une tige de bois précieux, à l'une des extrémités de laquelle on ajuste un autre morceau richement sculpté, faisant saillie des deux côtés et se relevant pour se replier sur lui-même. Trois fragments de jade s'incrustent l'un au milieu et les autres aux deux bouts de ce talisman, que les familles regardent comme la part la plus précieuse de leur héritage. A l'occasion d'une fête, d'un anniversaire de vieillard par exemple, chez des amis, on le leur offrira en cadeau, mais pour la forme seulement; aussi se garderont-ils bien de l'accepter. Il existe des *Jou-i* de toute valeur, façonnés en forme d'épingles à cheveux, que les femmes fixent dans leur chignon en guise d'amulettes. Les idoles en tiennent aussi un à la main de grandeur ordinaire, sur lequel se place, dit-on, la perle *Mo ni* 摩尼 ou 末尼, dont l'éclat jamais terni symbolise la doctrine toujours brillante et pure du bouddhisme. L'idée du *Jou i* semble empruntée au fungus 瑞芝 qu'il représente assez bien par sa forme. On sait que ce champignon présage le bonheur à celui chez qui il pousse, et possède même la vertu de rendre immortel.

écrivait déjà à neuf ans, composa la description intitulée 兩都賦 et continua la rédaction des Annales des *Han* occidentaux, commencée par son père *Pan Piao* 彪 Il mourut en l'an 92 apr. J.-C. (後漢書班彪傳論). Le caractère 馬 est parfois supposé indiquer *Ma Yong* 融. Variante : 媲美班揚. pareil *(pi)* en excellence à *Pan Kou* et à *Yang Hiong Tse-yun* 雄子雲, ce dernier également contemporain des *Han*.

† 香宋艷. Le parfum de *Pan Kou* et la grâce de *Song Yu* 玉 : l'élégance du style. 濃熏班馬香. 高摘屈宋艷. «Bien dense vous brûlez le parfum de *Pan Kou* et de *Se-ma Ts'ien*, et supérieurement vous cueillez les charmes de *Kiué Yuen* et de *Song Yu.*» (杜詩).

† 定遠建不世之業. *Pan Tch'ao Tchong-cheng* 超仲升, créé pour ses exploits Marquis de *Ting-yuen*, acquit des possessions extraordinaires. Cet aventurier de l'époque des *Han* postérieurs (Cf. 後漢班超傳), employé d'abord aux écritures dans un prétoire, charge qu'il avait acceptée pour venir en aide à sa mère, jeta un beau jour son pinceau en s'écriant : «Un homme de cœur comme moi doit, à l'exemple de *Fou Kiai-tse* 傅介子 et de *Tchang K'ien* 張騫, aller cueillir des honneurs à l'étranger. A quoi bon servir plus longtemps en qualité de scribe 安能久事筆硯間乎?» Il partit donc pour les pays du Turkestan, où à la tête de trente-six hommes seulement il conquit plus de cinquante royaumes, sans que ce résultat coûtât au trésor un seul boisseau de grain 以三十六人收西域五十餘國,不費斗粟. La noble résolution de *Pan Tch'ao* a donné lieu aux expressions 班超投筆 et 筆硯傭, dont cette histoire laisse deviner le sens et l'application. *Fou Kiai-tse* se couvrit de gloire au *Si-yu* sous le règne de 漢昭帝 qui le nomma 義陽侯. *Tchang K'ien*, Ministre de 漢武帝, se distingua dans ces mêmes régions et y gagna son titre de 博望侯.

† 蘭物. L'arme de l'iris tacheté, nom de l'épée 班劍. *Tchang King-eul* promu à la charge de 開府 disait qu'il manquait encore à son ambition le *Pan-lan-ou*. (南史張敬兒傳).

珠 明†投暗. Jeter dans les ténèbres une perle étincelante : laisser de côté un homme capable, ou lui nuire en ne le proposant pas pour une charge. «Les voyageurs qui apercevraient dans l'obscurité une perle brillante comme la lune, ou du jade *Pi* capable d'éclairer la nuit, porteraient aussitôt la main à leur épée en se regardant. Que signifie cela? Ces objets remarquables ainsi rejetés, sont l'image de celui qui ne peut avancer, faute de protecteur.» 明月之珠夜光之璧以暗投於道莫不按劍相盼者,何則無因而至前也. Mot à peu près textuel de *Tcheou Yang* 鄒陽. (史記). Var. 明月空遭按劍. C'est en vain qu'on saisit l'épée à la vue de la perle étincelante comme la lune : lettré dont le talent est inutilisé.

涼†袪暑. La perle de la fraîcheur chassait la chaleur. On la trouvait dans la fontaine 陰泉 où une huitre mettait mille ans à la sécréter. *Tchao*, Roi de *Yen* 燕昭王, en possédait une qu'il portait toujours sur lui au fort de l'été, et qu'il avait surnommée 銷暑招涼之珠. (王子年, 拾遺記).

記†. Se rappeler. Sous la période de règne 開元, des *T'ang*, le Ministre *Tchang Chouo* 張說 reçut en cadeau la perle 記事珠 qui avait la vertu de remettre les choses en mémoire. Un simple regard jeté sur elle suffisait pour cela. (王仁裕, 開元天寶遺事).

合浦還†. Les perles reviennent à *Ho-p'ou*. Ce pays, pauvre en fruits de la terre, subsistait presque exclusivement de la pêche des huitres perlières. Mais lorsque *Mong Tch'ang Pé-tcheou* 孟嘗伯周 y vint comme mandarin, il y avait disette du précieux coquillage, disparu par suite d'une exploitation immodérée, commandée par de cupides prédécesseurs. *Tch'ang*, à peine arrivé, mit ordre au gaspillage, donnant lui-même l'exemple du plus grand esprit d'économie, et une année ne s'était pas encore écoulée, que les huitres reparaissaient. (後漢書循吏傳).

剖腹藏†. S'ouvrir le ventre pour y cacher une perle. L'Empereur 唐太宗 disait aux mandarins de sa Cour : «On raconte qu'un marchand tartare 賈胡, du 西域, devenu acquéreur d'une belle perle, recourut à ce moyen pour la mettre en lieu sûr, la préférant ainsi à sa propre vie.» Le monarque ajoutait, que le magistrat qui se laisse corrompre et le Prince qui s'abandonne à ses passions tiennent une conduite aussi ridicule que celle de cet étranger. (朱子, 綱目).

泣淚成†. Pleurer des perles. La Sirène 鮫人 *Kiao-jen* sortie des ondes pour venir vendre de la soie, paya ainsi l'hospitalité qu'elle avait reçue. Au moment de partir elle demanda un vase qu'elle remplit de ses larmes transformées en perles. (張華, 博物志).

明月夜光之†. Le Prince de *Soei* 隋 (al. 隨) 侯, de la famille 姬, soigna les blessures d'un grand serpent, et le reptile lui en témoigna sa reconnaissance en lui apportant la perle *Ming-yué-tchou, brillante comme la lune dans la nuit*. (淮南子). L'escarboucle porte encore les noms de 隋侯珠, 夜光璧, 夜光珠, 眞白珠, 不夜珠, 夜明珠 et 水精珠.

隋 (al. 隨) † 彈雀. Tirer un passereau avec la perle du Prince de *Soei* : dépenser beaucoup pour obtenir un mince résultat. (莊子讓王).

宋主以美†箝諫臣之口. L'Empereur 眞宗, des *Song*, ferma *(k'ien)* la bouche à un censeur avec des perles. *Wang K'in-jo* 王欽若 critiquait devant ce monarque le traité que venait de conclure *K'eou Tchoen* 寇準 en son nom avec les *K'i-tan* 契丹, traité, disait-il, qu'à l'époque du *Tch'oen-ts'ieou* on qualifiait *de honteux pacte fait aux pied des murailles* 春秋城下之盟. *Tchen-tsong* demanda le moyen d'y remédier, et *K'in-jo* lui répondit qu'il n'en voyait qu'un seul, c'était d'aller sacrifier au ciel sur le mont *T'ai* 封禪泰山; mais il ajoutait que le ciel devait témoigner par un prodige qu'il approuvait cet acte. Au reste on pourrait par un artifice quelconque suppléer au silence d'en haut à condition toutefois que le Ministre *Wang Tan* 王旦 sût au moins garder sa langue. L'Empereur aussitôt invita ce mandarin à un festin, et le renvoya en lui donnant un vase plein d'un vin excellent, disait-il, pour lui et sa famille. *Wang* de retour chez lui, constata que la prétendue liqueur n'était autre que des perles. Il comprit, et quand *Tchen-tsong* proclama qu'un livre mystérieux lui était tombé des nues, *Tan* ne souffla mot. (宋史王旦傳).

†禦火災. La perle a la vertu d'éteindre l'incendie, car elle a été formée des principes constitutifs de l'eau. (國語楚語).

惠王之†光能照乘. La perle de *Hoei*, Roi de *Wei* 魏, était si brillante qu'elle pouvait éclairer douze chars. (韓詩外傳). Var. 魏侯之珠.

†庭. Le sommet de la tête, ou encore le haut du front. (唐書). —— 珠宮 ou 蘂珠宮. Le palais des perles semblables à des boutons de fleurs *(joei)* : demeure des immortels. —— 掌珠. Fils remarquable qui est comme une perle dans la main. 明珠 a aussi le même sens. —— 眞珠紅. Rouge comme un vrai rubis : vin exquis. (李詩). —— 生珠玉. Écrire de belles phrases. (李白). —— 明珠投暗. Perle étincelante jetée dans les ténèbres : personne de talent laissée de côté.

雙†. Les deux perles, épithète que méritèrent par leur beauté *Mong Tch'ang* 孟昶 et son frère *Mong K'ai Yen-tchong* 孟顗彥重, de l'époque des Trois Royaumes.

春申君†履三千. Le Prince de *Tch'oen-chen*, de *Tch'ou* 楚, avait à sa Cour trois mille personnes à la chaussure ornée de perles. Un ambassadeur du Prince de *P'ing-yuen* 平原, du royaume de *Tchao* 趙, envoyé vers lui, prétendait l'éblouir par son faste et la richesse de ses ornements; mais *Tch'oen-chen-kiun* lui montra ses courtisans tous si magnifiquement parés, que l'étranger eut honte de son vain étalage. (史記春申君列傳). Cf. p. 64. Les différents noms littéraires de la rivière de *Chang-hai* : 黃浦, 申江, 春申浦 et 黃歇浦 rappellent la mémoire de ce célèbre personnage, mort vers l'an 237 av. J.-C.

琉 † 璃瓶宜卜相. Le vase en verre grossier *Lieou-li* convint pour deviner le Ministre à élire. L'Empereur 宋廢帝 hésitait pour le choix entre *Lou Wen-ki* 盧文紀 et *Yao Hien* 姚顗, tous deux proposés comme dignes de diriger les affaires. *Fei-ti* mit le nom des deux candidats dans une urne faite avec cette matière transparente, et y plongea la main, après avoir offert de l'encens au ciel. Le billet qui sortit portait écrit *Lou Wen-ki*, à la grande joie du monarque. (五代史盧文紀傳).

理 側 †. Papier. Quand *Tchang Hoa* 張華 eut achevé son ouvrage intitulé 博物志, l'Empereur 晉武帝 lui fit présent d'un encrier en plomb (?) 青鉄 du 于闐, d'un pinceau en corne de *Lin* 麟角 (1) du 遼西, et de papier *Tché-li* du 南越, que l'on appelait 陟釐紙 sous les *Han*. La substance 海苔, qui entrait dans sa composition, lui donnait des linéaments obliques, d'où le qualificatif *tché*. (王子年, 遺事). *T'ai* 苔 mousse, appelée 陟釐 si elle pousse dans l'eau. *Hai-t'ai* 海苔 n'équivaudrait-il pas à l'algue comestible ou à la véronique aquatique 苔菜?

琀 †. Mettre des objets précieux dans la bouche de ses parents défunts. L'Empereur employait à cette fin des perles, les Princes vassaux du jade, les Toparques la pierre bleuâtre et brillante nommée *Pi*, et les autres mandarins des cauries. 含者, 孝子所以實親口也, 天子以珠諸侯以玉大夫以碧士以貝. (公羊傳, 何休注).

琴 † 瑟不叶 = 反目. Les deux lyres *K'in* et *Ché* ne s'harmonisent pas *(hié)* : discorde entre époux, qui en sont à *se regarder de travers*. 琴瑟不調必解而更張之. «Si le *K'in* et le *Ché* ne sont pas d'accord, on en délie la corde trop lâche pour l'allonger davantage.» (漢書董仲舒傳). 夫妻反目. (易小畜). —— 琴韵, harmonie entre époux. 妻子好合如鼓瑟琴. (詩小雅).

子賤鳴 † 以治邑故曰琴堂. *Fou* 宓 *Tse-tsien* gouvernait son district de *Chan-fou* 單父 en jouant de la lyre, de

(1) Ce nom lui venait sans doute de ce que la pointe en était très molle, comme l'extrémité de la corne inoffensive de la licorne légendaire *Lin*.

là vient que le prétoire du Préfet, et, par extension, ce magistrat lui-même s'appelle *K'in-t'ang*. (呂氏春秋).

鳴†擁箒. Pincer de la lyre et tenir le balai. *Tchou-ko Liang* 諸葛亮 surpris par une irruption soudaine de l'armée de *Wei* 魏, à laquelle il ne pouvait opposer qu'une poignée de soldats, conçut ce stratagème. Il fit ouvrir les portes de la place où il commandait, et, monté sur les murailles, se mit tranquillement à jouer de son instrument de musique, pendant que ses hommes se transformaient par ses ordres en paisibles balayeurs de rues. L'ennemi, habitué aux ruses de *Tchou-ko*, en soupçonna une nouvelle dans la circonstance et battit en retraite.

不敦戚誼每令彈†. Au mépris des égards que l'on se doit entre parents, *P'an Yo Ngan-jen* 潘岳安仁, des *Tsin*, commandait chaque fois à son cousin *Yuen Tchan Ts'ien-li* 阮瞻千里 de jouer de la lyre. Celui-ci excellait sur cet instrument, et *P'an* de son côté ne se lassait pas de l'entendre. A chaque visite donc, *P'an* réclamait un air, puis il laissait l'artiste exécuter jusqu'à extinction, morceau sur morceau. Heureusement que la bonne nature de *Yuen* lui permettait de se prêter à ce désir excessif, sans manifester la moindre impatience. (晉書阮瞻傳).

牙†. Le lyre de *Ya* : pleurer la mort d'un ami. *Tchong Tse-ki*, entendait-il *Pé-ya* 伯牙 jouer de cet instrument, pouvait à la simple audition des accords, deviner l'idée qui les inspirait. C'est ainsi que lorsque l'artiste pensait à une montagne, *Tchong* s'écriait : «Elle se dresse comme le *T'ai-chan* 巍巍乎太山!» Au contraire prenait-il un cours d'eau pour sujet de son improvisation, *Tchong* exprimait ainsi son admiration : «L'onde coule majestueuse *(chang)* 湯湯乎流水!» Mais quand la mort eut ravi à *Pé*, celui dont l'âme vibrait si parfaitement à l'unisson de la sienne, il mit sa lyre en pièces, sous prétexte que le seul vrai connaisseur de son talent avait disparu. (呂氏春秋). Variante : 絕絃傷友爲乏知音, en deuil de son ami, il brisa les cordes de son instrument, car il lui manquait celui qui pouvait en apprécier les sons.

人†. Allusion à la porte d'un ami ou d'un frère. *Wang Wei-tche* 王徽之, à la mort de *Wang Hien-tche* 王獻之, essaya vainement de tirer des accords de la lyre du défunt. A cette occasion il exhalait ainsi sa douleur : «*Tse-king! Tse-king!* Hélas! Son instrument est mort comme lui!» 子敬子敬人琴俱亡.

琥†珀盞可酌賓. La coupe en *Hou-p'é* (ambre), ou brillante comme cette substance, convient pour servir à boire à un hôte. La résine enfouie mille ans au pied de l'arbre qui l'a sécrétée, se transforme en succin, pour devenir de l'ambre après une autre période de temps égale. (博物志). 飲憐琥珀杯中滑. 睡愛珊瑚枕上凹. «Aimer à boire à la coupe lisse en *Hou-p'é,* et à dormir sur l'oreiller moelleux en *Chan-hou* (ou rouge comme le corail).» 凹, *wa,* dépression. (唐詩).

琯 白玉†響徹虞庭. La flûte en jade blanc faisait résonner toute la salle de *Yu (Choen).* Cet instrument merveilleux était un cadeau de la fée *Si-wang-mou* 西王母. 應劭. 風俗通). 西王母 serait encore un nom de royaume.

瑟 斑斑†瑟. *Pan-pan,* beau jade tacheté, et *Ché-ché,* perle ou pierre précieuse d'une belle teinte azurée. L'Empereur *T'ang Té-tsong* se procura une grande quantité de cette dernière du royaume de *Yu-t'ien* (唐書于闐國傳).

瑞 †草魁. La première des plantes du bonheur : le thé, appelé encore simplement 瑞草. (杜牧). —— 瑞世瓊瑤. La pierre précieuse d'une époque fortunée, surnom donné par *Tch'ang-li* 昌黎 *(Han Yu* 韓愈*)* à *Li Ho Tch'ang-ki* 李賀長吉. (舊注唐史).

瑣 青†=禁門. La porte bleue à claire-voie du palais impérial, qu'il est défendu de franchir. Le caractère *ts'ing* indique la couleur dont on peignait les morceaux *(souo)* de bois sculpté dont elle était faite. Cette porte comportait en effet des ornements à jour dits 連環文 ou anneaux se tenant les uns aux autres. (漢書元后傳).

瑤 †臺瓊室. La tour en pierres rares *Yao* de *Hia Koei* 夏癸 ou du tyran *Kié* 桀, et la maison en d'autres pierres également rares *K'iong* de *Yu Sing* 殷辛, ou du cruel monarque *Tcheou* 紂. (張衡, 東京賦). 瑤臺, demeure des immortels.

瑾 懷†握瑜. Porter dans son sein des pierres précieuses *King* et en tenir d'autres nommées *Yu* à la main : posséder la sagesse d'un vrai lettré. (楚辭九章).

璋 弄†. Avoir un garçon. «Naît-il un enfant mâle, on le couche sur un lit et comme joujou on lui remet la précieuse tablette *Tchang* particulière au Ministre.» 乃生男子載寢之牀載弄之璋. (詩小雅). Ce cadeau était un souhait de grandeur future.

璠 †璵琬琰. *Fan, Yu, Yuen et Yen,* quatre variétés de pierres précieuses, images d'un homme de valeur. Le *Fan* et le *Yu,* que les Princes suspendaient comme ornement à leur ceinture, faisaient aussi partie de leur décoration mortuaire. (左定公五). Le royaume de *Lou* en possédait qui jetaient Confucius dans l'admiration. (論語). Quant au *Yuen* et au *Yen*, appelés encore *T'iao* et *Hoa* 苕華, ils désignent aussi deux concubines de *Kié* 桀. parce que le monarque aurait fait graver les noms de ces femmes sur des pierres de cette espèce 刻岷姬之名以玉. Les deux favorites étaient originaires de *Min-chan* 岷山.

璞 楚人以卞玉爲石,兩刖卞和之足. Les Princes de *Tch'ou* croyant que le jade avec sa gangue n'était qu'une pierre commune, firent à deux reprises couper *(yué)* le pied à *Pien Ho*. Ce personnage trouva un morceau de jade de toute beauté, qu'il s'empressa d'offrir à *Li*, Roi de *Tch'ou* 楚厲王; mais celui-ci, trompé par l'apparence grossière du jade encore à l'état brut, se crut victime d'une supercherie, et ordonna de couper le pied à *Ho*. Le pauvre mutilé revint une seconde fois présenter son trésor au Roi *Ou* 武王, successeur de *Li*. La perte du pied qui lui restait, fut tout ce que gagna *Ho* à cette nouvelle démarche. Enfin lorsque *Wen* 文王 monta sur le trône, on lui rapporta qu'un estropié, qui se disait possesseur d'un magnifique jade, versait des larmes de sang au pied du mont *Tch'ou* 楚山. Le Prince le fit aussitôt venir, et accepta le prétendu caillou qui, poli, devint en effet la pièce rare connue sous le nom de 和氏之璧, et tomba plus tard au pouvoir du royaume de *Tchao* 趙. (韓非子 et 史記鄒陽列傳). *Pien Ho* est le type classique du connaisseur en pierres fines.

璧 相如勇忠能使秦庭歸卞. Le brave et fidèle *Lin* 藺 *Siang-jou* contraignit la Cour de *Ts'in* à rendre le jade *Pi*. Le Roi de *Tchao*, *Hoei-wen* 趙惠文王 (298-265), possédait une pierre précieuse de toute beauté qu'il tenait d'un certain *Ho* 和 de *Tch'ou* 楚. Le royaume de *Ts'in*, désireux d'avoir cette pièce si rare, s'engagea, si on la lui donnait, à restituer les quinze villes qu'il avait enlevées à celui de *Tchao*. *Hoei-wen*, confiant en cette promesse, envoya *Lin Siang-jou* porter l'objet convoité, et réclamer en retour la reddition des places. Mais l'ambassadeur s'aperçut vite de la mauvaise foi de *Ts'in*, qui prit et garda la pierre sans vouloir aucunement abandonner ses conquêtes. *Lin* alors de jouer de ruse pour rentrer en possession de son riche dépôt. Il le redemanda au Roi du pays, sous prétexte de lui en indiquer un défaut imperceptible, et lorsqu'il l'eut entre ses mains, il s'adossa à une colonne de la salle en s'écriant : «Si vous essayez de m'arracher ce jade par la violence, je me brise la tête contre cette colonne, mais non avant d'avoir mis en pièces la pierre elle-même.» Et ses cheveux se dressaient de colère pendant qu'il lançait cette menace 怒髮上衝冠. A la vue d'une telle décision, la Cour laissa l'envoyé de *Tchao* retourner en paix avec son trésor. (史記

藺相如列傳). Ce fait a donné lieu aux expressions 完璧歸趙, 還趙 et 歸趙 qui signifient : restituer.

和氏之†價重連城. Le jade *Pi* du nommé *Ho*, de *Tch'ou* 楚, valait quinze places fortes réunies. «Le jade de *Ho*, appartenant à *Tchao*, avait une renommée universelle, aussi de *Ts'in* vint-on pour l'acheter; mais le prix qu'on en promit ne fut qu'une vaine parole. Cependant *Lin*, alors dans une position inférieure, gagna directement *Ts'in*, accoudé sur l'avant de son char, et franchit la barrière de ce pays. Mais les quinze villes n'ayant été qu'un leurre pour ce voyage, le jade de *King* (autre nom de *Tch'ou* 楚) revint intact.» 趙氏有和璧. 天下無不傳; 秦人來求市, 厥價徒空言. 藺生在下位. 伏軾徑入關; 連城既僞往, 荆玉亦眞還. (盧諶, 覽古詩). Voir page 248.

束帛加†. Rouleaux de soie et tablettes de jade sont les présents que fait l'Empereur, quand il invite un sage à venir à la Cour. Il lui envoie encore un char qui ne fatigue point 安車. (史記儒林傳).

雙†. Les deux tablettes de jade : deux frères remarquables comme *Lou Wei* 陸暐 et *Lou Kong-tche* 恭之 son frère, qui reçurent ce surnom de *Kia Tchen* 賈禎, Gouverneur de *Lo-yang*.

懷†. Cacher sa tablette de jade. *Yu-chou* 虞叔 refusa d'abord de donner au Duc de *Yu* 虞公 le joyau qu'il possédait, mais enfin il le lui céda, en citant ce proverbe : «Un homme, innocent sous d'autres rapports, devient coupable par le seul fait de cacher son jade *Pi*.» 匹夫無罪懷璧其罪. (左傳桓十).

返†. Rendre le jade *Pi* : refuser les cadeaux. Lors de la fuite de *Tchong-eul* 重耳, fils du Duc de *Tsin* 晉, au pays de *Ts'ao* 曹, *Hi Fou-ki* 僖負羈 lui envoya des mets avec un beau morceau de jade, le tout disposé sur un plateau. Mais le fugitif n'accepta que les comestibles et renvoya la pierre précieuse. (左傳僖二十三年).

璜 太公釣†而遇明君. *T'ai-kong*, après avoir pêché la pierre précieuse *Hoang*, fit la rencontre d'un Prince intelligent. Le Seigneur de l'Ouest 西伯, c.-à-d. *Wen-wang*, consultant les sorts avant de partir pour la chasse, en reçut cette réponse : «Vous ne trouverez ni dragon, ni licorne, ni tigre, ni ours, mais bien un homme qui vous prêtera son concours dans le gouvernement.» Il découvrit en effet *Liu Chang* 呂尙 ou *Kiang Tse-ya* 姜子牙 sur les bords du torrent 磻溪, qui se jette dans la rivière 渭水. (史記齊太公世家). D'après la légende, le futur Ministre de *Wen-wang*, prit une carpe, dans le ventre de laquelle était cachée une pierre *Hoang* avec ces mots : «La famille *Ki* sera élevée à l'empire en fondant les *Tcheou*, et *Liu* l'aidera.» 姬受命呂佐之. Sur ces entrefaites arriva *Wen-wang*, qui reconnaissant dans le pêcheur à la ligne, celui que son aïeul *avait désiré* 太公望. comme seul capable de faire prospérer la dynastie *Tcheou* à ses débuts, lui imposa le nom de *T'ai-kong-wang*.

環 銜 †. Apporter des bracelets dans son bec : se montrer reconnaissant des bienfaits reçus. *Yang Pao* 楊寶. âgé de neuf ans à peine, arracha un petit oiseau jaune aux griffes d'un hibou et soigna ses blessures. En retour de cet acte charitable, un jeune homme habillé de jaune et se disant l'oiseau autrefois secouru, vint lui remettre quatre bracelets de jade, symboles des quatre Ministres qui sortiraient de sa famille. (吳均, 續齊諧記).

鑰如†珮. Porter ses clefs sur soi comme des bracelets et des pierres précieuses suspendues à la ceinture : être avare. Le mandarin *Tchang Yun* 張允 agissait ainsi, n'osant même pas confier ses clefs à sa femme, tant il craignait pour ses trésors. (續世說).

周氏金†. Les bracelets d'or de la famille *Tcheou* : reconnaissance d'un bienfait. Une esclave de cette famille alla ramasser du bois de chauffage sur une montagne. Là elle entendit une voix qui lui disait d'arracher les ronces croissant à un certain endroit devant elle. Elle obéit et y découvrit un cercueil déjà pourri, sous lequel avait roulé le crâne du mort. Elle le débarrassa des herbes qui en obstruaient les orbites, et le remit à sa place primitive. Or, au moment où elle remplissait ce pieux devoir, deux bracelets de prix, trouvés par elle dans la terre, furent la récompense de son acte. (述異記).

瓊 †林宴. Le banquet offert par l'Empereur aux nouveaux Docteurs. La coutume en remonte à 宋太宗 qui, en 984, réunit les lauréats dans son jardin *K'iong-lin*. De la même époque date leur répartition en trois catégories 三甲. (宋史). Le 1er 狀元, le 2d 榜眼, et le 3e 探花 du concours forment le 一甲 ou 三鼎甲. le 4e 傳臚 avec plusieurs numéros suivants le 二甲, et le reste de la liste le 三甲.

†枝爲羞. *K'iué Yuen* 屈原 exprimait le désir poétique de cueillir un précieux rameau, et de le manger en guise de viande. (離騷). La même élégie mentionne l'herbe 瓊茅.

CLASSIF. 97. 瓜.

瓜 及 †. Atteindre la saison des melons : sortir de charge, le temps révolu. «*Siang*, Duc de *Ts'i*, envoyant des soldats aux frontières, à l'époque où les melons étaient mûrs, s'engagea à faire relever les partants de leurs postes, au retour de cette même saison.» 齊襄公于瓜熟時遣戍約及瓜而代. Var. 瓜期.

† 瓞綿綿 = 似續之盛. La cucurbitacée à melons grands (*hoa*) et petits (*ti*) s'allonge (*mien*) : brillante postérité. (詩大雅). 似 嗣, succéder, comme dans ce texte : Le fils est «le continuateur de ses parents.» 似續妣祖. (詩小雅).

† 葛之親. Vieille parenté par alliance, comparée aux ramifications d'une cucurbitacée et de la *pueraria*.

地分若 †. L'empire était fractionné comme en tranches de melon, à l'époque des sept puissants royaumes qui, «semblables à des tigres rugissants (*hiao-k'an*), se partageaient toute la Chine.» 七雄虓闞分裂諸夏. (漢書敘傳). Les sept pays dont il est ici question sont 秦, 楚, 燕, 齊, 趙, 韓 et 魏, ces trois derniers connus aussi sous la dénomination commune de 三晉.

† 田李下一事避嫌疑. Ne prenez pas vos chaussures dans un champ de melons, et n'ajustez pas votre chapeau sous un prunier, car votre présence en cet endroit pourrait faire naître des doutes sur votre honnêteté : dans les affaires ne donnez point prise aux soupçons. 君子防未然. 不處嫌疑間. 瓜田不納履. 李下不正冠. (古樂府君子行).

吳質浮 † 避暑. *Ou Tche* se rafraichissait avec des melons trempés dans l'eau pure d'une fontaine 浮甘瓜於清泉. (魏文帝與吳質書).

瓠 † 犀, 莊姜之齒. Les belles dents de *Kiang*, épouse du Prince *Tchoang* de *Wei*, ressemblaient à une rangée de graines (*si*) de citrouille (*hou*). (詩衛風).

盤 †. Chien. Une vieille femme de la Cour de l'Empereur 高辛氏 plaça dans une *courge* une pellicule en forme de feuille de mûrier, qu'elle venait d'extraire de son oreille, et la recouvrit d'une *assiette* (*p'an*). Plus tard quand on enleva ce couvercle, un chien de toute beauté apparut aux yeux de tous. (後漢書南蠻傳).

CLASSIF. 98. 瓦.

瓦十解. *Tuiles détachées* l'une de l'autre, après avoir été façonnées, trois ou quatre ensemble, sur le tour : affaire suspendue faute d'entente. «L'empire a tout à craindre d'un éboulement. c.-à-d. de l'abandon du peuple par son Prince, et non de la séparation des tuiles, c.-à-d. de l'attaque d'ennemis divisés entre eux.» 天下之患在於土崩不在瓦解. (史記主父偃列傳). L'expression signifie encore : se disperser. (淮南子).

弄十. Naissance d'une fille. «A-t-on un enfant du sexe féminin, on le couche simplement par terre, et on lui met entre les mains un objet en terre cuite dont se servent les fileuses.» 乃生女子, 載寢之地, 載弄之瓦. (詩小雅). Le joujou symbolise les occupations futures de l'enfant, dont la naissance est une déception pour le père, comme le prouve le fait de l'étendre d'abord sur le sol.

瓻 借還書籍用雙十. La coutume existait jadis de donner deux cruches *(tche)* de vin, l'une quand on empruntait un livre, et l'autre quand on le rendait. (邵氏聞見錄). Le caractère 癡 ou 鴟 est parfois employé fautivement pour 瓻. Var. 借瓻.

甑十生塵. Dénûment extrême. Le mandarin de *Lai-ou* 萊蕪 nommé *Fan Jan Che-yun* 范冉史雲, s'était sauvé dans un pays où il manquait de tout. A ce propos on chantait : «La poussière s'entasse dans ta marmite en terre *(tseng)*, *Fan Che-yun*! et le poisson naît dans ta marmite en fer *(fou)*, *Fan Lai-ou*! c.-à-d. il ne s'y trouve point de riz, mais simplement de l'eau, où le poisson peut vivre à l'aise.» 甑中生塵范史雲, 釜中生魚范萊蕪. (後漢書獨行傳). Les éditions fautives portent : «*Fan Tan*, les grenouilles naissent dans ton fourneau éteint depuis longtemps.» 范丹蛙生土竈. Var. 甑釜, 甑塵.

墮十不觀. Ne pas détourner les yeux pour regarder le vase qui vient de se briser en tombant. *Lin-tsong* 林宗, c.-à-d. *Kouo T'ai* 郭泰, aperçut un jour *Mong Ming Chou-ta* 孟敏叔達, à qui cet accident venait d'arriver, continuer tranquillement sa route. Il lui demanda la raison de son insensibilité. «Le vase était en morceaux, répondit *Chou-ta*, inutile donc de le considérer!» 甑已破矣, 視之何益. Émerveillé de cette repartie, *Kouo* conseilla à *Mong* d'étudier, et l'achemina ainsi vers la gloire littéraire. (後漢書郭太傳).

甕 † 牖繩樞 = 甕人之室. La maison de l'homme indigent (*kiu*) a une jarre (*wong*) défoncée pour lucarne et des cordes pour gonds (*tch'ou*). L'expression s'appliqua d'abord à *Tch'en Tché* 陳涉, qui de la condition de pauvre paysan s'éleva aux premières dignités. (漢書陳勝傳).

入 † 承招. Dans la grande jarre admettre l'accusation : avouer son crime. Un jour *Lai Tsiun-tch'en* 來俊臣 reçut de l'Impératrice 唐吳后 l'ordre de juger son collègue *Tcheou Hing* 周興. *Lai* vint exposer à *Tcheou*, qui ignorait encore le mandat d'arrêt lancé contre lui, l'embarras où il se trouvait toujours, quand il s'agissait d'arracher des aveux aux coupables. Il le priait donc de lui indiquer le moyen de vaincre leur silence. «Rien de plus facile, répondit *Tcheou*, mettez-les dans un grand vase que vous entourerez de charbons ardents.» *Lai* se fit aussitôt apporter une jarre et, après l'avoir bien chauffée, il ordonna à l'accusé d'y entrer. Pris au mot, celui-ci reconnut les forfaits dont on le chargeait et fut condamné à l'exil. (太平廣記). Var. 請兄入甕. 周興自作其孽. *Lai* invita son collègue *Tcheou Hing* à se mettre dans la jarre, malheur du reste que celui-ci devait s'attribuer.

提 † 出汲.內助斯賢. O la sage épouse de *Pao Siuen* 鮑宣 qui, portant elle-même sa cruche, alla puiser de l'eau. Cette jeune femme, nommée *Hoan Chao-kiun* 桓少君, se présenta sous le toit de son mari, avec un riche mobilier et des suivantes; mais celui-ci lui fit observer qu'un pareil luxe ne convenait pas à une famille pauvre comme la sienne. *Chao-kiun* renvoya aussitôt personnes et choses, puis grossièrement vêtue se mit elle-même à vaquer aux soins du ménage. L'Empereur 漢哀帝, admirateur de ce couple vertueux, éleva *Pao Siuen* aux charges. (後漢書列女傳).

† 裏醯雞. Les insectes *Hi-ki* dans leur jarre ont une vue très restreinte : esprit borné. Confucius, après son entrevue avec *Lao Tan* 老聃 ou *Lao-tse*, dont la sagesse l'avait plongé dans l'admiration, ne se disait plus qu'un petit ver *Hi-ki* comparé à ce grand philosophe. (莊子). Variante : 甕天見.

† 中鸜鵒巧於人. *Hoan Houo* 桓豁 possédait une grive (*k'iu-yu*) plus rusée qu'un homme. Cet oiseau, qui imitait parfaitement le ton et la voix de tous ceux qu'il entendait, réussit même à reproduire les nasillements d'un des lieutenants de son maître. Pour cela il se mit à chanter, la tête enfoncée dans un vase. (太平廣記).

司馬髩齡擊 †. *Se-ma Wen-kong* 溫公, encore à l'âge

où l'on porte les cheveux tressés en longues mèches, sauva de la façon suivante la vie à un de ses camarades de jeux, tombé dans une jarre pleine d'eau. Pendant que tous les autres enfants témoins de l'accident s'enfuyaient effrayés, le petit *Se-ma Koang* saisit une pierre et en frappa le récipient qui se fendit et se vida. Ce sang-froid fut le salut de l'étourdi.

破†得婦. Trouver son épouse dans la jarre brisée. Le devin *Koan Lou Kong-ming* 管輅公明, consulté par un mari dont la femme avait disparu, lui dit de se poster en un certain endroit, où il ne tarderait pas à voir passer un homme conduisant un cochon. Dès que l'étranger parut, le malheureux persuadé qu'il détenait la fugitive, se précipita sur lui. Dans la lutte l'animal rompit ses liens et se sauva dans une maison, où il mit en pièces une grande jarre, sous laquelle était justement blottie la personne cherchée. (魏志古伎傳,注). Variante : 破牆得婦, retrouver l'épouse derrière le mur renversé dans les mêmes circonstances.

釀酒抱†. Folles dépenses. *Yang Sieou* 羊琇, en train de fabriquer du vin pendant l'hiver, commanda qu'un homme à tour de rôle enlaçât de ses bras le vase où fermentait *(niang)* la liqueur. C'était pour lui assurer par la chaleur du corps une prompte réussite en même temps qu'un goût exquis.

甓運†. Transporter de grandes briques *(p'i)*. *T'ao K'an Che-hing* 陶侃士行, des *Tsin*, qui jouissait de la plus grande paix dans son gouvernement de 廣州, alors que le reste de la Chine 中原 était bouleversé, imagina cet amusement pour utiliser ses loisirs. Le matin il portait hors de son cabinet une centaine de briques 運甓齋外, qu'il rentrait le soir. Le but de ce violent exercice était, disait-il, d'entretenir son énergie et ses forces, dont le pays aurait peut-être besoin à cette époque de troubles. Il y voyait en outre un excellent moyen de combattre l'oisiveté, si fortement condamnée par l'exemple du Grand *Yu* 禹. Si, en effet, ce monarque avait eu peur de perdre une parcelle de temps de la longueur d'un pouce 惜寸陰, à combien plus forte raison nous qui sommes loin de posséder sa perfection, devons-nous tenir au plus petit instant 惜分陰. De là le proverbe : — 寸光陰一寸金, 寸金難買寸光陰.

CLASSIF. 99. 甘.

甘†羅. *Kan Louo*, de l'époque des 戰國, n'étant encore âgé que de douze ans, fut envoyé par le Prince de *Ts'in* 秦 en ambassade à la Cour de *Tchao* 趙, et conduisit si habilement les négociations, qu'il obtint la cession des cinq villes, objet du litige. A son retour de cette mission, l'enfant fut élevé aux premières charges du royaume. Le succès de *Kan Louo* a fait de son nom le synonyme de douze ans ou simplement de douze.

CLASSIF. 100. 生.

生 三†有幸＝奇緣. Heureux dans trois vies successives : conséquences merveilleuses d'actes méritoires antérieurs, ou bonne fortune extraordinaire promise par les bonzes à leurs bienfaiteurs. Le 傳燈錄 cite le cas d'un dévot de Bouddha, à qui ses aumônes méritèrent de remplir de hautes charges, au cours d'une triple métempsycose. Variante : 三世因緣. *lit.* trois générations où l'on jouit des suites de causes posées précédemment.

†平所爲可對人言. *Se-ma Koang* se vantait de pouvoir révéler à n'importe qui les actions de toute sa vie, car il n'y en avait pas une dont il eût à rougir. (宋史司馬光傳).

民†有三. La vie de l'homme dépend de trois personnes : du père qui l'engendre, du maître qui l'instruit et du prince qui le nourrit. Il leur doit donc un égal respect. (國語).

產 中分財†取荒頓以爲安. Dans le partage des biens patrimoniaux, s'adjuger avec joie les champs stériles et les cabanes ruineuses. *Sié Pao Mong-tch'ang* 薛苞孟嘗, contraint par ses frères de diviser l'héritage, prit pour lui ce qu'il y avait de moins bien. C'est ainsi qu'il garda les esclaves les plus âgés, disant : «Ils m'ont servi si longtemps, qu'il vous sera impossible de leur commander 與我共事久, 若(汝)不能使也.» Il ne voulut également que des terres et des maisons les plus mauvaises, sous prétexte que s'en étant occupé depuis son enfance, son cœur s'y était attaché 吾少時所治意所戀也. Enfin il réclama pour sa part ce qu'il y avait de plus misérable parmi les habits et la vaisselle, car un usage constant de ces objets ne permettait plus à son corps et à sa bouche de s'en passer 我所素服食, 身口所安也. (後漢書). 中分 .diviser par moitiés.

TABLE DES CLASSIFIQUES

DU PREMIER FASCICULE.

Classif.		Pag.
	I	
1	一	1
3	丶	4
5	乙	5
6	亅	6
	II	
7	二	6
8	亠	7
9	人	7
10	儿	15
12	八	16
14	冖	18
15	冫	20
16	几	22
17	凵	22
18	刀	22
19	力	28
20	勹	28
21	匕	29
24	十	30
25	卜	32
26	卩	32
28	厶	34
29	又	35
	III	
30	口	36
31	囗	54
32	土	58
33	士	69
35	夊	71
36	夕	72
37	大	72
38	女	77
39	子	88
40	宀	92
41	寸	97
44	尸	98
46	山	102
47	巛	107
48	工	108
49	己	109
50	巾	109
51	干	117
53	广	118
57	弓	123
58	彐	127
59	彡	127
60	彳	128
	IV	
61	心	131
62	戈	134
63	戶	136
64	手	137
65	支	141
66	攴	141
67	文	142
68	斗	143
69	斤	144
70	方	144
72	日	147
73	曰	155
74	月	159
75	木	162
76	欠	196
77	止	197
82	毛	199
85	水	200
86	火	215
88	父	221
89	爻	221
90	爿	221
91	片	222
93	牛	222
94	犬	228
	V	
96	玉	234
97	瓜	251
98	瓦	252
99	甘	254
100	生	255

OMISSIONS ET RECTIFICATIONS.

Page	Ligne				
3	36 et 42	*pour*	*Tcheng*	*lire*	*Tchen*
9	27	*après*	cordes nouées	*ajouter*	inventa le calendrier
12	5	*pour*	亘 *Siuen*	*lire*	桓 *Hoan*
13	11	,,	*Tch'eng*	,,	*Tch'en*
13	29	,,	*tchan*	,,	*tch'an*
13	35	,,	*Yong*	,,	*Hiong*
16	16	,,	*Pé*	,,	*Yuen*
20	6	,,	Celui des	,,	Ceux des
20	19	,,	訟	,,	頌
20	28	,,	*Ling Hou-tch'é*	,,	*Ling-hou Tch'é*
21	35	,,	邈	,,	邀
23	21	,,	*Tcheng*	,,	*Tch'eng*
23	31	,,	(詩 經)	,,	(論 語)
24	19	,,	厲	,,	讀
24	28	,,	黔 *K'ien*	,,	黥 *K'ing*
26	7	,,	推 *t'oei*	,,	稚 *tche*
27	3	,,	襲	,,	冀
30	22	,,	*k'in*	,,	*k'ing*
31	5	,,	Des interprètes 重 譯 compris à l'aide de *plusieurs*	,,	Des ambassadeurs *interprètes* Cf. p. 209.
31	40	,,	己	,,	已
32	6	,,	*Tcho, Ya*	,,	*Teou, Hia*
32	15 et 18	,,	卡	,,	卞
35	4	,,	*sing*	,,	*sin*
36	4	,,	*Chou Suen-t'ong*	,,	*Chou-suen T'ong*
40	39	,,	巳	,,	已
48	43	,,	兖	,,	兗
59	11	*après*	de nuire	*ajouter*	qui sont
62	7	*pour*	torrent impétueux	*lire*	de l'eau bouillante
64	17	,,	列	,,	烈
76	6	,,	*Li*	,,	*Yu*
78	19	,,	謟	,,	諂
82	5		*effacer* et du		
83	32	,,	191	,,	951
85	15		*effacer* 孔 帖 *K'ong T'ié*	,,	*Lou Mai*
86	16	,,	*yu*	,,	*chou*
92	4	,,	vraie demeure	,,	demeure des parfaits
99	36			*ajouter*	Si l'on embrasse

Page	Ligne				
			l'hypothèse plus probable que *Fou-sang* désigne le Japon, on verra dans ce texte une insinuation au *Kouro-sivo*.		
100	6	*pour*	受	*lire*	愛
100	29	,,	戎	,,	成
101	10		倒 屣 mettre ses socques à l'envers		
102	39	,,	班	,,	斑
112	17	,,	歸	,,	管
114	9	,,	*pou*	,,	*p'ouo*
115	24	,,	實	,,	賓
118	8	,,	至 *Tche*	,,	正 *Tcheng*
132	19	,,	*Yuen-chen*	,,	*Yen-cheng*
141	2	,,	*k'ao*	,,	*k'iao*
143	26	,,	*Ling*	,,	*Lin*
150	8	*après*	une seule fois	*ajouter, à Chang Lou,*	
191	2	*pour*	寬	*lire*	寘
192	26	,,	靜 ne bouge pas	,,	欲 靜 voudrait ne pas bouger
192	31		*effacer* (風) (樹)		
194	22	,,	*Hoang-ti*	,,	*Kié* 桀
196	27	,,	越 彭 *Yué P'eng*	,,	彭 越 *P'eng Yué*
203	36	,,	*Se Se-ming*	,,	*Che Se-ming*
205	en note	,,	酩	,,	銘

www.ingramcontent.com/pod-product-compliance
Ingram Content Group UK Ltd.
Pitfield, Milton Keynes, MK11 3LW, UK
UKHW031834260826
14628UKWH00001B/382

9 782014 466430